Pahl-Rugenstein Hochschulschriften
Gesellschafts- und Naturwissenschaften

39

451,-

Herbert Bayer
Mechthild Bayer

Erfahrung und Bewußtsein

Zur psychologischen und erkenntnistheoretischen Grundlage von Bewußtseinsprozessen

Köln 1980
Pahl-Rugenstein Verlag

© 1980 by Pahl-Rugenstein Verlag,
Gottesweg 54, D-5000 Köln 51.
Alle Rechte vorbehalten.
Herstellung We-De-We GmbH, Brühl.

CIP-Kurztitelaufnahme der Deutschen Bibliothek

Bayer, Herbert:

Erfahrung und Bewußtsein: zur psycholog. u.
erkenntnistheoret. Grundlage von Bewußtseins-
prozessen / Herbert Bayer; Mechthild Bayer. –
Köln: Pahl-Rugenstein, 1980.

(Pahl-Rugenstein-Hochschulschriften
Gesellschafts- und Naturwissenschaften; 39)
ISBN 3-7609-5038-8
NE: Bayer, Mechthild:

VORWORT

Ziel unserer Arbeit ist es, einen Beitrag zur Theorie des Arbeiterbewußtseins zu leisten. Dabei geht es uns nicht um die Entfaltung einer soziologischen Theorie des Bewußtseins, sondern um eine psychologische Theorie der dem Bewußtsein zugrundeliegenden Erkenntnistätigkeit. Wir meinen, daß der gegenwärtige Stand der wissenschaftlichen Diskussion über das Arbeiterbewußtsein zeigt, daß fehlerhafte Analysen sowie Widersprüchlichkeiten und Lücken im theoretischen Ansatz ihre Ursachen im Fehlen einer solchen psychologischen Analyse haben; denn nur durch sie ist es möglich, die im Individuum ablaufenden Prozesse zu beschreiben, als deren Resultat sich das Bewußtsein erst darstellt. In dieser Konzeption schließen wir an M. Tjaden - Steinhauers Arbeit "Gesellschaftsbewußtsein der Arbeiter - Umrisse einer theoretischen Bestimmung", Köln 1975 an, die ein erster Ansatz in diese Richtung ist.

Eine psychologische Theorie der Erkenntnis kann weiterhin zur Klärung des Erfahrungsbegriffs beitragen, der seit O. Negts Konzeption des exemplarischen Lernens in der gewerkschaftlichen Bildungsarbeit eine zentrale Rolle spielt. Durch den Erfahrungsbegriff soll der Prozeß bezeichnet werden, als dessen Resultat die Bewußtseinsstrukturen der Teilnehmer zu sehen sind, denen sich die Referenten in den Lehrgängen gegenübersehen. Allerdings ist es trotz vieler Bemühungen und Überlegungen zum Begriff der Erfahrung, bisher nicht gelungen, diesen Prozeß richtig zu fassen, da Erfahrung nicht als Erkenntnis begriffen und so unter erkenntnistheoretischen und psychologischen Fragestellungen analysiert wurde. Wenn wir dies in unserer Arbeit tun, dann in der Absicht, sowohl einen Beitrag zur Lösung der aus dem ungeklärten Erfahrungsbegriff resultierenden Probleme der gewerkschaftlichen Bildungsarbeit zu leisten, als auch die praktische Bedeutung einer psychologischen Theorie des Bewußtseins für die Bildungsarbeit aufzuzeigen, deren Inhalt und Ziel in der Veränderung des Bewußtseins durch intentionale Lernprozesse besteht.

Die Arbeit wurde als Diplomarbeit an der Universität Frankfurt im März 1977 abgeschlossen. Später erschienene Literatur zu diesem Gebiet findet keine Berücksichtigung, da uns eine Überarbeitung aus zeitlichen Gründen nicht möglich war.

Inhaltsverzeichnis

A   Problemstellung

I. Die Problematik des Erfahrungsbegriffes in Negts Konzeption des exemplarischen Lernens

1. Der Erfahrungsansatz, wie von Negt in seinem Buch "Soziologische Phantasie und exemplarisches Lernen" formuliert, bedeutete für die gewerkschaftliche Bildungsarbeit in zweierlei Hinsicht einen großen Fortschritt. Zum einen ist es das Verdienst Negts, nach langen Jahren reiner Funktionärsschulung, in der bloß technisch-organisatorisches Fachwissen sowie "unverbindliche" politische Allgemeinbildung vermittelt wurde, gewerkschaftliche Bildungsarbeit wieder unter den Anspruch gestellt zu haben, daß in ihr das Wesen der kapitalistischen Produktionsverhältnisse selbst thematisiert wird. Stellenwert und Inhalte der Bildungsprozesse beschreibt er so: "Das formal-radikale Pathos, mit dem der Klassenkampf als "Lehrmeister der Arbeiterklasse" glorifiziert wird, vermag mit ausdrücken, wie "potentiell" und "tendenziell" nur schwer zu verdecken, daß es gerade die Vermittlung der Klassenkonflikte zu langfristigen Bildungsprozessen ist, welche die einzige realistische Chance der Transformation von unmittelbaren Erfahrungen in wilden Streiks, von Lohnkonflikten, spontanen Widerstandsaktionen gegen betriebliche Ausbeutungsverhältnisse, usw. in stabile sozialistische Einstellungen und in situationsunabhängiges Klassenbewußtsein darstellt" (Negt, 1971, S. 9). Zum anderen wird im exemplarischen Prinzip Negts reflektiert, daß gewerkschaftliche Bildungsarbeit ihr Ziel, die Veränderung des Bewußtseins von Kollegen nicht erreichen kann, wenn sie abstrakte Wissensvermittlung betreibt. Dabei wird das existierende Bewußtsein als Ausgangspunkt der Lernprozesse selbst nicht thematisiert. Die Erfahrungen müssen aber der Ausgangspunkt des Lernprozesses sein, weil sich in ihnen die Verarbeitung der jeweiligen sozialen Lage durch die Kollegen niederschlägt. Das einzelne, das nach Negts Definition "der für das Leben der Gesellschaft, der Klassen und der Individuen relevante soziologische Tatbestand" (ebenda, S. 27) ist, muß exempla-

risch entfaltet werden hin zum Ganzen. "Ganzes...ist die ar-
beitsteilig organisierte Totalität des Produktions- und Reproduktionsprozesses einer Gesellschaft in historischer Dimension" (ebenda). In der Formulierung dieses Prinzips greift
Negt selbst wieder die Tradition der Arbeiterbildung in den
zwanziger Jahren auf. So schreibt Fritz Fricke als Leiter der
Berliner Räteschule: "Die Anknüpfung an die dem Lernenden
naheliegenden Dingen, die Zergliederung derselben, die Auf-
deckung ihrer Zusammenhänge und damit die Einführung in das
allgemeine Weltbild ist eine der wichtigen Erkenntnisse der
modernen Erziehung und zugleich die Stärke der Rätebildung.
Der Arbeiterunterricht muß, wenn er fruchtbar werden soll,
unbedingt von Einzeldingen ausgehen, die den Teilnehmern interessant sind und von hier zum Allgemeinen führen" (Fritz
Fricke, Rätebildung im Klassenkampf der Gegenwart, zitiert
nach: A. Meier, 1971, S. 131). Die Betonung von Erfahrungen
als Ausgangspunkt und Ansatzpunkt in Bildungsprozessen ist
richtig, weil sie in Rechnung stellt, daß sozialistische Theorie nur dann nicht zu einer in sich selbst genügsamen wissenschaftlichen Lehre verfälscht wird, wenn sie die vorgefundenen
Widerspruchsverhältnisse des täglichen Lebens, also die Alltagserfahrungen der Kollegen erklärt.
Das Problem beginnt aber dort, wo man das Verhältnis von Erfahrungen bzw. Einzelnem und Totalität bei Negt näher untersucht. In allen Aussagen, die sich damit befassen, stellt Negt
dieses Verhältnis als Entwicklung dar; aus den Erfahrungen
soll die Totalität entfaltet werden. An der Verwendung des
exemplarischen Prinzips in der bürgerlichen Pädagogik kritisiert er den auf die Vergangenheit beschränkten Geschichtsbe-
griff und das Festhalten an der traditionellen Arbeitsteilung.
Richtig findet er dagegen "die Aufschlüsselung komplexer Zusammenhänge aus einem 'prägnanten Punkt' heraus" (Negt, 1971,
S. 25). Von der Technik als Ausgangspunkt sieht er die Möglichkeit, bis zur Erklärung der Gesetzmäßigkeiten kapitalistischer
Krisen und der Rolle des Staates vorzustoßen. "Von der technischen Entwicklung aus lassen sich konkrete Beziehungen zu
ökonomischen Verhältnissen, der Verteilung des gesellschaftlichen Reichtums auf die verschiedenen gesellschaftlichen Be-

reiche (Staatsausgaben für Rüstungszwecke, Einsatz der technischen Produktivkräfte im privaten und öffentlichen Sektor
usw.), zum Phänomen der Arbeitslosigkeit, dem Widerspruch
zwischen industriellen Kräftezentren und Nationalstaat herstellen, ohne daß die Interessenbasis und der unmittelbare
Erfahrungsbereich des Arbeiters gänzlich verlassen wird"
(ebenda, S. 116 f). Diese Entfaltung der Theorie aus dem Einzelnen soll zudem noch an jedem soziologischen Tatbestand
möglich sein. "Da es wesentlich um soziologische Lernprozesse geht, kann jeder gesellschaftlich relevante Bereich Gegenstand einer exemplarischen Stoffentfaltung sein: Bürokrati-
sierungstendenzen in den gewerkschaftlichen Massenorganisa-
tionen ebenso wie das Freizeitverhalten der Menschen" (ebenda, S. 1o5). Bei diesen Ausführungen bleibt noch völlig offen,
was Entfaltung aus dem Einzelnen eigentlich meint: Versteht
Negt die Erfahrungen in dem Sinne als Spiegel des Ganzen, daß
er annimmt, die Totalität der Gesellschaft ließe sich problem-
los aus diesen heraus entwickeln ? Anspruch wäre demnach, daß
die Teilnehmer ausgehend von ihren individuellen, unmittelbaren Erfahrungen, selbst bzw. mit Anleitung des Teamers, zu einer Theorie der kapitalistischen Gesellschaft kommen müßten.
Dies wäre deshalb möglich, weil, wie in einem sich auf Negt
stützenden Papier der gewerkschaftlichen Bundesjugendschule
Oberursel angenommen, "in der gegebenen praktischen Situation
der Teilnehmer und ihrer Schwierigkeiten...sich die Totalität
der gesellschaftlichen Verhältnisse (bündelt)" (Thesen zur Erfahrung und Bewußtsein). Oder versteht Negt unter Entwicklung
aus dem Einzelnen, daß die Erfahrungen der Ansatzpunkt des
Lernprozesses sind und daß es darum geht, sie mit theoretischen Analysen (Marxistische Theorie) zu verbinden ? Die Erfahrungen wären dann Erkenntnisgegenstand und Orientierungsgrundlage des Lernprozesses. Erkenntnisgegenstand insofern, als die
Theorie, um sich nicht in leere Abstraktion zu verflüchtigen,
zum Verständnis der Erfahrungen dienen, also selbst immer wieder zu diesen zurückkehren müßte. Orientierungsgrundlage in
dem Sinne, als der Stand der Erfahrungen der Teilnehmer selbst
vorgibt, wie weit in theoretischen Erklärungen vorangeschritten werden kann. Ein bestimmter Erfahrungshorizont könnte also

3

der theoretischen Aufarbeitung selbst eine Grenze setzen.
Da Negt den Prozeß der Entwicklung des Ganzen aus dem Einzelnen in seinem Buch nicht ausführlich behandelt, läßt
sich nicht ausschließlich sagen, welche der beiden Ausle-
gungen seinem Prinzip entspricht. Allerdings meinen wir,
daß die Tendenz mehr in Richtung der ersten Auffassung geht,
wofür folgende Aussage spricht: "Die in der folgenden Untersuchung vorgeschlagene Konzeption des exemplarischen Lernens
stellt eine Antwort auf diesen Theorieverfall (des wissenschaftlichen Sozialismus) dar, die jene experimentelle Ebene
bezeichnet, auf der eine Rekonstitution der Theorie im Zusammenhang mit praktischen Interessen heute sinnvoll erscheint"
(Negt, 1971, S. 18; Hervorhebung d.A.). Diese Unklarheit und
Zweideutigkeit bei Negt aufnehmend, macht Edgar Weick in den
Hessischen Blättern für Volksbildung sich zur Aufgabe, noch
einmal ausführlich zu erklären, was unter exemplarischen Prinzip zu verstehen ist und welche Bedeutung es für den Bewußt-
werdungsprozeß der Arbeiterklasse hat. Ausgangspunkt der Bildungsprozesse sind die Konflikterfahrungen der Kollegen. "Exemplarisch ist diese Konflikterfahrung insofern, als sie jene
Momente der gesellschaftlichen Totalität enthält, die die
Struktur dieser Gesellschaft als eine Klassengesellschaft erkennen lassen" (Weick, 1973, S. 112). Wie wird nun das Fortschreiten von der Erfahrung, vom Einzelnen zum Ganzen verstanden ? "Die Konflikterfahrung ist ein Brennpunkt gesellschaftlicher Widersprüche und eine gebündelte 'erkörperung komplexer
Prozesse und Beziehungen. Sie erlaubt eine 'Reproduktion des
Konkreten', die begriffene Zusammenfassung des Konkreten durch
das Zusammenfassen zerfaserter Information. Abstrakt ist hier
die aus der Totalität der gesellschaftlichen Beziehungen her-
ausgelöste empirische Erfahrung, konkret ist das Ganze dieser
Beziehungen, in dem die Erfahrung selbst erst ihre Substanz
hat. Die Methode der politischen Ökonomie, die Marx in den
'Grundrissen' 1857 beschrieben hat, beschreibt den Erkenntnis-
prozeß, der heute unter dem Begriff des 'exemplarischen Lernens' zu verstehen ist, als eine 'Methode, vom Abstrakten zum
Konkreten aufzusteigen', als eine 'Art für das Denken, sich
das Konkrete anzueignen'" (ebenda, S. 112). Exemplarisches

Lernen wird begriffen als eine Anwendung der Marx'schen
Methode in Bildungsprozessen, mit Hilfe derer es möglich
ist, von dem Einzelnen, von den Erfahrungen aus die sozialistische Theorie selbst zu entfalten. "Die in diesen
Konflikterfahrungen verborgenen Zusammenhänge müssen herausgearbeitet und auf den 'Begriff' gebracht, d.h. begriffen werden. 'Exemplarisches Lernen' unterscheidet sich daher auch von einem Verfahren, das Begriffe aus einem Be-
griffssystem ableitet und für konkrete gesellschaftliche
Zusammenhänge nur dann ein Interesse hat, wenn diese Zusammenhänge als Beispiel verwendbar sind. ...Die Arbeiterklasse hat hier die Richtigkeit einer schon bestehenden Theorie
zu lernen, während sie doch als historisches Subjekt einer
gesellschaftsverändernden Praxis lernen sollte, die Theorie
selbst richtig zu entwickeln" (ebenda, S. 113). Bei dem
letzten Satz darf nicht in Vergessenheit geraten, daß es
sich in dem von Weick dargestellten Prozeß der Entwicklung
der Theorie aus den Erfahrungen um einen Vorgang handelt,
der in Bildungsveranstaltungen stattfinden soll. Die hier
dargestellte Explikation des exemplarischen Prinzips entspricht der ersten der von uns gekennzeichneten beiden Auffassungen. Im Zusammenhang mit obiger Aussage Negts meinen
wir, daß die Verdeutlichung des Gemeinten von Weick im Sinne
Negts ist, zumindest aber nicht im Widerspruch zu seiner Theorie des exemplarischen Lernens steht.

2. Die Praxis in der gewerkschaftlichen Bildungsarbeit, die sich
   auf Negts exemplarisches Prinzip bezieht, ist allerdings eine
   andere. Überall dort, wo der Anspruch erhoben wird, daß die
   Teilnehmer selbst Einblick in das Wesen des bestehenden gesellschaftlichen Systems gewinnen sollen, werden die Erfahrungen der Teilnehmer mit den entsprechenden Teilen der Marxistischen Gesellschaftstheorie verbunden. So folgt im "DGB-
   Leitfaden Stufe I" auf die Erfahrungen der Lehrlinge in Berufsausbildung und Gesamtbetrieb ein "Ökonomie-Teil", in dem
   in einem kurzen Abriß bestimmte Aspekte der Marxistischen
   Werttheorie dargestellt werden. Der Teil hat das Ziel, die Erfahrungen der Kollegen auf ihre eigentliche gesellschaftliche

5

Ursache selbst zurückzuführen. "Bisher wurde der Interessengegensatz nur in einzelnen Auswirkungen auf die Arbeits- und
Lebensbedingungen der Lohnabhängigen dargestellt. Es wurde
zwar festgestellt, daß die Unternehmer in vielen Fällen ihre
Interessen auf Kosten der Lohnabhängigen durchsetzen; aber
offen ist noch, welche Rolle die Unternehmer und die Lohnabhängigen eigentlich in der Produktion haben und worin die
Grundlagen für die Macht der Unternehmer bestehen. Deshalb
sollen bei diesem Thema folgende Erkenntnisse erarbeitet werden:
- die Lohnabhängigen sind die eigentlichen Produzenten
  des gesellschaftlichen Reichtums;
- durch den Privatbesitz an Produktionsmitteln eignen sich
  aber die Unternehmer die durch Arbeit geschaffenen Werte
  an; durch die Investition der angeeigneten Gewinne vergrößern sie ihren Reichtum und ihre Macht über Menschen,
  während die Lohnabhängigen ihren Lohn gänzlich für den Lebensunterhalt aufbrauchen müssen" (DGB-Leitfaden, Stufe I,
  S. 169).
Genauso in der FS I-Konzeptionsgrundlage der gewerkschaftlichen Bundesjugendschule Oberursel, die sich mit der Krisen-
problematik beschäftigt. Anschließend an die Diskussion von
"Erscheinungsformen von konjunkturbedingten Problemen" und
an "allgemein übliche Krisenerklärungen und Krisenbehebungs-
strategien" erfolgt die "konjunkturelle Analyse". Im ersten
Teil lassen sich "an Fragen wie
- welche Veränderungen am Arbeitsplatz und in den Betrieben
  sind zu beobachten ?
- welche Veränderungen auf gesamtgesellschaftlicher Ebene
  sind zu beobachten ?
- welche Auswirkungen hat die derzeitige konjunkturelle
  Situation auf das Verhalten, auf das Bewußtsein der
  Kollegen ?
...Erfahrungen sammeln und zusammenfassen.
Je nach den Erfahrungen der Teilnehmer soll dann ein Problem-
kreis exemplarisch untersucht und vertiefend diskutiert werden, d.h. entweder Arbeitslosigkeit/Rationalisierung oder Ju-
gendarbeitslosigkeit/Lehrstellenverknappung/Nichtübernahme
oder Intensivierung der Arbeit/Disziplinierung oder Reallohn-

abbau/Abbau von Sozialleistungen und sozialen Rechten oder
ähnliches" (S. 4 f).

Im zweiten Lehrgangsabschnitt werden die Erklärungsmuster
der Teilnehmer so weit problematisiert, daß sie von sich aus
einsehen, daß auf einer solchen Ebene von Krisenerklärungen
nur Teilbereiche diskutiert werden können.
Der dritte Teil erhebt von sich den Anspruch, "sich mit den
Wesensmerkmalen zu beschäftigen, die diesen Teilbereichen
und Teilerscheinungen zugrunde liegen" (ebenda, S. 5; Hervorhebung d.A.). Die konjunkturelle Analyse soll umfassen 1. den
Konjunkturzyklus, 2. die werttheoretische Ableitung von Krisen und Prosperitätsphasen und 3. den Konjunkturzyklus und
Krisenzyklus unter Einbeziehung der werttheoretischen Ebene.
Im zweiten Punkt ist die Marxistische Analyse des tendenziellen Falls der Profitrate ein wesentlicher Bestandteil. Wiederum werden also die Erfahrungen mit der Marxistischen Theorie
verbunden.

Diese konzeptionellen Ausführungen reflektieren nur die Erfahrungen der Lehrgangsarbeit: keinem Teamer ist es jemals
gelungen, mit den Teilnehmern aus ihren Konflikterfahrungen
tatsächlich eine Werttheorie zu entwickeln, und zwar entwickeln in dem Sinne, daß auch wenn es so etwas wie eine
Marxistische Theorie nicht gäbe, man im Laufe der Entfaltung
des Einzelnen, exemplarischen trotzdem zum Widerspruch zwischen Wert und Gebrauchswert als der zentralen Wesensbestim-
mung des bestehenden Systems vorstoßen würde. Tatsache ist,
daß eine solche Theorieschöpfung in den gewerkschaftlichen
Bildungsveranstaltungen niemals gelingen kann, ja auch gar
nicht notwendig ist, weil die Explikation der Wesensbestim-
mungen der bürgerlichen Gesellschaft als wissenschaftlicher
Befund ja vorliegt und in der Marxistischen Forschung der
Entwicklung des Kapitalismus selbst differenziert und ausge-
weitet wird. In der Bildungsarbeit geht es also lediglich
darum, daß die Teamer die vorher von ihnen angeeignete Theorie an den richtigen Punkten mit den Erfahrungen der Teilnehmer verknüpfen, wie es kurz anhand der FS 1-Konzeptionsgrund-
lage der gewerkschaftlichen Bundesjugendschule Oberursel dargestellt wurde.

7

Nun läßt sich allerdings feststellen, daß in der gewerkschaftlichen Bildungsarbeit überall dort, wo das Verhältnis von Erfahrung und Theorie nicht unter lehrgangsprak-
tischen Gesichtspunkten, sondern in einer theoretischen
Reflexion selbst zum Gegenstand gemacht wird, eine sehr
starke Anlehnung an Negts Vorstellung von Entwicklung des
Ganzen aus dem Einzelnen besteht. Die gewerkschaftlichen
Teamer sehen dies in ihrer großen Mehrzahl als den theoretischen background ihrer praktischen Arbeit. Deshalb ist
Oberursel auch repräsentativ, wenn hier der Erfahrungsansatz wie folgt gekennzeichnet wird: "Im Erfahrungsansatz
ist jedoch zugleich die Absage enthalten, daß die Zielsetzung des Lehrgangs Vermittlung von Handlungsanweisungen
sein könnte, oder daß in Lehrgängen Wissen und Zusammenhänge gewissermaßen in die Köpfe der Teilnehmer hineingetragen
werden könnten" (ebenda, S. 3).
Wo liegt aber der Grund für die offensichtlich verkehrte Reflexion der eigenen Praxis in der Theorie ? Warum kann sich
eine solche Theorie trotz gegenteiliger Praxis halten ?
Einige Anhaltspunkte für die Erklärung dieses Phänomens finden sich in den Äußerungen E. Weicks, in denen er das exemplarische Prinzip abgrenzt gegen andere Schulungskonzepte.
So schreibt er: "Zu verdeutlichen wäre auch, daß die Entfaltung und Anwendung der dialektischen Methode in der Arbeiterbildung nichts gemeinsam hat mit den 'Schulungen', in
denen die realen Erfahrungen der Arbeiter nur ein Vehikel
für die Vermittlung Marxistischer Kategorien sind" (Weick
1973, S. 111). Es geht um folgendes: Alle, die das exemplarische Lernen als Prinzip anerkennen, halten Theorie für
notwendig: "Das Arbeiterbewußtsein kann sich nur zu einem
Klassenbewußtsein weiterentwickeln, wenn auch das theoretische Defizit in der Arbeiterbewegung überwunden wird und in
der gesellschaftlichen Entwicklung auch eine konkrete Utopie
begründet werden kann" (ebenda, S. 11o). Es besteht aber ein
legitimes Interesse, darin nicht verwechselt zu werden mit
jenen linken dogmatischen Gruppen, die die Kapitallektüre
für die einzig adäquate Form des Lernens halten. Die Auseinandersetzung mit der Praxis dieser Gruppen, in der die All-

8

tagserfahrungen der Arbeiter vollkommen unberücksichtigt
bleiben, und über deren Köpfe hinweg Theorie vermittelt
wird, hat ein sehr nachhaltiges Bedürfnis nach Distanzierung von solcher Bildungsarbeit hinterlassen. Nicht zufällig heißt es deshalb auch in den Thesen der Oberurseler
Kollegen zu Erfahrung und Bewußtsein: "Der Erfahrungsansatz
ist sowohl ein pädagogisches als auch ein politisches Prinzip. Der Erfahrungsansatz ist nicht autoritär, indem er auf
die Subjektstellung von Teilnehmern in Lehrgängen niemals
verzichtet. Der Erfahrungsansatz ist praxisorientiert, indem er die objektiven und subjektiven Rahmenbedingungen aus
der Umgebung der Teilnehmer zum Ausgangspunkt strategischer
Überlegungen macht. Der Erfahrungsansatz ist emanzipatorisch,
indem er die Erarbeitung sozialistischer Inhalte nur zuläßt,
wenn diese zugleich der Form nach mit der Entwicklung von
Selbstreflexion (und) Kompetenz in der Einschätzung der eigenen Lage...bei den Teilnehmern verbunden ist" (Thesen zu Erfahrung und Bewußtsein, Hervorhebung d.A.). Durch diese Abgrenzung wird allerdings übersehen, daß die Anerkennung der
eigenen Praxis, nämlich die Verbindung von Theorie mit Erfahrungen und damit in gewissem Sinne auch 'Hineintragen' von
Theorie, keineswegs eine Bejahung der abgelehnten "Schulung"
bedeutet, wie sich in dem DGB-Stufe I-Leitfaden und der FS I-
Konzeptionsgrundlage ja zeigt. Erfahrungen müssen, wie weiter
oben schon dargestellt, sowohl Ausgangs- und Endpunkt als auch
Orientierungsgrundlage des Lernprozesses sein. Da die sozialistische Theorie aus den Erfahrungen selbst nicht entsteht,
muß an entscheidenden Punkten, z.B. wenn die Teilnehmer, wie
in der FS I-Konzeptionsgrundlage vorgeschlagen, anhand ihrer
eigenen Erfahrungen die Unklarheiten und Widersprüchlichkeiten
ihrer Interpretationen der Krise eingesehen haben, dann ge-
sellschaftspolitisches Wissen so eingebracht werden, daß es
von den Teilnehmern denkend rezipiert werden kann.
Die verkehrte theoretische Reflexion der eigenen Praxis ist
jedoch nicht ohne Folgen für diese Praxis selbst geblieben.
Die vollkommene Identifikation des Erfahrungsansatzes mit der
Vorstellung, es wäre möglich, das Ganze aus dem Einzelnen,

9

die Totalität aus den Erfahrungen zu entwickeln, hat geradezu verhindert, daß man sich mit Problemen dieses Verhältnisses von Theorie und Erfahrung näher beschäftigte. Wir
wollen dies nun an zwei in der Praxis entstandenen Positionen zeigen.

In der gewerkschaftlichen Bildungsarbeit gab es und gibt es
auch noch eine nicht zu unterschätzende Gruppe, die den Anspruch von Negt ernst genommen und nicht einfach eine andere
Praxis mit seiner Theorie identifiziert hat. Als diese Teamer in den Lehrgängen feststellen mußten, daß es nicht möglich ist, z.B. von den Problemen der Berufsausbildung der
Lehrlinge geradlinig aufzusteigen zu der Erkenntnis des Wesens des bestehenden Systems, sondern daß es durchaus "Brüche"
zwischen den unmittelbaren Erfahrungen der Teilnehmer und der
diese Erfahrungen erklärenden und auf ihre eigentliche Ursache
zurückführenden Theorie gibt, blieben sie, um diese in der
Theorie ja niemals thematisierten "Brüche" zu umgehen, bei
den Erfahrungen der Teilnehmer stehen. Damit ließen sie einen
wesentlichen Bestandteil von Negts Theorie des exemplarischen
Lernens fallen, nämlich die Erkenntnis, daß es zur Entwicklung von Klassenbewußtsein grundsätzlich immer notwendig ist,
über die unmittelbaren Erfahrungen der Arbeiter hinauszugehen.
Alle Erklärungen und Aufarbeitungen, die die Erfahrungen der
Kollegen wesentlich überschritten, wurden als aufgesetztes
und unverständliches Wissen verstanden und deshalb abgelehnt.
Man erklärte, daß der "gegenwärtige Stand" der Konflikt-Er-
fahrungen der Lehrlinge nicht zulasse, daß man zur Erkenntnis auch nur einiger wesentlicher Grundelemente des Systems
kommen könne. Vielmehr müßte durch Aktionen in der Praxis
selbst eine Erweiterung des Bewußtseins geschehen, auf das
man in der Bildungsarbeit dann wieder aufbauen könnte. Wenn
auch so scheinbar noch festgehalten wird an der Notwendigkeit,
Theorie in einer Bildungsarbeit vermitteln zu müssen, die beitragen will zur Entwicklung von Klassenbewußtsein, so läuft
dieser Ansatz letzten Endes doch auf eine Fetischisierung der
Erfahrungen hinaus. Man nimmt an, daß die Alltagserfahrungen
der Kollegen selbst schon Einblick in die wesentlichen Verhältnisse des bestehenden Systems liefern, so daß es in der

Bildungsarbeit eigentlich nur noch der Verallgemeinerung dieser Erfahrungen bedarf.

Es muß betont werden, daß es sich in der hier dargestellten Position nicht um eine Richtung handelt, die in der gewerkschaftlichen Bildungsarbeit als solche festgehalten und explizit formuliert wäre bzw. als Gegenrichtung gegen Negts Konzeption direkt auftreten würde. Sie ist vielmehr ein Versuch, mit den in der Praxis auftretenden Schwierigkeiten fertig zu werden. Sie kann nur deshalb zustande kommen, weil die Problematik des Übergangs von den einzelnen Erfahrungen zur sozialistischen Theorie nicht thematisiert wurde.

Aber auch bei denen, die Negts Konzeption des exemplarischen Lernens theoretisch übernehmen, praktisch jedoch Elemente Marxistischer Theorie mit den Erfahrungen verbinden, bleibt Negts Theorie nicht ohne negative Folgen. Dies soll im folgenden gezeigt werden.

Da bei einer Anlehnung an Negt die Tatsache nicht gesehen wird, daß die Teilnehmer zur Erkenntnis wesentlicher Elemente des bestehenden Systems nur gelangen, wenn ihre individuellen Erfahrungen mit entsprechenden Teilen der Marxistischen Gesellschaftsanalyse verbunden werden, kommt man auch nicht zu Überlegungen, a) daß zunächst die Nahtstellen ausgemacht werden müssen, an denen bzw. von denen die Verbindung gelingen kann. Die Krise z.B. ist dem empirisch-sinnlichen Erfahrungen der Kollegen in ihrem Ausmaß nicht zugänglich. Sie stellt sich bei Thyssen anders dar als bei Hoechst. Man kann also nicht von den individuellen Erfahrungen der Arbeiter mit dem Phänomen Arbeitslosigkeit zur Erklärung der Krisenhaftigkeit des kapitalistischen Systems kommen, ohne zunächst empirische Verallgemeinerungen über das Ausmaß der Arbeitslosigkeit, die Verteilung auf einzelne Branchen usw. zu schaffen; d.h., die Erscheinungsebene muß zunächst so entfaltet werden, daß überhaupt eine Grundlage besteht, von der aus Abstraktionen möglich sind. Erkenntnis setzt eben zunächst auch Kenntnis voraus. Diese gründliche empirische Aufarbeitung muß sich konsequenterweise dort als bloß überflüssiges Verharren auf der Erscheinungsebene darstellen, wo man annimmt, daß in den Einzelerfah-

11

rungen die Totalität selbst 'gebündelt' existiert, also wesentliche Gesetzmäßigkeiten bruchlos aus diesen entwickelt werden können. b) daß näher untersucht werden muß, ob es sinnvoll bzw. überhaupt möglich ist, in Lehrgängen gewerkschaftlicher Bildungsarbeit, ausgehend von den Erfahrungen, die Totalität des kapitalistischen Systems begreifbar machen zu wollen. Von dieser Frage wurde in den bisherigen Ausführungen zunächst abstrahiert, um das Problem von Entwicklung oder Verbindung von Theorie aus bzw. mit den Erfahrungen thematisieren zu können. Um die Totalität der bürgerlichen Lebensverhältnisse zu vestehen, ist es notwendig, die einzelnen Analyseschritte in bezug auf Wesen und Erscheinungsformen, auf die vielfältigen Gesetzmäßigkeiten usw. selbst inhaltlich in ihrer Gesamtheit nachzuvollziehen. Dies setzt wiederum voraus, daß der Darstellungsweise von Marx im Kapital gefolgt wird, die bei der Ware als "Zellform" der bürgerlichen Gesellschaft beginnt; denn die Darstellungsweise darf keineswegs als beliebige formale Entwicklung des Gegenstandes verstanden werden. Sie ist "die Explikation der Sache deshalb, weil sie sie in ihrer notwendigen inneren Entwicklung und Entfaltung darstellt. Der tatsächliche Beginn ist hier der notwendige Beginn, aus dem sich die übrigen Bestimmungen notwendigerweise entfalten. Ohne den notwendigen Beginn ist die Darstellung keineswegs eine Entfaltung (Explikation), sondern ein eklektisches Anhäufen oder Hin- und Herspringen von einem zum andern. ...Die Methode ist kein evolutionistisches Entwickeln, sie ist ein Entfalten, Aufdecken und "Komplizieren" der Widersprüche, ein Entfalten der Sache durch Vermittlung ihrer Widersprüche" (Kosik, 1967, S. 33 - vgl. auch: Ausführungen über die "Marxistische Methode" in späteren Teilen).

Haug hat in den "Vorlesungen zur Einführung ins 'Kapital'" aufgezeigt, daß deshalb auch alle Versuche im Prozeß des Begreifens der wesentlichen Verhältnisse in ihrer Totalität scheitern müssen, die nicht bei der Ware beginnen. Er erläutert dies an mehreren Beispielen. Wir greifen das Beispiel der Wahl des Arbeitslohnes als Ausgangspunkt heraus, um darzustellen, um was es geht. Haug schreibt:"Den Arbeitslohn behandelt Marx, wie der Blick

in das Inhaltsverzeichnis zeigt, im VII. Abschnitt. - Den
Arbeitslohn abzuhandeln, heißt eine Tatsache abhandeln, die
das Merkwürdige hat, daß sie sozusagen eine Theorieschrift
auf der Stirn trägt. Diese Tatsache behauptet von sich selber, was ihr ökonomisches Wesen sei: 'Arbeitslohn' gibt sich
als Bezahlung von Arbeit zu verstehen. Wir unterstellen jetzt
einmal Lohn in Geldform...und formulieren dann die Sache um.
Wenn etwas für Geld gegeben wird, dann ist es der Preis, der
bezahlt wird. Also ist der Arbeitslohn der Preis der Arbeit.
Der Lohnarbeiter - so gibt der Begriff Arbeitslohn zu verstehen - verkauft Arbeit und erzielt dafür einen bestimmten
Preis, eben Arbeitslohn...Der Einwand gegen die Behauptung,
die der Begriff Arbeitslohn aufstellt, den 'Wert der Arbeit'
zu bezahlen, liegt auf der Hand:...Wäre es so, wie die Lohnarbeit von sich sagt, dann ließe sich überhaupt nicht mehr erklären, woher der Profit kommt" (Haug, 1974, S. 22 f). Hieran
wird schon deutlich: "Um zu verstehen, wie der Sachverhalt
sich nun anders darstellt, muß man weiter zurückgehen. Denn
Marx zeigt zuvor...dort, wo er den Kapitalbegriff einführt,
daß Kapital als reguläre Form (und nicht bloß als Randerschei-
nung) nur möglich ist, wenn eine Ware gefunden wird, deren Gebrauchswert darin besteht, mehr Wert zu produzieren, als sie
selber hat. Und diese Ware ist die Ware Arbeitskraft...Wie
kann man aber nun erklären, was vor sich geht, wenn Arbeitskraft gekauft und verkauft wird ? Und was ist überhaupt der
Unterschied von Arbeitskraft und Arbeit ? Marx erklärt das
unter Zuhilfenahme der Begriffe, die er genauestens entwickelt
hat bei der Analyse weder der Produktion noch der Lohnarbeit
noch des Arbeitslohns - und schon gar nicht der Bedürfnisse -,
sondern bei der Analyse der Ware. Damit sind wir beim ersten
Kapitel angelangt" (ebenda, S. 23). Beim Versuch, vom ange-
fangenen Weg vom Arbeitslohn aus vorzustoßen, stößt man also
überall auf Hindernisse, in jeder Richtung kommt man zu Wert-
kategorien. Marx muß deshalb, um den Arbeitslohn zu erklären,
"zurückgreifen auf die Begriffe Gebrauchswert und Wert, also
auf die Ergebnisse der anfänglichen Untersuchung der Ware.
Jetzt kann er einen Satz formulieren, der praktisch bei den

13

Ergebnissen des ersten Kapitels anhebt und den Aufbau einer
Reihe von Abschnitten bis zum Abschnitt über die Lohnform
in sich zusammenfaßt: Das, was als Arbeitslohn gezahlt wird,
ist der Preis für die Ware Arbeitskraft, eine Ware, die wie
alle anderen Waren gebraucht wird und Wert hat. Ihr Gebrauchswert für den Käufer, also den Kapitalisten, ist, daß diese
Ware vernutzt werden kann zur Wertproduktion, genauer zur Produktion von mehr Wert, als sie hat und als in Lohnform für
sie gegeben werden muß; dabei unterscheiden sich Arbeitskraft
und Arbeit wie Gebrauchswert und tatsächlicher Gebrauch. Der
Wert wiederum ist bestimmt wie der jeder anderen Ware auch,
nämlich durch die Menge an vergegenständlichter Arbeit, die
in ihr steckt, kurzum, durch die gesellschaftliche Arbeitszeit, die zur 'Produktion' des Arbeiters und seiner Arbeitsfähigkeit nötig sind. Der Arbeitslohn ist nichts anderes als
eine aus bestimmten Gründen verwandelte, irrationale Form, in
der dieses Verhältnis erscheint...Es entsprach also die Antwort auf die Frage, was Arbeitslohn ist, in ihrem inneren Bau
dem Aufbau der Theorie, wie er sich als Abfolge von Kapiteln
und Abschnitten im Kapital darstellt" (ebenda, S. 23 f).
Das heißt selbstverständlich nicht, daß der methodische Weg
im Lernprozeß sofort bei der Warenanalyse beginnen muß. Man
kann sehr wohl beim Arbeitslohn ansetzen und durch die dort
auftauchenden Widersprüche die Notwendigkeit der Warenanalyse
einsichtig machen, um dann in einer zweiten Phase mit ihr zu
beginnen. Haugs Ausführungen bewegen sich aber nicht um diese
einzelnen Schritte des konkreten Lernprozesses, sondern ihm
geht es darum, zu zeigen, daß der Arbeitslohn als fetischisierte Form der Ware Arbeitskraft dann nicht inhaltlich begriffen werden kann, wenn nicht vorher die Ware als die "Zellform" der bürgerlichen Gesellschaft erfaßt wurde.
Zu der Notwendigkeit des Beginns mit der Ware sagt Haug zusammenfassend: "Wenn man nun noch einmal das Inhaltsverzeichnis
durchsieht, findet man, daß diese Theorie insgesamt derart
'aufgebaut' ist, daß jeder ihrer Begriffe immer wieder vom 'Anfang' ausgeht, also auch sein Verständnis voraussetzt. Der
erste Abschnitt untersucht Ware und Geld. Und der entscheiden-

de Begriff, der hier herausgearbeitet wird, ist der Begriff des Werts und der Wertform. Das Geld wird als Geldware begriffen, die Geldform als vollendete allgemeine Wertform, selbständige Wertgestalt. Die Verwandlung von Geld in Kapital ergibt im II. Abschnitt den Begriff 'Verwertung des Werts'. 'Sich verwertender Wert' ist ein redender Name für Kapital. An diesen Begriffen springt auf Anhieb ins Auge: Sie sind wie aus Bauelementen gebaut, die im ersten Abschnitt hergestellt wurden. Man kann den Begriff 'Verwertung des Werts' weder bilden noch verstehen, wenn man nicht weiß, was 'Wert' ist. Offensichtlich mußte zuerst die Wertanalyse sein, damit die Kapitalanalyse als Analyse von 'Verwertung des Werts' möglich wurde...Man sieht, die tragenden Begriffe sind zusammengesetzte, zum Teil geradezu 'potenzierte' Ausdrücke, und man würde sich unglücklich machen, wollte man bei irgendeinem dieser Ausdrücke beginnen und versuchen, ihn unmittelbar zu verstehen. Um ihn zu verstehen, muß man ihn offensichtlich auseinandernehmen in seine Bauteile, und offensichtlich ist das einfachste Bauteil dieser Ausdrücke der 'Wert' (ebenda, S. 25 f). Dieser Weg des sorgfältigen Nachvollzugs des "Kapital" sowohl in seiner inhaltlichen als auch methodischen Seite steht, und das wird jeder bejahen, in gewerkschaftlichen Lehrgängen nicht zur Debatte ! Klar muß aber sein, daß da, wo dies nicht geschieht, es sich immer nur um einzelne, herausgerissene Teile handelt, die rezipiert werden. Weil sie aber nur aus dem Gesamtzusammenhang, in dem sie stehen, wirklich begriffen werden können, ist ein Verständnis des Ganzen, der Totalität auf diesem Weg nicht möglich. Diese Erkenntnis ist auch nicht dadurch zu erreichen, daß man in Lehrgängen einen "Schnelldurchgang" durch das "Kapital" macht, das letzten Endes nur zum reinen Begriffslernen führt, nicht aber zum Verständnis der Entwicklung der Grundverhältnisse des kapitalistischen Systems aus der Wertform heraus. Die in den Lehrgängen vermittelbaren Teilerkenntnisse sind aber sehr wichtig und dürfen im Rahmen gewerkschaftlicher Bildungsarbeit keineswegs unterschätzt werden. Es geht also nur um ein richtiges Verständnis der Grenzen. Somit ist es für die gewerkschaftliche Bildungsarbeit angemes-

sener und wichtiger, sich Gedanken darum zu machen, wie man
einige Gesetzmäßigkeiten des kapitalistischen Systems vermitteln bzw. Teile mit den Erfahrungen so verbinden kann, daß
es jederzeit möglich ist, auf diesen Teilen selbst wieder auf-
zubauen, daß also der Weg nicht versperrt ist für die Erkenntnis der Totalität, zu deren Realisierung jedenfalls andere als
die in einzelnen Lehrgängen mögliche Wege beschritten werden
müssen. Wie die Verbindung von Erfahrung und Theorie hierin
aussieht, wird später im begreifenden Erkennen genauer analysiert.
Hiermit sind nur einige Umrisse von Fragen bezeichnet, mit
denen sich eine Theorie beschäftigen müßte, die das Verhältnis von Erfahrungen und Theorie in der Weise einer Verbindung
thematisiert.

. Zu Erfolg in der Lösung der sich hier stellenden Probleme
kann diese Theorie u.E. nur gelangen, wenn die Marxistische
Erkenntnistheorie gründlich aufgearbeitet und für die Bildungsarbeit umgesetzt wird. Sie beschäftigt sich mit folgenden Fragestellungen:

- in welcher Beziehung stehen das Einzelne und das Ganze ?
- wie und von wo aus kommt man zu Abstraktionen ?
- welchen Stellenwert hat die logisch-historische Analyse,
  um nicht zu falschen, sondern realen Abstraktionen zu kommen ?
- welche Wege müssen beschritten werden, um von der Abstraktion selbst wieder zum Ausgangspunkt zurückzukehren, so daß
  dieser jetzt als begriffener existiert, nicht mehr als "vor-
  gestelltes Konkretes", sondern als "reiche Totalität von
  vielen Bestimmungen und Beziehungen" ?
  kann man Lernprozesse nach der Marx'schen Methode des Aufsteigens vom Abstrakten zum Konkreten organisieren ?
- in welcher Beziehung stehen Erscheinung und Wesen zueinander ? usw.

Dieser Teil der Erkenntnistheorie impliziert selbst die Annahme, daß die objektive Realität in ihrem Wesen sich den Subjek-

ten nicht unmittelbar offenbart, sondern nur über den Umweg
des "begreifenden Denkens" sich angeeignet werden kann. Die
oben in Fragen skizzierte Erkenntnistheorie setzt den Umweg
als notwendig voraus und beschäftigt sich wesentlich nur noch
mit diesen selbst. Wir meinen, daß es aber im Zusammenhang
mit den in der Problemstellung auftauchenden Bereichen notwendig ist zu klären: Was ist überhaupt Erkenntnis ? Wie kommen die Erkenntnisse, denen wir ja als Bewußtseins-Phänomene
in den Lehrgängen gegenüberstehen, überhaupt in die Köpfe der
Kollegen ? Wir wollen uns in unserer Arbeit deshalb dieser
Frage zuwenden, weil sie nicht nur die Grundlage für die anderen erkenntnistheoretischen Aussagen ist, sondern weil auch
auf diesem Wege geklärt werden kann, was unter Erfahrungen eigentlich zu verstehen ist.
Die verschiedenen Vorstellungen über "Erfahrung" tauchten in
dem unter Punkt 1 und 2 behandelten Verständnis von Erfahrung
und Totalität hier und da schon auf. E. Weick behauptet, daß
sich zwar in den Erfahrungen die Totalität der gesellschaftlichen Verhältnisse bündelt, diese aber im Lernprozeß erst
"freigelegt" werden muß, da sie im "Erfahren" der Kollegen
selbst noch nicht erkannt wird. Eine andere Gruppe überhöht
Erfahrungen wesentlich mehr. Für sie beinhalten die Erfahrungen der Kollegen selbst schon die Erkenntnis des Wesens des
bestehenden Systems. Wenn wir die Notwendigkeit der Verbindung
von unmittelbarer Erfahrung und Theorie formuliert haben, wird
Erfahrung verstanden als Erkenntnis, die keineswegs Einblick
in die Totalität des kapitalistischen Systems liefert, vielmehr eine Stufe menschlicher Erkenntnis darstellt, die nur die
Erscheinungsformen erfaßt, in denen sich das Wesen der gesellschaftlichen Verhältnisse fetischisiert darstellt. Eine Mar-
burger Autorengruppe sagt dazu: "Zur Erkenntnis der wirklichen
Verhältnisse ist deshalb Abstraktion notwendig, d.h., die gesellschaftliche Wirklichkeit, deren Ausdruck letztlich auchdie
Erfahrungen der Kollegen sind, kann nur gedanklich durchdrungen werden, wenn sie in ihrer Besonderheit (Ausschnitthaftig-
keit), die sie in den Erfahrungen annimmt, entledigt wird
(in: Sozialistische Politik, Heft 34/35, S. 197 f).

17

Die verschiedenen Vorstellungen von "Erfahrung" sind selbstverständlich konstituiv dafür, wie man das Verhältnis von Erfahrung und Totalität begreift, wie weit man glaubt, in Bildungsprozessen über die Erfahrungen hinausgehen zu müssen,
um auch nur Teile des kapitalistischen Systems richtig begreifen zu können, wie einfach oder schwierig man den Prozeß
des Übergangs von den Erfahrungen zur Erkenntnis der Dinge in
ihren tatsächlichen Beziehungen sieht, also wie groß man die
Widerstände einschätzt, die die Kollegen der Aufgabe ihres bisherigen Verständnisses der Verhältnisse bzw. neuer Erkenntnis
entgegensetzen. Um jedoch die im exemplarischen Lernen enthaltenen Probleme in den Griff zu bekommen, war es zunächst notwendig, von der genauen Analyse der einzelnen Erfahrungsbegrif-
fe abzusehen. Jetzt, wo sich im Laufe der Darstellung gezeigt
hat, daß zur Lösung von Fragen im Zusammenhang des Übergangs
von Erfahrungen zu einzelnen Gesetzmäßigkeiten bzw. zur Totalität das theoretische Verständnis von Erfahrung bzw. Erkenntnis unabdingbar ist, muß der Erfahrungsbegriff näher untersucht werden.
Dem Erfahrungsansatz von Negt fehlt nicht nur eine explizit
ausformulierte erkenntnistheoretische, sondern auch psychologo-
gische Grundlage. In seinem Buch "Soziologische Phantasie und
exemplarisches Lernen" wird der Begriff Erfahrung an keiner
Stelle definiert. Dies führte in der Diskussion gewerkschaftlicher Bildungsarbeit dazu, daß zwar jeder das Ansetzen an
den Erfahrungen für unabdingbar hielt, keiner aber genau wußte, was unter Erfahrung zu verstehen ist, was dieser Begriff
alles beinhaltet. In der Folge entwickelte sich ein breites
Spektrum verschiedener Vorstellungen. Es ist jedoch eine positive Entwicklung in letzter Zeit insofern entstanden, als
man den Mangel eines unklaren Verständnisses von Erfahrung
erkennt und sich um Klärung bemüht. Oskar Negt unterscheidet
in seinem Buch "Öffentlich-keit und Erfahrung" zwischen unmittelbarer und mittelbarer Erfahrung. "Die unmittelbare Erfahrung bewegt sich zunächst auf der Ebene dessen, was Mao Tse-
tung die Stufe der sinnlichen Erkenntnis, die Stufe der Empfindung und Eindrücke nennt...Der Schlüssel für die Fähigkeit, un-

mittelbare Erfahrung zu bilden, liegt offenbar in einer Art
Lernprozeß, der mit der bloßen Aufnahme von Arbeitswissen,
dem Lernen im engeren Sinn, wenig zu tun hat. Vielmehr wird
in der frühesten kindlichen Entwicklung diese Fähigkeit zu
lernen, unmittelbare Erfahrung zu bilden, geformt. Diese Fähigkeit wandelt sich in immer weiteren Lernschritten eines
langfristigen Lernprozesses, der die Struktur und den Rahmen
der Erfahrung verändert, neben den zahllosen kurzfristigen
Lernprozessen, die Wissen akkumulieren. Dieser Lernrhythmus,
der die Organisationsstruktur der Erfahrung bestimmt, ist
nicht willkürlich, z.B. durch Entschlüsse zu ändern, sondern
ein kollektives gesellschaftliches Produkt...
Die mittelbare Erfahrung erscheint als aufgehäuftes Wissen.
In dieser Hinsicht bildet sie, weil das unmittelbare gegenwärtige Erfahrungsinteresse im Akkumulationsvorgang der tra-
dierten Erfahrungen nicht hinreichend wiedererkannt werden
kann, zunächst eine ungeheuere Warensammlung, auch dann, wenn
die ursprüngliche Produktion der mittelbaren Erfahrung fast
reine Gebrauchswertproduktion war. Hier liegt die Domäne der
rationalen Denktradition. Das 'Ganze der Gesellschaft' scheint
auf den Wegen dieser mittelbaren Erfahrung faßlich, da sich
diese Erfahrung von den im subjektiven Erleben gebundenen Reali-
tätswiderstand entfernt. Es zeigt sich jedoch, daß die mittelbare Erfahrung auf alle praktischen Handlungen und unmittelbaren Erkenntnisse und Empfindungen einwirkt, daß sie aber nur
im geringen Maß Organisator und Regulator des Erfahrungsin-
teresses sein kann. Mittelbare Erfahrung wird im wesentlichen
nur praktisch, wenn sie im Lernrhythmus der unmittelbaren Erfahrung relevant ist" (Negt, 1972, S. 57 f).
Auch in den "Thesen zu Erfahrung und Bewußtsein" von der gewerkschaftlichen Bundesjugendschule Oberursel wird versucht,
den Erfahrungsbegriff näher zu bestimmen. "Entgegen allen heute häufigen Mißverständnissen des Erfahrungsansatzes halten
wir an dem qualitativen Unterschied zwischen bloßem Erleben
und Erfahrung fest. Erfahrung ist reflektiertes Erleben, ist
nichts "Gegebenes", sondern ist etwas, daß selbst erst entwickelt werden muß. Wir setzen also nicht die unmittelbare

19

Selbstwahrnehmung der Lehrgangsteilnehmer mit Erfahrung gleich. Diese Selbstwahrnehmung ist vielmehr vielfach entstellt und vereinseitigt aufgrund vielfältiger Sozialisations- und Ideologisierungsprozesse. Erfahrungsansatz heißt für uns gerade, aus jenen Realitätsfetzen, die die Teilnehmer als ihre Realität empfinden und mitteilen, jene Nervenpunkte und Bruchstellen herauszuvermitteln, an denen die soziale Lage der Teilnehmer, wie auch Ansatzpunkte alternativer Praxis sich abzeichnen." Erfahrung und Bewußtsein werden gleichgesetzt: "Besonders für Lehrgangssituationen aber sind uns zwei Erfahrungselemente wichtig. Wir versuchen, jene Brüche im Arbeiter<u>bewußtsein</u> ausfindig zu machen, an denen sich dieses <u>Bewußtsein</u> bereits heute - wenn auch begriffslos - in Widerspruch zur kapitalistischen Rationalität setzt, wo also in diesem Arbeiterbewußtsein selbst schon unerkannte Elemente antagonistischer Rationalität enthalten sind. Wir versuchen zum anderen, jene Mechanismen ausfindig zu machen und aufzuarbeiten, mit denen abhängig Beschäftigte in ihrer Alltagspraxis versuchen, solche Brüche und Widersprüche kompensierend auszulöschen" (Thesen zu Erfahrung und Bewußtsein, S. 14; Hervorhebung b.A.). Es ist offensichtlich, daß es sich bei den beiden Positionen noch um sehr vorläufige, bruchstückhafte Thesen bzw. Aussagen handelt. Sie haben zum Teil den Charakter von bloßen Definitionen oder Behauptungen, die man ablehnen oder bejahen kann, weil ihnen keine systematische psychologische Theorie zugrunde liegt, in der die menschliche Erkenntnistätigkeit Gegenstand der Analyse ist. Welche Elemente eine solche Theorie umfassen muß, läßt sich kurz umreißen, wenn man sich die Ausführungen von Negt und Thesen der Oberurseler Kollegen näher anschaut:

- Was ist die Stufe sinnlicher Erkenntnis ? Was ist unmittelbare Erfahrung, unmittelbare Selbstwahrnehmung ? Was ist mittelbare Erfahrung ?
- Wie <u>entstehen</u> Empfindungen bzw. Eindrücke ?
- Erfahrung als Erkenntnis, Unterscheidung von sinnlicher Erkenntnis (Wahrnehmung) und denkender Erkenntnis.
- Ist das 'Ganze der Gesellschaft' nur in denkender Erkenntnis erfaßbar ? Wenn ja, welchen Beschränkungen unter-

liegt die sinnliche Erkenntnis, die in der denkenden Erkenntnis aufgehoben sind ?
- Bewußtsein als Produkt von Erfahrung bzw. Erkenntnis.
- Welchen Einfluß haben Sozialisierungs- und Ideologisierungsprozesse tatsächlich auf die Erkenntnis ? Ist es
richtig, Erkenntnis bzw. Bewußtsein als aufgesetztes,
durch die Bewußtseins-Industrie produziertes zu begreifen ? (Leithäuser, 1976) Oder ist Erkenntnis nicht vielmehr Produkt einer eigenen gnostischen Tätigkeit des Subjekts, an dessen Ende eine Widerspiegelung der objektiven
Realität auf der Seite des Subjekts steht ?
- Ist das, was wir als Erfahrung vorfinden, verstellt und
vereinseitigt ? Wenn ja, ist es deshalb falsche Erkenntnis ? In welcher Weise kann man überhaupt von falschem
Bewußtsein reden ?

Viele dieser Fragestellungen werden aus der Widerspiegelungstheorie als allgemeiner philosophischer Theorie der Erkenntnis bekannt sein. Diese beschäftigt sich mit den Problemen
der Beziehung zwischen Sein und Bewußtsein, der Beziehung
zwischen Subjekt und Objekt sowie des Verhältnisses der beiden zueinander. Allerdings geht sie dabei von der Erkenntnis
als einem Resultat aus und fragt dann, ob diese Erkenntnis
Abbild, adäquate Widerspiegelung der objektiven Welt ist.
(Zu welchen endlosen Auseinandersetzungen diese Frage auf der
nur philosophischen Ebene führen kann, zeigt die "Debatte
und die Abbildtheorie" in Probleme des Klassenkampfes, Nr. 16
und 19 - 21).
Wir gehen davon aus, daß es zur Klärung der in der Philosophie auftauchenden Fragen der Ergänzung durch positive Ein-
zelwissenschaft bedarf , und das ist in diesem Zusammenhang
die Psychologie. "Die Widerspiegelungstheorie als allgemeine
philosophische Theorie der Erkenntnis der objektiven Realität hat in der materialistischen Wahrnehmungspsychologie ihr
einzelwissenschaftliches Gegenstück. Die Wahrnehmungspsychologie ist also empirische Widerspiegelungstheorie...Sie trägt
zur Weiterentwicklung der Erkenntnistheorie, zur Weiterent-

wicklung der Widerspiegelungstheorie als ihrer eigenen philosophischen Grundlage bei" (Stadler u.a., 1975, S. 17 f).
Eine psychologische Theorie hat Erkenntnis als einen Prozeß
zu untersuchen, der auf der Seite des Subjekts abläuft. Wir
stützen uns dabei im wesentlichen auf die Theorie der kritischen Psychologie, wie sie an der FU in Berlin konzipiert
wird und im Rahmen unserer Arbeit vor allem auf Klaus Holzkamp, der in seinem Buch "Sinnliche Erkenntnis - historischer Ursprung und gesellschaftliche Funktion der Wahrnehmung" (1973) diese Theorie am weitesten entwickelt hat.

II. Zusammenhang von Erkenntnis und Bewußtsein

Die Probleme gewerkschaftlicher Bildungsarbeit sind der Ausgangspunkt und Aufhänger unserer Arbeit. Wir haben von dort
aus entwickelt, warum es notwendig ist, sich mit der Funktion
der menschlichen Erkenntnis zu beschäftigen. Es ergibt sich
aus der Behandlung dieses Gegenstandes, daß dabei die konkrete Ebene bzw. der enge Rahmen der Bildungsarbeit verlassen
wird. Dies wird besonders deutlich werden, wenn wir im Verlauf der psychologischen Untersuchung der menschlichen Erkenntnisfunktion bei der historischen Konkretion der Wahrnehmungstätigkeit und des Denkens innerhalb der bürgerlichen Gesellschaft auf das Verhältnis von Arbeiter- und Klassenbewußtsein stoßen bzw. auf die Möglichkeit und Entwicklungsbedingun-
gen des Klassenbewußtseins als einer Reflexion der objektiven
Gesetzmäßigkeiten des kapitalistischen Systems auf der Seite
des Subjekts.
Wir meinen, daß eine Bildungsarbeit, die von sich den Anspruch
erhebt, daß sie "dem Arbeiter seine eigene proletarische Existenz im theoretischen Kontext einer Klassenanalyse bewußt
macht" (Weick, 1973), einer allgemeinen sozialwissenschaftlichen Theorie des Bewußtseins bedarf, (die die Ergebnisse der
Psychologie, Soziologie, Ökonomie, Politologie und Philosophie
umfassen muß). Nur von einer solchen Theorie aus kann sie ihren
Stellenwert innerhalb des Prozesses der Konstitution "der
Klasse an sich" zur "Klasse für sich" begreifen und von dort
aus dann unter Berücksichtigung ihrer als gewerkschaftlicher
(genauso wie jeder anderen) Bildungsarbeit zukommenden Eigengesetzlichkeiten Ziel und Inhalt ihrer Arbeit bestimmen. Es
wird sich zeigen, daß in der Konzeption gewerkschaftlicher
Bildungsarbeit oft als schier unlösbar erscheinende Probleme
aus der spezifischen Verengung der Diskussion auf den Rahmen
der Bildungsarbeit herrühren bzw. erst dann sinnvoll angegangen werden können, wenn man sich auf den Hintergrund einer
solchen ausgearbeiteten sozialwissenschaftlichen Theorie des
Bewußtseins bezieht.
Wir wollen jedoch in unserer Arbeit nicht eine der materiali-

23

stisch-dialektisch orientierten soziologischen Bewußtseins-
Theorien rezipieren. Wie oben schon angedeutet, behandeln
wir Bewußtsein im Rahmen einer psychologischen Analyse der
Erkenntnis. Bewußtsein wird von uns gefaßt als Produkt der
Erkenntnistätigkeit, die das Subjekt in Form der Wahrnehmung
und des Denkens vollzieht[1]. Diese Tätigkeit unterliegt
ideell-reflektorischen Regeln, "welche sich von denjenigen
unterscheiden, nach denen sich die konstituiv-gegenständlichen Prozesse der gesellschaftlichen Praxis vollziehen"
(Tjaden-Steinhauer, 1975, S. 86 f). Das heißt: Bewußtsein
ist nicht eine Verdoppelung der objektiven sozio-ökonomischen
Beziehungen, ihre quasi mechanische Abbildung, weil es auf
den gnostischen Prozessen der sinnlichen Erkenntnis und des
Denkens beruht, durch die die konstituiv-gegenständliche Seite (das Objekt) gebrochen wird. "Im gnostischen Verhältnis
der psychischen Erscheinungen zu ihren Objekten tritt die Ge-
gensätzlichkeit zwischen Subjektivem und Objektivem hervor,
die im erkenntnistheoretischen Bereich wesentliche Bedeutung
hat" (Rubinstein, 1973, S. 34). Trotzdem wird in unserer Konzeption die Beziehung zwischen Subjekt (Erkenntnissen) und Objekt nicht als Dualismus gesehen, wonach "Äußeres" und "Inneres" nichts mehr miteinander zu tun haben. Vielmehr gilt die

---

[1]Wir müssen hier betonen, daß die Behandlung von Wahrnehmung
und Denken als Grundlage des Bewußtseins ein abstraktives Herausheben des Erkenntnisprozesses von anderen psychischen Prozessen wie Motivation, Bedürfnissen usw. bedeutet. Es ist ein
gewisser Nachteil, daß die kognitive Seite getrennt von der
emotionalen untersucht wird,und daß die letztere nicht zum Zuge kommt, zumal die Entstehung oder Behinderung des jeweiligen Bewußtseins eng mit dem emotionalen Bezug des Individuums
zum Objekt zusammenhängt.
Unsere Vorgehensweise hat aber ihre Berechtigung darin, daß es
zu einer klaren Analyse zunächst der vereinseitigenden Heraushebung bestimmter psychischer Prozesse (wie Wahrnehmung/Den-
ken, Motivation, Bedürfnissen etc.) aus ihrem Gesamtzusammenhang bedarf, damit dann ihre Wechselwirkung zueinander genauer
untersucht werden kann.
Wir sind uns also bewußt, daß wir in unserer Arbeit zwar wesentliche Grundlagen des Bewußtseins erfassen, zumal Bewußtsein
vor allem "den Inbegriff aller Vorstellungen, Ideen, und Auffassungen bezeichnet, die sich die Menschen einer historischen
Epoche über wichtige soziale und gesellschaftliche Tatbestände
machen" (Wörterbuch der Psychologie, 1976, S. 82; Hervorh.d.A.),
keinesfalls aber den gesamten Prozeß.

Marx'sche Aussage, daß es "nicht das Bewußtsein der Menschen
(ist), das ihr Sein, sondern umgekehrt ihr gesellschaftliches
Sein, das ihr Bewußtsein bestimmt" (Marx, MEW 13, S. 9). Es
wird sich im Laufe unserer Arbeit zeigen, daß Marx mit diesem
Satz das Problem der grundsätzlichen Abhängigkeit des Bewußtseins von der materiellen Realität richtig formuliert, keineswegs aber schon seine Lösung benannt hat. "In der Aussage,
daß das gesellschaftliche Sein das Bewußtsein bestimmt, ist
nämlich noch nichts darüber ausgesagt, wie diese Bestimmtheit
beschaffen ist, wie das Verhältnis zwischen gesellschaftlichem
Sein und Bewußtsein angemessen gefaßt werden muß; weiterhin
bleibt hier offen, wie es zu verstehen ist, daß das 'Bewußtsein', obwohl es durch das gesellschaftliche Sein bestimmt ist,
in Bezug auf dieses Sein sowohl falsch als auch wahr sein kann,
wie der Weg des menschlichen Denkens vom (relativen) Irrtum zur
(relativen) Wahrheit grundsätzlich als möglich begreifbar wird,
und wie das wissenschaftliche Verfahren, die 'Methode' charakterisiert werden muß, mit welcher (im Rahmen jeweiliger historischer Möglichkeiten) Irrtümer zurückgedrängt und wissenschaftliche Erkenntnisse über das gesellschaftliche Sein befördert
werden können" (Holzkamp, 1974, S. 43). Die Klärung der differenzierten Wechselbeziehung von Sein und Bewußtsein ist Gegenstand unserer erkenntnistheoretischen Ausführungen.
Unsere Kritik an den bestehenden Bewußtseins-Theorien richtet
sich darauf, daß sie eine solche psychologische Theorie der Erkenntnis nicht zur Grundlage haben. Am deutlichsten wird diese
Tatsache an der Bewußtseins-Theorie des Projekts Klassenanalyse
(im folgenden zitiert als Projekt), das in der Aussage von
Marx schon die Lösung des Problems des Verhältnisses von Sein
und Bewußtsein sieht und deshalb die Tätigkeit des Subjekts
völlig aus der Analyse ausspart. Der Ansatz soll kurz in seinen wesentlichen Aussagen skizziert werden, wie sie in der
Aufsatzsammlung "Klassenbewußtsein und Partei" (1972/1) sowie
in "Materialien zur Klassenstruktur" (1972/2) enthalten sind.
Ausgehend von dem Gedanken, daß "die geistige Produktion...
durch die jeweils erreichte Stufe und die Art der materiellen
Aneignung der Natur bestimmt" ist (Projekt, 1972, S. 12o),

versuchen die Autoren in einer Art Drei-Stufen-Theorie die
Bewußtseinsformen der Arbeiterklasse abzuleiten aus den bestehenden Gesetzmäßigkeiten des kapitalistischen Systems, wie
von Marx in den drei Bänden des "Kapital" und in den "Grundrissen" niedergelegt.

Der Prozeß der einfachen Zirkulation soll eine Bewußtseinsform hervorbringen, die im besonderen Maße eine Verkehrung
der gesellschaftlichen Verhältnisse bedeutet. Der in dieser
einfachen Zirkulation vor sich gehende Austausch von Arbeitskraft gegen Geld produziere ein widersprüchliches Bewußtsein,
das geprägt sei einerseits durch "Identifikation mit" und andererseits durch "Gleichgültigkeit gegenüber dem bestimmten
Inhalt der Tätigkeit" (Projekt, 1972/2, S. 224). Diese Widersprüchlichkeit beruhe auf der Tatsache, daß im Taustauschpro-
zeß "die verschiedenen Gebrauchswerte...zunächst Produkte der
Tätigkeit verschiedener Individuen, Resultat individuell verschiedener Arbeiten" seien, sowie auf der Tatsache, daß sich
auch die einfache Zirkulation schon im Rahmen einer gesellschaftlichen Teilung der Arbeit vollzieht, wodurch eine "for-
melle" Verwandlung der eigenständig hergestellten Arbeitsprodukte der Individuen "in vergegenständlichte Quanta gesellschaftlicher Arbeit" gegeben sei (ebenda, S. 223). Es wird jedoch angenommen, daß die durch das Vermittlungsglied Lohnform
in der Zirkulation hervorgerufene Illusion, der Arbeiterbekom-
me seine Arbeitskraft bezahlt, die aus dem unmittelbaren Austausch resultierenden Vorstellungen von Freiheit und Gleichheit überwiegt.

Nach Vorstellung der Autoren wird in dem von ihnen so benann-
ten "zweiten Prozeß des Austausches von Kapital und Arbeit"
(ebenda, S. 225) oder dem kapitalistischen Produktionsprozeß
diese angelegte Widersprüchlichkeit des Bewußtseins entscheidend verstärkt. Sobald die Arbeitskraft im unmittelbaren Produktionsprozeß angewandt werde, relativiere sich der Schein
der nur sachlichen Abhängigkeit der Warenbesitzer als Reflex
der Formbestimmungen der einfachen Warenzirkulation. Da der
kapitalistische Produktionsprozeß auf der "Herrschaft der gegenüber dem Arbeiter verselbständigten Arbeitsbedingungen"

26

und somit auf einer vollen "Verkehrung von Subjekt und Objekt"
beruhe (ebenda, S. 227 ff), produziere dieser potentiell die
Einsicht in die wahren Verhältnisse und mache eine der Zirkulationssphäre (und den daraus kommenden realen Verkehrungen)
widersprechende Bewußtseinsform möglich. Aufgrund dieser in
der Zirkulation und in der Produktion ablaufenden Prozesse
werde die Widersprüchlichkeit zum bestimmenden Merkmal des Bewußtseins der Arbeiter. "Aufgrund der soppelten Beziehung des
Arbeiters zum Kapital, einmal...in der Zirkulation..., als
gleichberechtigter Warenbesitzer, zum anderen..., in den despotischen Produktionsprozeß..., als bloß subjektiver Faktor
des Kapitals, ist sein Bewußtsein über sein gesellschaftliches
Verhältnis doppelt und widersprüchlich bestimmt" (ebenda,
S. 24o).
Wie beschreiben die Autoren nun den Weg, auf dem aus der im
kapitalistischen Produktionsprozeß angeblich enthaltenen ersten
Ahnung über die kapitalistischen Produktionsverhältnisse Klassenbewußtsein entsteht ? Nach ihrer Konzeption drängt die widersprüchliche Bewußtseinsform zur Auflösung aufgrund der Bewegungen des Kapitals, die "den ständigen Wechsel von Attraktion und Repulsion der Arbeiterarmeen" hervorrufen (Projekt
1972/1, S. 124 f). Die Lebenslage des Arbeiters sei deshalb
gekennzeichnet durch einen fortwährenden Wechsel in der Art der
Beschäftigung und zerstöre durch den Wechsel von Arbeitslosigkeit und Beschäftigung jede Sicherheit. Die Vorstellung von dem
Entstehungsprozeß des Klassenbewußtseins wird in folgender Aussage klar: "Obwohl das Bewußtsein der Arbeiter zunächst widersprüchlich bestimmt ist, einerseits durch die Form des Austausches mit dem Kapital, andererseits durch die Erfahrung des
Herrschaftsverhältnisses im unmittelbaren Produktionsprozeß,
muß die Vollendung der Despotie des Kapitals durch das Hin- und
Herschleudern der Arbeitermassen diese widersprüchliche Bewußtseinsform auflösen. Da die konfligierenden Tendenzen des Kapitals sich im industriellen Zyklus durchsetzen, ist diese Auflösung durch die Art und Weise bestimmt, wie sich für die verschiedenen Fraktionen der Arbeiterklasse die zyklische Bewegung

27

auswirkt. Entsprechend ihrer Stellung im gesamtgesellschaftlichen Reproduktionsprozeß ergeben sich für die einzelnen
Klassenfraktionen unterschiedliche Bewußtseinsausprägungen,
deren Auflösungsprozeß also auch nicht einheitlich, sondern
dieser Differenzierung entsprechend verläuft. Im zeitlichen
Verlauf ergibt sich demnach eine mehr oder weniger vollständige Herausbildung von Klassenbewußtsein." (ebenda, S. 125;
Hervorhebung d.A.). Zur Rolle der Marxistischen Partei schreiben die Autoren "Da der Entwicklungsprozeß der Arbeiterklasse
dadurch charakterisiert ist, daß bestimmte Teile der Klasse
sich schon zur Einsicht in ihre Lage empor gearbeitet haben,
wenn anderen noch die Herrschaft des Kapitals als Naturnotwendigkeit annehmen, folgt nun auch, daß gerade die bewußtesten Teile des Proletariats in den Klassenorganisationen vereint sind. Die Avantgarde der Klasse muß sich darüber hinaus
eine Form geben, in der sie zu einheitlichem Handeln fähig ist
- die proletarische Partei. Diese Organisation ist also Resultat der Entwicklung des Klassenbewußtseins" (ebenda, S. 123 f).
Die Partei hat also nur die Aufgabe, den zwangsläufigen Auflösungsprozeß der bürgerlichen Gesellschaft zu beschleunigen.

Im Zusammenhang unserer Analyse interessiert, wie erinnerlich,
hier lediglich die Frage, wie das Projekt die Beziehung zwischen Subjekt und Objekt bzw. das Verhältnis von Sein und Bewußtsein begreift. Wir sehen, daß in der Konzeption der Drei-
Stufen-Theorie des Bewußtseins Bewußtsein verstanden wird als
eine mechanische Abbildung der objektiven gesellschaftlichen
Verhältnisse, die hier nur unter ihrer ökonomischen Seite betrachtet werden. Dies wird in der Beschreibung der ersten beiden Stufen schon deutlich, wenn die Autoren den Zusammenhang
zwischen Sein und Bewußtsein als ein "Hervorwachsen des gesellschaftlichen Denkprozesses aus den gesellschaftlichen Le-
bensverhältnissen" (ebenda, S. 12o) theoretisch zu fassen versuchen oder an anderen Stellen zu Formulierungen wie "hervorbringen", "entspringen" usw. greifen. (In dem Projekt Klassenanalyse sehr nahestehenden Studie über "Klassenlage und Bewußtseinsformen der technisch-wissenschaftlichen Lohnarbeiter"
heißt es z.B.: "Mit der massenhaften Anwendung" wissenschaft-
lich-technischer Arbeit "wächst...die Einsicht in die Notwen-

digkeit, kollektiven Widerstand...zu leisten", oder "die
durch das Kapital vollzogene Vergesellschaftung der Arbeit
...treibt bestimmte Formen der Assoziationen auf Seiten der
Arbeiter hervor" / Autorenkollektiv 1973, S. 168 ff). Bewußtsein ist demnach gleichsam nur eine Verdoppelung der konkret-
gegenständlichen gesellschaftlichen Bedingungen. Es kann quasi
in ökonomische Beziehungen aufgelöst werden. Folgerichtig ist
es demnach in der gesamten Analyse der Bewußtseinsformen nicht
nötig, das Subjekt überhaupt zu beachten. Es kann gleich null
gesetzt werden. Jede Bewußtseinsform erscheint auf der Objektseite. Dem entspricht die These, "daß es zur Untersuchung der
Bewußtseins-Strukturen der Individuen in der bürgerlichen Gesellschaft keineswegs einer 'Theorie der Persönlichkeit' be-
dürfe" (Laufenberg u.a., 1975, Einband).
Die Bedeutung der Auffassung vom Denken als eines einfachen
Reflexes der gesellschaftlichen Bewegung enthüllt sich jedoch
wesentlich erst in der Theorie der Entwicklung des Klassenbewußtseins. Da das Projekt "Bewußtsein nicht als eine besondere,
nämlich ideelle Tätigkeit innerhalb des gesellschaftlichen Pra-
xiszusammenhangs...zu entwickeln versteht" (Tjaden-Steinhauer,
1975, S. 77; Hervorhebung d.A.), muß es auch das Klassenbewußtsein als ein mechanisches Produkt der ökonomischen Verhältnisse
begreifen, in deren Entwicklung sich angeblich die Despotie
des Kapitals durch das Hin- und Herschleudern der Arbeitermassen vollendet, wobei die Vollendung dieser Despotie die widersprüchliche Bewußtseinsform auflöst.
Die Zwangsläufigkeit, mit der das sozialistische Bewußtsein
aus der gesellschaftlichen Bewegung "hervorwächst", verweist
die Subjekte in die Rolle eines Zuschauers des von selbst automatisch ablaufenden Geschichtsprozesses. Sie brauchen nur zu
warten, bis die ökonomische Entwicklung des Kapitals soweit
fortgeschritten ist, daß ihnen die Erkenntnis des antagonistischen Wesens des bürgerlichen Systems sozusagen von selbst in
den Schoß fällt. Den Subjekten wird eine kontemplative, nicht
aber praktisch-tätige Haltung in der historischen Entwicklung
zugeschrieben. Es ist deshalb auch eine in der Theorie des Projekts liegende Inkonsequenz, einer Arbeiterpartei überhaupt

eine Rolle zuzumessen. Wenn die Autoren auch meinen, daß sie
lediglich die Aufgabe habe, den Auflösungsprozeß der bürgerlichen Gesellschaft zu beschleunigen, so ist sie selbst in dieser Funktion letzten Endes überflüssig, da es "keinen Sinn ergibt, 'Zwangsläufigkeiten' 'beschleunigen' zu wollen" (Holzkamp, 1974, S. 54).
Dies sind alles die Konsequenzen einer Theorie, in der das <u>Ver-
hältnis von Subjekt und Objekt</u> nicht richtig verstanden wird.
Wir werden im Verlauf unserer Arbeit näher aufzuzeigen haben,
inwiefern das Bewußtsein der Menschen die objektiven gesellschaftlichen Verhältnisse nicht mechanisch reproduziert (ab-
bildet), welchen eigenen Gesetzmäßigkeiten sowohl die Wahrnehmung als auch das Denken unterliegen, die wie vorne schon gesagt, als "Brechungsmomente" gegenüber der Wirklichkeit auftreten. Es wird sich zeigen, daß <u>die Wahrnehmung</u> als eine Form
menschlicher Erkenntnis selbst von ihrer Konstitution her un-
fähig ist, die Erscheinungsformen des bestehenden Systems zu
überschreiten, ja sogar selbst immer wieder zu einer Verfestigung dieser Pseudokonkretheit beiträgt, daß <u>das Denken</u> zwar
potentiell die Möglichkeit zur Überwindung der Oberfläche und
der gedanklichen Erfassung des Wesens hat, dazu jedoch besondere Wege einschlagen muß, wie sie in der materialistischen Erkenntnistheorie beschrieben sind. Andernfalls entgeht auch das
Denken nicht der Gefahr, im "unmittelbaren" stecken zu bleiben.

B Zum Aufbau der Arbeit

Das methodische Herangehen an einen Gegenstand in der
"kritischen Psychologie"

Bevor wir inhaltlich die Funktionen Wahrnehmung und Denken als
gnostische Beziehung des Menschen zur Außenwelt darstellen,
ist es wichtig, sich etwas genauer mit der Methode zu beschäftigen, mit der der Gegenstand entwickelt und dargestellt werden soll.
Die Grundlage der Forschungs- und Darstellungsweise liegt im
historischen Herangehen an die Psyche. In diesem Ansatz wird
der Mensch als resultativer Ausdruck seines geschichtlichen Gewordenseins betrachtet und damit ein adäquates Verständnis
des je konkreten Menschen angestrebt. "Historisches Herangehen
bedeutet nicht lediglich, daß historische Sachverhalte zum Gegenstand der Analyse gemacht werden; auch nicht, daß bestimmte Erscheinungen in ihrem historischen Kontext betrachtet und
so 'relativiert' werden. Vielmehr ist die Methode des wissenschaftlichen Erkenntnisgewinns selbst in bestimmtem Sinn eine
historische Methode. Einen Gegenstand wissenschaftlich erklären, heißt hier, ihn aus seiner Gewordenheit begreifen. Nur in
einer historischen Ursprungs- und Differenzierungsanalyse lassen sich an den Erscheinungen die wesentlichen inneren Zusammenhänge samt der vermittelnden Prozesse zu ihrer Erscheinungsform
angemessen herausarbeiten" (Schurig u. Holzkamp, 1973, XXV f).
Die menschliche Psyche ist dabei als in dreifacher Weise historisch bestimmt anzusehen. Zum einen sind die organismischen
Grundlagen vorläufiges Endprodukt der stammesgeschichtlichen
Entwicklung. Mit anderen Worten: Die biologischen Charakteristika psychischer Prozesse des Menschen sind selbst Entwicklungsprodukt phylogenetischer Differenzierung im Rahmen der Naturgeschichte. Die organismischen Spezifika sind aber gleichzeitig überformt, aufgehoben durch die gesellschaftlich-historische Entwicklung der Menschheit. Jede Form historischer Gesellschaftsformationen bedeutet gleichzeitig einen entsprechenden
Niederschlag der Stufe der Vergesellschaftung in den psychischen Prozessen des Menschen. Die menschliche Psyche existiert
aber in Form der empirischen Subjektivität in den je einzelner

31

konkreten Menschen. Die Ontogenese der Individuen ist dabei
selbst ein zeitlich begrenzter historischer Entwicklungsab-
schnitt in Form des Lebenslaufs. Sie kann verstanden werden
als Ausformung der phylogenetisch gewordenen Mögichkeitsbe-
dingungen und als Aneignung des jeweiligen gesellschaftlich-
historischen Wesens, des Sozialerbes der Menschen. Die Besonderheiten der Ausformung phylogenetisch gewordener Möglich-
keitsbedingungen und der Art und Weise der Aneignung gesellschaftlich-historischer Erfahrungen, ihre jeweilige Ausschnitt-
haftigkeit sind ausschlaggebend für die Individualitätsformen
historische konkreter Menschen[2].

Die horizontal vorfindbaren Merkmale psychischer Prozesse, ihr
Zueinander von verschiedensten physiologischen und psychischen
Mechanismen und Regelsystemen erweisen sich so bei einer ver-
tikalen, historischen Betrachtungsweise als Produkt verschiedenster historischer Entwicklungsstufen. Deshalb liegt der kritischen Psychologie ein bestimmtes methodisches Vorgehen zugrunde. Aufgrund des Verständnisses materialistischer Dialektik als einer genuin logisch-historischen Verfahrensweise und
den Ergebnissen der kulturhistorischen Schule (Wygotski, Leontjew, Galperin u.a.) innerhalb der sowjetischen Psychologie ergeben sich für die Forschungs- wie auch die Darstellungsweise
folgende drei Ableitungsstufen: die Herausarbeitung der biolo-
gisch-naturgeschichtlichen Gewordenheit, der allgemeinsten gesellschaftlichen Charakteristika und der durch die bürgerliche
Gesellschaft bestimmten konkreten Züge des jeweiligen psychologischen Gegenstandes. Die Notwendigkeit der Explikation psychologischer Gegenstandsbereiche anhand dieser ableitungslogischen Stufenfolge, die auch dem Aufbau unserer Arbeit zugrunde
liegt, soll an einigen Punkten erläutert werden.

Bei der Betrachtung einzelner psychologischer Gegenstandsbereiche stellt sich als erstes die Frage nach dem Verhältnis
zwischen biologischen und gesellschaftlichen Momenten psychischer Prozesse. Innerhalb der verschiedensten psychologischen
Richtungen gibt es die verschiedensten Vorgehensweisen zur Be-

[2] L. Sève hat das Verhältnis von Individuum und Gesellschaft,
in dem die Gesellschaft der bestimmende Faktor ist, mit dem Begriff der Juxtastruktur gefaßt (vgl. S. 162 ff).

antwortung dieser Fragen (etwa des Behaviorismus, der Etholo-
gie etc.). Die Mängel der bürgerlichen Psychologie liegen im
wesentlichen in der ahistorischen Betrachtungsweise, der grad-
linigen Übertragung von Tierversuchen auf das Verhalten von
Menschen usw. Aber jede psychologische Theorie verfehlt letztendlich ihren Gegenstand, wenn sie den qualitativen Sprung,
die Wesensumkehrung psychischer Prozesse beim Übergang vom
Tierreich zur Gesellschaft nicht adäquat bestimmen, damit auch
die Überformung organismischer Momente durch die gesellschaftlich-historische Entwicklung nicht begreifen kann. Diese hier
zugrunde liegende Wesensumkehrung hat besonders eingehend Sève
in seinem Buch "Marxismus und Theorie der Persönlichkeit" (1972)
herausgearbeitet. "Nun ist zwar wahr, daß die Naturbedingungen
die Ausgangsbedingungen der Menschheit sind; aber die ganze Geschichte der Menschheit besteht eben darin, daß diese Bedingungen 'aus naturwüchsigen in geschichtliche verwandelt' (Marx)
werden...Diese Umkehrung im Verhältnis von Naturwüchsigem und
Gesellschaftlichem, die von Marx aufgedeckt wurde, ist das Geheimnis des ganzen Prozesses der Menschwerdung. Es kann also
nicht die Rede davon sein, daß der Psychologie ein Geringschät-
zen der biologischen 'Gegebenheiten' nahegelegt werden soll -
das wechselseitige Bedingen des 'Biologischen' und des 'Psychologischen' hört natürlich nie auf. Es geht vielmehr darum, voll
zu begreifen, daß die biologischen 'Gegebenheiten', die das
psychische Individuum bei der Geburt charakterisieren und im
übrigen schon zum Teil Produkt der vorausgehenden Gesellschaft
sind, durch die Entwicklung der Persönlichkeit mehr und mehr
in psychologische Resultate verwandelt werden und also weniger
ihre Grundlage als ihr Produkt sind" (S. 226).
Bei der Betrachtung des geschichtlichen Resultats, der psychischen Prozesse des konkret vorfindbaren Menschen, ist aber nicht
auszumachen, welche Momente der psychischen Prozesse nun biologischer und welche gesellschaftlicher Natur sind (vgl. z.B. die
von Leontjew herausgearbeiteten "funktionalen Organe", die einen
physiologischen Niederschlag von Aneignungsresultaten darstellen. etwa, 1973, S. 454 ff). Zur differenzierten und adäquaten
Abhebung der gesellschaftlichen von den biologischen Bestim-

33

mungsmomenten kann man jedoch nicht kommen, wenn man auf das
fertige Resultat der Entwicklung fixiert ist. Hierzu ist es
vielmehr notwendig, daß die historische Entstehung der verschiedenen psychischen Prozesse aus den jeweiligen funktionalen Notwendigkeiten biologischer bzw. gesellschaftlicher Entwicklung herausanalysiert werden.
Ist die klare Abhebung biologischer Gewordenheit und gesellschaftlicher Geprägtheit voneinander akzeptiert, um die wesentlichen Prozeßeigentümlichkeiten psychologischer Gegenstandsbereiche in ihrem Verhältnis zueinander zu begreifen, so stellt
sich nun die Frage, auf welchem Weg dies erreicht werden kann.
Reicht es aus, die höchste Stufe existierender naturgeschichtlicher Gewordenheit, wie sie von den rezenten Menschenaffen
repräsentiert wird, dem konkret existierenden Menschen gegen-
überzustellen ? Aus welchem Grund bedarf es einer Explikation
naturgeschichtlicher Entwicklungsstufen ? Welchen Sinn hat die
abstraktive Heraushebung allgemein-gesellschaftlicher Momente
von Wahrnehmung und Denken, zumal unser Gegenstand doch die
Erkenntnisfunktion der Subjekte in der bürgerlichen Gesellschaft ist ?
Als erstes zur Frage der Notwendigkeit naturgeschichtlicher Rekonstruktion. Würde man die naturgeschichtliche Analyse bei den
höchsten Tierformen ansetzen, so hätte man es hier auch mit einem geschichtlichen Resultat zu tun. Nicht alle psychischen Momente dieser höheren Tierformen sind Kennzeichen dieser historischen Entwicklungsstufe. Es finden sich auf dieser Stufe vielmehr auch elementare Verhaltenseigenarten, die neben den höchstentwickelten bestehen geblieben sind. Will man z.B. die Art und
Weise der Adäquatheit der Orientierungsfunktion bestimmen, so
muß man selbst die Grundform organismischer Orientierung erst
herausarbeiten, um dann ihre Differenzierung und artspezifische
Entwicklung verfolgen zu können. Erst auf diesem Weg kann man
die Orientierungsleistungen höherer Tierformen adäquat erfassen
und nur so hat man eine Grundlage für die Herausarbeitung spezifisch menschlicher Wesensmerkmale psychischer Prozesse. Dieser Nachvollzug der Stufenfolge und der Differenzierung der
Orientierungsfunktion von Organismen setzt aber die Durcharbei-

tung naturgeschichtlicher Entwicklung vom Anfang des organismischen Lebens an unter entwicklungslogischen Aspekten voraus.
Wir kommen nun zur Frage der Notwendigkeit der abstraktiven
Heraushebung allgemein-gesellschaftlicher Merkmale psychischer
Prozesse. Ist dies überhaupt sinnvoll, ja nicht sogar falsch,
da es doch gar keinen "allgemein-gesellschaftlichen" Menschen
gibt, sondern nur den Menschen unter konkret gesellschaftlichen
Verhältnissen ? Ist dies eine notwendige Abstraktion ? Wäre es
nicht angemessener, die in naturgeschichtlicher Analyse ermit-
telten biologischen Merkmale psychischer Prozesse direkt in
ihrer Oberformtheit durch Momente der bürgerlichen Gesellschaft
zu erforschen ? Diese direkte Gegenüberstellung ist aber aus
mehreren Gründen falsch. Zum einen ist die bürgerliche Gesellschaft selbst ein Produkt historischer gesellschaftlicher Entwicklung, der andere Arten von Gesellschaftsformationen voraus-
gegangen sind. Die präzise historische Differenzierung biologischer und gesellschaftlicher Entwicklungsnotwendigkeiten der
menschlichen Psyche ist so beim Übergang zu einfachsten, allen
Gesellschaftsformen gemeinsamen gesellschaftlichen Lebensweisen
aufweisbar. Weiterhin setzt die Unterscheidung biologischer und
gesellschaftlicher Merkmale, z.B. der Wahrnehmung, schon logisch einen allgemeinen Begriff von Gesellschaftlichkeit voraus,
da man die allgemeinen biologischen Eigenarten nicht den Spezifika einer bestimmten Gesellschaftsformation, sondern ebenfalls nur allgemein-gesellschaftlichen Eigenarten gegenüberstellen kann. Die Eliminierung der Heraushebung allgemein-gesellschaftlicher Merkmale von z.B. Wahrnehmung und Denken würde
aber, und dies ist der entscheidendste Grund für diesen Zwischenschritt, die Möglichkeit, die Art und Weise ihrer Oberformtheit durch die bürgerlichen Lebensverhältnisse im Verhältnis zu ihren allgemein-gesellschaftlichen Möglichkeiten zu setzen, schon von vornherein verstellen. Die Geprägtheit allgemein-gesellschaftlicher Charakteristika psychischer Prozesse
durch die bürgerliche Gesellschaft, ihre eventuelle Verzerrung,
Unterdrückung, Vereinseitigung etc. bestimmter Momente des allgemein-gesellschaftlichen Charakters von Wahrnehmung, Motiva-

tion usw. wäre somit aus der Analyse verschwunden. Die Herausarbeitung allgemein-gesellschaftlicher Charakteristika der menschlichen Psyche in Form einer Abstraktion, darf aber nicht mit der Existenz von psychischen Prozessen in je konkreten Menschen verwechselt werden. Vor dem Hintergrund dieser notwendigen Abstraktion als eines unumgänglichen methodischen Zwischenschritts gilt es vielmehr, die Besonderheit psychischer Prozesse des je konkreten Menschen im Rahmen der bürgerlichen Gesellschaft herauszuarbeiten.

Hier verdeutlicht sich schon, in welcher Weise die Forschungs- als auch Darstellungsweise in der kritischen Psychologie der "Methode des Aufsteigens vom Abstrakten zum Konkreten" gehorcht. Ausgehend vom "chaotischen Ganzen", dem "Bekannten" oder wir Kosik sagt, der "Pseudokonkretheit", die in diesem Fall die Psyche des bürgerlichen Subjekts ist, wird zur Abstraktion allgemein-gesellschaftlicher Charakteristika psychischer Prozesse der Menschen vorangeschritten. Eine richtige, reale Abstraktion ergibt sich dabei nur durch eine genaue Abhebung naturgeschichtlicher und gesellschaftlicher Entwicklungsprozesse voneinander. Ist die abstraktive Heraushebung allgemein-gesellschaftlicher Momente von Wahrnehmung und Denken beendet, so gilt es, im nächsten Schritt von der Abstraktion zum Konkreten "als Einheit des Mannigfaltigen" aufzusteigen, und das ist jetzt die Erkenntnisfunktion in ihrer historischen Spezifizierung im Rahmen der bürgerlichen Gesellschaft. Auf diesem Weg wird das "Bekannte" zum "Erkannten", werden die psychischen Prozesse des je konkreten Menschen begriffen, da sich im Rahmen der historischen Analyse ihr inneres Zueinander, ihr Wechselverhältnis, ihre Wesens- und Erscheinungsformen offenbaren.

Die Antworten auf die Notwendigkeit der ableitungslogischen Stufen, des Aufweises naturgeschichtlicher, allgemein-gesellschaftlicher und konkret gesellschaftlicher Formbestimmtheit der menschlichen Psyche können nur erste Hinweise für den Aufbau der folgenden Abhandlung sein. Die Begründetheit muß sich letztendlich in den einzelnen Teilen und in ihrer Gesamtheit zeigen.

Wir müssen hier die Leser darauf hinweisen, daß es unumgänglich ist, in der Rezeption der Ergebnisse unserer Arbeit dieser Dar-

stellungsweise zu folgen, da sie (genauso wie die Darstellungsweise des Kapitals, vgl. Problemstellung) eine notwendige Explikation des Gegenstandes ist. Das heißt, dort wo die Leser
den notwendigen Umweg "scheuen", also in einer Art Abkürzung
meinen, sofort bei der bürgerlichen Gesellschaft beginnen zu
können, müssen sie sich darüber im klaren sein, daß damit aber
wesentliche Momente der menschlichen Erkenntnisfunktion unver-
standen bleiben.

C Allgemein - historische Grundlagen von Wahrnehmung und

Denken.

I. Zur Naturgeschichte der Wahrnehmung

Das Wechselwirkungsverhältnis anorganischer Körper und Stoffe
unterscheidet sich grundsätzlich vom Wechselwirkungsverhältnis zwischen Organismen (wir meinen dabei immer tierische Organismen) und stofflicher Außenwelt.
Die Verbindung von Schwefel und Eisen zu einem neuen Stoff ist
das Resultat gleicher Kräfteresultanten. Sie kann nicht als
Einwirkung eines Stoffes auf den anderen beschrieben werden.
Es ist nicht auszumachen, ob der Schwefel mit dem Eisen oder
das Eisen mit dem Schwefel eine chemische Verbindung eingeht.
So auch die "Umwandlung" von Eisen in Rost beim Aufeinandertref-
fen mit Sauerstoff. Sie ist das Ergebnis von gleichen Kräften
und nicht von einem "passiven" und einem "aktiven" Stoff. Das
Wechselwirkungsverhältnis anorganischer Körper und Stoffe kann
man somit als symetrisch bezeichnen.

Im Gegensatz dazu ist das Wechselwirkungsverhältnis zwischen
Organismen und stofflicher Außenwelt wesentlich asymetrisch.
Grundlage des Lebens ist der Stoffwechselprozeß. "Stoffwechsel
ist ein Wesensmerkmal lebendig organisierter Materie überhaupt,
findet sich also bereits bei den 'einfachsten', elementarsten
der uns bekannten tierischen Organismen, den lediglich aus einer einzigen Zelle bestehenden Protozoen (Urtierchen)" (Holzkamp, 1973, S. 65).Die dem Organismus durch den Stoffwechselprozeß zugeführten Stoffe werden nicht in ihrer ursprünglichen
Form benutzt, sondern durch Verbrennung in Energie umgewandelt
und dienen so der Erhaltung und dem Aufbau des Organismus. Bestimmt wird dieser Prozeß durch die beiden gegenläufigen Formen der Assimilation und der Dissimilation. Jede Aufnahme und
Umwandlung von Stoffen im Organismus, deren Abschluß die Erneuerung und Erweiterung der Körperzellen ist (Assimilation),

ist bedingt durch Abbau, Energiefreisetzung im Körper (Dissimilation), wodurch die Prozesse der Aufnahme und Verarbeitung von Stoffen ermöglicht werden. Aufbau, Erhaltung und Leistung des Organismus sind also Resultat des energiefreisetzenden Abbaus von Substanz durch den Organismus. Das Gleichgewicht zwischen Assimilation und Dissimilation wird erhalten durch ständige Aufnahme neuer Stoffe aus der Umwelt, die gleichzeitig in der Dissimilation aufgezehrt und als dadurch freigesetzte Energie vom Organismus assimiliert werden, womit der Aufbau, Fortbestand und die Lebensvollzüge des Organismus möglich sind. Das Gleichgewicht des Organismus ist demnach kein statisches, sondern ein durch Zufuhr und Abgabe von Energie gekennzeichnetes prozessuales, ein sogenanntes Fließgleichgewicht. "Durch dieses im Stoffaustausch stationäre Fließgleichgewicht behält der Organismus seine jeweils besondere morphologische Struktur oder 'Gestalt' trotz des laufenden Austausches der materiellen Elemente" (Holzkamp, 1973, S. 67).
Der Lebensprozeß, der als ein Vorgang dynamischer Selbststeuerung charakterisiert werden kann, hat zur Grundlage die Lebensaktivität. Das asymetrische Wechselwirkungsverhältnis von Organismus und stofflicher Außenwelt ist gekennzeichnet durch eine aktive Aufnahme und Verarbeitung der lebenserhaltenden Stoffe, um so das Fließgleichgewicht zu erhalten. Aktivität oder Bewegung tritt bei allen Organismen auf, zumindest als innere Bewegung des Protoplasmas. Aber auch schon bei den Protozoen finden sich Bewegungen in Form von Lokomotion als Möglichkeit des Aufsuchens oder Verlassens von Umgebungen, die mehr oder weniger gut zur Erhaltung des Lebens geeignet sind. Die Aktivität ist somit eine wesentliche Eigenschaft des Lebens, durch die der Stoffwechselprozeß als Grundform organismischer Funktionsweise ermöglicht wird. Im Laufe der phylogenetischen Entwicklung wechselt die Form der Aktivität von der "einfachen" Aufnahme meist im Wasser gelöster Substanzen über die komplexe Lebensaktivität höherer Tierarten bis zur bewußten Tätigkeit des Menschen. "Die schon im Stoffwechsel gegebene Asymetrie zwischen dem aktiven Organismus einerseits und dem passiven, vom Organismus aufgenommenen und verarbeiteten Stoffen anderer-

seits kann dabei als Vorform und phylogenetische Voraussetzung
der Subjekt-Objekt-Vermittlung bei der menschlichen Erkenntnistätigkeit angesehen werden" (Holzkamp, 1973, S. 68).

Einfachste Organismen lassen sich also kennzeichnen als offene
Systeme, die sich durch Assimilation und Dissimilation erhalten,
indem sie durch ihre Lebensaktivität bestimmte Stoffe der Außenwelt als Nahrungsmittel einverleiben. In diesem Zusammenhang
ist eine weitere organismische Eigenschaft hervorzuheben, nämlich die Erregbarkeit. "Die Eigenschaft der Organismen, unter
dem Einfluß von Umwelteinwirkungen in Tätigkeit[3] zu geraten,
das heißt ihre Reizbarkeit, ist eine grundlegende Eigenschaft
jeder lebenden Materie: sie ist eine notwendige Voraussetzung
des Stoffwechsels und damit auch des Lebens" (Leontjew, 1973,
S. 33). Die Vermittlung zwischen Organismus und stofflicher
Außenwelt geschieht über die Reizbarkeit, die eine Antwort, eine Reaktion auf einen äußeren Reiz ist. Somit besteht die Möglichkeit, auf lebenswichtige Einwirkungen zu reagieren. In der
elementaren Form, der "einfachen Reizbarkeit" (Leontjew), fällt
der Reiz und der lebenserhaltende Nährstoff unmittelbar zusammen, wobei der Reiz (= Nährstoff) Auslöser für den Stoffwechselprozeß ist.
"Im Laufe der Evolution entwickelt sich die Reizbarkeit nicht
nur insofern, als der Organismus fähig wird, immer neue Quellen und immer neue Umwelteigenschaften zu benutzen, um sein Leben zu erhalten, sondern auch insofern, als er gegenüber Einwirkungen reizbar wird, die von sich aus seine Assimilations-
tätigkeit und seinen Stoffwechsel weder positiv noch negativ
bestimmen" (Leontjew, 1973, S. 35). Die zweite Form der Reizbarkeit ist für Leontjew gleichbedeutend mit der Herausbildung
der Sensibilität. Der Frosch z.B. ist reizbar gegenüber Einwirkungen wie einem leisen Geräusch. Dieses Geräusch an sich
dient nicht unmittelbar der Lebenserhaltung, bedeutet sogar
Dissimilation von Substanzen, da der Körper Energie für diese

---

[3] Leontjew verwendet schon bei der Kennzeichnung organismischer
Eigenarten den Begriff "Tätigkeit". Wir schließen uns demgegenüber Holzkamp an, der die "Tätigkeit" ausschließlich zur Kennzeichnung menschlicher Beziehung zur "Umwelt" benutzt und in Abhebung davon das Wechselverhältnis Organismus-Außenwelt mit dem
Begriff der "Aktivität" erfaßt.

Orientierungsaktivität freisetzen muß. Der biologische Sinn
dieser Art von Reizbarkeit besteht darin, daß durch das Erfassen bestimmter Eigenschaften, die eng mit den Lebensaktivitäten wie der Nahrungsbeschaffung zusammenhängen, die Möglichkeit der Lebenserhaltung sich erhöht und der Umkreis der
konsumierbaren Gegenstände sich erweitert. Der Frosch kann,
da er gegenüber Geräuschen reizbar ist, summende Insekten erfassen, die ihm als Nahrung dienen. Somit verfügen die höheren Organismen über zwei Arten von Reizbarkeit: einerseits
über eine Reizbarkeit gegenüber Einwirkungen, die unmittelbar
für die Lebenserhaltung notwendig sind, also den Stoffwechselprozeß auslösen; andererseits über eine Reizbarkeit gegenüber
Umwelteinflüssen. Das heißt relativ konstante Eigenschaften
der Gegenstände und Bedingungen haben Signalfunktion für die
Orientierung in der Umwelt.
"Die Sensibilität ist genetisch nichts anderes als eine Form
der Reizbarkeit, die den Organismus zu anderen Einwirkungen
in Beziehung setzt, die ihn demnach auf die Umwelt orientiert
und Signalfunktion erfüllt. Diese Form der Reizbarkeit muß entstehen, um die grundlegenden Lebensprozesse des Organismus zu
vermitteln, die in immer komplizierteren Umweltverhältnissen
ablaufen" (Leontjew, 1973, S. 37). Der Grund für das Entstehen
der Sensibilität liegt in der Veränderung der stofflichen Außenwelt, mit der die Organismen in Wechselwirkung stehen, die die
Grundlage für ihre Lebenserhaltung und Entfaltung abgibt. Unterscheiden kann man dabei zwischen gegenständlich nicht ausgeformten Lebensquellen, zu denen etwa im Wasser gelöste chemische Substanzen oder die Licht- und Wärmeenergie zählen, und
Lebensquellen mit gegenständlicher Form, wie sie wesentlich für
Landtiere existieren oder auch für höhere Wassertiere, deren
Nahrungsgrundlage im Wasser lebende Organismen sind. Die gegenständlich nicht ausgeformten Lebensquellen bewirken über die
allgemeine Reizbarkeit ein Auslösen des Stoffwechselprozesses.
Die gegenständliche Umwelt dagegen hat neben ihrer biologischen
Funktion der Nahrungsgrundlage damit verbundene Eigenschaften
und Merkmale, die nicht direkt der biologischen Aufnahme dienen, wie bestimmte Formen oder Qualitäten, die aber die Existenz

der Nahrung durch ihre Anwesenheit anzeigen. Das Erfassen bestimmter konstanter Merkmale der stofflichen Außenwelt ist dann notwendig, wenn zur Aufrechterhaltung des Lebens z.B. die Nahrungsgrundlage nicht unmittelbar gegeben ist, sondern aufgesucht über die Signalreize erst eine Verbindung von Organismus und Gegenstand hergestellt werden muß. Die Lebewesen werden damit objektiv gezwungen, zu ihrer Umwelt auch in mittelbare Beziehung zu treten.

Grundlage des Stoffwechselprozesses der Organismen ist, wie wir gesehen haben, ihre Aktivität gegenüber der stofflichen Außenwelt. In ihrer allgemeinen Form können wir sie als konsumierende Aktivität bezeichnen. Sie wird ausgelöst durch die allgemeine Reizbarkeit, die ausgelöst wird durch die für den Stoffwechselprozeß benötigten Substanzen. In der Evolution differenziert sich aber, wie wir gesehen haben, diese Reizbarkeit in eine allgemeine Reizbarkeit als unmittelbare Bedingung für den Stoffwechselprozeß und in die Sensibilität als Reizbarkeit gegenüber gegenständlichen Merkmalskomplexen. Die zweite Form der Reizbarkeit, die Sensibilität, ist die Grundlage für die orientierende Aktivität der Organismen. Die orientierende Aktivität bleibt anfangs sehr eng mit der konsumierenden Aktivität des Organismus verbunden, wird aber in der Entwicklung immer mehr zur Voraussetzung, zur notwendigen Bedingungen für diese. Durch die orientierende Aktivität ist der Organismus zur Erhaltung seiner Struktur und seines Lebens im Stoffwechselprozeß nicht mehr auf Stoffe angewiesen, die ihn in einem flüssigen Medium unmittelbar umschließen, sondern kann bestimmte Stoffe, die ihm durch die Sensibilität signalisiert werden, aufsuchen. Durch diese neue Aktivität treten die Tiere in ein qualitativ verändertes Wechselwirkungsverhältnis zur Umwelt. Die gegenständliche Außenwelt kann in ihrer Mannigfaltigkeit durch die orientierende Aktivität im Zusammenhang der Erhöhung der Überlebenswahrscheinlichkeit bei sich entwickelnder und differenzierender Sensibilität immer genauer erfaßt und so in ihrer verschiedensten ökologischen Spezifikation zur Lebensgrundlage werden.
Der Widerspruch zwischen einer noch relativ undifferenzierten

Sensibilität und der Notwendigkeit einer immer genaueren und differenzierteren Erfassung von Welttatbeständen läßt sich an einem Versuch deutlich machen. Leontjew berichtet, daß ein weißes Stück Papier, das an einem Faden in Bewegung gebracht wird, die Kröte veranlaßt, dieses zu erfassen. Die perzipierte Bewegung ist für sie identisch mit der Bewegung eines Falters. Das heißt, daß sie nur fähig ist, einzelne Merkmale von Gegenständen zu erfassen. Gibt man der Kröte dieses Papier zum fressen, dann merkt sie die Ungenießbarkeit und speit es aus. Der Gegenstand ist als Nahrung ungeeignet. Bei wiederholten Versuchen reagiert sie immer weniger auf das sich bewegende Papier. Kommt aber ein echter Falter ins Gehege, versucht die Kröte, ihn zu fassen. Im Laufe der Widerholung der Experimente beachtet die Kröte das sich bewegende Papier überhaupt nicht mehr und reagiert nur noch auf den Falter. Dies bedeutet, daß das Tier die einwirkenden Eigenschaften, die für die verschiedenen Gegenstände repräsentativ sind, immer differenzierter erfaßt, etwa der Form, der Farbe oder der Art der Bewegung nach, und so seine wichtigen Nahrungsmittel zuführen kann. Würde diese Anpassung nicht erfolgen, wäre das Überleben nicht möglich; denn würde die Diskrimination des Papiers als Nährstoff ausbleiben, so fänden laufend untaugliche Versuche statt, sich Nahrung zu verschaffen, deren Effekt die dauernde Dissimilation wäre, was mehr oder weniger schnell zum Absterben führen würde. "Diese fortschreitende Diskrepanz im Verlauf der Anpassung des Tieres an sich ständig ändernde und in ihren Eigenschaften immer vielfältiger werdende Umwelt läßt den Widerspiegelungsprozeß immer komplizierter werden und führt zur Weiterentwicklung des Psychischen" (Leontjew, 1973, S. 41). Dieser hier an einem Tierversuch beschriebene Zusammenhang zeigt exemplarisch den Evolutionsprozeß als Anpassung an die je spezifische Umwelt, wobei die Herausbildung einer differenzierten Erfassung der stofflichen Außenwelt die Erhöhung der Überlebenswahrscheinlichkeit bewirkt und so als Grundlage der natürlichen Selektion dient.

Was bringt die genaue Herausarbeitung der Sensibilität ? Welche Schlüsse ergeben sich daraus für die Fragestellung nach den

Formen naturgeschichtlicher Charakteristika der Wahrnehmung[4]?
Die Herausdifferenzierung der Sensibilität als eine spezifische Reizbarkeit gegenüber den Gegenständen der Nahrung, der
Flucht, des Sexualverhaltens etc. als Perzeption relativ konstanter Eigenschaften und Merkmalskomplexen aus der allgemeinen Reizbarkeit, die allen Stoffwechselprozessen unmittelbar
zugrunde liegt und damit allen Organismen auch den Pflanzen
zukommt, zeigt, wie einzelne Funktionen sowie die Psyche insgesamt im Laufe der Evolution entstehen und sich entwickeln. Nur
durch eine so verstandene evolutionstheoretische Beziehung zwischen Erregbarkeit und Sensibilität eröffnet sich ein Verständnis der Sensibilität im Rahmen ihrer naturgeschichtlichen Entwicklung, ist es möglich, die durch sie charakterisierte qualitativ neue Stufe des Wechselwirkungsverhältnis Organismus-Außenwelt adäquat zu erfassen. Das genaue Erfassen der Sensibilität
hat auch entscheidende Bedeutung für das richtige Begreifen der
biologisch-organismischen Grundvoraussetzung der menschlichen
Wahrnehmungstätigkeit. Die Wahrnehmung stellt eine Verbindung
zwischen dem Menschen und der stofflichen Außenwelt dar. Sie
ist damit gebunden an die physisch-stoffliche Wechselwirkung
zwischen den Dingen und den entsprechenden Sinnesorganen. Die
Sinnesorgane des Menschen sind im Rahmen der Phylogenese entstandene Differenzierungsprodukte organismischer Orientierungsaktivität, sie sind Resultat einer spezifischen Wechselwirkung
Organismus-Umwelt (Ökologie). Die Grundlage dieser Wechselwirkung genau herauszuarbeiten bedeutet aber das richtige Erfassen
der Sensibilität als eine qualitativ neue Stufe der aktiven Beziehung zwischen Organismus und stofflicher Außenwelt, die hier
als eine Umwelt mit konstanten, ausgeformten, sensibilitätsrele-
vanten Eigenschaften, die mit bestimmten konsumtionsrelevanten
Eigenschaften in relativ fester Beziehung stehen, begriffen
werden muß. Diese Stufe ist gekennzeichnet dadurch, daß die objektiven Eigenschaften der Umwelt Signalfunktion für die Orientierungsaktivität der Tiere haben, d.h.,sie müssen diese Eigen-

[4] Da es im Rahmen dieser naturgeschichtlichen Darstellung um die
organismischen Charakteristika der Wahrnehmung als spezifisch
menschliche Art der Orientierung geht, weisen wir an verschiedenen Stellen auf die Bedeutung der Ausführungen organismischer
Orientierungsaktivität für die Wahrnehmung hin, sei es, daß wir
Vorformen der Wahrnehmungstätigkeit herausarbeiten, oder sei es,
daß wir organismische Grundlagen der Wahrnehmung bezeichnen.

schaften erfassen und "in ihren Zusammenhängen adäquat widerspiegeln" (Leontjew, 1973, S. 37). Das Entstehen der Sensibilität ist somit von allem Anfang an bedingt durch die objektive
Beschaffenheit der realen Außenwelt. "Die Prozesse der Sensibilität können im Laufe der biologischen Entwicklung nur dort
entstehen und erhalten bleiben, wo sie durch Umwelteinwirkungen mit biologisch unmittelbar lebenswichtigen Eigenschaften
hervorgerufen werden. Wäre das nicht der Fall, dann hätten sie
keinerlei biologische Berechtigung und müßten sich ändern oder
völlig verschwinden" (ebenda). Die adäquate Repräsentanz von
Welttatbeständen[5] durch die Sensibilität ist ein Grundcharak-
teristikum organismischer Orientierungsaktivität. Nur wenn die
objektiven Eigenschaften der realen Welt, die auf die Verwert-
barkeit der Welttatbestände durch den Organismus verweisen,
von diesem tatsächlich adäquat erfaßt wird, ist die Kennzeichnung der Sensibilität als Effekt der Erhöhung der Fortpflanzungswahrscheinlichkeit und somit die Erhaltung der Art durch
Anpassung an die Umwelt verständlich. Diese Charakterisierung
der Sensibilität, die auch Basis für menschliche Wahrnehmung
und Denktätigkeit bleibt, da hierdurch die Verbindung zwischen
Mensch und "Außenwelt" existiert, hat ihre Bedeutung darin, daß

[5] Die Fassung der Sensibilität als einer qualitativen Stufe im
Evolutionsprozeß, in der notwendig eine adäquate Repräsentanz
von Welttatbeständen eingeschlossen ist, darf nicht dahingehend
mißverstanden werden, daß das erste Auftauchen der Sensibilität
mit der Perzeption gegenständlich ausgeformter Dinge an ihrem
Ort gleichgesetzt wird. Bei niederen Tieren existiert nur ein
Erfassen einzelner Reize; bestimmte einzelne Merkmale oder Eigenschaften (Geruch, Geräusch usw.) sind Kennzeichen der stofflichen Außenwelt. Im Rahmen der Naturgeschichte gibt es selbst
qualitative Stufen der Entwicklung der organismischen Orientierungsaktivität, wie wir später anhand der Unterscheidung der
sensorischen und der perzeptiven Psyche noch zeigen werden.
Wichtig ist hier das richtige Erfassen der Sensibilität als We-
sensform organismischer Orientierung, die ja im Evolutionsprozeß einen differenzierten Niederschlag in der psycho-physischen
Struktur der Organismen gefunden hat. Nur wenn das Auftauchen
der Sensibilität verstanden wird als adäquates Erfassen von
Merkmalen der stofflichen Außenwelt, wenn auch nur von klein-
sten Teilbereichen, die dem Organismus die Anwesenheit oder Abwesenheit von lebenswichtigen Bedingungen signalisieren, kann
sie als Grundlage organismischer Orientierungsaktivität begriffen werden.

45

"die Adäuquanz der elementaren Orientierungsaktivität... eine
Voraussetzung und <u>Vorform der sinnlichen Erkenntnis</u>,...und da-
mit menschlicher Erkenntnis überhaupt" ist (Holzkamp, 1973,
S. 73).

Bisher wurde die Funktion der Sensibilität als Verbindung des
Organismus mit der gegenständlichen Außenwelt beschrieben. Dabei wurde die dadurch entstehende orientierende Aktivität des
Organismus in enger Verbindung mit der Erhaltung und Weiterentwicklung im Evolutionsprozeß angesehen. Grundlage hierfür ist
die mit dem lebenserhaltenden Stoffwechselprozeß verbundene konsumierende Aktivität. Zur unmittelbaren Lebenserhaltung gehört
aber nicht nur das Aufsuchen und Erfassen der Beute, sondern
auch das Aufsuchen oder Vermeiden von nützlichen oder schädli-
chen Umweltgegebenheiten, Annäherung an den Sexualpartner,
Kampf, Flucht, Jungenaufzucht, ein bestimmtes Sozialverhalten
etc. Dies auch als "primäre Lebensaktivität" (Holzkamp) zu be-
zeichnende Verhalten der Tiere ermöglicht eine genauere Kennzeichnung der orientierenden Aktivität als eine die unmittelbar
lebenserhaltenden Aktivitäten ermöglichende und erleichternde
Funktion, die nicht nur gerichtet ist auf konsumtionsrelevante
Züge der Außenwelt. Für eine weitere genauere Kennzeichnung ist
es noch notwendig miteinzubeziehen, daß von allem Anfang an die
als gegenständliche Außenwelt gekennzeichnete Umwelt des Organismus nicht nur aus Dingen, sondern auch aus anderen Organismen
beschaffen ist. Die Wechselwirkung zwischen den Organismen hat
dabei die Formen von Beute, Feinden, Artgenossen etc. Das adäquate Erfassen von anderen Organismen schließt somit auch die
Sensibilität gegenüber diesen ein. Eine sich hieraus entwickelnde Form ist die kommunikative Aktivität als Teilmoment der orientierenden Aktivität. Sie ist Grundlage des Sozialverhaltens, der
Jungenaufzucht und der innerartlichen Kommunikation, entstanden
als Faktor der Erhöhung der Überlebenswahrscheinlichkeit, der
Arterhaltung. Eine hochentwickelte und spezialisierte Kommunikation ist z.B. bei den Bienen erforscht worden.

Welchen Niederschlag findet die Funktion der Sensibilität in
der psycho-physischen Organisation der Organismen ?

Die Funktion der Sensibilität kann gekennzeichnet werden als
eine mittelbare Verbindung zwischen Organismus und stofflicher
Außenwelt, wobei das adäquate Erfassen von einzelnen Merkmalskomplexen, von Dingeigenschaften, sowie Verhaltensweisen anderer Organismen zwingend mit eingeht in das richtige Verständnis ihrer Herausbildung und Weiterentwicklung als Effekt der
natürlichen Selektion im Evolutionsprozeß. Es stellt sich für
die folgende Darstellung die Frage, welchen Niederschlag die
so beschriebene Funktion der Sensibilität in der psycho-physischen Organisation der Organismen gefunden hat.
Spezifische Organe, die die Funktion der Sensibilität erfüllen,
sind die Sinnesorgane. Sie sind selbst Produkt der Differenzierung der Sensibilität und der immer komplexer werdenden Orientierungsaktivität. Die Einteilung der Sinnesorgane ist verschieden. Neben den klassischen fünf Sinnen wie Geruchssinn, Gehör,
Gesichtssinn, Tastsinn und Geschmack wurden noch weitere unterschieden, die etwa die inneren Empfindungen der Organe oder
Stellung und Lage des Körpers anzeigen. Stadler u.a. (1975) unterscheiden in ihrer Klassifizierung der Sinnesorgane "dreizehn
Sinngebiete, die sich ohne Zwang unterscheiden lassen, wenn man
davon ausgeht, daß ein eigenes Sinngebiet dann vorliegt, wenn
sich spezifische Sinnesorgane bzw. Rezeptoren auffinden lassen"
(S. 79). Zu einer differenzierteren Betrachtung gelangt man,
wenn man nicht gleich von eng umgrenzten und spezifisch zuge-
richteten Organen, sondern als Grundlage der physiologisch-bio-
logischen Verankerung der Sensibilität von Rezeptoren, also
Sinneszellen spricht. Dies ermöglicht auch eine genauere Nach-
zeichnung der phylogenetischen Entwicklungslinien. So sind in
den einfachsten Fällen die Rezeptoren über den ganzen Organismus verteilt, etwa wie beim Regenwurm, dessen Oberfläche mit
lichtempfindlichen Rezeptoren, den Photorezeptoren besetzt ist.
Erst im Laufe der Entwicklung zentrieren sich die Rezeptoren
auf bestimmte Körperzonen, und es bilden sich bestimmte funktionale Einheiten, die Sinnesorgane heraus. Die Rezeptoren nehmen
bestimmte Umweltreize auf und verarbeiten sie in eine dem inneren Aufbau des Organismus entsprechenden Signalform, die dann

die Grundlage für die Weiterleitung und -verarbeitung ist.
"Durch die Sinnesorgane findet zunächst eine Energieumwandlung
statt: Die mechanischen, physikalischen, chemischen Bewegungsformen der Materie werden in bio-elektrische oder bio-chemische
Potentiale umgewandelt" (Stadler u.a., 1975, S. 76). Eine weitere Umwandlung findet statt, indem der Erregungszustand der
Rezeptoren umgewandelt wird in eine Impulsfolge. Ein kontinuierlich variierender Reizzustand schlägt sich demgemäß in einer
veränderten Impulsfolge nieder. Die Weiterleitung geschieht
über sogenannte afferente Nervenleitungen. Dies sind die Verbindungen zwischen den einzelnen Rezeptoren und den zentralen
Verarbeitungszellen, die in der Phylogenese bei den Säugern sich
als Zentralnervensystem mit dem Gehirn als zentrales Steuerungs-
organ herausgebildet haben. Der Prozeß der Signalumwandlung ist
gekennzeichnet durch fortwährende Informationsreduktion, oder
auch zu bezeichnen als Invariantenbildung (vgl. Stadler u.a.).
Wir treffen hier wieder auf die spezifische Form der Vermittlung
zwischen Organismus und stofflicher Außenwelt, deren wesentliches Kennzeichen die Aktivität ist. Schon bei der allgemeinen
Reizbarkeit treffen wir das Moment der Selektivität an. Nicht
jeder Reiz löst eine entsprechende Reaktion aus. Da die Mannigfaltigkeit der Reize der Außenwelt immer größer ist als die mögliche Mannigfaltigkeit der Reaktionen, hat der Organismus die
Tendenz, "bis zu einem gewissen Grad auf unterschiedliche Reize
gleich zu reagieren, die Reizmannigfaltigkeit in seinen Reaktionen zu homogenisieren" (Holzkamp, 1973, S. 69). Selektion und
Homogenisierung sind somit Grundformen der Reizbarkeit des Organismus. Der Prozeß der Invariantenbildung stellt eine qualitativ neue Form von Selektion und Homogenisierung dar. Invarianzen
sind solche Eigenschaften und Merkmalskomplexe von Welttatbeständen, die Grundlage der primären Lebensaktivität sind. Sie bilden
sich im Laufe der Artentwicklung als jeweils spezifische Form
der Auseinandersetzung mit der Umwelt heraus und sind somit verinnerlichte Invarianzen der Außenwelt. Diese Stufe ermöglicht
damit ein Absehen von unwesentlichen Informationen, ein Herausheben von wesentlichen, bietet Möglichkeiten der Verallgemeiner-
barkeit (Generalisierung) etc. und stellt somit ein genaueres

und überdauerndes Erfassen von Welttatbeständen dar.
Der Prozeß der Signalumwandlung führt dann im Resultat zu den
jeweiligen Informationen über die gegenständliche Außenwelt.
Die Weiterverarbeitung erfolgt durch motorische Zentren des
Gehirns über efferente Nervenleitungen zu den muskulären Ausführungsorganen, den Effektoren. Das Zusammenwirken und die
Bedeutung der ausführenden Organe und der motorischen Bewegung
mit den Rezeptoren, die sensumotorische Koordination, für die
Orientierungsaktivität wird in den weiteren Ausführungen noch
verdeutlicht. Vorher sollen aber noch zwei Fragen behandelt
werden: Die Klassifizierung der verschiedenen Rezeptoren (vgl.
auch Anlage I) und die phylogenetische Entwicklung der Rezeptorsysteme.
Eine der ältesten, systematischen Einteilung stammt von Sherrin-
ton. Er unterteilt in Interozeptoren, Empfindungen der inneren
Organe; in Propriozeptoren, Rezeptoren, die Signale über die
Gliederstellung und Muskelspannung, also den jeweiligen Zustand
des motorischen Bewegungsapparates vermitteln; in Exterozepto-
ren, Rezeptoren, die sich auf der Hautoberfläche befinden und
sich differenzieren in Kontaktrezeptoren, Rezeptoren, die auf
den unmittelbaren Kontakt mit den Gegenständen reagieren wie
z.B. Tastsinn und Geschmacksinn sowie in Distanzrezeptoren, Rezeptoren, die die Gegenstände in ihrer Lage, Bewegung, Form etc.
erfassen. Diese Einteilung der Rezeptoren kann man als Klassifizierung nach Lage und Funktion bezeichnen. Sie hat gerade
für eine phylogenetische Rekonstruktion der Rezeptor-Systeme
wesentliche Vorteile. Die Kennzeichnung nach Funktionsarten
weist auf den grundlegenden Zusammenhang der Rezeptorsysteme
mit der jeweiligen spezifischen Ökologie,in der die Organismen
leben hin. So hat sich bei den Fischen das sogenannte Seiten-
linienorgan, das sehr fein auf Druckunterschiede im Wasser reagiert, als hochkomplizierter Kontaktrezeptor herausgebildet,
da dies für ihre Orientierung wichtiger ist als das visuelle
System. Distanzrezeptoren haben in den verschiedensten Artent-
wicklungen verschieden gewichtige Niederschläge in den einzelnen Sinngebieten und damit auch entsprechend im Großhirn gefunden. Bestimmte Tierarten,wie z.B. Hunde,haben als hauptsäch-

lichen Distanzrezeptor den Geruchssinn herausgebildet. In der
Primatenevolution dagegen fand eine Umwandlung hin zum visuellen System statt, das damit der wesentliche Distanzrezeptor
wurde (vgl. auch Schurig, 1976).
Eine andere Art der Einteilung der Rezeptor-Systeme besteht
darin, sie zu kennzeichnen nach der für ihre Reizung spezifischen Energieform. Die der spezifischen Ansprechbarkeit einer
bestimmten Art von Rezeptoren gemäßen Energieformen werden dabei als adäquate Reize gekennzeichnet. So ist der adäquate
Reiz für die Photorezeptoren die strahlende Energie, das Licht.
Für die Phonorezeptoren sind es die mechanischen Schwingungen
der Wellenlänge etc. Diese Art der Einteilung geht vom Resultat der naturgeschichtlichen Entwicklung aus und kennzeichnet
die Organstruktur der Sinne. Ihr Augenmerk richtet sich wesentlich auf die Untersuchung der Signalumwandlung und Weiterverarbeitung in den verschiedensten Evolutionsreihen. Untersu-
chungsobjekte sind hier die rezenten, heute lebenden Arten.
Dies soll für die Wahrnehmung oder sinnliche Erkenntnis des
Menschen verdeutlicht werden. Die organismische Grundlage
menschlicher Wahrnehmungstätigkeit ist die physisch-stoffliche
Wechselwirkung zwischen gegenständlicher Außenwelt und den entsprechenden Sinnesorganen. Die sinnlich präsente gegenständliche Außenwelt wird über die entsprechenden Sinnesorgane und
Verarbeitungsleitungen (Effektoren) zu den spezifischen menschlichen Empfindungen verarbeitet. "Im Bereich der menschlichen
Wahrnehmung entsprechen der spezifischen physiologischen Lei-
stungsweise der Rezeptoren bestimmte spezifische Empfindungs-
charaktere der Wahrnehmungsgegenstände, die Sinnesmodalitäten
genannt werden und in ihrer qualitativen Eigenart als 'Licher
und Gestalten', 'Töne', 'Geräusche', 'Gerüche' etc. unmittelbare Kennzeichen der sinnlichen Präsenz der Welt darstellen"
(Holzkamp, 1973, S. 74). Die Kennzeichnung der sinnlich präsenten Außenwelt und ihrer qualitativen Unterscheidung nach Farben, Geräuschen usw. ist aber unvollständig. "In der wirklichen
Welt, die der Mensch wahrnimmt, gibt es keine Qualität 'grün'
als solche, es gibt lediglich Gegebenheiten, die die Eigenschaft haben, 'grün' zu sein. Die Qualitäten erscheinen mithin

von vornherein und notwendig gebunden an Tatbestände,
die in irgendeinem Sinn oder Gerade eine 'Form', bestimmte 'Grenzen' etc., also figurale Eigenschaften, haben"
(Holzkamp, 1973, S. 23 f). Der Empfindungscharakter von
Wahrnehmungsgegenständen als das sensibilitätsbedingte
Minimalkennzeichen sinnlicher Präsenz stofflich gegenständlicher Außenwelt bezeichnet somit immer das Erfassen von figural-qualitativen Tatbeständen. In diesem Sinne sind die Empfindungen die einfachste Form sinnlicher
Erkenntnis, die "die Grundlage für kognitive Prozesse wie
Wahrnehmen, Vorstellen und Denken, letzten Endes also für
das bewußte Handeln des Menschen" (Wörterbuch der Psychologie, 1976, S. 132) bilden. In welcher Weise die Herausbildung der Perzeption figural-qualitativer Merkmale von
Welttatbeständen und ihre Beziehung untereinander selbst
Produkt des Evolutionsprozesses ist und damit als organismische Bedingung menschlicher Wahrnehmung in der Naturgeschichte selbst entstanden ist, werden wir an späterer
Stelle noch zeigen.
Betrachtet man ausschließlich das Resultat einer phylogenetischen Entwicklung von Rezeptor-Systemen und verfolgt
nicht ihre entwicklungslogische Herausbildung, so kommt
man leicht zu falschen Vorstellungen über das Verhältnis
von Rezeptor-Systemen und der Art und Weise der Erfassung
der Außenwelt. So schreibt Oerter (1974): "Unsere Sinnesorgane sind so gebaut, daß sie nur mit einer bestimmten
Art von Reizen etwas anfangen können". Und: "Jedes Sinnesorgan liefert uns von der Welt also nur den Reizaus-
schnitt, für den es gebaut ist" (S. 9 f). Diese Formulierungen deuten, vor allem auch mit dem Hinweis auf Johannes
Müllers "Gesetz der spezifischen Sinnesenergien", auf
eine agnostizistische und idealistische Position, wenn
die Feststellung, daß die Sinnesorgane nur für spezifische Reize empfänglich sind, nicht als Ergebnis phylogenetischer Entwicklung betrachtet und die Erklärung der
Psyche nicht aus dem einheitlichen Funktionszusammenhang
des Lebensprozesses, also einer spezifischen Beziehung
Organismus-Umwelt, erklärt, sondern aus der Struktur und

Funktionsweise der Organe abgeleitet wird. Leontjew
(1973) drückt das so aus: "Ob ein Reiz physiologisch
adäquat oder nicht adäquat ist, hängt davon ab, ob er
biologisch adäquat ist oder nicht" (S. 113).
Wir sind hiermit bei der phylogenetischen Entwicklung
der Rezeptor-Systeme angelangt. Die Entwicklung und Differenzierung der Rezeptoren und der damit einhergehenden
Herausbildung der Verarbeitung der Signale in spezifischen
afferenten und efferenten Prozessen sowie der Entwicklung
eines zentralen Verarbeitungs- und Leitungsorgans, des Gehirns ist unter denselben evolutionstheoretischen Gesichtspunkten zu klären wie die Herausdifferenzierung der
Sensibilität aus der allgemeinen Erregbarkeit. Die Rezeptoren entwickeln sich in Zusammenhang mit der Lebensaktivität von Organismen in einer jeweils bestimmten Umwelt,
die in ihrer ersten Unterscheidung als eine bestimmte Ökologie (Meer, Savanne, Steppe, Urwald etc.), in der die jeweiligen Arten leben, bezeichnet werden kann. In Wechselwirkung zwischen Ökologie und jeweiliger Organismenart
entstehen die spezifischen Strukturen der Erfassung von
Eigenschaften dieser Ökologie. So bildet sich eine artspezifische Umwelt heraus, die gekennzeichnet werden kann als
die objektive ökologische Außenwelt in den Beschaffenheiten, die vom Organismus rezipierbar sind. (Man spricht
auch hier von Einnischung in spezielle ökologische Bereiche). Die Herausbildung solcher spezifischer und differenzierter Rezeptor-Systeme in der Wechselwirkung der Lebensaktivität von Organismen und spezifischer Außenwelt bedeutet, daß mit wachsender Komplexität der Sinnesorgane
immer komplexere Momente der objektiven Außenwelt erfaßt
werden und damit eine immer bessere Orientierung des Organismus ermöglicht wird. Dies hat den Effekt einer adäquateren Orientierungsaktivität, die damit die Überlebenswahrscheinlichkeit, die Arterhaltung durch Anpassung begün-
stigt und vorantreibt. "Allgemein kann man feststellen,
daß die Entstehung von je besonderen Rezeptor-Systemen
evolutionstheoretisch dadurch zu begründen ist, daß die
Orientierung Distanzverringerung oder Distanzvergrößerung
zwischen dem Organismus und bestimmten Umweltgegebenheiten

ermöglicht, die die Überlebenswahrscheinlichkeit für den
Organismus (die Fortpflanzungswahrscheinlichkeit für die
Organismenpopulation) erhöhen" (Holzkamp, 1973, S. 76 f).
Konnten wir feststellen, daß die Herausbildung der Sensi-
bilität aus der allgemeinen Erregbarkeit ein adäquates
Erfassen von relativ konstanten Umwelteigenschaften einschließt, so können wir dies jetzt erweitern und feststellen, daß die Herausbildung und Spezialisierung verschiedenster Rezeptoren das immer umfassendere und adäquatere
Erfassen von Eigenschaften, Bedingungen, Beziehungen und
Merkmalskomplexen der mit dem Organismus in Wechselwirkung stehenden Umwelt bedeutet. Eine naturgeschichtliche
Aufarbeitung in dieser Weise verhindert und überwindet
ein für allemal die gängige Vorstellung und Sichtweise,
die auf der einen Seite einen mit bestimmten Rezeptoren
ausgestatteten Organismus sieht, auf der anderen Seite
eine Außenwelt, die mit dem Organismus und seiner Ausstattung nichts zu tun hat. Diese Sichtweise muß notwendigerweise dazu führen, daß man beides dann nicht mehr zusammen bekommt und eine Erklärung, wie die Erfassung der Welttatbestände möglich sein soll, nicht geben kann. Dieser
Zusammenhang ist sehr wichtig zur Erklärung organismischer
Eigenarten der Wahrnehmung. Nur wenn man begreift, "daß
die Rezeptor-Systeme samt ihren Funktionen einerseits von
allem Anfang an in Auseinandersetzung mit der Welt und auf
die Orientierung in der Welt hin entstanden, daß sie sich
entwickeln konnten, weil Welttatbestände mit ihnen adäquat
erfaßbar sind, daß andererseits gerade die Eigenschaften
der objektiven Außenwelt im Laufe der Entwicklung in der
Wechselwirkung mit dem Organismus immer differenzierter
in Erscheinung traten, die die Wahrscheinlichkeit der Lebenserhaltung des Organismus erhöhen" (Holzkamp, 1973,
S. 168), zeigt sich, wie die menschlichen Sinnesorgane im
Wechselwirkungsprozeß Organismus-Umwelt im Rahmen der
Phylogenese entstanden sind und läßt sich verstehen, daß
sie als psycho-physische Struktur spezifisch menschlicher
Sensibilität auf die adäquate Erfassung der Außenwelt ge-
richtet sind.

Bisher charakterisierten wir die Herausbildung der Sensibilität und das Entstehen spezifischer Organe für diese
Funktion. Das dadurch bedingte mittelbare In-Beziehung-
Treten von Organismus und spezifischer Umwelt erfordert
auch eine komplexere Aktivitätsstruktur. Neben die primäre Lebensaktivität tritt die orientierende Lebensaktivität. Die Orientierungsaktivität darf dabei nicht als
selbständige, von anderen lebenserhaltenden Aktivitäten
des Organismus losgelöste aufgefaßt werden, sondern steht
immer in einem bestimmten Bezug zu diesen, als Ermöglichung und Erweiterung der unmittelbaren Lebenserhaltung.
Die Orientierungsaktivität wird im Laufe der Entwicklung
selbst zur Bedingung für die Lebenserhaltung des Organismus, womit auch ihre Entwicklung durch die fortschreitende Anpassung an die Umwelt als ein wesentliches Merkmal
der psychischen Entwicklung in der Phylogenese gekennzeichnet werden muß. Die Entwicklung der Orientierungsaktivität muß deshalb noch in zweierlei Hinsicht genauer erläutert werden. Erstens muß dargestellt werden, welche
Funktion das Zusammenwirken von Rezeptionsorganen und
Ausführungsorganen für das Erfassen von konstanten, ding-
lich gegliederten Welttatbeständen hat. Zum zweiten geht
es um die relative Verselbständigung der Orientierungsfunktion von den Zuständlichkeiten des Organismus und der
primären Lebensaktivität als einer Bedingung für umfassen-
deres und genaueres Erfassen der Welt in ihren stabilen,
zeitlich konsistenten und dinglichen Eigenschaften, ihren
Beziehungen und Wechselwirkungen.
Einen ersten Hinweis für den engen Zusammenhang von Rezeptoren und Effektoren ist die Existenz der Propriozeptoren,
die Signale über die Gliederstellung und Muskelspannung,
also über den jeweiligen Zustand des motorischen Bewegungsapparates des Organismus vermitteln. Durch sie ist eine
unmittelbare Rückmeldung über den Verlauf der motorischen
Aktivität und damit eine permanente Steuerung der Motorik
möglich. Grundlegende Form der effektorisch-motorischen
Aktivität für ein adäquateres Erfassen der Dinge an ihrem
Ort ist die Lokomotion, die Eigenbewegung des Organismus.

Die Gegenstände können so von einer näheren oder ent-
fernteren Sichtweise aus perzipiert werden. Vor allem
kann durch die Lokomotion das Ding in seiner räumlichen
Struktur erfaßt werden, es ist damit von verschiedenen
Seiten und Standorten aus gegeben. "Die Rezeption eines
Dinges von verschiedenen Seiten ist eine Voraussetzung
für die Perspektivität der entwickelten Wahrnehmungsfunktion, durch welche in der standortgebundenen 'Hinsicht' des Dinges jeweils auf das ganze Ding in seiner
wahrnehmungsunabhängigen Tatsächlichkeit verwiesen ist"
(Holzkamp, 1973, S. 9o). Durch die Eigenbewegung des Organismus ist bei entsprechender rezeptorischer Ausstattung (visuelles System) der Ort und die Lage des Dinges
im Raum mehr oder weniger genau auszumachen. Ein wesentlicher Grund dafür ist die Tiefenlokalisation. Sie beruht darauf, daß bei der Lokomotion sich die Dinge im
Raum entsprechend ihrer Anordnung zueinander verschieben.
So sind die Übereinanderlagerung, die Nähe und Weite, die
verschiedenen Größen und Ausprägungsformen erfaßbar. Damit wird auch eine generalisierende Auffassung von gemeinsam sich verschiebenden Umweltmomenten als eine gegenständliche Einheit ermöglicht. Bei der Tiefenlokalisation
zeigt sich, daß die Eigenbewegung des Organismus als Grundlage zur Perzeption des Dinges an seinem Ort - und zwar
im Laufe der Evolution im verstärktem Maße - von der Bewegung der Sinnesorgane übernommen wird, nämlich im Falle
des visuellen Systems von der Akkomodation und der Konvergenz. Die Akkomodation bezeichnet die Veränderung der
Krümmung und somit des Durchmessers der Augenlinse, hervorgerufen durch die Cilarmuskeln. Dadurch wird es möglich, verschieden weit entfernte Gegenstände gleich scharf
abzubilden, wobei die Linsenkrümmung gleichzeitig ein Maßstab für den Abstand des Dinges zum rezipierenden Organismus darstellt. "Die Akkomodation ist ein spezifischer rück-
gekoppelter Regulations-Mechanismus, mit welchem das Auge
des Organismus sich so auf den jeweils rezipierten Reiz
einstellt, daß er durch die Schärfe seiner Abbildung von
den Reizen 'davor' und 'dahinter' abgehoben ist und gleich-

zeitig an seinem räumlichen Ort in der Welt hervortritt"
(Holzkamp, 1973, S. 91). Die Konvergenz bezeichnet eine
Augenbewegung - auch mit Hilfe der Cilarmuskulatur -,
die darin besteht, daß sich die Sehwinkel im fixierten
Gegenstand schneiden. Grundlage dafür ist, daß in beiden
Augen die korrespondierenden Netzhautstellen gereizt werden. Die Konvergenz ermöglicht eine genaue Fixierung des
Gegenstandes. In der Evolution bilden sich bei den verschiedenen Tierarten unterschiedliche Formen der Tiefenlokalisation heraus, an denen die verschiedensten rezeptorischen und effektorischen Systeme beteiligt sind. Eine
genauere Darstellung dieses Zusammenhangs ist für uns nicht
relevant. Wichtig ist aber noch folgendes: Mit der Entwicklung der Tiefenlokalisation als einer Grundlage der
Gegenständlichkeit der Perzeption, d.h., der Erfassung des
Dinges an seinem Ort, entstehen auch Leistungen, die als
sogenannte Konstanzphänomene bezeichnet werden. "So behalten z.B. Gegenstände bestimmte Eigenschaften auch dann,
wenn man sie von verschiedenen Gesichtspunkten aus (Ding-
konstanz), aus verschiedenen Entfernungen (Größenkonstanz)
oder unter verschiedenen Beleuchtungen (Farben- bzw. Hel-
ligkeitskonstanz) betrachtet. Die Konstanzphänomene äußern
sich mindestens in der Form, daß die am Gegenstand wahrgenommenen Veränderungen in keinem Verhältnis zu dessen physikalischen definierten Veränderungen stehen" (dtv-Wörterbuch zur Psychologie, 1970, S. 159). Die Konstanzleistun-
gen in ihren jeweiligen phylogenetischen Ausformungen
stellen damit den jeweiligen Grad und die Art der gegenständlichen Erfassung der stofflichen Außenwelt als Perzeption der Dinge, ihrer Eigenschaften und Beziehungen
im Raum, in ihrer jeweiligen Lage und Form dar. Grundlage
dafür ist nicht eine passive Rezeption, sondern eine perzeptive Orientierung, die durch effektorisch-motorische
Aktivitäten gesteuert wird, sei es als Lokomotion des gesamten Körpers oder als muskuläre Bewegung der Sinnesorgane.
Diesen Zusammenhang bei der Wahrnehmung des Menschen hat
als erster Setschenow in der Analyse des Tastens und Sehens

gezeigt. Grundlage des Tastens ist der Nachvollzug der
Oberflächenbeschaffenheit und der Widerstandsfähigkeit
des Gegenstandes (Objekt). Es erfolgt durch die sich laufende Bewegung der Hand, die sich der Form des Objekts
anpaßt. "Nicht die tastende Hand, sondern ihre Bewegung
reproduziert die Umrisse des Gegenstandes" (Leontjew,
1973, S. 141). Dieser beim Tastsinn auf der Hand liegende Zusammenhang von Rezeption und motorischer Bewegung,
der sich auch daran zeigt, daß die Möglichkeit des Tastens
auch mit Hilfsmitteln gegeben ist, also nicht unmittelbar
einen Kontakt von Hand und Objekt voraussetzt, wurde von
Setschenow analog auf das visuelle System übertragen. Wir
wollen uns nicht weiter mit der Möglichkeit dieser Übertragung beschäftigen. Der Prozeß des Tastens und Sehens
wird sehr wahrscheinlich nicht direkt vergleichbar sein.
Dies ist auch nicht notwendig, wenn man, wie weiter oben
gezeigt, beim Sehen die entsprechenden effektorisch-motorischen Glieder, die eine Anpassung an die Struktur des
Gegenstandes ermöglichen, mit in die Betrachtung einbezieht. Die Bewegung beim Tasten und die Augenbewegung
durch Akkomodation und Konvergenz sind zwar in ihrer Struktur nicht identisch, führen aber beide zur Erfassung des
Dinges an seinem Ort mit den jeweils relevanten Eigenschaften und der entsprechenden figurmäßigen Ausgestaltung
und sind Belege für das Zusammenwirken von Rezeptions- und
Ausführungsorganen in der Orientierungstätigkeit der Menschen. Interessant sind in diesem Zusammenhang auch Leontjews (1973) Untersuchungen über das Gehör, da es das am
wenigsten bewegliche Sinnesorgan ist und nicht direkt
mit effektorischen Erfolgsorganen gekoppelt ist. Seinen
Untersuchungen stellt er die Frage voran, ob die von
Setschenow beschriebenen Zusammenhänge beim Tasten auch
bei der Phonorezeption anzutreffen sind. Er kommt zu der
Feststellung: "Die Vorstellung von dem der Rezeption zugrunde liegenden Funktionsmechanismus, zu der wir bei der
Untersuchung des Gehörs für Tonhöhen gelangten, ist im
Prinzip der weiter oben dargelegten Vorstellung vom Mecha-

nismus des Tastens analog. Entscheidend für die adäquate
Widerspiegelung ist in beiden Fällen ein Prozeß der An-
gleichung, durch den das effektorische Glied des rezipierenden Systems an die widergespiegelte Eigenschaft
herangeführt wird. Die Untersuchung des Gehörs erlaubt es,
diesen Mechanismus genauer zu charakterisieren. Wir be-
gegneten dabei einem recht komplizierten Mechanismus; der
Prozeß des Angleichens muß, da hier die Möglichkeit aus-
geschaltet ist, das motorische Organ in äußeren, praktischen Kontakt mit dem Gegenstand treten zu lassen, auf dem
Weg des 'Komparierens' der Signale innerhalb des Systems,
d.h. im inneren Feld, verlaufen" (Leontjew, 1973, S. 151f).
Eine eingehendere theoretische Bearbeitung und umfassendere Konzeption erhielt die Erfassung der Wechselwirkung
rezeptorischer und effektorischer Organe und Systeme in
seiner Bedeutung für eine adäquate Perzeption von Welttatbeständen im Reafferenz-Prinzip (vgl.: Holzkamp, 1973,
S. 94 ff; Stadler u.a., 1975, S. 183 ff; Wörterbuch der
Psychologie, 1976, S. 445). Ein weiterer Nachweis für die
figural-qualitative Perzeption von Welttatbeständen ist
der sogenannte Orientierungsreflex. Unter dem Konzept des
Orientierungsreflexes werden solche effektorisch-motorischen, reflektorischen Reaktionen des Organismus verstanden, die die Rezeptor-Systeme in die für eine Auffassung
des Gegenstandes jeweils günstige Stellung bringen.
"Orientierungsreflexe erhöhen die Bereitschaft des Organismus zu adäquater Erfassung gegenständlicher Gegebenheiten
im unmittelbaren Zusammenhang mit der Ermöglichung biologisch angemessener Aktivität" (Holzkamp, 1973, S. 93).
Eine weitere Ausführung dieser Momente entwickelter organismischer Orientierungsaktivität würde an dieser Stelle
zu weit führen.

Zu einer genaueren Kennzeichnung der Entwicklung der Orientierungsaktivität zählten wir auch ihre relative Verselbständigung gegenüber der jeweiligen Zuständlichkeit und
der primären Lebensaktivität des Organismus. Wie ist diese
zu verdeutlichen ? Leontjew berichtet von Versuchen mit

Zwergwelsen, durchgeführt von Saporoshez & Dimanstein
(siehe Anlage II). Zwischen den Tieren und dem Futter
wurde eine Trennwand eingezogen. Die Umgehung erfolgte
mittels zufälliger Suchbewegungen, die sich im Laufe der
Zeit verkürzten und zum Schluß ganz wegfielen. Die Tiere
hatten gelernt, das Ziel auf dem schnellsten Weg zu erreichen. Nach Wegnahme des Hindernisses steuerten die
Fische aber nicht auf direktem Weg das Ziel an, sondern
blieben anfangs bei dem gelernten Umweg, der mit der Zeit
verschwand. Einerseits zeigt sich die Plastizität tierischen Verhaltens, das in der Lage ist, auf neue Umweltgegebenheiten zu reagieren, wobei eine Art "individuellen
Lernens" als Möglichkeit der Anpassung feststellbar ist.
Neben dieser Grundbedingung tierischer Aktivität überhaupt ergibt der Versuch, daß die Fische das Hindernis
zwar rezipiert haben, es aber nicht unabhängig vom Ziel
ihrer Aktivität und ihrer Lokomotion erfaßten. Dafür sprechen einmal die zufälligen Suchbewegungen nach dem Merkmal von Versuch und Irrtum und zum anderen der erst allmähliche Abbau der sich auf dem Umweg eingestellten Akti-
vitätssequenz. "Die untersuchten Fische hatten demnach die
Einwirkung, die ihren Umweg veranlaßte, mit der Einwirkung der Nahrung, d.h. mit deren Geruch verbunden. Die
Tiere hatten von Anfang an die erste Einwirkung zusammen
mit dem Geruch der Nahrung (erfaßt) und nicht als Eigenschaft eines anderen Gegenstandes" (Leontjew, 1973, S.165).
Bringt man dagegen eine Trennwand zwischen einem Hund und
der Lockspeise an, so wird die Trennwand meist auf direktem Weg umgangen. Nach ihrer Entfernung wird das Ziel auf
direktem Weg angesteuert, ohne anfangs die vorher gemach-
te Bewegungsfolge zum Umgehen des Hindernisses zu wieder-
holen. In komplizierten Umwegversuchen fallen auch die
Hunde noch häufig in einen zwischengeschalteten Prozeß
von Versuch und Irrtum zurück, der allerdings hier recht
kurz ist. Eine noch höhere Stufe dieser Orientierung zeigt
sich bei den rezenten Menschenaffen, den Ponginen.
Im Gegensatz zu den Fischen setzt die Orientierungsleistungen bei den Hunden voraus, daß neben dem Erfassen des

Ziels als Rezeption der Reize der jeweiligen Nahrung
getrennt davon das Erfassen des Hindernisses als Rezeption von Reizen, die die Art und die Durchführung der auf
die Nahrung ausgerichteten Aktivität bestimmt, existiert.
"Die Einwirkung, auf die dieses Tier seine Tätigkeit richtet, wird nicht mehr mit der Einwirkung des Hindernisses
verquickt, sondern beide Einwirkungen werden jetzt getrennt (erfaßt)" (Leontjew, 1973, S. 173 f). Das Erfassen
des Hindernisses bewirkt dabei nicht ein Lernen nach Versuch und Irrtum, sondern ist ein Erfassen der gegenständlichen Gegliedertheit der stofflichen Außenwelt insoweit,
als der Gegenstand (Hindernis) als Ding - an-seinem-Ort
und das In-Beziehung-Treten mit dem anderen Gegenstand
(Nahrung) maßgebend für die Aktivität ist. Die Anwesenheit oder Abwesenheit z.B. eines Hindernisses im Rezep-
tionsfeld des Organismus löst für die lokomotorische Aktivität die Konsequenz eines direkten oder über einen Umweg anzusteuernden Wegs aus.
Die von uns dargestellten exemplarischen Beispiele (Leontjew spricht vom Stadium der "sensorischen" und der "perzeptiven" Psyche) können genauer charakterisiert werden,
wenn man sich die verschiedenen Formen der Generalisierung,
der Differenzierung und der Gedächtnisfunktion anschaut.
"Im Stadium der elementaren sensorischen Psyche waren die
einwirkenden Eigenschaften insofern differenziert worden,
als sie einfach um den dominierenden Reiz zusammengefaßt
wurden. Jetzt (im Stadium der perzeptiven Psyche; d.A.)
begegnen wir erstmalig Prozessen, die die einwirkenden
Eigenschaften zu einem gegenständlichen Bild zusammenfassen. Die Tiere spiegeln jetzt ihre Umwelt in Form mehr
oder weniger gegliederter Abbilder einzelner Gegenstände
wider" (Leontjew, 1973, S. 173). Differenzierung und Generalisierung vollziehen sich bei niederen Tieren in Form
der Diskrimination der von einzelnen Eigenschaften der
Gegenstände ausgehenden Reizen; die Grundlage dafür ist der
biologische Sinn, die Rolle, die die Reize in der Aktivität des Organismus spielen. Die einwirkenden Eigenschaften
gehen in Form einer einfachen Signalverbindung in die Ge-

dächtnisfunktion ein und sind damit für die folgenden Aktivitätssequenzen reproduzierbar. Ändern sich die Verbindungen zwischen Gegenstand und bestimmten Eigenschaften
oder ist es notwendig, Eigenschaften des Gegenstandes zu
differenzieren, um sie von anderen zu unterscheiden, so
stellt jetzt die veränderte Reizsituation die Grundlage
für die Signalverbindung dar, die auch wieder im Gedächt-
nis gespeichert wird (vgl. hierzu auch unser früheres
Krebs-Beispiel). Bei höheren Tieren beruht die Generalisierung und Differenzierung darauf, daß sie ganze Objekte
zu differenzieren und zu verallgemeinern in der Lage sind.
Es werden nicht mehr nur einzelne Eigenschaften, die relativ konstant mit den Gegenständen der primären Aktivität
verbunden sind, richtig erfaßt, sondern bestimmte Eigenschaften und Merkmalskomplexe werden zu einem Gegenstand
zusammengefaßt. Verschiedene Einzeleigenschaften verbinden sich so einmal zu einer Einheit und heben sich ab von
anderen Einzeleigenschaften als Momente anderer Einheiten.
"Das heißt aber auch: Wirken diese Eigenschaften später
mit anderen Eigenschaften zusammen, dann muß die zuvor
hervorgehobene Einheit dennoch als derselbe Gegenstand
(erfaßt) werden. Da sich die Umwelt und die Bedingungen
der (Perzeption) zwangsläufig verändern, ist das nur möglich, wenn das entstandene Abbild des Gegenstandes verallgemeinert ist" (Leontjew, 1973, S. 179; Hervorhebung
d.A.). Die Gedächtnisfunktion gestaltet sich demgemäß um
in Formen primitiver bildhafter Darstellung von Gegenständen und ihrer Reproduktion in Form des Vergleiches mit anderen Gegenständen. Die Verallgemeinerung muß dabei wesentlich als Produkt motorischer Aktivität betrachtet werden, denn nur im Umgang mit den Gegenständen und der Anpassung der motorischen Fertigkeiten an diese verdichten
sich bestimmte Eigenschaften zu einer Einheit, sind diese
von unwesentlichen Merkmalen zu trennen und entsteht so
ein relativ überdauerndes konstantes Erfassen gegenständlich gegliederter Welttatbestände. Differenzierung und
Verallgemeinerung bei höheren Tieren unterscheiden sich so

wesentlich von den Formen der Verbindung und Differenzierung von Einzelreizen und stellen somit eine weiter-
entwickeltere Vorform der Verallgemeinerung und Differenzierung der Wahrnehmung und des Denkens, der Erkenntnistätigkeit des Menschen in Form von Analyse und Synthese
dar.

Die verschiedenen Formen der Orientierungsaktivität, die
nach Leontjews Einteilung als sensorische und als perzeptive Orientierung gekennzeichnet werden können zeigen sich
auch in verschiedenartigen Verhaltenskomplexen. Bei niederen Tieren, bei denen die Orientierungsaktivität eng
verflochten ist mit der primären Lebensaktivität, wird
ein entsprechendes Verhalten des Nahrungserwerbs, der
Flucht, der Paarung etc. meist ausgelöst durch bestimmte
Schlüsselreize. Die Rezeption der Buttersäure ist für die
Zecke der Auslöser, um sich vom Baum herunterfallen zu
lassen. Die Schlüsselreize können dabei weiter oder enger
sein, mehr oder weniger Reizfigurationen umfassen. So ist
die Darbietung eines "zweibeinig-laufenden-Wesens" ausreichend, um kleine Küken zum Nachlaufen zu bewegen. Dies
ist ein relativ weiter Schlüsselreiz, der das Nachlaufen
hinter dem Muttertier bewirken soll. Das Verhältnis von
bestimmtem tierischen Verhalten und der Rezeption von
Schlüsselreizen ist in der Verhaltensforschung unter dem
Konzept der "Angeborenen-Auslösenden-Mechanismen" (AAM)
untersucht worden. Für unseren Darstellungszusammenhang
reicht die Kennzeichnung der Orientierungsaktivität als
Rezeption bestimmter Schlüsselreize, die sich auf wesentliche Eigenschaften der Gegenstände primärer Lebensaktivität beziehen, und die unmittelbare Verbindung der Orientierungsfunktion mit ihr aus. So ist das Erfassen der
Sandfläche und der Raupe für eine Grabwespe nur dann anzunehmen, wenn sie sexuell gestimmt ist, das heißt ihre
Eier in den Sand legen will, und die Raupe als Nahrung
für die Larven in das Loch gelegt wird (vgl. Holzkamp,
1973, S. 87 f). Bei höheren Tieren zeigen sich dagegen
Verhaltenskomponenten und motivationale Momente, die di-

rekt mit der Orientierungsaktivität verbunden sind. Wesentlich ist z.B. das Neugier- und Explorationsverhalten. Neugierverhalten meint hier die Zuwendung zu neuen bisher unbekannten Reizmustern und das Aufsuchen solcher Situationen. In Untersuchungen zeigte sich sogar, daß die Zuwendung zu neuen Umweltobjekten nicht unmittelbar mit dem Nahrungserwerb gekoppelt war, denn beim Auftreten-von Hunger wendete sich das Tier den alten Nahrungsquellen zu. "Das Neugierverhalten ist nicht selektiv und reizfixiert; das Tier probiert an einem bestimmten Ort quasi sein ganzes Verhaltensrepertoire auf das 'passende' Verhalten hin durch: ...Die Tiere behandeln hier jede Eigenschaft des Gegenstandes so, als wäre sie biologisch relevant, und finden so im Laufe der Zeit jene Eigenschaften heraus, die tatsächlich biologisch relevant sind. Die damit gegebene Möglichkeit, die Eigenschaften der verschiedenen Umweltgegebenheiten im individuellen Lernen zu erfassen, bedeutet ein besonderes Maß an Anpassungsvermögen" (Holzkamp-Osterkamp, 1975, S. 71). Eine Erweiterung des Neugierverhaltens ergibt sich durch die Verbindung mit dem explorativen Moment. Das Tier wendet sich nicht nur dem Unbekannten zu, sondern zeigt immer stärker Untersuchungsaktivitäten im Umgang mit den Objekten. Der selektionsfördernde Effekt dieser Aktivitäten liegt darin, daß die neuerworbenen Kenntnisse über verschiedene Umweltgegebenheiten z.B. in aktuellen Notsituationen abrufbar sind und damit überlebensfördernd wirken. Gleichzeitig erschließt sich auch dadurch die Möglichkeit der Erweiterung der primären Lebensaktivität als Erwerb neuer Nahrungsquellen, Erschließung neuer Umweltgegebenheiten (Biotop) als Lebensraum etc. Ein anderes Verhaltensmoment, das direkt auf die Orientierungsaktivität der Tiere gerichtet ist, wurde als einsichtiges Verhalten bezeichnet. Es zeigt sich in der zeitlichen Trennung zwischen der eigentlichen ausführenden Aktivität und der Orientierung, wobei folgende Kriterien in Abhebung vom Versuch und Irrtumsverhalten entwickelt wurden: "Erforschung, Inspektion oder ständige Prüfung der problematischen Situation und das Zögern, Inne-

halten, der Ausdruck konzentrierter Aufmerksamkeit (Holzkamp, 1973, S. 1o1). Der Verhaltensaspekt soll hier nicht
weiter ausgeführt werden.(vgl. hierzu Holzkamp-Osterkamp,
1975). Es sollte aber klar werden, daß mit der relativen
Verselbständigung der Orientierungsaktivität von der Zuständlichkeit primärer Lebensaktivität des Organismus die
Existenz von Verhaltensweisen und motivationalen Momenten
angenommen werden muß, die wesentlich auf die Orientierung
und nicht auf die unmittelbare Lebenserhaltung gerichtet
sind. In Untersuchungen an unerfahrenen Rhesusaffen wurde
herausgefunden, daß während der zehnstündigen Beobachtungs-
zeit 4o % der Aktivitäten auf Erkundungsverhalten entfiel.
Somit zeigt sich schon in der naturgeschichtlichen Betrachtung bei der Höherentwicklung der Orientierung der Organismen die enge Verflechtung von orientierenden und motivationalen Merkmalen in ihrer Psyche.
Für die Herausbildung und Entwicklung einer überdauernden
gegenständlichen Erfassung der stofflichen Außenwelt, die
auch immer, wie schon dargestellt, die eigenen und artfrem-
den Organismen mit einschließt, diskutierten wir einzelne Momente, wie das Zusammenwirken rezeptorischer und effektorischer Organe, die relative Verselbständigung der Orientierungsaktivität als Erfassen nicht nur des Ziels, sondern auch der Bedingungen der Art und Weise der Durchführung, verbunden mit der Existenz bestimmter Verhaltenskom-
plexe. Die einzelnen Momente sind dabei nicht voneinander
zu trennen, sondern stehen in einem Zusammenhang der gegenseitigen Bedingung, Voraussetzung und Resultaten. Die
höchste Form perzeptiver Welterfassung, der Erfassung figural-qualitativer Merkmale von Welttatbeständen und ihrer
Wechselwirkung, soll nun anhand der Leistungen von Ponginen dargestellt werden. Wesentliches Kennzeichen ist hier
die Lösung von Zwei-Phasen-Aufgaben (siehe Anlage III).
Zur Erreichung des Ziels,z.B.einer Banane, die außerhalb des
Gitters und der Reichweite des Affen liegt, ist es notwendig, einen kürzeren Stock.herbeizuholen. Mit diesem ist
zwar auch nicht die Frucht selber, sehr wohl aber ein zwei-

ter, längerer Stock erreichbar. Durch Herbeiholen dieses längeren Stocks ist es dann möglich, die Frucht zu erlangen. Die Vorbereitungsphase hat dabei für sich genommen keinen Sinn. Das Herbeiholen des längeren Stocks mit Hilfe des kürzeren ist nur verständlich im Zusammenhang mit dem angestrebten Ziel, das heißt aber auch, daß nicht nur der Gegenstand, sondern die Beziehungen die objektiv zwischen Stock und Früchten besteht, erfaßt werden, also eine Gliederung von dinglichen Eigenschaften des perzeptiven Feldes nach Zweck-Mittel-Relation erfolgen muß. Darauf aufbauend erfolgt die Vollzugsphase als Erreichen des Aktivitätsziels. Das Benutzen von Hilfsmittel stellt somit eine wesentliche Erweiterung gegenständlicher Welterfassung dar. Die Gegenstände werden hier nicht nur als Dinge-an-ihrem-Ort erfaßt, sondern wesentlicher wird die Auffassung der Beziehung der Gegenstände untereinander, das Erfassen von Situationen. Für den Verhaltensaspekt bedeutet das, daß die Aktivitätssequenzen nicht mehr dem Muster des Versuchs und Irrtums unterliegen, sondern als Handlungsvollzüge zu kennzeichnen sind, die den in der Situation liegenden objektiven Lösungsmöglichkeiten entsprechen. Dem entspricht auch die Veränderung der Form der Verallgemeinerung, die sich nicht allein auf das Herausheben und Abgrenzen von Gegenständen bezieht, sondern wesentlich die Beziehungen und Zusammenhänge, die verschiedenen Zweck-Mittel-Relationen verallgemeinert, was sich auch in der Gedächtnisfunktion und in der Übertragung auf neue Situationen zeigt. "Die Leistungen der tierischen Organismen bei der Lösung von Zwei-Phasen-Aufgaben dokumentieren einen relativ hohen Grad der Möglichkeit zur Erfassung von Eigenschaften der gegenständlichen Wirklichkeit in ihren Beziehungen zueinander. Eine solche Erfassung von konstanten dinglichen Eigenschaften und Relationen erfordert ein höheres Maß von isolierender Bedingungsanalyse, Generalisierung und Synthetisierung, als dies für die einfache perzeptive Orientierung angenommen werden durfte. Die konstanten dinglichen Eigenschaften der Objekte und ihre wirklichen Relationen werden hier in kompli-

zierten Aktivitätsketten in einem solchen Maß berücksichtigt, die Aktionsabfolgen werden bei veränderten Umständen so prompt in andere Formen der Zielerreichung über-
führt, daß hier von Vorformen einer das perzeptive Stadium überschreitenden gnostischen Welterfassung gesprochen werden könnte" (Holzkamp, 1973, S. 1o4).

Was bedeutet die naturgeschichtliche Rekonstruktion organismischer Orientierungsaktivität für die Herausarbeitung organismischer Grundlagen der Wahrnehmung für die
Fragestellung einer "adäquaten Erkenntnis" ?
Die verschiedenen Formen organismischer Orientierung sind
niedere oder höhere Stufen der evolutionären Entwicklung,
die selbst aufgehoben sind in der qualitativ neuen Form
menschlicher Orientierung, der Wahrnehmung oder sinnlichen
ERkenntnis. "Die Gesetzmäßigkeiten einer niedrigeren Stufe gelten jeweils für alle höheren, jede höhere Stufe ist
aber darüber hinaus durch spezifische Gesetzmäßigkeiten
determiniert, die den aus den früheren Stufen überkommen-
den Gesetzmäßigkeiten eine neue Qualität verleihen" (Holzkamp, 1973, S. 162). Organismische Wechselwirkungszusam-
menhänge unterscheiden sich von anorganischen durch ihre
Asymetrie. Der passiven stofflichen Außenwelt steht ein
aktiver Organismus, der nur durch dauernde Assimilation
und Dissimilation sein Fließgleichgewicht erhalten kann,
gegenüber. Durch die allgemeine Erregbarkeit können die
lebenserhaltenden Stoffe ausgesondert und dem Organismus
zugeführt werden. Die Herausdifferenzierung der Sensibilität als Signalverbindung relevanter Eigenschaften der Gegenstände primärer Lebensaktivität ermöglicht das Leben
in einem Milieu, in einem Medium, in dem die lebenserhaltenden Stoffe nicht in gelöster Form existieren. Diese
Grundprozesse organismischer Aktivität haben dabei von Anfang an Vorformen der Subjekt-Objekt-Beziehung; die objektive Außenwelt existiert nie als das "Ganz-Andere", sondern ist immer in bestimmter Art und bestimmtem Grad nach
Gegenstand für den Organismus als Vorform des "Dinges-an-

sich-für-uns" in der menschlichen Erkenntnis. Die Höherentwicklung der Orientierung hat ihre Grundlage im aktiven Verhalten des Organismus zur stofflichen Außenwelt.
Der Organismus verändert dabei zwar nicht seine Umwelt,
sondern paßt sich ihr an, aber in der spezifischen Asymetrie der Erhaltung des Fließgleichgewichts als konstantem gegenüber der veränderlichen Außenwelt. Dies wird ermöglicht durch Herausbildung spezifischer Rezeptor- und
Ausführungsorgane. Die gegenständliche Erfassung der objektiven Außenwelt entwickelt sich mit der relativen Verselbständigung der Orientierungsaktivität. In der höchsten Stufe perzeptiver Orientierung treffen wir sowohl das
überdauernde Erfassen der Gegenstände in ihren figural-
qualitativen Eigenschaften als auch ihrer Beziehung zueinander, das Erfassen von Situationen an. Diese Leistung
wäre somit für die sinnliche Erkenntnis zu charakterisieren als adäquate Erkenntnis figural-qualitativer Beschaffenheiten von Welttatbeständen. Das Erfassen von Dingen
im Raum und in der Zeit ist somit Produkt naturgeschichtlicher Entwicklung, wobei Überlagerungen spezifischer
Raum- und Zeitwahrnehmung gesellschaftlich historischer
Herkunft angenommen werden müssen. Die Vorstufen menschlicher Erkenntnis in den Formen organismischer Orientierungsaktivität erweisen sich somit als Herausbildung psy-
chisch-physischer Qualitäten zur Erfassung der objektiven
Außenwelt. Grundlage dafür ist die naturgeschichtlich-bio-
logische Gesetzmäßigkeit der Selektion. Jede idealistische Trennung zwischen dem erkennenden Menschen und der
objektiven Außenwelt als zwei getrennte Tatbestände erweist sich durch die naturgeschichtliche Rekonstruktion
der Gewordenheit organismischer Wahrnehmungsvoraussetzun-
gen als unhaltbar und überwunden und zeigt ihre geistige
Grundlage in ihrer ahistorischen Betrachtungsweise der
Beziehung.
Im folgenden Kapitel wird sich zeigen, welche neue Qualität sinnliche Erkenntnis gegenüber der perzeptiven Orientierung darstellt, wie also die Perzeption figural-qualitativer Welttatbestände und ihrer Wechselwirkung in der

objektiven Erkenntnis (Wahrnehmung und Denken) als Art
und Weise menschlichen Erfassens der objektiven Außenwelt
in ihren Bedeutungen und Zusammenhängen aufgehoben ist.
Die naturgeschichtliche Rekonstruktion organismischer
Orientierungsformen erweist aber auch die Fehlerhaftig-
keit behavioristischer Grundannahmen. Eine davon ist die
Reduktion allen Verhaltens auf das Grundmuster von Versuch und Irrtum, wobei nur quantitative Unterschiede konstatiert werden, wie kürzere Suchbewegungen, schnelleres
Lernen etc. Auch menschliches Verhalten ist dabei nur
quantitativ verlängert als größere Informationsverarbei-
tung   komplexerer Bedingungen. Die Höherentwicklung der
Orientierungsaktivität schließt aber, wie wir sahen, eine
Reduktion des Verhaltens nach dem Muster von Versuch und
Irrtum ein. Das Herausbilden überdauernder gegenständlicher Erfassung der Umwelt ermöglicht die Perzeption eines
Hindernisses und führt durch das Erfassen der Beziehung
zwischen Organismus und Aktivitätsziel und der Möglichkeit
des Heraushebens des Hindernisses als einer Bedingung für
seine Erreichung zu direkt gesteuerten zielbewußten Aktivitätssequenzen. Dies stellt eine qualitativ neue Form organismischer Aktivität in der Auseinandersetzung mit der
Umwelt dar. Die erreichte Stufe der Komplexität in Form
verschiedenster Verhaltensweisen, entwickelter psychischer
Struktur etc. zeigt sich in unserem Darstellungszusammenhang als relative Verselbständigung der Orientierungsfunktion von Zuständlichkeiten und primärer Lebensaktivität
des Organismus. Besonders in der höchsten Form perzeptiver
Orientierung bei den Ponginen ist das Verhalten als gemäß den objektiven Bedingungen der durch die Zweck-Mittel-
Relation gegebenen Handlungsmöglichkeiten zu kennzeichnen.
Das Verhaltensmuster nach dem Prinzip von Versuch und Irrtum ist hier aufgehoben in einer qualitativ neuen Form gegenständlicher Welterfassung und entsprechendem aktiven
Verhalten zur Umwelt. Kann der Behaviorismus so nicht einmal die Entwicklung innerhalb der Naturgeschichte adäquat
beschreiben und reduziert dort schon alles auf die ein-

fachste organismische Aktivitätsform, so kann er erst recht
nicht die neue Stufe menschlichen Verhaltens und Erkenntnis
fassen. Aber auch eine andere behavioristische Grundannahme, nämlich daß das Lernen geregelt sei durch die "Pole"
von punishment and reward, ist nicht stichhaltig. Das Neugier-
und Explorationsverhalten zeigt organismische Beziehungen zur
stofflichen Außenwelt, die nicht mit unmittelbaren Bekräfti-
gungen zusammenhängen. Es ist vielmehr von einer Art intrin-
sischen Motivation auszugehen, die sich auf unerkannte Gegebenheiten und ihrer Erforschung bezieht. Dies ist aber
quasi eine Aneignung der Umwelt, die nicht unmittelbar auf
eine Art des Lernens auf der Grundlage positiver oder nega-
tiver Bekräftigung von Reizkonstellationen zurückgeht. Sie
dürfte eher als Vorform und als ähnlicher dem Lernen des Menschen sein, wobei dies in seiner qualitativ neuen Form bestimmt wird von historisch-gesellschaftlicher Gesetzmäßigkeiten. Der Behaviorismus stellt somit selbst innerhalb der
organismischen Betrachtungsweise aufgrund seines eingeschränk-
ten experimentellen Vorgehens eine Reduktion dar, die qualitative Entwicklungen in der Naturgeschichte nicht fassen kann.
Wesentlich adäquatere Ergebnisse liefern dagegen ethologische
Betrachtungsweisen, da sie meist von den natürlichen Lebensbedingungen ausgehen, wobei die Wissenschaftlichkeit von Ver-
haltensforschern dann angezweifelt werden muß, wenn die erforschten tierischen Verhaltensweisen gradlinig auf menschliches Verhalten übertragen werden.

II. Zur historischen Entstehung allgemein-gesellschaftlicher Charakteristika von Wahnehmung und Denken.

a) Nachdem wir festgestellt haben, wie die Umwelt der Tiere
beschaffen ist, und in welchem Verhältnis dazu die tierische Orientierung steht, muß die darin angelegte Subjekt-
Objekt-Vermittlung hinsichtlich ihres qualitativen Um-
schlags beim Menschen untersucht werden. Es muß deutlich
werden, was die spezifischen Charakteristika der <u>Wahrneh-
mungstätigkeit</u> des Menschen sind.
Wollen wir herausfinden, wodurch die <u>menschliche Wahrneh-
mungstätigkeit</u> von der <u>organismischen Orientierungsaktivi-
tät</u> sich unterscheidet, so müssen wir uns auf die <u>Arbeit</u>
als Träger der gesellschaftlich-historischen Entwicklung
des Menschen stützen und die dort notwendig enthaltenen
Eigenarten sinnlicher Erkenntnis herausarbeiten. Diese Vorgehensweise gehorcht dem auch von Sève formulierten Ansatz,
daß die Psychologie als Wissenschaft vom Menschen nur er-
folgreich sein kann, wenn sie prinzipiell die Arbeit und
somit die bestimmende Rolle der Produktionsverhältnisse an-
erkennt. "Die Psychologie ist Wissenschaft vom Menschen.
Und was ist der Mensch, ganz allgemein gefragt ? Ein Lebewesen, das seine Subsistenzmittel produziert und dadurch
auch sich selbst produziert....(Deshalb) ist unmittelbar
offensichtlich, daß die Psychologie...die Analyse der gesellschaftlichen Arbeit zur Grundlage hat - oder nicht vorhanden ist" (Sève, 1972, S. 166 f). Diese zentrale Rolle
der Arbeit wird sich im Verlauf unserer folgenden Ausführung über die Erkenntnistätigkeit des Menschen verdeutlichen. Die Analysen müssen dabei an Lebensweisen ansetzen,
die einerseits eindeutig durch Arbeit geprägt, demnach gesellschaftlicher Natur sind, in denen aber andererseits
keine komplexen, sondern nur diejenigen Produktionsverhältnisse eingegangen werden, die mit der elementaren gesellschaftlichen Arbeit notwendig verbunden sind. D.h., wir
haben uns auf dieser Stufe der Untersuchung auf urgesell-
schaftliche Grundformen der menschlichen Arbeit zu beziehen, wo die Kombination von menschlicher Arbeitskraft und

gegenständlichen Arbeitsmitteln zur Einwirkung auf die Natur (= Produktivkräfte) und die darin notwendig unter den produzierenden Menschen eingegangenen Beziehungen (= Produktionsverhältnisse) noch ein Niveau haben, wo gerade die wichtigste Unterscheidung von der tierischen Lebenserhaltung, nämlich die primitive Werkzeugherstellung gewährleistet ist.

Die gesellschaftliche Arbeit ist der Angelpunkt des Übergangs vom subhumanen Hominiden zur menschlichen Natur. Sie bezeichnet die menschliche Tätigkeit, durch die die vorgefundenen natürlichen Welttatbestände selbst gemäß menschlichen Interessen und Bedürfnissen umgestaltet werden, also der Mensch durch geplante Eingriffe selbst eine neue menschliche Welt herstellt. Anders bei den Tieren: Hier bleibt die natürliche Umwelt unverändert. Sie ist wesentlich Gegenstand der Anpassung. Klar wird dieses qualitativ neue Verhältnis zur Umwelt in der gesellschaftlichen Werkzeugherstellung, da diese die Ursprungsform der Arbeit ist, bzw. die gesellschaftliche Arbeit in ihrer einfachsten Organisationsform darstellt. Werkzeuge sind die ersten durch menschliche Arbeit produzierten Produkte. Die höchstentwickelten Menschenaffen verwenden nur Hilfsmittel; d.h., sie benutzen zur Früchtebeschaffung einen Stock, den sie je nach Bedarf primitiv zurichten und nach Gebrauch wieder wegwerfen. Dem Stock kommt also selbst keineswegs als konstante Eigenschaft zu, Mittel zur Früchtebeschaffung zu sein. Wie stellt sich dies in der menschlichen Tätigkeit dar? Die Menschen werden bei der Benutzung des Stocks zur Erlangung von Früchten an diesem selbst zunächst nicht mehr verändern als die Tiere. Was sie aber von diesen unterscheidet, ist die Tatsache, daß sie den Stock nicht nur angesichts der Frucht als Mittel aktualisieren, also im Hinblick auf seinen aktuellen Gebrauch, seinen direkten Verwendungszweck, sondern daß er ein Mittel wird zum verallgemeinerten Zweck der Früchtebeschaffung. Das hat die Aufbewahrung des Stocks und seine immer erneute Einsetzung gemäß der ihm innewohnenden Zwecksetzung zur Folge. Die Eigenschaft, Früchtebeschaffung zu erleichtern, kommt ihm

jetzt immer zu, unabhängig davon, ob er gerade im Gebrauch
ist oder nicht. Sofern diese von Fischer (1949) so beschriebene Umkehrung des Verhältnisses von Zweck und Mittel einmal aufgewiesen ist, macht es prinzipiell keine
Schwierigkeiten mehr, den Vorgang der eigentlichen Werkzeugherstellung als eines geplanten Eingriffes in die Natur zu begreifen. In der Natur vorhandene Materialien werden nicht mehr nur, wie noch der Stock, zu einem verallgemeinerten Zweck eingesetzt, sondern für Zwecke der Lebenssicherung bearbeitet, hergestellt. In der Jagd von
Tieren z.B. erweist sich die Notwendigkeit von Gegenständen, die eine Erleichterung und Systematisierung des Er-
legens der Beute möglich machen. Diese Zwecke werden nun
in eine gegenständliche Form gebracht. Es entstehen Werkzeuge, wie hier Pfeil und Bogen. Die Zwecksetzung selbst
bestimmt die Form und das Material des Gegenstandes. Der
Pfeil muß demnach gemäß der verallgemeinerten Zwecksetzung,
Tiere zu töten, so geformt sein, daß er einerseits in der
Länge einer bestimmten Flugtechnik gehorcht und andererseits eine Spitze hat, die in den Körper der Beute ein-
dringen kann. Das Material bzw. die Qualität des Schafts
muß leicht sein, das der Spitze dagegen fest, um eine Wun-
de verursachen zu können.
An diesem Beispiel zeigt sich: Die vom Menschen hergestellten Werkzeuge sind quasi "Verschmelzungen" von Zwecksetzungen, Bedeutungen, und ihren figural-qualitativen Merkmalen.
"Die Gegenstandsbedeutung ist keineswegs etwas, das bei
den Arbeitsprodukten in irgendeinem Sinne zu den 'dinglichen', figural-qualitativen Merkmalen hinzukommt... (diese
sind) notwendig Züge der Gegenstandsbedeutung der Dinge.
(Holzkamp, 1973, S. 12o). "Die figural-qualitativen Eigenschaften des Dinges (sind) die sinnliche Verkörperung seiner je besonderen gegenständlichen Bedeutungshaftigkeit,
umgekehrt (sind) die gegenständlichen Bedeutungsmomente
sinnliche Träger seiner je besonderen figural-qualitativen
Beschaffenheit" (ebenda, S. 192). Indem dem Ding bestimmte figural-qualitative Merkmale zukommen, ist es ein Pfeil;
da dieses Ding ein Pfeil ist, kommen ihm bestimmte figural-

qualitative Merkmale zu. Form und Inhalt bedingen sich
also gegenseitig. Der Inhalt kann sich nur über die Form
ausdrücken, d.h., er ist nur über diese sinnlich erfahrbar. Wir wissen aus der naturgeschichtlichen Analyse, daß
die Sinne in ihrer höchsten Entwicklung fähig sind, die
Umwelt gegenständlich, also in ihren figural-qualitativen
Momenten zu erfassen. Andererseits existiert die Form nie
unabhängig vom Inhalt. Dieser ist sozusagen der übergreifende, bestimmende, wobei es in dieser Bestimmung selbst
noch "Spielräume" gibt. Holzkamp sagt: "Offensichtlich...
'fordern' manche Gegenstandsbedeutungen in höherem Grade
bestimmte figural-qualitative Variablen als andere...Die
objektive Gebrauchswertcharakteristik eines Löffels als
Arbeitsprodukt erfordert eine ausgehöhlte Verdickung am
Stielende, die gemäß der Zwecksetzung durch palnvolle Tätigkeit im 'Löffel' vergegenständlicht ist; die Stiellänge
und noch mehr die Farbe sind dagegen durch die Gebrauchswert-Antizipation nicht eindeutig festgelegt, können also
im Herstellungsakt bei jedem Exemplar des Löffels in gewissem Maße bzw. beliebig variiert werden, ohne daß die
verallgemeinerte objektive Zwecksetzung verfehlt wäre"
(ebenda, S. 192 f).
In diesen Ausführungen sollte im ersten Ansatz gezeigt
werden, daß die sinnlich eingebundenen sachlichen Gegenstandsbedeutungen objektive Eigenschaften der Dinge sind.
Ausgehend vom Werkzeug verdeutlichte sich, daß die menschliche Welt, die im Verlaufe ihrer Entwicklung immer mehr
aus Produkten menschlicher Arbeit besteht, selbst bedeutungsvoll wird, daß die Bedeutungen also keineswegs den
Dingen subjektiv beigelegte Phänomene sind, sondern daß
sie ihnen tatsächlich zukommen, da sie ihnen durch Arbeit
realisiert werden. Kosik sagt deshalb, daß Bedeutungen in
die Welt "hineingeschrieben werden". Die Relevanz dieser
Feststellung kann sich aber erst im Vergleich zu alterna-
tiven Auffassungen bürgerlicher Wahrnehmungspsychologen
herausstellen, die im Verlauf der Analyse immer wieder im-
plizit abgehandelt werden.

Ziel unserer Arbeit ist die Untersuchung kognitiver Prozesse. Auf der hier behandelten Ebene der gesellschaftlich-historischen Analyse müssen deshalb diejenigen Charakteristika der Wahrnehmung herausgearbeitet werden, die Kennzeichen der Gesellschaftlichkeit des Menschen überhaupt sind.

Tjaden-Steinhauer stellt in ihrem in der Problemstellung genannten Buch dar, daß man die Beziehung zwischen gesellschaftlichem Sein und gesellschaftlichem Bewußtsein nur fassen kann, wenn "die konstituiv-gegenständliche Komponente des gesellschaftlichen Reflexionsvorgangs" und die "reflexiv-ideelle Komponente" (1975, S. 61) näher untersucht werden. Wir haben oben versucht, die gegenständliche Seite näher zu fassen, wobei wir an diesem Punkt der Analyse wohlgemerkt nur die sachlichen Gegenstandsbedeutungen (Gebrauchswerte) behandelt haben, da sie die Keimform aller später auszuführenden Bedeutungen sind. Wie ist nun die reflexiv-ideelle Seite zu fassen ? In welcher Weise erfaßt der Mensch die bedeutungsvollen Welttatbestände ?
Wir beziehen uns wieder auf das Werkzeug, das Leontjew als das "materielle Urbild der Bedeutung" (S. 22o) bezeichnet. Werkzeuge sind die Ausgangsform der Produktion. Aufbauend auf dem ersten Werkzeug wurden im Verlauf der Menschheitsgeschichte immer neue Werkzeuge hergestellt, mit diesen wiederum neue Gebrauchsgegenstände etc. "Daraus entwickeln sich Formen der gesellschaftlichen Lebenssicherung- und erweiterung, die dann bald mit den Benennungen der tierischen Teilfunktionskreise biologischer Lebenssicherung nicht mehr charakterisierbar sind" (Holzkamp-Osterkamp, 1975, S. 237). Die Lebenserhaltung einer Gesellungseinheit durch gesellschaftliche Produktion (die Arbeit als Voraussetzung des Überlebens wird ja beim Menschen unumgänglich) erfordert den adäquaten Umgang mit den durch menschliche Arbeit produzierten Werkzeugen (später den Gebrauchsgegenständen im allgemeinen). Ihr Gebrauch setzt voraus, daß die in ihnen realisierten Zwecksetzungen, ihre Bedeutungen richtig erkannt werden. Wären die Menschen im Durchschnitt zu einer solchen Art von Wahr-

nehmungsleistung nicht fähig, dann hätte dies unausweichlich Verfall des gesellschaftlichen Lebens zur Folge. Erkenntnis, das wird hier schon deutlich, steht in einem
direkten Funktionszusammenhang mit der gesellschaftlichen
Praxis. Aus ihrer Funktion als notwendiges Bedingungsmoment für die Produktion und Reproduktion einer Gesellschaft läßt sich die Notwendigkeit einer adäquaten Erkenntnis der objektiven, jetzt bedeutungsvollen Welttatbestände ableiten. (Es wird sich später zeigen, in welchem Zusammenhang dies auch für die bürgerliche Gesellschaft gilt). Die Notwendigkeit sagt aber noch nichts aus
über den Weg, den Prozeß des Zustandekommens einer Wahrnehmung, die die Bedeutung der Dinge richtig erfaßt. Um
diesen zu begreifen, sind wir verwiesen auf die Untersuchung der Vorgänge, die auf der Seite des Subjekts ablaufen. Wenn die Wahrnehmung bzw. die sinnliche Erkenntnis[7]
fähig sein muß, die objektive Welt so zu erfassen, wie sie
oben analysiert wurde, nämlich als bedeutungsvolle, sinnvolle Welt, so müssen wir bei näherem Hinsehen beim jetzigen Stand der Erklärung in "Schwierigkeiten" geraten. Die
naturgeschichtliche Rekonstruktion hat ergeben, daß die
Sinnesorgane in ihrer höchsten biologischen Ausformung
selbst nur zu einer richtigen Perzeption der figural-qualitativen Merkmale führen, nicht zu mehr. Andererseits
zeugt die alltägliche Wahrnehmung für die Tatsache, daß
wir mit unseren Augen sehr wohl eine Axt sehen und eben
nicht nur ein räumliches Gebilde mit einer bestimmten figurmäßigen Ausformung (lang, breit, spitz etc.). Sollten
demnach die Sinnesorgane allein aus ihrer bio-physiologi-
schen Struktur heraus zu größeren Leistungen der Möglich-
keitserkenntnis fähig sein als bisher in der Naturgeschichte aufgezeigt wurde ? Daß dem nicht so ist, zeigt sich je-

---

[7]"Empfindungen und Wahrnehmungen sind nicht nur subjektive Zustände, sie sind Erkenntnis der Wirklichkeit im eigentlichen Sinne des Wortes. Die objektive Wirklichkeit
liegt nicht 'jenseits' von Empfindung und Wahrnehmung, die
Empfindungen und Wahrnehmungen sind von dieser nicht abgesondert; die Entstehung einer Empfindung, einer Wahrnehmung
bedeutet, daß das 'Ding an sich' zu einem 'Ding für uns'
wird" (Rubinstein, 1973, S. 116).

doch deutlich an der Entwicklung des Kindes, wo zunächst
die Stadien der Phylogenese und Ontogenese noch deutlich
zu unterscheiden sind. Das Kind kommt zwar mit der Ausstattung der Sinnesorgane als phylogenetischem Produkt
zur Welt. Trotzdem ist es erst nach einer bestimmten Zeit
fähig, die es umgebenden Gegenstände in ihrer Bedeutung zu
erfassen, weshalb es vor dieser "Lernphase" häufig die
Dinge verwechselt und nicht sachadäquat mit ihnen umgeht.
Wie ist dieser "Widerspruch" zu lösen ? Die Sinne sind
zwar unser einziger Kontakt zur Außenwelt. Ihre biologische Organisation als solche liefert uns keineswegs die
adäquate Erkenntnis der objektiven Welt. Diese ist nur
möglich, wenn der Mensch sich die Bedeutung der Dinge aneignet.
Der Begriff der Aneignung taucht schon bei Marx auf. Die
"Aneignung ist zuerst bedingt durch den anzueignenden Gegenstand...(sie) muß also schon von dieser Seite her einen
den Produktivkräften und dem Verkehr entsprechenden universellen Charakter haben. Die Aneignung dieser Kräfte ist
selbst nichts weiter als die Entwicklung der den materiellen Produktionsinstrumenten entsprechenden individuellen
Fähigkeiten. Die Aneignung einer Totalität von Produktionsinstrumenten ist schon deshalb die Entwicklung einer Totalität von Fähigkeiten in den Individuen selbst" (Marx,
Engels, MEW 3, S. 67 f). Die kulturhistorische Schule
(Leontjew, Galperin) hat diesen Ansatz aufgenommen und in
seiner Relevanz für die Psychologie entfaltet. Wir ver-
zichten auf eine ausführliche Referierung der zentralen
Aussagen, sie werden im Laufe der Darstellung an wichtigen Punkten eingebracht.
Im obigen Zitat von Marx wird die Aneignung als der ver-
mittelnde Prozeß zwischen Subjekt und Objekt (der gegenständlichen Welt) gefaßt, als dessen Resultat sich die
menschlichen Fähigkeiten herausbilden. In unserem Zusammenhang wird dieser Aneignungsbegriff auf die Untersuchung
der Erkenntnisfunktion übertragen, d.h., der Prozeß der
Aneignung wird jetzt als Vermittlungsglied zwischen Subjekt und Objekt analysiert, an dessen Ende die wahrgenommene (und gedankliche) Reproduktion der Wirklichkeit steht.

76

Vergegenständlichung und individuelle Aneignung von Bedeutungen sind zwei Seiten des gleichen Prozesses. Die Vergegenständlichung von Zwecksetzungen gibt den Dingen einen Inhalt, einen Sinn, den sie in der Naturwelt nicht haben. Dieser Inhalt erschließt sich dem erkennenden Subjekt nicht durch passive Anschauung, quasi kontemplativ. Das Subjekt muß sich vielmehr die Bedeutung aneignen, d.h., es kann diese nur erfassen, wenn es gegenüber den Dingen tätig wird, im aktiven Umgang mit diesen. Dabei formt die Zwecksetzung des Gegenstandes selbst die Tätigkeit. Leontjew beschreibt diesen Prozeß an einem Beispiel beim Kind so: "Der Gegenstand, den es in die Hand nimmt, wird zunächst ohne weitere Umstände in das System der natürlichen Bewegung einbezogen. Das Kind führt z.B. den Löffel, wie jeden anderen Gegenstand, der keinen Werkzeugcharakter hat, an den Mund und achtet nicht darauf, daß es ihn waagerecht halten muß. Durch das unmittelbare Eingreifen des Erwachsenen werden die Handbewegungen des Kindes beim Gebrauch des Löffels allmählich grundlegend umgestaltet und ordnen sich der objektiven Logik des Gerätes unter. Es ändert sich die allgemeine Art der Afferenz dieser Bewegungen; sie werden auf ein höheres, gegenständliches Niveau gehoben" (Leontjew, 1973, S. 292; Hervorhebung d.A.). Im Laufe des Prozesses, in dem das Kind seine Tätigkeit der objektiven Logik des Gegenstandes anmißt, erfaßt es auch wahrnehmend die gegenständliche Bedeutungshaftigkeit des Dinges. Es nimmt den Löffel nicht mehr nur, wie noch vor der Aneignung, als einen Stiel mit einer Aushöhlung wahr, sondern als einen Gegenstand, der den Zweck hat, die Aufnahme der Nahrung zu erleichtern. Am Beispiel Leontjews wird deutlich, daß man zur adäquaten Erkenntnis der inhaltlichen Seite der Welttatbestände nur kommt, wenn die als Aneignung bezeichnete Tätigkeit selbst der Zwecksetzung angemessen ist. Beim Kind wird diese Adäquatheit erreicht durch die Unterstützungstätigkeit des Erwachsenen. Da wir Aneignung aber als den Prozeß verstehen, der den Ablauf der menschlichen Erkenntnis generell bestimmt, müssen wir die kindliche Aneignung als ein Spezifikum betrachten.

Von der dort vorhandenen Unterstützungstätigkeit muß zum
vollständigen Verständnis des Aneignungsprozesses abstrahiert werden, da die Unterstützungstätigkeit selbst immer
schon die Erkenntnis des Gegenstandes beim "Anleitenden"
voraussetzt. Die Frage lautet: Wie kommt der Mensch dazu,
der Gebrauchswertbestimmung in der Tätigkeit adäquat Rechnung zu tragen ? Der Prozeß der Aneignung läßt sich in einigen Punkten so umreißen:

- Zu Beginn ist der praktische Umgang mit dem Gegenstand
  nicht geprägt von dessen Logik.

- Von allem Anfang an ist er aber gekennzeichnet durch die
  Zielrichtung, durch das Interesse des Subjekts, die von
  anderen Menschen durch die Arbeit hineingelegte Bedeutung zu erfassen.

- Der Umgang mit dem Gegenstand muß zuerst zwangsläufig
  in "Probierhandlungen" bestehen. Es ist aber falsch,
  diese nach dem Prinzip von trial and error aufzufassen.
  Nach einer Handlung, die den Zweck des gegenstandes verfehlt hat, folgt nämlich nicht einfach eine zweite, die
  ebenso probierend versucht, auf eine andere Weise der
  Bedeutung gerecht zu werden. Vielmehr wird das Ergebnis
  der ersten Handlung ausgewertet, verarbeitet. Es entstehen als Ergebnis des Mißerfolgs in einem bestimmten Umkreis Erkenntnisse über Materialbeschaffenheit des Werk-
  zeugs, über die Art der damit zu bearbeitenden Gegenstände usw.

Osterkamp formuliert diesen Sachverhalt als Forschungspers-
pektive so: "Ebenso müßte aufgewiesen werden, auf welche
Weise aus der immer größeren Differenzierung der Fähigkeit
zu erfolgsrückmeldendem motorischem Lernen und der Entwicklung der 'Übungsfähigkeit' bis hin zur Möglichkeit von verselbständigten, der Gegenstandsbeschaffenheit immer feiner
anzupassenden Willkürbewegungen jene neue Qualität der motorischen Lernfähigkeit beim Menschen entstand, durch welche in individuellen Lernprozessen das Verhalten auf das
Niveau der 'Tätigkeit' zu bringen ist, wobei zu zeigen wäre,
wie die aktionsspezifischen Energien als phylogenetische
Grundlage spontanen Verhaltens über ihre Aufhebung in der
Abrufbarkeit der Willkürbewegungen auch in der Tätigkeit
als Grundlage ihres aktiven, die Umwelt verändernden Charakters verwandelt erhalten geblieben sind. Auch hier sind
es phylogenetische Entwicklungen im Tier-Mensch-Übergangs-
feld, die dazu geführt haben müssen, daß der Mensch über

die artspezifischen biologischen Potenzen zur individuellen Herausbildung funktionaler Hirnsysteme verfügt, um die Aktivitäten nicht nur, wie bei den tierischen Willkürbewegungen, den dinglichen Beschaffenheiten der Gegenstände anzupassen, sondern der 'Sachlogik' der Gegenstandsbedeutungen anzumessen, sie damit den Notwendigkeiten vergegenständlichter 'sachlicher Erfordernisse' zu unterwerfen. - Die artspezifischen Möglichkeiten des Menschen zum rezeptorischen Lernen von Gegenstands- und Sybolbedeutungen und zum motorischen Lernen von 'Tätigkeiten', die vermutlich einheitliche organismische Potenzen sind (da, wie gesagt, einerseits der Erwerb von Gegenstandsbedeutung primär über die Tätigkeit vermittelt ist und andererseits der Erwerb von Tätigkeiten die gesellschaftliche Formung von Aktivitäten durch Gegenstandsbedeutungen darstellt), sind phylogenetisch gewordene biologische Voraussetzungen für die Entstehung des gesellschaftlich-historischen Prozesses, damit des Menschen als gesellschaftlichem Naturwesen. Die evolutionären Bedingungen für die Entstehung der gesellschaftlichen Natur des Menschen sind, nach allem, was man gegenwärtig weiß, die Selektionseffekte frühester Werkzeugherstellung vor der endgültigen Aufhebung der phylogenetischen in der gesellschaftlich-historischen Entwicklung. Die damit angedeuteten Probleme werden in späteren Arbeiten genauer behandelt". (Holzkamp-Osterkamp, 1975, S. 24o).

Wir haben die Aneignung in ihrer Abstraktion beschrieben. In der konkreten empirischen Form existiert sie jedoch wesentlich als ein Prozeß, in dem durch Anleitung der Weg zur Erreichung der sachadäquaten Tätigkeit entscheidend verkürzt wird. Richtige Erkenntnis von Gegenstandsbedeutungen, die wie erinnerlich ja notwendig ist zum adäquaten Gebrauch der Werkzeuge, ist also nur möglich über Aneignung oder Tätigkeit, die zunächst äußere gegenständliche Tätigkeit ist. (Der Übergang zu geistig-sybolischen Tätigkeitsformen als eine Interiorisierung der praktischen wird erst im Verlaufe der Darstellung beschrieben). Dieser Aneignungsprozeß muß sich nicht immer wieder aufs neue vollziehen. Ist die Bedeutung eines Gegenstandes auf diesem Weg einmal erkannt, wird sie jedesmal wieder erkannt, sobald der Gegenstand sinnlich präsent ist. Seine äußere Form läßt nun sofort auf die Bedeutung schließen. Jetzt scheint es so, als ob es eben die physiologische Struktur der Sinne wäre, die dazu führen würde, daß die objektiven Welttatbestände sowohl in ihrer Form als auch in ihrem Inhalt adäquat erkannt werden. Der beobachtbare Tatbestand, daß ich eine Axt "sehe", sobald sie mir gegenübersteht, ist in Wirklichkeit das Produkt eines vorher abgelaufenen Prozesses, der im Endresultat erlischt bzw. nicht mehr einfach zu erkennen ist. Jede psychologische Konzeption, die nur noch das Produkt betrachtet, den Prozeß selbst aber nicht erfaßt, muß daher zu falschen Aussagen über sinnliche Erkenntnis kommen. Sobald die Wahrnehmung als Wahrnehmung von Bedeutungen charakterisiert ist, ist das organismische Niveau der Orientierung endgültig verlassen. Die Sinne bekommen sozusagen eine psychologische Grundlage, d.h., daß sie durch die menschliche Erkenntnis selbst zu qualitativ neuen Erkenntnisleistungen fähig sind, die man aus ihrer biologischen Organisation nicht verstehen kann. Das meint Marx auch, wenn er sagt: "Erst durch den gegenständlich entfalteten Reichtum des menschlichen Wesens wird der Reichtum der subjektiven menschlichen Sinnlichkeit, wird ein musikalisches Ohr, ein Auge für die Schönheit der Form, kurz, werden erst menschlicher Genüsse fähige Sinne, Sinne, welche als menschliche Wesenskräfte sich betätigen, teils erst ausgebildet, teils erst erzeugt. Denn nicht nur die fünf Sinne, sondern auch die sogenannten geistigen Sinne, die praktischen Sinne (Wille, Liebe etc.), mit einem Wort der menschliche Sinn, die Menschlichkeit der Sinne, wird erst durch das Dasein seines Gegenstandes, durch die vermenschlichte Natur. Die Bildung der fünf Sinne ist eine Arbeit der ganzen bisherigen Weltgeschichte." (Marx, MEW-Ergänzungsband I, S. 541 f). Trotzdem ist die biologische Ausstattung die unabdingbare Voraussetzung für die Aneignung. Sie vermittelt den Prozeß selbst, ist Träger der dort ablaufenden Vorgänge, quasi ihr materielles Substrat. Auch im Resultat geht die biologische Struktur nie verloren. Sinnliche Erkenntnis ist immer auch ein physischer Vorgang, der gebunden ist an die aus der Naturgeschichte entstandenen Organe. "Da der Prozeß sinnlicher menschlicher Erkenntnis mit allen in ihm beschlossenen Stufen einerseits ein Naturvorgang ist, andererseits als Ergebnis gesellschaftlich-historischer Entwicklung seiner bloßen Natürlichkeit sich entgegensetzt,

ist auf der einen Seite der Gesamtprozeß menschlicher
Wahrnehmung gesellschaftlich-historisch geprägt, wobei
auf der anderen Seite durch ihn hindurch das naturhaft
Undurchdingliche in mannigfachen Formen dem erhellenden
und planenden Bewußtsein des gesellschaftlichen Menschen
Widerstand entgegensetzt". (Holzkamp, S. 163, keine Hervorhebung). Sinnliche Erkenntnis kann sich von den durch
die Natur der Sinnesorgane vorgegebenen Gesetze nicht lösen. So ist sie einmal gebunden an die Affektation der
sensiblen Zonen des Körpers und damit an die sinnliche
Präsenz der Gegenstände. "Die Möglichkeit der sinnlichen
Erkenntnis basiert auf dem Gegebensein einer direkten
stofflichen Wechselwirkung zwischen dem Körper des Wahrnehmenden in seinen sensiblen Zonen und dem wirklichen
Ding in der Außenwelt" (ebenda, S. 297, keine Hervorhebung). Ist diese physische Wechselwirkung unterbrochen,
so findet Wahrnehmung nicht statt. Diese Möglichkeit bedeutet auf der anderen Seite, daß die sinnliche Erkenntnis abhängig ist von Standort und Perspektive. Ich kann
den Gegenstand nur von der Seite sehen, die er mir gerade
zuwendet. Er ist notwendig für die Wahrnehmung immer nur
in bestimmten Ansichten und Hinsichten gegeben. Als weitere Folge der Naturhaftigkeit der Wahrnehmung ist das aus
der sinnlichen Präsenz sich ergebende Verhaftetsein an die
Oberfläche zu nennen: "In der Empfindung, in der Wahrnehmung sind uns die Dinge selbst gegeben. Es unterliegt aber
auch keinem Zweifel, daß darin die objektive Wirklichkeit
nur so gegeben ist, wie sie an ihrer dem Subjekt zugewandten
"Oberfläche" zutage tritt. Wir sehen, wie sich die Sonne
um die Erde dreht - das ist das unmittelbare Zeugnis der
Wahrnehmung; tatsächlich aber, in der objektiven Wirklichkeit, dreht sich die Erde um die Sonne - dies ist eine
Schlußfolgerung des wissenschaftlichen Denkens" (Rubinstein, 1973, S. 116 f). Es sollte hier nur angedeutet werden, daß Wahrnehmung auch in ihrer menschlichen Spezifik
zu einem bestimmten Teil ein Naturvorgang bleibt, wobei
das Verhältnis von Natur und Gesellschaft keineswegs als
losgelöst nebeneinanderstehendes zu verstehen ist. Wir

gehen mit Holzkamp davon aus, daß das dialektische Grundgesetz, wonach die Gesetzmäßigkeiten einer niederen Stufe jeweils auch für eine höhere Stufe gelten, die höhere
Stufe selbst aber immer von spezifischen Gesetzmäßigkeiten bestimmt ist, die den aus der früheren Stufe kommenden Gesetzmäßigkeiten eine neue Qualität verleihen, auch
für die sinnliche Erkenntnis gilt. Die in der naturgeschichtlichen Analyse dargestellten Gesetze sind selbst
"aufgehoben" in der neuen Qualität menschlicher Erkenntnis, die gerade nicht wesentlich durch ihre physiologische,
sondern durch ihre psychologische Struktur ausgezeichnet
ist (vgl. auch Sève, 1972, S. 226). Sinnliche Erkenntnis
ist in Abhebung von tierischer Perzeption nicht nur auf
einzelne Reize, auf figural-qualitative Merkmale, sondern
immer auf Bedeutungen gerichtet. Diese Tatsache stellt
sozusagen einen über die Aneignung sich vollziehenden
funktionalen Niederschlag der Struktur der objektiven
Welttatbestände in der Erkenntnisweise des Subjekts dar,
wobei sich gerade hierin wieder zeigt, was sich auch in
der naturgeschichtlichen Analyse mehrmals andeutete:
"Äußere" Welt und erkennender Mensch stehen sich nicht einfach losgelöst und unvermittelt einander gegenüber. Wird
diese Grundvoraussetzung nicht erkannt, muß die Frage entstehen, ob der Mensch mit seiner ihm eigenen Struktur der
Erkenntnistätigkeit, die angeblich nichts mit der Außenwelt zu tun hat, seinem inneren "Apparat" eigentlich die
Welt erreichen kann. Die Möglichkeit zur adäquaten Erfassung der Welttatbestände wird deutlich, wenn wir begreifen, daß - wie sich an der Entstehung der bedeutungsvollen
Wahrnehmung zeigt - die innere Struktur selbst nur aufgrund der Organisation der objektiven Welttatbestände entstanden ist, daß sie sich entwickeln konnte, weil Welttatbestände mit ihr adäquat erfaßbar sind.
Es ist wichtig, die Aneignung noch unter einem anderen Gesichtspunkt zu betrachten, nämlich unter dem Aspekt der
Funktion für die gesellschaftliche Entwicklung. Die Erfahrung und das Wissen von Generationen werden in den gegenständlichen Arbeitsprodukten selbst verkörpert, quasi vom

Menschen in die Welt "hinausverlegt". Durch die Aneignung
der Gegenstände erfolgt so der Anschluß des Individuums
an den jeweiligen Stand gesellschaftlichen Könnens, was
wiederum Basis für gesellschaftliche Erfahrungskumulation
ist. Jede neue Generation kann so auf dem vorhandenen
Stand des Wissens aufbauen und es selbst weiterentwickeln.
Leontjew kennzeichnet den Prozeß so: "Zwischen den Anpas-
sungsprozessen im eigentlichen Sinne des Wortes und den
Aneignungsprozessen gibt es folgenden prinzipiellen Unterschied: Bei der biologischen Anpassung verändern sich die
Arteigenschaften und das Artverhalten des Individuums.
Beim Aneignungsprozeß reproduziert dagegen das Individuum
die historisch gebildeten Fähigkeiten und Funktionen.
Durch diesen Prozeß wird in der Ontogenese des Menschen
das erzielt, was beim Tier durch die Vererbung erreicht
wird. Die Entwicklungsergebnisse der Art werden in den
Eigenschaften des Individuums verkörpert" (Leontjew, 1973,
S. 283). Was Leontjew für die Fähigkeiten schreibt, gilt
wie dargestellt auch für die menschlichen Erkenntnisse.
Die durch die Aneignung erreichte Integration in die Gemeinschaft ist die Voraussetzung einerseits für die Siche-
rung des gesellschaftlichen Lebens und andererseits für
seine Höherentwicklung. Sobald die gesellschaftlichen Produktionsverhältnisse die zentrale Lebensform des Menschen
geworden sind, ist die spezifisch menschliche Art des Lernens eine unabdingbare Voraussetzung für die Existenz von
Gesellschaft.

b) Die bisherigen Ausführungen haben gezeigt, daß sinnliche
Erkenntnis aktive Widerspiegelung der Realität ist, d.h.,
Erkenntnisse bilden sich nicht als passive, mechanische
Produkte der Wirklichkeit, sondern setzen eigene Tätigkeit
des Subjekts voraus. Dabei unterscheiden sich der Begriff
der Tätigkeit und der Begriff der Arbeit insofern, als die
Arbeit einen direkten Beitrag zur Produktion und Reproduk-
tion des gesellschaftlichen Lebens leistet, während "mit
'Tätigkeit' jede gegenständlich geprägte, also spezifisch

'menschliche' Aktivität gemeint ist, mithin neben der 'Arbeit' etwa auch Aktivitäten außerhalb der Produktion wie
'Spiel' etc., sofern diese gegenständlich geformt sind.
...Die Kategorie der 'Tätigkeit' ist der Kategorie der
'Arbeit' insofern real nachgeordnet, als die 'Arbeit' der
materielle Träger des gesellschaftlich-historischen Prozesses ist, der durch vergegenständlichende Veränderung
der Natur die Tätigkeit als je individuelle Aktivität erst
ermöglicht" (Holzkamp-Osterkamp, 1975, S. 235).
Sinnliche Erkenntnis ist jedoch in ihrer Eigenart unterbestimmt, wenn sie wie bisher unter dem Gesichtspunkt des
Gebrauchs von Werkzeugen nur als Reproduktion einer schon
hergestellten Wirklichkeit oder mit Tjaden-Steinhauer gesprochen, der gegenständlichen Seite gefaßt wird. Lenin
sagt "Das Bewußtsein der Menschen widerspiegelt nicht nur
die objektive Welt, sondern schafft sie auch" (Lenin LW 38,
S. 2o3), oder wie Kofler sagt, "Die bewußtseinsmäßige Tätigkeit erweist sich als ein Element der Praxis" (Kofler,
1972, S. 125). D.h., (sinnliche) Erkenntnis hat auch eine
wesentliche Funktion in der Vergegenständlichung von Zwecksetzungen selbst. Die daraus sich ergebenden Eigenarten
der Wahrnehmung werden wiederum an Werkzeugen und zwar an
ihrer Herstellung erläutert, da sie als Mittel der praktischen Umgestaltung und Aneignung der Natur das materielle
Substrat bilden, in dem die gesellschaftliche Erkenntnis
entsteht.

1. Wichtigstes Kennzeichen des Arbeitsprozesses ist die Tatsache, daß die sinnlich-gegenständlichen Bedeutungen, die
   hergestellt werden sollen, als Antizipation schon zu Beginn der Tätigkeit vorliegen müssen, da sie ihr Ziel bestimmt. "Eine Spinne verrichtet Operationen, die denen des
   Webers ähneln und eine Biene beschämt durch den Bau ihrer
   Wachszellen manchen menschlichen Baumeister. Was aber von
   vornherein den schlechtesten Baumeister vor der besten
   Biene auszeichnet, ist, daß er die Zelle in seinem Kopf gebaut hat, bevor er sie in Wachs baut. Am Ende des Arbeitsprozesses kommt ein Resultat heraus, das beim Beginn des-

selben schon in der Vorstellung des Arbeiters, also schon
ideell vorhanden war" (Marx, MEW 23, S. 193). Zwar finden
wir auch bei den höchstentwickelten Menschenaffen schon
eine Antizipation des Aktivitätsergebnisses. Hier wird
aber nur die Erreichung eines Zieles vorweggenommen, das
als Naturprodukt schon existiert (wie eine Banane), während
der Mensch Eigenschaften eines Dinges antizipiert, die ihm
jetzt noch nicht zukommen, die erst durch Arbeit hergestellt werden sollen. Die Antizipation vollzieht sich auf
dem Weg, daß ausgehend von sinnlich-präsenten Gegenständen
(Werkzeugen) Eigenschaften dieser Gegenstände miteinander
verbunden werden. Wahrnehmung ist also fähig zu isolierender Bedingungsanalyse und Synthese. Die Antizipation
schließt demnach die richtige Erkenntnis von vorhandenen
sinnlich gegenständlichen Bedeutungen notwendig in sich
ein. Zur Herstellung neuer Werkzeuge muß von den alten
Werkzeugen, auf deren Bedeutung in der Antizipation aufgebaut wird, nicht nur deren Zwecksetzung erfaßt werden, sondern auch die Beschaffenheiten des Materials, aus dem es
hergestellt ist sowie des Materials, das mit seiner Hilfe
verändert werden soll. Diese rückgreifende Vergegenwärtigung von Herstellungsverfahren erfordert nicht eine Tätigkeit, die zusätzlich bzw. neben dem Prozeß praktischer Aneignung noch vollzogen werden müßte. Der Gebrauch von Werkzeugen macht es vielmehr notwendig, impliziert, daß auch
die Eigenschaften des Materials, aus dem es besteht, wahrgenommen werden, während zur Anwendung anderer Gebrauchsgegenstände (z.B. eines Löffels), die für den Arbeitsprozeß nicht als Instrumente dienen, die Erkenntnis der Zwecksetzungen durchaus genügt. Am Arbeitsprozeß in seiner einfachsten Organisationsform ist jetzt eine besondere Qualität sinnlicher Erkenntnis deutlich geworden, nämlich, daß
"die Wahrnehmung als spezifisch menschliche Orientierungs-
weise, da in ihr frühere allgemeine Zwecksetzungen verwertet und spätere allgemeine Zwecksetzungen vorweggenommen
werden,...als solche rückgreifend und antizipatorisch (ist)"
(Holzkamp, 1973, S. 156).
In diesem Zusammenhang zeigt sich auch schon in Ansätzen,

85

inwieweit die Wahrnehmung als bewußte sinnliche Erkenntnis zu verstehen ist. Solange bei Tieren die Ziele und Mittel zur Zielerreichung durch genomische Informationen instinktiv festgelegt sind, gibt es auch kein Bewußtsein über das Verhalten. Von Bewußtsein können wir erst dann reden, wenn das Abbild der Wirklichkeit nicht mit dem Erleben des Menschen verschmolzen ist. "Das widergespiegelte wird dem Subjekt gleichsam 'vorangestellt'. Erfasse ich z.B. bewußt ein Buch, oder auch nur einen Gedanken über das Buch, dann verschmilzt das Buch in meinem Bewußtsein nicht mit meinem Erleben, das mit ihm als Gegenstand zusammenhängt und der Gedanke über das Buch nicht mit meinem Erleben des Gedankens" (Leontjew, 1973, S. 197 f). Vorformen bewußter Aktivitäten sind bei den höchstentwickelten Tieren dort zu finden, wo durch neue Umweltgegebenheiten Handlungsunsicherheit hervorgerufen wird, und das Tier versucht, diese zu bewältigen, indem es die Mittel zur Erreichung des Ziels verändert. Sobald die aktuelle Situation bewältigt ist, kehrt es aber wieder zur automatischen Handlungsregulation zurück, so daß der bewußte Vollzug der Handlung beim Tier als lediglich episodischer Natur angesehen werden kann. Die menschliche Bewußtheit der Tätigkeit unterscheidet sich vom tierischen "Bewußtsein" qualitativ durch ihre Konstanz. Beim Menschen ist der Zweck der Umorientierung der Mittel zur Zielerreichung nicht die Verringerung der Anpassungsleistung an die natürliche Umwelt, sondern die ständig neue Produktion von Bedingungen gesellschaftlicher Lebenssicherung. Die bewußte Realitätskontrolle kommt daher der Lebenstätigkeit selbst zu, ist ohne sie gar nicht zu denken.

Wir müssen an dieser Stelle noch einmal auf die in Teil a und b bisher dargestellte Subjekt-Objekt-Beziehung näher eingehen, die die Beziehung Sein und Bewußtsein einschließt. (Eingedenk des Aspekts, daß bisher nur die Wahrnehmung behandelt wurde, die allgemeinen Ableitungen aber auch für das Denken gelten, das in seiner Besonderheit noch näher charakterisiert wird). Im Teil a wurde das Sein und die Erkenntnistätigkeit des Subjekts zunächst mehr in Form ei-

nes "Gegensatzes" gegenübergestellt; dies deshalb, weil
es zunächst ankam auf die Hervorhebung der Widerspiegelung,
die das Bewußtsein gegenüber dem Sein darstellt. "Die
einzige 'Eigenschaft' der Materie, an deren Anerkennung
der...Materialismus gebunden ist, ist die Eigenschaft, objektive Realität zu sein, außerhalb unseres Bewußtseins
zu existieren" (Lenin, LW 14, S. 260). Der Mensch macht
die materielle Welt erst zum Objekt, indem er sie in seinen gesellschaftlichen Lebensprozeß einbezieht. Das Ob-
jektwerden der materiellen Welt ist der historische Prozeß der Aneignung und Veränderung der Welt durch die gesellschaftliche Praxis, die Verwandlung der "Dinge an sich"
in "Dinge für uns". Dies verdeutlicht sich in Marxens Kritik an Feuerbach. "Er sieht nicht, wie die ihn umgebende
sinnliche Welt nicht ein unmittelbar von Ewigkeit gegebenes-
des, sich stets gleiches Ding ist, sondern das Produkt der
Industrie und des Gesellschaftszustandes, und zwar in dem
Sinne, das sie ein geschichtliches Produkt ist, das Resultat der Tätigkeit einer ganzen Reihe von Generationen, deren jede auf den Schultern der vorhergehenden stand, ihre
Industrie und ihren Verkehr weiter ausbildete, ihre soziale Ordnung nach den veränderten Bedürfnissen modifizierte"
(Marx, Engels, MEW 3, S. 43). Diese "hergestellte Materie"
bezeichnet nun die objektive, bewußtseinsunabhängige, er-
kennbare Möglichkeits- und Notwendigkeitsbedingung der
Widerspiegelung. "Die Welt ist die Bewegung dieser von unserem Bewußtsein widergespiegelten objektiven Realität.
Der Bewegung der Vorstellungen, Wahrnehmungen usw. entspricht die Bewegung der Materie außer mir. Der Begriff der
Materie drückt nichts anderes aus als die uns in der Empfindung gegebene objektive Realität" (Lenin LW 14, S. 267).
Die gegensätzliche Gegenüberstellung von Subjekt und Objekt hat nur dort ihre Berechtigung, wo es um die Klärung
der Frage geht, was in der Beziehung der beiden als "primär", was als "sekundär" azusehen ist (also um die Klärung
des Primats der Materie). In Wirklichkeit existiert das
Subjekt-Objekt-Verhältnis aber als eine dialektische
Wechselbeziehung, als "Einheit des Entgegengesetzten"
(Kofler, 1972, S. 143).

"Die materialistische Theorie der Erkenntnis als geistiger Reproduktion der Wirklichkeit erfaßt einen zweifachen
Bewußtseinscharakter, der sowohl dem Positivismus wie dem
Idealismus entgeht. Das menschliche Bewußtsein ist eine
'Widerspiegelung' und gleichzeitig ein 'Projekt', es ist
registrierend und konstruierend, aufzeichnend und planend,
widerspiegelnd und vorwegnehmend, rezeptiv und aktiv zu
gleicher Zeit" (Kosik, 1967, S. 26). In Teil a wurde der
widerspiegelnde Charakter abstraktiv hervorgehoben, im
Teil b zeigt sich der aktive Charakter, d.h., die andere
Seite der dialektischen Beziehung von Sein und Bewußtsein.
Wie wir in diesem Teil sehen, besteht der spezifische Charakter der gesellschaftlichen Arbeit gerade darin, daß sie
die Naturkraft nicht als solche "hinnimmt", sondern sie
aktiv kontrolliert, sie zweck- und zielgerichtet ausnützt
und umgestaltet. Da diese im Arbeitsprozeß sich vollziehende Einbeziehung und Vergesellschaftung der Naturobjekte
aber nur möglich ist durch eine vom Bewußtsein geleitete
und deshalb zielstrebige Tätigkeit, kann man sagen "daß
die das gesellschaftliche Leben von allen übrigen Sein-
stufen unterscheidende und es als eigene Stufe konsti-
tuierende Qualität das Bewußtsein ist. Das bedeutet aber,
daß es keine einzige Seite des gesellschaftlichen Lebens
geben kann, keine Beziehung und keine Tätigkeit, die nicht
durch das Bewußtsein hindurch ('hindurch' !) sich gestaltet" (Kofler, 1972, S. 139). An der Tatsache, daß die vergegenständlichte Welt also keineswegs eine vom Subjekt
losgelöste, ihm abstrakt gegenüberstehende Realität ist,
verdeutlicht sich zum einen der enge Zusammenhang des Bewußtseins mit der gesellschaftlichen Praxis und zum anderen die Struktur des Subjekt-Objekt-Verhältnisses als eines Verhältnisses wechselseitiger Bedingtheit und Vermittlung. "So gesehen erscheint der gesellschaftliche Prozeß im Gegensatz zur Anschauung des alten Materialismus,
der die tätige Seite als bloßen Schein oder als außerhalb
der Gesetze stehend und in eine rein gedankliche Sphäre ge-
drängt vorstellte, in seiner Gesamtheit als durch das Bewußtsein hindurchgehende Praxis, in der sowohl die subjek-

tive wie die objektive Seite des Prozesses identisch
sind, oder philosophisch ausgedrückt, als Subjekt-Objekt-
Beziehung. Die Subjekt-Objekt-Beziehung als dasjenige
dialektische Prinzip des gesellschaftlichen Prozesses,
in dem alle Momente sich zur dialektischen Ganzheit zusammenfassen, kann nur richtig verstanden werden als eine
Beziehung, in der die subjektive Tätigkeit ebenso Bedingung für das Entstehen der objektiv-gesetzlichen Gegebenheiten ist, wie auch umgekehrt die objektive Gesetzlich-
keit Bedingung für die subjektive Tätigkeit. Die Schwierigkeit ist nicht, die Subjekt-Objekt-Beziehung empirisch
festzustellen und zu beschreiben; sie liegt vielmehr darin,
zu erklären und zu verstehen, warum gesellschaftliches Sein
und diese Beziehung zusammenfallen, d.h., ein und dasselbe
ausdrücken, und weshalb alle Momente des gesellschaftlichen Prozesses nur Momente einer solchen Subjekt-Objekt-
Beziehung darstellen können" (Kofler, 1972, S. 139 f).

2. Die Eigenarten menschlicher Wahrnehmung wurden aus dem Arbeitsprozeß abgeleitet. Dieses Ableitungsprinzip wird in
Anlehnung an Leontjew auch für die Sprachentwicklung beibehalten, (die, wie sich zeigen wird, für die Erkenntnis
sehr wichtig ist). Wir unterscheiden zwischen zwei Kompe-
nenten in der Entstehung der Sprache a) ihrer Notwendigkeit und b) ihrer Möglichkeit.
Die Möglichkeit der Entwicklung der Sprache liegt in der
oben beschriebenen Gebrauchswert-Antizipation begründet.
"Sofern einmal aufgewiesen worden ist, daß der Prozeß materieller gegenständlicher Arbeit des Menschen von Anbeginn an in der Gebrauchswert-Antizipation ein Moment der
Vergegenwärtigung enthalten muß, macht die Rekonstruktion
der Herausbildung von selbständigen Sybolbedeutungen - we-
nistens prinzipiell - keine Schwierigkeiten mehr" (Holzkamp, 1973, S. 15o). Die Antizipation von Aktivitätsergeb-
nissen ist ein ideeller Prozeß. Von den vorhandenen sinnlich präsenten Gegenständen wird dort insofern abstrahiert,
als in der Synthese ihrer Eigenschaften zu Eigenschaften
des zukünftigen Werkzeuges ein Vorgang enthalten ist, in
dem Eigenschaften der "Ausgangs-"Werkzeuge quasi in eine

Art ideeller Verdoppelung neben ihre materielle Existenz im Werkzeug selbst gestellt werden. Diese ideelle Verdoppelung hat dann ihre ausgeprägteste Form erreicht, wenn die Gegenstandsbedeutungen der Dinge im Symbol auf den Begriff gebracht sind, so daß also dem real existierenden Arbeitsprodukt das Symbol verselbständigt gegenübersteht. Die Symbolbedeutungen werden von Holzkamp so als eine Herausdifferenzierung aus Gegenstandsbedeutungen betrachtet. Symbole sind keineswegs Vereinbarungen über den Sinn von Gegenständen, der in diese quasi durch die Sprache hineingelegt wird. Eine solche Auffassung finden wir z.B. bei dem Sprachforscher Whorf. Für ihn "präsentiert sich die Welt in einem kaleidoskopartigen Strom von Eindrücken, der durch unseren Geist organisiert werden muß" (Whorf, 1963, S. 12). Medium der Gliederung ist nach seinem Konzept die Sprache. "Wir gliedern die Natur an Linien auf, die uns durch unsere Muttersprache vorgegeben sind. Die Kategorien und Typen, die wir aus der phänomenalen Welt herausheben, finden wir nicht einfach in ihr....Wie wir die Natur aufgliedern,...das ist weitgehend davon bestimmt, daß wir an einem Abkommen beteilig sind,...das für unsere ganze Sprachgemeinschaft gilt...Dieses Übereinkommen ist natürlich nur ein implizites und unausgesprochenes, aber sein Inhalt ist absolut obligatorisch....Wir können überhaupt nicht sprechen, ohne uns der Ordnung und Klassifikation des Gegebenen zu unterwerfen, die dieses Übereinkommen vorschreibt (ebenda). Uns kann es hier nicht um eine Theorie der Beziehung zwischen Sprache und Erkenntnis gehen, in der sich zeigt, daß die Whorfsche Auffassung insofern richtig ist, als die wahrnehmende Realitätserfassung durch sprachliche Bedeutungen durchaus mitgeprägt ist (zu einer solchen Theorie vgl. auch: Ullman, 1975). In unserer Arbeit geht es vielmehr um die Untersuchung der Beziehung zwischen Objekt und Subjekt, bzw. zwischen objektiven Welttatbeständen und ihrer Erkenntnis auf der Seite des Subjekts. Da Wahrnehmung, sobald Sprache existiert, immer Wahrnehmung durch den Begriff ist, stellt sich die Frage: Welche Rolle hat die Sprache als ein Medium der auf

der Subjektseite ablaufenden Erkenntnisprozesse ? Bei
Whorf wird ihr die Funktion zugemessen, eine bedeutungsvolle Welt sinnvoll zu organisieren. Whorf kann nicht erklären, "was dem, das sprachlich an die Realität herangetragen wird, eigentlich in der Realität selbst entspricht;
nur die sprachlichen Linien erscheinen gesellschaftlich,
nicht aber die in ihnen angesprochenen Wirklichkeitsmomen-
te" (Ullman, 1975, S. 23). Erkenntnis ist danach eine subjektive Variante, nicht aber eine adäquate Widerspiegelung
der Realität.
Eine solche Auffassung ist die Folge einer Theorie, in der
die hinter der Sprache liegenden Vorgänge unerkannt bleiben, und in der es keinen Begriff von gegenständlicher Arbeit gibt. Holzkamp zeigt dagegen, daß die Bedeutungen als
durch Arbeit geschaffene auch ohne Sprache existieren. Die
sprachlichen Sybole bilden sich im Laufe der historischen
Entwicklung aus diesen Gegenstandsbedeutungen heraus, sind
also ohne diese gar nicht denkbar. Sie haben (vielmehr) re-
präsentativen Charakter, weisen über sich hinaus. "Symbolbedeutungen sind...abstrakte Explikationen von durch Arbeit konstituierten Gegenstandsbedeutungen" (Holzkamp, 1973,
S. 152). Die Theorie von Whorf ist in dem objektiven Schein
begründet, der entsteht, wenn man die Wahrnehmung als Erkenntnisweise des Subjekts ohne ihre historisch-materiali-
stische Rekonstruktion betrachtet. Sobald Wahrnehmung Wahrnehmung durch den Begriff ist, sieht es so aus, als ob
eben das Symbol Träger der Sinngebung wäre, (als ob also
das Wort Axt aus dem aus vielen Elementen zusammengesetzten Ding erst eine Axt machen würde). Nur wenn der Entwicklungsprozeß der Sprache in der Weise von Holzkamp gefaßt wird, begreift man, daß die oben analysierten Beziehungen zwischen objektiver Realität und Erkenntnis nicht
mit der Sprache "umfallen", (was natürlich nicht heißt,
daß die spezifische Beeinflussung der Wahrnehmung durch
Sprache nicht untersucht werden müßte. Holzkamp schreibt
"Zwar werden in der Wahrnahmung stets durch gesellschaftliche Arbeit zur Erscheinung gebrachte wirkliche Eigenschaften der Dinge wahrgenommen: welche selektive Akzen-

tuierung diese Eigenschaften erfahren, in welchen Allge-
meinheitsstufen sie auffaßbar sind, welche Züge an den
realen gegenständlichen Bedeutungsstrukturen als sinnlich
erkannte Zusammenhänge herausgehoben werden, dies hängt
aber in wesentlichen Momenten von der objektiven Beschaffenheit der angeeigneten gesellschaftlich gewordenen Sym-
bolstrukturen...ab /Holzkamp, 1973, S. 194 f). Wird der
historische Zusammenhang von Sprache und Gegenstandsbedeutung dagegen vernachlässigt, ist jeder Vorstellung von
Sprache als einer dritten losgelösten Dimension Tür und
Tor offen gelassen.

Diese Kritik bezieht sich auch auf den marxistischen Autor
Rubinstein, der in seinem Buch "Sein und Bewußtsein" die
Besonderheit von Symbolbedeutungen in ihrem Verhältnis zu
Gegenstandsbedeutungen nicht adäquat erfaßt. Als Marxist
geht er natürlich davon aus, daß die Bedeutungen durch Arbeit selbst objektiv in der Welt existieren und nicht einfach durch Vorstellungen in diese hineinverlegt sind. Dabei
untersucht er aber den Arbeitsprozeß nicht als einen Prozeß der Vergegenständlichung, es fehlt deshalb überhaupt
der Begriff der Gegenstandsbedeutung. Dementsprechend weiß
er auch zu Sprache nichts anderes zu sagen, als daß die
wichtigsten Eigenschaften eines Gegenstandes in "Wörtern
fixiert sind, die diese bezeichnen" (Rubinstein, 1973,
S. 81). Diese Ungenauigkeiten schlagen sich auch im Konzept der Wahrnehmung nieder. Auch Rubinstein analysiert
sinnliche Erkenntnis als Tätigkeit. "Die mechanistische
Auffassung von der Determiniertheit der psychischen Erscheinungen unmittelbar durch äußere Einwirkungen, ohne
Erkenntnistätigkeit des Subjekts, ohne die analytisch-synthetische Tätigkeit des Gehirns, zieht eine positivisti-
sche Gleichsetzung des objektiven und des unmittelbar Gegebenen nach sich" (Rubinstein, 1973, S. 87, Hervorhebund
d.A.), oder an anderer Stelle "Dieses (das ideelle Abbild)
existiert nicht ohne Widerspiegelungstätigkeit des Subjekts, d.h., dessen Gehirn. Dabei ist die Tätigkeit, in
deren Verlauf das sinnliche Abbild des Gegenstandes auftritt...eine koordinierte Reihe von Sinnestätigkeiten,
nämlich der sinnlichen Analyse und Differenzierung der verschiedenen Eigenschaften des Gegenstandes und der sinnlichen Synthese, die die einzelnen Sinnesqualitäten zu einem
Gesamtbild des Gegenstandes verbindet" (ebenda, S. 35,
Hervorhebung d.A.). Diese Tätigkeit wird anders als bei
uns aber zunächst nur als Gehirnprozeß gefaßt, was im
Philosophischen Wörterbuch noch deutlicher wird: "Der Ablauf des Erkenntnisaktes wird wesentlich durch die Gesetzmäßigkeiten der bedingt-reflektorischen Nerventätigkeit
bestimmt, der Erkenntnisinhalt durch die Eigenschaften des
Erkenntnisobjekts" (Band 1, 1964, S. 315). Dem entspricht
auch die Auffassung Gößlers, der meint, die Neurophysiologie untersuche "den Erkenntnisakt der Individuen ohne Rück-

sicht darauf, daß er Teil des gesellschaftlichen Erkennt-
nisprozesses ist, daß er gesellschaftlich bedingt ist"
(Gößler, 1968, S. 56). Die gesellschaftlich-historische
Entwicklung schlägt sich demnach nur in den Inhalten der
Wahrnehmung nieder.
Am Ende der physiologischen Hirntätigkeit steht bei Rubinstein die Erkenntnis der physikalischen Primäreigenschaf-
ten der Dinge (was bei Holzkamp die figural-qualitativen
Merkmale sind). Da er wie Holzkamp die Dinge als bedeutungsvoll sieht, muß das Subjekt also in einem weiteren
Schritt auch noch zur Erkenntnis der Bedeutungen kommen.
Diese stellt sich nach Meinung des Autors dadurch her,
daß das Wort, in dem der Sinngehalt des Gegenstandes enthalten ist, sich "durch reflektorische Verbindungen mit
dem sinnlichen Abbild des Gegenstandes vereinigt" (Rubinstein, 1973, S. 82). Ungeklärt bleibt in dieser Theorie
zum einen, wie und warum im Wort die Bedeutungen der gegenständlichen Welt abbildhaft enthalten sind und zum anderen daraus folgend , ob denn Wahrnehmung tatsächlich ʼ
Widerspiegelung des Seins ist. U.E. ist mit dieser Konzeption, nach der die sinnliche Erkenntnis erst durch die
Sprache die Welt bedeutungsvoll erfaßt, die zitierte Theorie von Whorf nicht eindeutig widerlegbar, so sehr Rubinstein sich auch in allen philosophischen Aussagen gegen
sie abgrenzt.

Zur Vervollständigung des Sprachverständnisses muß noch gesagt werden, daß im Laufe des historischen Entwicklungsprozesses gesellschaftlicherArbeit sich neben der gespro-
chenen noch die Schriftsprache herausbildete. Besonders
wichtig war dabei die Möglichkeit zur verselbständigten
Vergegenständlichung von Symbolen zunächst als ikonische
und später im Neolithicum als diskursive Symbole, Schrift-
zeichen. Das erste Alphabet entstand bei den Griechen.
Die Notwendigkeit der Sprache ergibt sich aus den Notwendigkeiten gesellschaftlicher Lebenserhaltung, die sich
immer mehr steigern und differenzieren. Das menschliche
Wissen wird in den Vergegenständlichungen als Hineinbauen
von Invarianzen in die Welt über Generationen festgehalten.
"Die Informationsspeicherung in materiellen Vergegenständlichungen schafft zu seinem genetischen Pol einen Sekundärspeicher, der eine von der biologischen Grundlage unabhängige Entwicklung als gesellschaftlich-ökonomischer Organisation ermöglicht" (Schurig, 1976, S. 315). So garan-
tiert der Sekundärspeicher zwar, daß der Wissensstand nie
verloren geht und auf dem Weg der individuellen Aneignung
von den neuen Generationen immer wieder reproduziert wer-

den kann, (womit im Prinzip die Grundlage für die gesellschaftliche Lebenssicherung da ist). Die Erfahrung kann
aber nur durch Anschauung und der durch Anschauung gebundenen Weitergabe in den gesellschaftlichen Kumulationspro-
zeß eingehen, d.h., der Weg der Aneignung ist auf dieser
Stufe nur ein praktischer und das bedeutet, ein langer
und komplizierter Vorgang.
Je weiter sich die gesellschaftlichen Verhältnisse differenzieren, je umfangreicher und vielfältiger die durch
menschliche Arbeit hergestellten Bedeutungen und damit das
anzueignende Wissen wird, desto mehr muß die nur praktische Aneignung zum Hemmnis für die Erfahrungskumulation
werden. Die Sprache macht es dagegen möglich, "Beschaffenheiten der menschlichen Welt nicht nur tatsächlich zu erfahren und in der gesellschaftlichen Lebenstätigkeit zu
berücksichtigen, sondern in der symbolischen Repräsentation diese Erfahrung reflektierend als solche zu erfassen.
Erfahrung wird so zu gewußtem Wissen" (Holzkamp, 1973,
S. 156 f, keine Hervorhebung), das unabhängig von der praktischen Lebenstätigkeit gespeichert und damit verarbeitet
und systematisiert werden kann. Es ist jetzt zu jederzeit
und von jedem auch an verschiedenen Orten abrufbar. Für
den praktischen Aneignungsprozeß bedeutet dies eine entscheidende Verkürzung. Probierhandlungen werden auf ein
Minimum reduziert, da über die sprachliche Kommunikation,
später auch über das schriftlich Niedergelegte schon vor
der praktischen Tätigkeit Vertrautheit mit Material und
Zwecksetzung hergestellt werden kann. Der genaue Nachvollzug der einzelnen Wege der historischen Entwicklung der
Erkenntnis wird unnötig, er kann sich auf das wesentliche
beschränken.
Es bedarf keiner weiteren Erläuterung, daß mit der Existenz
der Sprache die Bewußtheit der Erkenntnisse noch erhöht.
"Damit entsteht das menschliche Bewußtsein zugleich als
eine besondere Art gesellschaftlicher Tätigkeit der Menschen" (Tjaden-Steinhauer, 1975, S. 113).
Da wir uns in diesem Abschnitt zur Aufgabe gemacht haben,
nicht nur die gegenständliche, sondern auch wesentlich die

ideell-reflexive Seite als Moment der Erkenntnisbeziehung
zwischen Subjekt und Objekt zu analysieren, muß hier die
Auswirkung der Sprache auf die Erkenntnisfunktion betrachtet werden.
Die sinnliche Erkenntnis erhält jetzt eine neue Qualität.
Wahrnehmung wird zur Wahrnehmung durch den Begriff, sie
ist durch die Sprache stets das "Erkennen des Allgemeinen
im Besonderen." Die Axt ist nicht irgendein beliebiges Ding,
das 'Axt' genannt wird, sondern wird in der Wahrnehmung
'durch ihren Begriff hindurch' als Axt gesehen, als ein
Ding, in dessen Gegenstandsbedeutung die für ihr Axt-Sein
wesentlichen allgemeinen Gebrauchseigenschaften verkörpert sind" (Holzkamp, 1973, S. 152). Ein Wort wird dadurch zum Begriff, daß es nicht nur ein Etikett für das
Gemeinte ist, sondern sich auf dessen Wesensmerkmale bezieht. So meint ein Begriff zwar immer auch das gerade vor
mir stehende Ding, gleichzeitig aber auch alle Dinge mit
gemeinsamer Merkmalskombination, die es gegeben hat, gibt
und geben wird. Die Dinge sind so trotz ihrer Vereinzelung
im Raum als Fälle von Axt oder Haus identifizierbar.
Wir haben gezeigt, daß die Sprache schon in der Aneignung
der Gegenstandsbedeutungen zu "Vorteilen" führt, die für
die Erfahrungskumulation der Gesellschaft außerordentlich
wichtig sind. Allerdings ist dabei nicht beschrieben worden, wie der Prozeß der Aneignung zu charakterisieren ist,
wenn er sprachlich vermittelt ist. Wir müssen zunächst in
Erinnerung rufen, daß der Aneignungsprozeß bisher als eine
Tätigkeit gefaßt wurde, die im praktischen Umgang mit den
Dingen zur Erkenntnis ihrer Zwecksetzungen führt. Dabei
wird die Tätigkeit jedoch nicht von allem Anfang an der
Bedeutung gerecht. In der praktischen Tätigkeit müssen
erst Unterscheidungen nach wesentlichen und unwesentlichen Merkmalen der Gegenstände erfolgen. Die aus dieser
Analyse gewonnenen grundlegenden Charakteristika werden
wieder zur Einheit des Dinges zusammengefaßt, syntheti-
siert. Durch die Existenz der Sprache kann die Aneignung
der Bedeutungen über eine geistige Tätigkeit erfolgen, die
jetzt neben die praktische Form der Tätigkeit tritt. Die

95

Sprache ist Voraussetzung dafür, weil erst durch sie die
sinnliche Präsenz der Gegenstände in ihrer materiellen
Qualität nicht mehr nötig ist; denn sie sind ja in ihrer
symbolischen Repräsentation vorhanden. "Mit der sich allmählich vollziehenden Trennung der Sprache von der unmittelbaren praktischen Tätigkeit wird der Name vom Gegenstand abstrahiert; die sprachlich benannte Bedeutung
braucht jetzt nur noch als Bewußtseinstatsache, d.h., nur
als Gedanke, nur ideell, zu existieren" (Leontjew, 1973,
S. 213).
Die Sprache stellt nur das Mittel dar, über das sich der
geistige Prozeß vollzieht. Damit ist die geistige Aneignung der objektiven Welttatbestände in ihrer Eigenart und
Qualität noch nicht begriffen. Dies hat sich von den Mit-
arbeitern Leontjews in der kulturhistorischen Schule besonders Galperin zur Aufgabe gemacht. Ausgehend von der
Grundthese Leontjews, daß die reale Tätigkeit, die immer
sinnvolle Tätigkeit ist, die psychische Gesamtentwicklung
als auch den Verlauf der einzelnen psychischen Prozesse
bestimmt, untersucht er auch die geistige Erkenntnis unter
diesem Gesichtspunkt. Nach seiner Konzeption kann sie nur
verstanden werden, wenn man das Verhältnis der psychischen
(geistigen) zur äußeren Tätigkeit untersucht. Geistige
Operationen sind danach Operationen, die sich durch eine
stufenweise Interiorisierung aus den materiellen Tätigkeiten herausbilden. Wenn sie sich auch phänomenal davon unterscheiden, so bleiben sie doch in ihren Grundeigenarten auf
die Strukturen materieller Tätigkeitsformen zurückführbar.
"Erstens haben (die) Untersuchungen gezeigt, daß die Voraussetzungen für den Effekt psychischer Prozesse den gleichen Voraussetzungen der äußeren Tätigkeit erstaunlich
ähneln. Die Bedeutung der äußeren Organisierung des Materials, der verschiedenen Entwicklungsetappen, der äußeren
Organisierung des Prozesses selbst, der äußeren Fixierung
seiner einzelnen Etappen und Ergebnisse - das alles...
zwang dazu, sich seine Struktur nach dem Typ der äußeren
Tätigkeit vorzustellen....Die verkürzten Formen der psychischen Tätigkeit sind ihren Ursprungsformen ganz unähnlich,

sie sind für sich genommen, wegen ihrer Blitzartigkeit, Produktivität und schwierigen Feststellbarkeit für die unmittelbare Beobachtung wahrhaft erstaunlich und kaum verständlich. Ihre Identifizierung als verkürzte Formen von Handlungen, deren ursprünglicher gegenständlicher Inhalt völlig offensichtlich ist, bringt auch in den Ursprung vieler psychischer Prozesse sowie in ihren Inhalt und ihrer Natur Licht. Der Prozeß der Verkürzung gestattet es, eine Brücke von den völlig erforschten Formen der psychischen Tätigkeit für ihren verborgensten Formen zu schlagen, und trägt damit zur Verwirklichung einer der Hauptanliegen der sowjetischen Psychologie bei - der prinzipiellen Annäherung zwischen der ideellen und materiellen Tätigkeit" (Galperin, 1967, S. 372 f). Der Übergang von der äußeren zur inneren Handlung erfolgt durch allmähliche Umbildung, durch Verallgemeinerung, durch spezifische Verkürzung ihrer Glieder und Veränderung ihres Niveaus (vgl. ebenda, S. 374 ff). Was für die praktische Tätigkeit gilt, nämlich daß sie analytische und synthetische Operationen vollziehen muß, um die Bedeutungen zu erfassen, das gilt auch für die geistige Tätigkeit. Ihr "Umgang" mit den objektiven Welttatbeständen hat jetzt die Form eines "inneren Umgangs", einer inneren Analyse und Synthese angenommen.

Diese sind auch die Grundlage des Denkens. Wir sind jetzt bei einer Art menschlicher Erkenntnis angelangt, die zur Wahrnehmung hinzutritt, diese aber keineswegs ersetzen kann, sondern immer in einer bestimmten Wechselwirkung mit ihr stehen muß. Mit den hier beschriebenen Operationen sind natürlich die Denkoperationen nicht in ihrer Totalität erfaßt. Es geht in unserem Zusammenhang zunächst auch nur darum, Denken als eine Erkenntnis zu begreifen, der sich wie der Wahrnehmung die objektiven Welttatbestände nicht kontemplativ erschließen, sondern erst über Tätigkeit. "Das Denken wird vom Objekt determiniert, aber nicht unmittelbar, sondern über die inneren Gesetzmäßigkeiten der Denktätigkeit, also des Analysierens, Synthetisierens, der Verallgemeinerung usw., die die sensuellen Gegebenheiten,

97

in denen die wesentlichen Eigenschaften des Objekts nicht
in reiner Form zutage treten, umgestalten" (Rubinstein,
1974, S. 15). An anderer Stelle wird in diesem Sinne Piaget
(vgl. später) gewürdigt. "Im Unterschied zu den Gestaltpsychologen zeigt Piaget die Bedeutung der Operationen,
der Tätigkeit des denkenden Subjekts recht eindrucksvoll.
Kenntnisse, Begriffe werden seiner Meinung nach 'konstruiert' und das ist in dem Sinne richtig, als sie nichts Gegebenes sind, wie der Positivist annimmt" (ebenda, S. 24).
"Will man die These vom Denken als Prozeß richtig interpretieren, dann muß man das Denken als Tätigkeit eines Subjekts auffassen, das mit der objektiven Welt in Wechselwirkung tritt. Das Denken ist nämlich ein Prozeß, weil es
eine ununterbrochene Wechselwirkung zwischen Mensch und Objekt ist. Jeder Denkakt verändert die Beziehung zwischen
Subjekt und Objekt" (ebenda, S. 29). Zwar wird das Denken
erst im Verlauf unserer Arbeit genau analysiert. Trotzdem
sollen hier in Ansätzen seine Qualitäten bzw. Eigenarten
charakterisiert werden.

Denken unterscheidet sich von der Wahrnehmung dadurch, daß
es nicht gebunden ist 1. an die sinnliche Anwesenheit der
Gegenstände noch 2. an die stoffliche Affektation sensibler
Bereiche der Körperoberfläche; wenn ich die Augen schließe,
kann ich z.B. ein Haus nicht sehen, ich kann es mir aber -
vorstellen noch 3. an eine bestimmte Perspektive. In der
sinnlichen Erkenntnis ist das Haus mir nur von der Seite
her zugänglich, die es mir gerade zuwendet. Ich sehe also
von außen nur seine Form, nicht sehen kann ich von diesem
Standort aus seine innere Struktur, d.h., seine Wasser-
rohre, seinen Grund usw. Im Denken ist mir dagegen das
Haus in seiner Ganzheit zugänglich. Denken ist losgelöst
von der Präsenz der Dinge, weil es in Prozessen symbolischer
Repräsentation der Wirklichkeit abläuft. Die Sprache ist
das Medium, über das sich Denken vollzieht. Sie ermöglicht
die von Graumann beschriebene "Selektivität" als ein Merkmal des Denkens, in der Bedeutungen von Gegenständen abgelöst und vielfältige Verknüpfungen hergestellt werden (vgl.
Graumann, 1965). Sie ist Voraussetzung für das Absehenkön-

nen vom Konkret-Vorliegenden, das die Grundlage der Abstraktion bildet. "Im Absehen vom Partikulären des anschaulich in Wahrnehmung und Vorstellung Gegebenen kommen wir zum Allgemeinen und damit in die Lage, uns von etwas einen 'Begriff' zu machen. Durch die zusammenfassende... Funktion des Begriffs, der zum Hauptwerkzeug des Denkens wird, greifen wir Gegenstände zu Klassen zusammen, kann Denken wesentlich zu einer Ordnungsleistung werden" (ebenda, S. 2o).

Die Funktion der Sprache für das denkende Erkennen besteht aber nur darin, daß sie Entwicklungsbedingung und Träger des Erkenntnisprozesses ist. Sie macht die Denkoperationen möglich, bestimmt aber weder deren Ablauf noch Inhalt. Es wird sich später zeigen, wie verschiedenartig die Denkprozesse und damit die Erkenntnis der objektiven Welttatbestände sein kann.

Prinzipiell bleibt festzuhalten: Mit der Entstehung der Symbole ist der erste Schritt zur "Loslösung" vom Gegenstand in seiner unmittelbaren sinnlichen Präsenz getan. In einem zweiten Schritt kann sich deshalb das Subjekt im Erkennen von der Erscheinungsform der Dinge loslösen und damit zu einer Erkenntnis übergehen, die entwickelter ist als die Wahrnehmung. Wahrnehmung bleibt immer der sinnlichen Oberfläche des zu erkennenden Objekts verhaftet[9].

Die über die Wahrnehmung erlangte Erkenntnis über die Gegenstandsbedeutung ist aber nicht falsch, sondern im Verhältnis zum Denken nur mehr oder weniger adäquate Erfassung der Struktur des Objekts. Denken kann aber über die sinnliche Erkenntnis hinausgehen, kann mehr: "Als Denken im

---

[9]Die hier und auch vorher schon angedeutete Beschränkung sinnlicher Erkenntnis gilt natürlich nur dann, wenn das zu erkennende Objekt selbst in Wesen und Erscheinungsform getrennt ist, wobei die Erscheinung die sinnliche Hülle des Wesens darstellt. Im gegenwärtigen Ableitungszusammenhang beschränken wir uns beispielhaft auf die Naturgesetzmäßigkeiten. Die benannte Unterscheidung von Wesen und Erscheinung sowie ihre Beziehung zueinander in den gesellschaftlichen Verhältnissen ist selbst historisch bestimmt und stellt sich von Produktionsweise zu Produktionsweise anders dar. Dementsprechend verändert sich auch die Tiefe der Wirklichkeitserkenntnis durch die Wahrnehmung.

eigentlichen Sinne des Wortes bezeichnen wir die bewußte
Widerspiegelung der Wirklichkeit in ihren objektiven Eigenschaften, Beziehungen und Zusammenhängen, in die auch Objekte einbezogen sind, die der sinnlichen Erkenntnis nicht
unmittelbar zugänglich sind. Der Mensch nimmt z.B. die ul-
travioletten Straheln nicht wahr, obwohl er von ihrer Existenz und ihren Eigenschaften weiß. Wie ist eine solche Erkenntnis möglich ? Der Mensch gelangt zu ihr auf mittelba-
rem Wege, auf dem Wege des Denkens. Wir untersuchen die Gegenstände - das ist das allgemeine Prinzip des Denkens -
mit Hilfe anderer Dinge; erfassen wir die zwischen ihnen bestehenden Zusammenhänge und Beziehungen, dann schließen wir
aus den von uns wahrgenommenen Veränderungen auf die verborgenen Eigenschaften dieser Gegenstände. Für das Entstehen des Denkens ist es deshalb unerläßlich, die objektive
Wechselbeziehung zwischen den Gegenständen hervorzuheben
und bewußt zu erfassen (Leontjew, 1973, S. 21o). Widerspiegelung der Wirklichkeit im Denken heißt nicht, daß dieses
die Beziehungen der objektiven Welttatbestände immer adäquat in ihrer Totalität und Wesenhaftigkeit erfaßt. Denken
hat zwar die Möglichkeit dazu, kann aber auch dahinter zurückbleiben, also nur das widerspiegeln, was auch die Wahrnehmung schon an Erkenntnis der Realität leisten kann. Dies
wird in der späteren Beschreibung des Denkens in seinen drei
Stufen als anschauliches, problemlösendes und begreifendes
Erkennen noch deutlich.
Die Frage nach der Tiefe der Erkenntnis im Denken muß in
Beziehung gesetzt werden zu ihrer Funktion im Prozeß gesellschaftlicher Arbeit. Wie die Wahrnehmung ist auch Denken
nicht irgendeine ideelle Zutat zum materiellen Lebensprozeß, eine vom Subjekt vollzogene ideelle Tätigkeit, die von
der praktischen gesellschaftlichen Tätigkeit vollkommen
losgelöst wäre. Denken hat vielmehr einen zentralen Stellenwert in der Aufrechterhaltung und Entfaltung des gesellschaftlichen Lebens. Der Mensch muß, sobald Produktionsverhältnisse seine Lebensform geworden sind, die Umweltbedin-
gungen, die sein Leben sichern, selbst herstellen, was gegenüber dem Tier ein geändertes Verhältnis zur Natur zur

Folge hat. Die relevanten Naturgesetze sind beim Tier in
seiner funktional-morphologischen Ausstattung und der Lernfähigkeit im Sinne der Lebenserhaltung aufgehoben. Es
braucht sich derer nicht bewußt zu werden. Sie schlagen
sich "durch es hindurch" nieder. Der Mensch dagegen muß
die Naturgesetze in bewußter Realitätskontrolle selbst erfassen. "Und so werden wir bei jedem Schritt daran erinnert,
daß wir keineswegs die Natur beherrschen, wie ein Eroberer
ein fremdes Volk beherrscht, wie jemand, der außer der Natur steht - sondern daß wir mit Fleisch und Blut und Hirn
ihr angehören und mitten in ihr stehen, und daß unsere ganze Herrschaft über sie darin besteht, im Vorzug vor allen
anderen Geschöpfen ihre Gesetze erkennen und richtig an-
wenden zu können" (Engels, MEW 2o, S. 453). So ist, um ein
Beispiel zu nennen, mit der Entstehung der neuen gesellschaftlichen Entwicklungsstufe des Feldbaus (nach den Jä-
ger- und Sammlerkulturen) zur Aufrechterhaltung dieser Produktionsstufe eine neue Art von Gesetzeseinsicht notwendig,
nämlich daß man weiß, daß das Aussehen von Samen an derselben Stelle eine neue Pflanze entstehen läßt. Der sinnlichen
Erkenntnis ist nur Anfang und Resultat dieses Prozesses zugänglich, nicht aber der unter der Erde wirkende Kausali-
tätszusammenhang zwischen Absterben einer Frucht und Erneuerung. Die adäquate Erkenntnis dieser gesetzmäßigen Beziehung ist Voraussetzung für nicht nur einmaligen und zufälligen, sondern planvollen Anbau von Pflanzenkulturen. Die
Lebensnotwendigkeit der Gesetzeserkenntnis gilt selbstverständlich nicht nur für die Gesetze der Natur, sondern auch
für die des gesellschaftlichen Lebens.
Leitet man aber aus der Funktion der Erkenntnis für die gesellschaftliche Lebenserhaltung die Annahme ab, daß diese
denkende Erkenntnis nur funktional sein kann, wenn sie die
Gesetze in ihrer Totalität erfaßt, dann ist das falsch. Die
Erkenntnis der grundlegenden Gesetzmäßigkeiten von Natur
und Gesellschaft ist selbst ein relativ spätes Produkt historischer Entwicklung. (So wurden z.B. die Regeln der Gravi-
tation, der Planeten- und Mondbewegung erst 1687 von Newton
entdeckt; Mendel stellte seine Vererbungstheorie erst 1865
auf). Diese Erkenntnisse konnten selbst nur zustande kommen,

1o1

weil man auf dem vorherigen Stand gesellschaftlichen Wissens kumulierend aufbauen konnte. Sie sind nur aus diesem Prozeß der Wissenskumulation zu verstehen.
Heißt das nun, daß diejenigen Völker, die Jahrtausende zuvor Aussagen über diese Zusammenhänge gemacht haben, die objektiven Welttatbestände verkannt (bzw. nicht adäquat widergespiegelt) haben, womit auch die oben dargestellte enge Beziehung von Erkenntnis und gesellschaftlichen Lebensprozeß hinfällig wäre ? Die Lösung dieser Frage liegt in der Tatsache, daß sich auch in früheren gesellschaftlichen Denkformen wirkliches Wissen niederschlagen mußte, da sonst Verfall des gesellschaftlichen Lebens unausweichliche Folge gewesen wäre. Von Gesetzeserkenntnis muß man auch dann reden, wenn Zusammenhänge von Ereignissen innerhalb natürlicher oder gesellschaftlicher Prozesse erkannt werden, die vom heutigen Stand der Wissenschaft aus oberflächlich und unvollkommen sind. Das hat Lenin auch gemeint, wenn er sagt, es gibt "keine unüberbrückbare Kluft zwischen relativer und absoluter Wahrheit...Die Grenzen der Annäherung unserer Kenntnisse an die objektive, absolute Wahrheit", sind "geschichtlich bedingt, unbedingt ist aber die Existenz dieser Wahrheit selbst, unbedingt ist, daß wir uns ihr nähern" (Lenin, LW 14, S. 13o), d.h., bestimmte Denkformen sind im Vergleich zu noch niedrigerem Wissen relative Wahrheiten und enthalten immer noch so viel an Widerspiegelung der Wirklichkeit, daß sie der Realitätskontrolle dienen. So berichtet Osterkamp, daß selbst in den Denkformen primitiver Völker, und seien sie noch so magisch verkleidet, ein Stück an Erkenntnis der Realität liegt:
"Gerade bei der sehr oft intensiven Beobachtung von Vorzeichen, aus denen die Absichten der verschiedenartigen Geister ersichtlich sein sollen, werden zwangsläufig die realen Anzeichen für ein Ereignis mitbeobachtet, wodurch tatsächlich eine Vorhersage des Ereignisses in gewissem Maße möglich sein kann und erste Ansätze eines echten Zusammenhangswissens gewonnen werden. Gerade für die Spezialisten, wie Zauberer und Medizinmänner, ist die genaue Naturbeobachtung und das Erkennen wirklicher Anzeichen häufig

eine Art von Existenzfrage, da sie einen gewissen Prozent-
satz an zutreffenden Aussagen erreichen müssen, um ihre
Stellung zu halten. Dies gilt nicht nur für die Vorhersage,
sondern u.U. auch für das magisch-zauberische Herbeiführen
lebenswichtiger Ereignisse in den Augen der Gesellschaftsmitglieder: Der Regenmacher wird z.B. seine Fähigkeiten
zur Vorhersage des Regens aufgrund genauer Beobachtung der
Wolkenbildung o.ä. unter Umständen dazu benutzen, um seinen Zauber zur Herbeiführung des Regens auf einen Zeitpunkt
zu legen, an dem tatsächlich Regen zu erwarten ist" (Osterkamp, 1975, S. 262). Die denkende Einsicht in die objektiven Welttatbestände muß immer so weit gehen, wie es <u>für
die jeweilige Produktionsstufe funktional</u> ist. Es wird sich
später zeigen, daß es dabei selbst historisch einen Umschlag insofern geben kann, als einmal für eine bestimmte
Entwicklungsstufe der Gesellschaft funktionales Denken
selbst disfunktional werden kann, da es die gesellschaftlichen Notwendigkeiten nicht begreift, und so zur Stagnation des Systems, nicht aber mehr zur Weiterentwicklung beitragen kann. Dieser Tatbestand wird sich besonders in der
Konkretion unserer Aussagen auf die bürgerliche Gesellschaft noch näher verdeutlichen.
An dem Beispiel primitiver Völker sollte die Beziehung des
Denkens zur objektiven Realität klar werden. Wahrnehmung
kann, wie gezeigt, die objektiven Welttatbestände in ihrer
Erscheinung adäquat widerspiegeln, Denken in ihrem Wesen.
Widerspiegelung heißt, daß das Subjekt das Sein so erfaßt,
wie es ist, in seiner Erkenntnis also bestimmt ist von der
Struktur der objektiven Realität. Dies ändert sich auch
dann nicht, wenn das Wesen des Objekts im Denken nicht er-
faßt wird, so daß es also vom Standpunkt der Kenntnis des
Wesens die Wirklichkeit zu verkennen scheint. Auch
dieses Denken geht an dem gesellschaftlichen Sein nicht
vorbei, ist nicht einfach ein "Hirngespinst" der Subjekte.
Jeder Agnostizismus ist unangebracht, weil Denken auch in
dieser Form, wie oben gezeigt, Teile und Zusammenhänge der
Realität wiedergibt. Wenn wir Wahrnehmung und Denken als
Widerspiegelung bezeichnen, dann schließen wir uns damit

1o3

der Auffassung Haugs an."Der Begriff der Widerspiegelung
drückt die Abhängigkeit des Bewußtseins von der materiellen Realität aus, drückt aus, daß das Bewußtsein als 'innerer Zustand' der höchsten Entwicklungsform der organischen
Materie als deren Organ sich entwickelt hat für die Umsetzung der äußeren Einwirkungen in Erkenntnisse, die letztlich der materiellen Lebenspraxis dienen, ohne die sie
blind und taub und bald am Ende wäre". Aber mit dem Begriff wird "nicht ohne weitere Bestimmung die Spezifik der
Erkenntnis im Gegensatz zur Unkenntnis (bezeichnet)"
(Haug, 1975, S. 685).

III. Zum Gesamtkonzept sachlicher und personaler Gegenstandsbedeutung als Wesensmerkmal menschlicher Wahrnehmungstätigkeit

1. Vervollständigung des Bereichs sachlicher Gegenstandsbedeutungen.

Bisher redeten wir von Gegenstandsbedeutungen als dem Ding
zukommende menschliche Zwecksetzung und abstrahierten dabei
von den konkreten Wechselwirkungen und Beziehungen, in denen
die Gegenstände untereinander stehen. Die Abstraktion ließ
uns aber die Grundprozesse einerseits der Entstehung einer
bedeutungsvollen Welt und zum anderen der Erkenntnis dieser
durch die Arbeit existierenden und sich verändernden Welt
verstehen.
Die Herstellung und der Gebrauch von Werkzeugen erfordert
immer eine adäquate Berücksichtigung der unbearbeiteten Natur, sei es zur richtigen Auswahl natürlicher Gegebenheiten
als Rohstoff der Produktion, oder sei es zur Beachtung von
Materialbeschaffenheit etc. bei der Anwendung der Werkzeuge.
Im Werkzeug selbst liegt so gemäß den allgemeinen menschlichen Zwecksetzungen das Mittel zur Erfassung von Eigenschaften und Gesetzmäßigkeiten der unbearbeiteten Natur. Die bekannten Eigenschaften des Werkzeuges sind Invarianzen, an
denen die unbekannten Eigenschaften natürlicher Weltbeschaf-
fenheiten in gegenständlicher Wechselwirkung zutage treten.
Erweiterung und Spezialisierung der gesellschaftlichen Produktion bedeutet mithin, daß durch die wachsende Zahl existierender Invarianzen als bekannte Eigenschaften der Werkzeuge
immer mehr unbekannte Eigenschaften der Welt herausgehoben
und erfaßt, qualitativ und quantitativ bestimmt werden können. Werkzeuge sind somit als Vorform von Meßinstrumenten zu
betrachten, deren Zweck die Herstellung von bestimmten Invarianzen ist, um vergleichend unbekannte Eigenschaften in
ihrer qualitativen und quantitativen Ausgeprägtheit zu ermitteln.
Die Beziehung zwischen Arbeitsresultaten und der angrenzen-
den Natur ist eine objektive Wechselwirkung. Die durch diese

Wechselwirkung bedingte Existenzweise der Natur als in gewissen Ausschnitten bekannte Natur hat somit Bedeutungscharakter. Da sie nicht unmittelbar Produkt menschlicher Arbeit, sondern abhängig ist von den Zwecksetzungen der Gebrauchswert-Vergegenständlichungen, spricht Holzkamp hier von mittelbaren Gegenstandsbedeutungen.
Die Arbeitsprodukte stehen aber nicht nur mit natürlichen Beschaffenheiten in Wechselwirkung. Sie beziehen sich auch als Gegenstände aufeinander. Verschiedene Werkzeugtypen verweisen aufeinander als Spezialisierungen bestimmte Materialien (Holz, Eisen, Stein etc.), als Differenzierungen bestimmter Gebrauchsarten (Säge, Feile etc.). Werkzeuge sind aber nur ein Teil der menschlichen Gebrauchswert-Vergegenständlichungen. Die verschiedensten Gegenstände menschlicher Arbeit stehen untereinander in Beziehung als Gegenstände des "persönlichen Bedarfs", als Produktionsvoraussetzungen etc. und haben so den Charakter der gegenseitigen Verweisung. Gebrauchswert-Vergegenständlichungen haben Bedeutungscharakter nicht nur im Sinne einer abgeschlossenen Einheit, sondern auch in Bezug auf ihre im Rahmen vergegenständlichter Zwecksetzungen existierenden Beziehungen zueinander. Man könnte den Bedeutungscharakter im zweiten Sinne als Verweisungsbedeutung charakterisieren. Auf der Ebene des Sprachlich-Symbolischen stellen sie sich dar in den verschiedensten Begriffs-Hierarchien. Werkzeug ist selbst ein allgemeiner Oberbegriff für die verschiedensten Arten wie Axt, Hammer, Säge etc., die selbst in ihrer Besonderheit durch eigenständige Begriffe repräsentiert sind.
Die Komplexität einer sich entwickelnden Produktion und Konsumtion bedeutet die Erweiterung und Differenzierung gegenständlicher Bedeutungshaftigkeit durch Vermehrung der Produkte menschlicher Arbeit, immer stärkeren Einbezug der unbearbeiteten Natur als Rohstoff und Verschränkung der Gegenstände untereinander in ihren vielfältigen Beziehungen zur gesellschaftlichen Produktion und individuellen Konsumtion. Die Gegenstandsbedeutungen verdichten sich so zu umfassenderen Bedeutungsstrukturen. "Da die verallgemeinerten Zwecke der Arbeitsprodukte nicht isoliert nebeneinander stehen, son-

dern durch die Erfordernisse der Produktion aufeinander be-
zogen sind, verdichten sich die Gegenstandsbedeutungen zu
immer umfassenderen und differenzierteren Bedeutungsstrukturen, in denen die einzelnen Gegenstandsbedeutungen aufeinander verweisen...In diese Bedeutungsstrukturen werden im
wachsenden Maße die noch nicht oder nicht bearbeiteten Welttatbestände einbezogen" (Holzkamp, 1973, S. 127). Die Bedeutungsstrukturen haben objektiven Charakter und stellen
somit ein wesentliches Charakteristikum der objektiven Außenwelt als Vergegenständlichung menschlicher Arbeitstätigkeit
dar; diese müssen modal, im gesellschaftlichen Durchschnitt
gesehen, adäquat erfaßt werden, als Voraussetzung für die
Aufrechterhaltung gesellschaftlicher Produktion. "Die Herausbildung der Erfassung von Bedeutungsstrukturen als synthetisches Prinzip der Orientierung, also volle Ausprägung der
Wahrnehmungsfunktion, ist ein Moment der Herausbildung gegenständlicher Arbeit als synthetisches Prinzip gesellschaftlicher Lebenserhaltung" (Holzkamp, 1973, S. 128).
Somit ist die Entfaltung sachlicher Gegenstandsbedeutungen
als resultativer Ausdruck menschlicher Gesellschaftlichkeit
im allgemeinen abgeschlossen. Sie existieren einmal auf der
"Objektseite" als objektive Außenwelt, verschieden von der
tierischen Umwelt durch die Existenz von Gegenständen als
Produkten menschlicher Arbeit und zum anderen auf der "Subjektseite" als über die Aneignung vermittelte mehr oder weniger adäquate Erkenntnis dieser gegenständlichen Außenwelt.

2. Existenz und Erkenntnisweise personaler Bedeutungsmomente.

Eine richtige Kennzeichnung der objektiven gegenständlichen
Außenwelt, wie sie durch und für den Menschen im Sinne von
bedeutungsvollen Gegenständlichkeiten existiert, ist somit
durch die Entfaltung sachlicher Gegenstandsbedeutungen nur
zum Teil erfaßt. Der Arbeitsprozeß ist aber immer zugleich
sowohl eine Auseinandersetzung des Menschen mit der Natur
als auch eine jeweils historisch bestimmte Art und Weise der

Zusammenarbeit mit anderen Menschen. Inwieweit kann man nun
davon sprechen, daß in diesem Zusammenhang den Menschen "Bedeutungen" zukommen ? Kann man ebenso wie bei den Bedeutungen der Arbeitsprodukte, die ihnen objektiv zukommen, in diesem Sinne von personalen Bedeutungen sprechen ?
Dreh- und Angelpunkt für die Beantwortung dieser Fragen ist
der marxistische Arbeitsbegriff, was sich schon bei der Vergegenständlichung menschlicher Zwecksetzungen in den damit
bedeutungsvollen Arbeitsprodukten gezeigt hat. Das Resultat
gesellschaftlicher Arbeit hat nämlich noch eine zweite Seite,
es ist gleichzeitig Aneignung, Verinnerlichung und somit Entstehung und Entfaltung menschlicher Wesenskräfte. "Indem der
Mensch auf die Natur außer ihm wirkt und sie verändert, verändert er zugleich auch seine eigene Natur" (Marx). Bisher
wurde der Aneignungsprozeß hinsichtlich seines Ablaufs, als
praktische oder geistige, sowie seines Resultats, als adäquate Erkenntnis über die Zwecksetzung von Gebrauchswert-Vergegenständlichungen beschrieben, einbezogen die sachlichen Gegenstandsbedeutungen in ihrer gegenseitigen Verweisung aufeinander in ihrer Kennzeichnung als Bedeutungsstrukturen.
Aus dem obigen Zitat von Marx ergibt sich aber noch ein anderes Resultat: die Existenzweise der gesellschaftlichen Natur
des Menschen. "Diese Aneignung ist zuerst bedingt durch den
anzueignenden Gegenstand - die zu einer Totalität entwickelten und nur innerhalb eines universellen Verkehrs existierenden Produktivkräfte. Diese Aneignung muß also schon von dieser Seite her einer den Produktivkräften und dem Verkehr entsprechenden universellen Charakter haben. Die Aneignung dieser
Kräfte ist selbst weiter nichts als die Entwicklung der den
materiellen Produktionsinstrumenten entsprechenden individuellen Fähigkeiten. Die Aneignung einer Totalität von Produktionsinstrumenten ist schon deshalb die Entwicklung einer Totalität von Fähigkeiten in den Individuen selbst" (Marx und
Engels, MEW 3, S. 67 f; Hervorhebung d.A.). Die gesellschaftliche Natur des Menschen ist bestimmt durch die Spezifik der
anzueignenden Arbeitsprodukte als Verkörperung gesellschaftlicher Verhältnisse. Somit ist der Mensch schon jeweils als
einzelner und nicht erst in einer "Gruppe" oder durch ähnliche

Beziehungen ein gesellschaftliches Wesen. Das Resultat der
Aneignung im zweiten Sinne ist somit ein spezifisches psychisches Produkt, die Eigenschaften des Menschen. Es ist die
geronnene Struktur der vergegenständlichten Arbeitsprodukte
in der Natur des Menschen, die sich in "funktionalen Organen" niederschlagen. Dies ist gmeint, wenn man von den natürlichen Eigenschaften des Menschen spricht.
"Die komplizierten psychischen Eigenschaften des Menschen
bilden zwei Hauptgruppen: die Charaktereigenschaften und die
Fähigkeiten. Die erste hängt mit der Antriebs- oder Motiva-
tionsseite der psychischen Verhaltensregulation zusammen,
die zweite mit dem Ausführungsaspekt der Regulation" (Rubinstein, 1973, S. 263).

- Fähigkeiten und Fertigkeiten sind sowohl Resultat als auch
  Voraussetzung gebrauchswertschaffender Produktion. "Als
  zeitlich vorhandene ungegenständliche (und darum auch noch
  nicht vergegenständlichte) Arbeit kann diese nur vorhanden
  sein, als Vermögen, Möglichkeit, Fähigkeit, als Arbeitsvermögen des lebendigen Subjekts" (Marx, Grundrisse, S. 942).
  Schon in der einfachsten Werkzeugherstellung ergibt sich
  die Notwendigkeit,den den jeweiligen Gebrauchsgegenständen
  eigenen Tätigkeitsmerkmalen zu genügen und somit gemäß der
  Spezialisierung und Differenzierung der Produktion eine
  konsistente Herausbildung überdauernder Tätigkeitsdispositionen zu erlangen. Diese jeweilig dem Stand der kooperativ-
  arbeitsteiligen Struktur der Komplexität der Produktivkräfte entsprechenden angeeigneten Fähigkeiten sind gleichzeitig die Voraussetzung für die Erreichung immer entwickel-
  terer Stadien der Weltveränderung durch vergegenständlichende Arbeit. "Unter Fähigkeit im eigentlichen Sinne des
  Wortes verstehen wir ein kompliziertes Gebilde, einen Komplex psychischer Eigenschaften, die den Menschen zu einer
  bestimmten, historisch entstandenen Art einer gesellschaftlich nützlichen Tätigkeit geeignet machen. Jede spezielle
  Fähigkeit ist eine Fähigkeit zu etwas. Eine Fähigkeit in
  diesem speziellen Sinn darf nicht ohne Bezug zur gesellschaftlichen Organisation der Arbeit und zu dem ihr entsprechenden Bildungssystem bestimmt werden. Die Frage nach

den Fähigkeiten eines Menschen ist untrennbar mit der Frage nach seiner Rolle und seiner Stellung im gesellschaftlichen Leben verknüpft" (Rubinstein, 1973, S. 264; Hervorhebung d.A.). Den Stellenwert der Entwicklung der Fähigkeiten durch Aneignung der Wesenskräfte für den Menschen
betont Sève dadurch, daß er den "Fähigkeits-Begriff" als
Grundbegriff einer Theorie der Persönlichkeit verstanden
wissen will. "Wenn gilt: 'Die wichtigste progressive Funktion der Gesellschaft ist die Akkumulation' (Engels), die
Entwicklung der Produktivkräfte, dann ist in derselben
Weise - nicht im Sinne eines bloßen Vergleichs, sondern
durch ein Juxtastrukturverhältnis - die wichtigste progressive Funktion der Persönlichkeit die Entwicklung der Fähigkeiten" (1972, S. 319).

- Aber nicht nur die Fähigkeiten, wie sie oben im Zitat von
  Marx als Produkt der Aneignung beschrieben sind, sondern
  auch die Bedürfnisse als spezifisch menschliche Ausprägungs-
  form von Antrieben sind Teilmoment der sich entfaltenden
  Gesellschaftlichkeit des Menschen. Auch sie entstehen über
  die Aneignung der Resultate des Arbeitsprozesses. "Im Vergleich zum primär-organischen Bedürfnis zeichnet sich das
  entwickelte menschliche Bedürfnis nicht einfach durch eine
  an zweiter Stelle kommende Sozialisierung aus, sondern
  durch eine allgemeine Umstülpung seiner ersten Merkmale,
  durch eine Wesensumkehrung. Die gesellschaftliche Menschwerdung äußert sich nicht durch bloße Verbesserungen oder
  Zusätze an einem wesentlich unveränderten Bedürfnismodell,
  sondern durch die Produktion einer radikal neuen Motiva-
  tionsstruktur....Das Wichtigste ist, daß das elementar-
  organische Bedürfnis nötigend, innerlich und homöostatisch,
  das entwickelte menschliche Bedürfnis dagegen mehr oder
  minder weitgehend ausgezeichnet ist durch seinen Toleranz-
  bereich selbst gegenüber fortgesetzter Nichtbefriedigung,
  seine Mittelpunktverschiebung und seine erweiterte Reproduktion ohne innere Schranken" (Sève, 1972, S. 323 f).
  Die Bedürfnisstruktur des Menschen unterliegt dabei einem
  Doppelcharakter, der bedingt ist dadurch, daß die individuelle Lebenserhaltung vermittelt ist über die gesell-

schaftliche Lebenserhaltung, was bedeutet, daß seine Bedürfnisstruktur auf produktive Weltveränderung und zugleich
auch auf personale Selbsterhaltung gerichtet ist. "Die dy-
namische, zur Tätigkeit treibende Eigenart der Bedürfnisse
ergibt sich aus dem Widerspruch pathisch erlebter Not und
dem Erlebnis der Notwendigkeit, der Antizipation von zu
erreichenden Lebenssituationen, in denen die Not gewendet
sein wird. Damit sind die menschlichen Bedürfnisse in den
Prozeß der Kumulation gesellschaftlicher Erfahrung einbezogen, der die Entwicklung der vergegenständlichten gesellschaftlichen Arbeit und der mit dieser korrespondierenden menschlichen Fähigkeiten charakterisiert" (Holzkamp,
1973, S. 139). Dieses Verhältnis drückt Marx in den "Grundrissen" folgendermaßen aus: "Der Reichtum besteht stofflich betrachtet nur in der Mannigfaltigkeit der Bedürfnisse" (S. 426). Dabei ist nicht nur die Antizipation zur Erreichung des Bedürfnisziels, der Befriedigung, gesellschaftlich vermittelt, weil sie immer in einem bestimmten Rahmen der gesellschaftlichen Lebenserhaltung steht, sondern
auch das Erleben der Not, der Mangelsituation. So spricht
Marx im "Kapital" davon, daß der "Umfang der sogenannten
notwendigen Bedürfnisse selbst ein historisches Produkt"
ist und daher abhängt "größtenteils von der Kulturstufe
eines Landes" (Marx, MEW 23, S. 185). Die progressive gesellschaftliche Entwicklung und damit Entwicklung der gesellschaftlichen Bedürfnisse bedeutet gleichzeitig eine
wachsende Bedürftigkeit des Menschen. "Der reiche Mensch
ist zugleich der einer Totalität der menschlichen Lebens-
äußerung bedürftige Mensch" (Marx, Ergänzungsband I,
S. 544).

Zusammenfassend können wir also feststellen, daß die Herausbildung und Differenzierung der Ergebnisse vergegenständlichender Arbeit, der menschlichen Fähigkeiten und der menschlichen Bedürfnisse, verschiedene, sich wechselseitig durch-
dringende Momente des einheitlich gesellschaftlich-historischen Entwicklungsprozesses sind. Das Zueinander gesellschaftlicher Progression im Sinne einer erweiterten Reproduktion
und der Progression gesellschaftlicher Entfaltung der Per-

sönlichkeit beschreibt Sève so: "Vom höchsten Standpunkt
aus gesehen ist die erweiterte Reproduktion der menschlichen
Tätigkeit und der menschlichen Bedürfnisse das Ergebnis des
ursprünglich-bedeutsamen Sachverhalts, daß das wirkliche
menschliche Wesen nicht inneres biologisches an erblich-
psychischen Zügen, also von Anfang an in psychologischer
Form und mit dem Maß der Individualität gegeben, sondern
äußeres gesellschaftliches, zu unbegrenztem historischem
Wachstum fähiges immer mehr über die unmittelbaren Aneig-
nungsmöglichkeiten des einzelnen Individuums hinausgehen-
den Erbes ist. Daraus ergibt sich, daß der Prozeß der individuellen Aneignung des menschlichen Erbes der Möglichkeit
und der Position nach..unerschöpflich ist, ja sogar umso weniger zu erschöpfen (ist), je weiter er fortgeschritten ist,
weil sein Fortschreiten insgesamt eine Vervielfachung der
Fähigkeiten und eine Vermannigfachung der Bedürfnisse bedeutet, also eine Ausdehnung der Fronten, an denen sich das
Individuum der Unermeßlichkeit des menschlichen Erbes gegen-
übersieht" (1972, S. 33o).
Unsere Ausgangsfrage war, inwiefern nicht nur den gegenständlichen Arbeitsprodukten, sondern auch den Menschen "Bedeutungen" zukommen. Die psychischen Eigenschaften, die wir beispielhaft an den Fähigkeiten und Bedürfnissen dargestellt
haben, sind Resultat des Arbeitsprozesses, als Aneignungsprodukte vergegenständlichender Tätigkeit. Ihnen kommt ebenso wie den Gebrauchswert-Vergegenständlichungen Bedeutungscharakter zu. Von personalen Bedeutungen kann man also insofern reden, als die Menschen in ihren psychischen Eigenschaften Resultate vergegenständlichender Tätigkeit verinner-
lichen. Nicht irgendwelche mysteriöse Innerlichkeit ist die
Grundlage des Menschseins. "Der Mensch ist ein arbeitendes,
sich entäußerndes Wesen. Es ist nichts 'in' ihm, was nicht
rückwirkend 'Verinnerlichung' seiner Arbeit, in der er sich
entäußert, und demnach aus der Eigenart seiner Tätigkeit
rückschließbar wäre" (Holzkamp, 1973, S. 198; Hervorhebung
d.A.). Durch Verinnerlichung der Arbeitsresultate sind somit die psychischen Eigenschaften (Fähigkeiten, Bedürfnisse etc.) die orientierungsrelevanten Aspekte personaler Be-

deutungsmomente. Um den Charakter der gegenseitigen Verweisung deutlich zu machen, spricht Holzkamp von personalen Gegenstandsbedeutungen, die er dann mit den sachlichen Gegenstandsbedeutungen zum Gesamtbegriff der "Gegenstandsbedeutungen" zusammenfaßt. Die objektive Außenwelt, wie sie als Erkenntnisgegenstand, als Objekt für den Menschen existiert, kann somit charakterisiert werden als Existenzweise bedeutungsvoller Gegenständlichkeiten, als gegenseitige Verweisung und Beziehung zwischen Sachen und Menschen. "Gegenstandsbedeutungen sachlicher und personaler Art haben den Charakter der gegenseitigen Bedeutungsverweisung von Menschen auf Sachen, von Sachen auf Menschen, von Beziehungen zwischen Menschen auf Beziehungen zwischen Sachen, von Beziehungen zwischen Sachen auf Beziehung zwischen Menschen; solche objektiven Bedeutungsstrukturen sind der allgemeinste orientierungsrelevante Aspekt der Produktivkraft-Entwicklung und der dabei zwischen Menschen eingegangenen Produktionsverhältnisse" (Holzkamp, 1973, S. 146).

Bevor wir aber an die Betrachtung der subjektiven, der ideell-reflexiven Seite in der personalen Wahrnehmung herangehen, wollen wir kurz die Art und Weise menschlicher Zusammenarbeit, der Kooperation, bestimmen. Ihr richtiges Begreifen ergibt das wesentliche Unterscheidungskriterium zwischen biologischer Kommunikation von Organismen und der Spezifik menschlicher Kommunikativ-Orientierung. Grundlage der Analyse der Kooperation ist die Art der Zielbezogenheit und die gesellschaftliche Funktionsteilung. Ausgangsvoraussetzung gesellschaftlicher Lebenserhaltung ist die Produktion von Werkzeugen. Die Kooperation ist somit auf die Herstellung und den Gebrauch von Arbeitsprodukten gerichtet. Die Art und Weise der Zusammenarbeit, die Funktionsteilung, nimmt hierbei die Form der Arbeitsteilung an. Der Prozeß der Herstellung, die gesellschaftliche Produktion, ist gekennzeichnet durch Koordination von Teilarbeiten gemäß den sachlichen Erfordernissen. Produkte aus vorhergehenden Arbeitsprozessen gehen als Rohstoffe in die weitere Produktion ein etc. Das bedeutet für die einzelnen Arbeiter das Setzen von Zwischenzielen. Sie stellen nicht das gesamte Produkt her, deshalb müssen ihre

113

Arbeitsverrichtungen mit einem gemeinsamen Plan abgestimmt
sein. Das Ausüben von Teilarbeiten bedeutet aber gleichzeitig, daß die eigene Tätigkeit den Umfang der zur individuellen Lebenserhaltung notwendigen Lebensmittel nicht selbst
produziert. Gesellschaftliche Produktion beinhaltet somit
die Notwendigkeit der Umverteilung. Die eigene produktive
Tätigkeit muß einen Beitrag zur gemeinsamen Sache leisten,
die dann in den jeweiligen Teilen den einzelnen "zusteht",
das heißt, die gesellschaftliche Nützlichkeit der eigenen
Arbeit und das Erlangen von Produkten der Arbeitstätigkeit
anderer Gesellschaftsmitglieder bedingen sich gegenseitig.
Diese Kennzeichen der kooperativ-arbeitsteiligen Produktionsweise sind allgemeine Kennzeichen, die jeder gesellschaftlichen Produktion zukommen. Was sich historisch ändert, sind
die Formen der kooperativ-arbeitsteiligen Strukturen, in die
die Gesellschaftsmitglieder verflochten sind. So ist im Kapitalismus der gemeinsame Plan nicht der Plan der Produzenten, sondern des Kapitalbesitzers; die Umverteilung setzt
sich hier hinter dem Rücken der Beteiligten durch etc. Dies
wird aber noch später ausführlich dargelegt. Hier gilt es
folgendes festzuhalten: die Menschen treten nicht zueinander
in irgendwelchen bloßen sozialen Beziehungen. In ihrer Arbeitstätigkeit treffen sie aufeinander, stehen füreinander
in einem allgemeinen gesellschaftlichen Verhältnis kooperativ-arbeitsteiliger Struktur. Sie sind vermittelt über die
Produkte ihrer gesellschaftlichen Arbeit. Zielpunkt ihrer
Beziehung ist nicht die Herstellung irgendeines sozialen Zusammenhangs, sondern die gemeinsame Sache, ein drittes, über
das sie sich in Beziehung setzen. Dies macht die Spezifik
menschlicher Kommunikativ-Orientierung aus. Die biologische
Kommunikation hat ihre Grundlage im "Bedarf nach sozialem
Kontakt". (vgl. hierzu: Holzkamp-Osterkamp, 1975). Sie
existiert in den verschiedensten nach festen Mustern organisierten Formen wie der Fortpflanzung, des gemeinsamen
Spiels, der Jungenaufzucht, verschiedensten Dominanz-Hierar-
chien etc. Diese biologisch überkommenen, organismisch und
spezifischen Informationsvermittlungen bestehen als solche auch
noch beim Menschen fort. Die Art und Weise ihrer Regelungen wird

114

aber hier durch mehr oder weniger komplexe Vermittlungsstu-
fen von der jeweiligen, einer bestimmten Produktionsweise
entsprechenden, gesellschaftlichen Arbeitsteilung bestimmt.
Vorstellungen, die die organismischen Kommunikationseigen-
arten in Form von sozialisiertem tierischem Verhalten des
Zusammenlebens auch zur Grundlage menschlicher Kommunikation
machen, verkennen die Wesensumkehrung bei der Umwandlung biologischer Lebenserhaltung in gesellschaftlich-historische
Lebenserhaltung. Nicht irgendeine soziale Bedürftigkeit
bringt die Menschen zusammen, sondern die gesellschaftliche
Produktion der gemeinsamen Lebenserhaltung, wobei natürlich
die Formen tierischen Zusammenlebens vor allem der Primaten
eine wesentliche Vorform gemeinsamer Produktion und Arbeitsteilung sind. (vgl. auch: Schurig, 1976). Die Bedingungen
individueller Lebenserhaltung, wie z.B. die verschiedenen
Familienformen, werden einbezogen in die Regelung gesellschaftlicher Produktion und Konsumtion und erhalten somit
Bedeutungscharakter. Obwohl sie nicht durch die Arbeit kon-
stituiert werden, sind sie aber durch Einbezug in die jeweilige Art und Weise gesellschaftlicher Produktion, im Rahmen
kooperativ-arbeitsteiliger Funktionszusammenhänge, bedeutungsvoll.
Im Rahmen der interpersonalen Wahrnehmung haben wir jetzt die.
"gegenständliche Seite" dargestellt. Was noch fehlt, ist die
"subjektive, die ideell-reflexive Seite". Die sinnliche Erkenntnis sachlicher Gegenstandsbedeutungen wurde als Aneignung, als Tätigwerden des Subjekts gegenüber dem Objekt beschrieben, in deren Verlauf die gegenständliche Zwecksetzung
erfaßt wird. Die Aneignung der Bedeutung führt dann zum Resultat der Wahrnehmungsfunktion, des immer Wiedererkennens
des Gegenstandes im Sinne der Einheit von Bedeutung und figural-qualitativen Merkmalen ,auf der Ebene des Sprachlich-
Symbolischen durch den Begriff hindurch. Wie stellt sich nun
der Aneignungsprozeß von personalen Bedeutungen dar ? Für
den Wahrnehmenden kann der andere Mensch in seinen Fähigkeiten und Bedürfnissen nur über die Tätigkeit erkannt werden,
die dieser ausführt, d.h., die jeweiligen Tätigkeitsformen
werden zum Gegenstand sinnlicher Erkenntnis. Voraussetzung

115

für die Erkenntnis der Tätigkeit eines Menschen in der Herstellung und im Gebrauch der Arbeitsprodukte ist dabei, daß er die Zwecksetzung des Gegenstandes erfaßt hat. "Die angemessene Wahrnehmung von Bedeutungsmomenten der Tätigkeit der Axtherstellung oder des Axtgebrauchs setzt die angemessene Wahrnehmung der Gegenstandsbedeutung eines Dinges als 'Axt' voraus" (Holzkamp, 1973, S. 141). Dies gilt sowohl für den Wahrgenommenen als auch für den wahrnehmenden Menschen. In den personalen Gegenstandsbedeutungen ist dabei sinnlich erfahrbar gegeben, daß die andere Person in ihren auf Herstellung und Gebrauch von Arbeitsprodukten bezogene Tätigkeiten und Tätigkeitsdispositionen durch die in den Arbeitsprodukten gemäß den Notwendigkeiten gesellschaftlicher Lebenserhaltung vergegenständlichten oder zu vergegenständlichenden allgemeinen Zwecksetzungen bestimmt ist. Es zeigt sich also, daß sachliche und personale Gegenstandsbedeutungen von Anbeginn an den Charakter der gegenseitigen Verweisung aufeinander haben. Nur wenn diese Verweisung aufeinander, die Wechselwirkung zwischen personalen und sachlichen Gegenstandsbedeutungen betrachtet wird, ergibt sich ein richtiges Verständnis der Herausbildung sinnlicher Erkenntnis über andere Personen im Rahmen des kooperativ-arbeitsteiligen gesellschaftlichen Produktions- und Reproduktionsprozesses. Das im Aneignungsprozeß sich herausbildende differenzierte Erfassen der sachlichen Gegenstandsbedeutungen schließt von allem Anfang an die Wahrnehmung von Tätigkeitsmerkmalen der eigenen als auch der fremden Personen ein. Wurde eingangs der Prozeß der Herausbildung sinnlicher Erkenntnis als Aneignung anhand des tätigen Umgangs mit den Gegenständen menschlicher Arbeit beschrieben, so können wir jetzt als das Resultat dieses Aneignungsprozesses die Wahrnehmung sachlicher als auch personaler Gegenstandsbedeutungen betrachten. Sie sind zwei Seiten eines Prozesses. Der praktische Umgang mit den Gegenständen führt so einerseits zur Erfassung der jeweiligen Zwecksetzung, also der sachlichen Gegenstandsbedeutung, als auch zur Erfassung der jeweiligen Tätigkeit gemäß dieser Zwecksetzung im Gebrauch und der Herstellung der Gebrauchsgegenstände, also der personalen Gegenstandsbedeutung. Die über

den Weg dieses Aneignungsprozesses - wir erinnern daran,
daß die Aneignung auch verkürzt als "innere" Tätigkeit ablaufen kann - erfolgte Herausbildung sinnlicher Erkenntnisse personaler Gegenstandsbedeutungen sind immer wieder ak-
tualisierbar, was besonders im Zusammenhang mit der Existenz
entsprechender Begrifflichkeit die Aktualisierung entsprechender Tätigkeitsdispositionen, also von Tätigkeitsmerkmalen im nicht nur aktuellen Umgang mit den Gegenständen bedeutet. Die Herausbildung der Wahrnehmung personaler Gegenstandsbedeutungen, die exemplarisch anhand menschlicher Tätigkeitsformen, die die davon abgeleiteten menschlichen Eigenschaften (Fähigkeiten, Fertigkeiten, Bedürfnisse etc.)
einschließen, dargestellt wurde, bedeutet somit, daß im An-
eignungsvollzug die biologisch-organismisch überkommenen
Weisen der Kommunikativ-Orientierung allmählich überformt
werden von der durch Sachnotwendigkeiten vermittelten Erfassung personaler Bedeutungsmomente, womit schrittweise das
Niveau interpersonaler Wahrnehmung als orientierungsrelevanter Aspekt der gesellschaftlichen Kooperation erreicht wird.
Interpersonale Wahrnehmung, also das im gesellschaftlichen
Durchschnitt notwendige adäquate Erfassen von personalen Gegenstandsbedeutungen, ist dabei in der gleichen Weise als
notwendig funktional für die Aufrechterhaltung gesellschaftlichen Lebens zu betrachten wie das mehr oder weniger adäquate Erfassen gegenständlicher Bedeutungsstrukturen.
Personenwahrnehmung, daß muß noch einmal hervorgehoben werden, wird von allem Anfang an mißverstanden, wenn sie für
sich, losgelöst von ihrer Beziehung zu den Gebrauchsgegenständen, als Vergegenständlichung menschlicher Potenzen,
betrachtet wird und dabei angenommen wird, daß an der "Oberfläche" der Personen, z.B. ihrem Gesichtsausdruck, irgendwelche inneren Momente des Menschen sich verdeutlichen.
(vgl. dazu: Hochberg, 1977). Die bürgerlichen Wahrnehmungs-
konzeptionen, die getrennt voneinander Personen- und Ding-
wahrnehmung als zwei verschiedenartige Klassen von Reizen
untersuchen, können den qualitativen Sprung, die Besonderheit interpersonaler Wahrnehmung als spezifisch menschliche
Art der Kommunikativ-Orientierung im Rahmen kooperativ-ar-

117

beitsteiliger Produktion nicht erfassen. "Das Problem der
interpersonalen Verständigung zwischen Menschen, des 'Aus-
druckverstehens' etc. ist also...falsch angegangen, wenn
man meint,...seine in ihm steckenden 'Gefühle', 'Eigenschaften' oder ähnliches treten an seiner Körperoberfläche für
andere erfahrbar zutage....Die gesellschaftliche Wirklichkeit, die im individualgeschichtlichen Prozeß angeeignet
wird, das 'dritte', über das die Menschen miteinander verbunden sind, ist die Grundlage dafür, daß sie sich soweit
untereinander 'kennen', um sich unter gewissen Bedingungen
'erkennen' zu können. Der andere Mensch erscheint in der
Wahrnehmung als Wesen, das durch seine bewußte zweckgerich-
tete Tätigkeit über den Aneignungsprozeß (in gewissem Maße)
an der gleichen historisch gewordenen menschlichen Welt teil-
hat, wie der Wahrnehmende und dessen subjektives 'Bei-sich-
Sein' mithin nicht prinzipiell anders geartet ist als das
eigene. Nur weil ich mich auf diesem Wege bis zu einem bestimmten Grade in dem anderen 'wiedererkenne', ist spezifisch menschliche Kommunikativ-Orientierung überhaupt möglich, in der im Bedeutungssystem des selbstverständlich Bekannten neue Bedeutungsmomente in ihrer Eigenart bestimmbar
sind" (Holzkamp, 1973, S. 198).

3. Kritik der bürgerlichen Wahrnehmungspsychologie.

Nachdem wir das Bedeutungskonzept vervollständigt haben,
gilt es, sich noch einmal zu erinnern, daß Bedeutungen den
Welttatbeständen objektiv zukommen, da sie durch gesellschaftliche Arbeit vergegenständlichte Zwecksetzungen sind.
Dieser Besonderheit der menschlichen Welt gegenüber der
tierischen Umwelt entspricht auch die Besonderheit der
menschlichen Wahrnehmung gegenüber der tierischen Perzeption. Die spezifisch menschliche Leistung der Erfassung der
Welttatbestände besteht in der Fähigkeit, Bedeutungen wahrnehmen zu können, während die Leistung der Tiere selbst auf
der ausgeprägtesten und höchsten Stufe auf dem Niveau figural-qualitativer Perzeption, d.h., der Erfassung lediglich

der formalen Seite der Gegenstände stehen bleibt. Betrachten wir nun in kurzen Umrissen, wie die bürgerliche Wahrnehmungspsychologie den hier aufgewiesenen Zusammenhang (also die menschliche Wahrnehmung) begreift.
Eine Richtung der bürgerlichen Wahrnehmungsforschung läuft darauf hinaus, daß das menschliche Spezifitätsniveau der Orientierung, die Wahrnehmung als sinnliche Erkenntnis, überhaupt vollkommen unberücksichtigt bleibt. So untersucht z.B. Hochberg in "Einführung in die Psychologie" die Wahrnehmung unter folgenden Gesichtspunkten: Als erstes befaßt er sich mit der "Wahrnehmung elementarer physikalischer Ereignisse" (1977, Inhaltsverzeichnis). Seine Analyse bezieht sich dabei auf die Struktur der Sinnesorgane als Rezeption spezifischer Einzelreize, also auf die Frage, wie das Auge bestimmte Lichtenergien erfaßt, das Ohr mechanische Schwingungen usw. Er kommt dann zur Kennzeichnung der Wahrnehmung als "Wahrnehmung von Objekten als Empfindungsstrukturen" (ebenda). Wahrnehmung existiert hier als Perzeption figural-qualitativer Gliederung der Außenwelt, d.h., der Mensch nimmt nicht etwa Farbtöne, Helligkeiten Geräusche für sich losgelöst und voneinander getrennt wahr (physikalischer Elementarismus), sondern gegenständliche Gegliederheiten, also Häuser, Bäume, Flugzeuge etc. in ihrer Form und Qualität. Diese Gestalten sind Produkte der Ordnungsleistungen der Wahrnehmung, die auch als "Variablen höherer Ordnung" (ebenda) gefaßt werden. Hochbergs Charakterisierung der Wahrnehmung endet auf der Stufe, die sich bei uns als das Produkt naturgeschichtlicher Entwicklung erwiesen hat: auf der Ebene figural-qualitativer Perzeption. In seiner "Einführung" finden sich keinerlei Hinweise auf die davon qualitativ sich abhebende Wahrnehmung von Bedeutungen. Er steht damit stellvertretend für diejenige bürgerliche Wahrnehmungspsychologie, in der die menschliche Welt sich nur darstellt als Ansammlung von "Reizmustern", "Reizkonfigurationen", "Reizstrukturen", "Qualitäten" und "Gestalten", als sozusagen formale Struktur, weil die gesellschaftliche Arbeit als der Prozeß . der Vermittlung zwischen Mensch und Natur, in der der Mensch durch eben diese Arbeit die Umwelt verändert, ihr

Inhalt, Bedeutungen verleiht, nicht gesehen wird. Wo die
Welt des Menschen nicht als durch die Praxis gestaltete
begriffen werden kann, sondern auf eine "physikalische...
Welt" (ebenda, S. 2), auf "physikalische Situationen"
(ebenda), ja sogar andere Menschen auf "soziale Reize"
(ebenda, S. 135), auf "soziale Reizgegebenheiten" reduziert werden, da muß auch die Wahrnehmung als nur organismische Orientierung, als auf organismisch-biologischen
Spezifitäts-Niveau erklärt erscheinen. Der Mensch ist in
dieser Konzeption ein <u>ahistorisches Naturwesen</u>. Es ist
demnach dieser organismischen Antrophologie gemäß, "daß
die Beziehung zwischen Individuum und Gesellschaft dargestellt wird als eine Beziehung zwischen Organismus und Umwelt. Dabei wird angenommen, daß die gesellschaftlichen Beziehungen und Verhältnisse eine Art Umwelt für den Menschen
bilden, an die er sich mit Hilfe seines Verhaltens (z.B.
seiner Wahrnehmung) anpassen muß. Nicht selten werden die
gesellschaftlichen Bedingungen dabei als etwas das Individuum Bedrohendes angesehen....(Die bürgerliche Wahrnehmungspsychologie) scheut sich in (ihrer) Auffassung des Verhältnisses von Individuum und Gesellschaft nicht, die platte-
sten Analogien des Lebens der Tiere in ihrer natürlichen
Umgebung auf das gesellschaftliche Leben der Menschen zu
übertragen, wenn z.B. Überlegungen angestellt werden, wie
sich 'der Organismus' in der 'Umwelt' verhält und warum er
sich so verhält." (Stadler u.a., 1975, S. 232). Dies demon-
striert Hochbergs sehr augenfällig an folgendem Beispiel:
"Sowohl die Tiere als auch der Mensch arbeiten aber auch,
nur um zur Belohnung gewisse Reize sehen (hören oder be-
rühren) zu können. Der männliche siamesische Kampffisch,
der jedes Männchen angreift, das in sein Terrain eindringt,
kann so konditioniert werden, daß er z.B. durch einen Ring
schwimmt, um dafür die Attrappe eines anderen Männchens
sehen zu dürfen. Beim Menschen reicht die Liste der Reize,
die wahrzunehmen eine Belohnung darstellt, von Sinfonien
Mozarts bis Miss America, von Picassos Bildern bis zu Schla-
gern" (Hochberg, 1977, S. 148).
Eine andere Richtung der bürgerlichen Wahrnehmungspsycholo-

gie versucht, Bedeutungen zu berücksichtigen. Allerdings
geschieht dies unter Beibehaltung der Vorstellung von einer
Umwelt, die "nicht im Geschichtsprozeß gewordene und der
Möglichkeit nach vernünftig gestaltete Welt, sondern...na-
turhaft vorgegeben, vom Subjekt unveränderbar und vernünf-
tiger Beeinflussung nicht zugänglich (ist)" (Holzkamp, 1972,
S. 58). Da die Welt deshalb lediglich aus Reizen besteht,
muß sie "verarbeitet" werden. So heißt es z.B. in einem
von Oerter verfaßten Lehrbuch für Grundstudium und Sekun-
darstufe II "Man kann das Verarbeiten von Reizen auch als
Bedeutungsverleihung verstehen" (1974, S. 29 f, Hervorhebung d.A.). "Erkennen heißt zunächst, den auf den Organismus
auftreffenden physikalischen Reizen eine Bedeutung geben".
Das liegt an unserem Bedürfnis (!) "nach Ordnung und Sinngebung" (ebenda, S. 6o, Hervorhebung d.A.). "Je weniger es
uns gelingt, Reizeindrücke mit klaren Bedeutungen zu verbinden, desto unbefriedigender ist die Situation, desto
größer die Unsicherheit. Die gesamte geistige Aktivität des
Menschen kann daher als Bemühung verstanden werden, die Unsicherheit, die in Reizeindrücken steckt, zu verringern.
Anfangs stammt die Reizinformation von Objekten oder Situationen aus der Umwelt, später steckt die Information in den
Bedeutungen, die die Reize oder Reizmuster zusätzlich zuge-
wiesen bekamen, wie z.B. in Schrift- oder Lautzeichen" (ebenda, S. 19, Hervorhebung d.A.). Wir erinnern hier an Whorfs
Theorie, die viele Übereinstimmungen aufweist.
Eine ähnliche Konzeption liegt z.B. auch bei Carr (1925,
1935) vor, der den Wahrnehmungsprozeß in zwei Stufen aufteilt: a) der Aufmerksamkeitsphase, die sich auszeichnet
durch Selektivität, durch Ausrichtung auf die wesentlichen
Informationen, die den Sinnesorganen zugänglich sind und
b) in eine Phase, in der den Sinnesdaten erst Bedeutung gegeben wird, in der höhere kortikale Prozesse diese mit Erfahrungen verbinden. Wie unterschiedlich nun auch die einzelnen Konzeptionen hinsichtlich ihrer theoretischen Aussagen sind, in welcher Weise die Bedeutungen mit den physika-

lischen Daten verbunden werden, ob durch Sprache oder Erfahrung, so haben sie den einen wesentlichen Gesichtspunkt
gemeinsam, der in unserem Zusammenhang auch von hauptsäch-
lichem Interesse ist: Bedeutungen werden nicht als durch
menschliche Arbeit produzierte, objektive, sondern in der
Erkenntnis den Dingen beigelegte, also subjektive begriffen. Wenn das Subjekt demnach Bedeutungen in der Wahrnehmung produzieren würde, also durch seine Erkenntnistätigkeit sozusagen Bedeutungen auf den Reiz nach "draußen" hin-
ausverlegte, dann hieße dies aber auch zugleich, daß der
Wahrnehmung keinerlei Erkenntnisgehalt mehr zukommen könnte, denn das Subjekt würde sich ja in den Bedeutungen immer
nur selbst wiedererkennen. Konsequenterweise sind auch Krech,
Crutchfield und Ballay, 1962 das Problem der "sozialen Wahrnehmung" wie folgt angegangen "Der Mensch konstruiert seine
kognitive Welt" (1962, S. 17). "Jeder Wahrnehmende ist deshalb bis zu einem gewissen Grade ein abstraktiver Künstler,
der ein Bild von der Welt malt, das seine individuelle Sichtweise ausdrückt" (ebenda, S. 2o). Wo "Raum und Zeit...nicht
unabhängig von den Bemühungen des Menschen, die Erscheinungen der Welt zu deuten und zu erklären,(existieren)" (Oerter,
1974, S. 99), da wird der Widerspiegelungscharakter der Wahrnehmung, ihre Fähigkeit, unmittelbarer Erfahrung über die objektive Realität zu bilden, in agnostizistisch-subjektivisti-
scher Weise verfehlt.
Dieser Agnostizismus, die fehlende Rückbeziehung des "Erkannten" zu der Struktur der objektiven Welt, beschränkt sich
aber keineswegs nur auf die Untersuchung der Wahrnehmung in
der bürgerlichen Psychologie, sondern kennzeichnet auch ihre
Untersuchungen des menschlichen Denkens (siehe Gestaltspsy-
chologen an späterer Stelle). Er ist letztendlich Kennzeichen
der Hauptrichtung bürgerlicher Erkenntnistheorien, v.a. des
"kritischen Rationalismus" von Popper und seinen Schülern.
In Umsetzung und Anwendung der Ideen Karl Poppers beseitigt
z.B. Hans Albert die Frage nach den Quellen der Erkenntnis,
indem er behauptet, eine positive Begründung der Erkenntnis
sei nicht möglich. Es gebe grundsätzlich verschiedene Mög-

lichkeiten, die Frage nach dem Zweck wissenschaftlicher
Theorien zu entscheiden. "Diese Entscheidung ist ebenso
wie die anderen Entscheidungen (z.B. über den Objekt-Be-
reich), die die Grundlage einer Wissenschaft bilden, kein
Erkenntnisproblem, keine Frage der 'Wahrheit', aber von
ihr hängt es unter Umständen selbst ab, was wir unter
'Wahrheit' verstehen wollen. Die Festsetzung eines 'Wahr-
heitskriteriums' ist ebenso eine Frage der Willensentschei-
dung wie die Definition der Wissenschaft" (Albert, 1968,
S. 126). Dabei definiert er Wissenschaft wie folgt "Man
kann die Wissenschaft als 'Sprachspiele' ansehen, die wir
konstruieren, um uns in der Wirklichkeit besser zurecht-
zufinden, als wir es aufgrund unserer Alltagserfahrungen
zu tun vermögen - Sprachspiele also, die der Weltorientie-
rung dienen" (ebenda). Für diese subjektivistische Konstruktion des Gegenstandes der Erkenntnis trifft die Kritik von Marx und Lenin den Kern "Wie das absolute Denken
sich selbst als für alle Realität gilt, so die kritische
Kritik. Sie erblickt daher außer sich keinen Inhalt, sie
ist daher nicht die Kritik wirklicher, außer dem kritischen
Subjekt hausender Gegenstände, sie macht vielmehr den Gegenstand, sie ist absolutes Subjekt-Objekt" (Marx/Engels,
MEW 2, S. 168). "Im Harlekins Gewand aus Fetzen einer bun-
ten, schreienden, 'neuesten' Terminologie steht vor uns der
subjektive Idealist, für den die Außenwelt, die Natur, ihre
Gesetze nur Symbole unserer Erkenntnis sind. Der Fluß des
Gegebenen entbehrt der Vernunft, der Ordnung, der Gesetzmäßigkeit: unsere Erkenntnis bringt Vernunft hinein. Die
Himmelskörper, einschließlich der Erde, sind Symbole der
menschlichen Erkenntnis. Wenn die Naturwissenschaft lehrt,
daß die Erde schon lange existierte, bevor die Entstehung
des Menschen und der organischen Materie möglich war, so
haben wir das alles umgestaltet! Wir sind es, die in die
Planetenbewegung Ordnung hineinbringen, es ist dies ein Produkt unserer Erkenntnis!" (Lenin, LW 14, S. 163).

D Zur Ontogenese von Wahrnehmung und Denken

In der bisherigen allgemein-gesellschaftlichen Analyse
ist die Wahrnehmung als eine Funktion beschrieben worden,
wie sie dem gesellschaftlichen Menschen als einem Erwachsenen zukommt. Die Existensweise der Individuuen unterscheidet sich aber von der Gesellschaft insofern, als sie
eine durch Geburt und Tod begrenzte zeitliche Phase ist,
in deren Verlauf sich das konkrete Individuum die ihm in
der Gesellschaft gegenüberstehenden und schon vorhandenen
Erkenntnismöglichkeiten aneignet. Das Individuum steht
nicht, wie abstrahierend in der gesellschaftlich-historischen Analyse angenommen, irgendwann im Laufe seines Lebens
einer Welt gegenüber, zu deren Erfassung es einer bestimmten
Erkenntnisfunktion bedarf, die er dann erwerben muß. Vielmehr konzentriert sich der Übergang von der organismischen
Orientierung zur gesellschaftlichen Erkenntnistätigkeit in
wesentlichen Punkten bzw. in grundlegenden Funktionen auf
die Kindheit des empirischen Subjekts. Die individualgeschichtliche Entwicklung soll hier in einigen Grundrissen
skizziert werden.
Das Kind kommt als ein organismisches Wesen zur Welt,
d.h., seiner biologischen Ausstattung nach ist es in
Bezug auf die Rezeption der Umwelt nur zur adäquaten
Rezeption der figural-qualitativen Merkmale fähig. Die
biologische Charakterisierung der Wahrnehmung ist jedoch,
wie Holzkamp anhand neuerer Forschungsansätze (Maslow
1955, White 1959, Bosowitsch 1970) zeigt, dadurch gekennzeichnet, daß in ihr Voraussetzungen für eine Vergesellschaftung der Orientierungsfunktion gegeben sind. Diese
bestehen in dem z.B. von Maslow festgestellten, selbständigen
Streben nach Meisterung von Umweltgegebenheiten, nach kognitiver und motorischer Beherrschung der Umwelt und einem
intensiven Streben nach neuen Eindrücken, die nicht aus
dem Interesse nach Befriedigung der primären Bedürfnisse
- wie sexuellen und Nahrungsbedürfnissen - heraus verstanden werden können. Der Ursprung dieser manipulativ
explorativen Umwelterfassung liegt in der Entwicklungs-
reihe der Ponginen, der höchsten Tiere (vgl. Osterkamp 1975,
S. 72 ff). Wir haben in der naturgeschichtlichen Analyse

schon aufgewiesen, daß im Laufe der evolutionären Entwicklung eine immer weitergehende Verselbständigung der
Orientierungsaktivität von den primären Lebensaktivitäten
zustandekommt, weil dies die Fortpflanzungswahrscheinlichkeit der Organismen erhöht, also Selektionsvorteile bringt.
Osterkamp berichtet, daß bei dem Entzug der Möglichkeit
zu artspezifischem Verhalten, wie Neugier- und Explorationsverhalten schwere physiologische Mangelerscheinungen auftreten können (z.B. gravierende Hirnschädigungen). Andererseits zeigen aber die Untersuchungen des Ehepaars Kellog
(1933), daß die beschriebene Lernfähigkeit noch nicht die
Natur des Menschen (total) ausmachen kann, die ihn dazu
treibt, sich Gegenstandsbedeutungen anzueignen und damit
das oranismische Niveau der Orientierung zu verlassen. Das
Ehepaar zog einen Schimpansen unter den gleichen Bedingungen
auf wie ein Kind und mußte doch nach einiger Zeit feststellen,
daß nur das Kind von seinen biologischen Voraussetzungen her
Interesse zeigte, die Bedeutungen der menschlichen Welt zu
erfassen, während das Tier seiner naturhaften Existenz verhaftet blieb. Wir müssen also annehmen, daß sich in der mor-
phologischen Struktur des Menschen bestimmte Ausformungen und
Erweiterungen des tierischen Neugier- und Explorationsverhaltens niedergeschlagen haben, die selbst Produkt des Tier-
Mensch-Obergansfeldes bzw. der frühesten Stadien menschlicher
Gesellung sind.
Die Oberschreitung der oranismischen Orientierung hin zur
menschlichen Wahrnehmung erfolgt beim Kind (wie in der
gesellschaftlich-historischen Entwicklung) erst durch die
Aneignungstätigkeit,in der das tierische Lernverhalten
jetzt aufgehoben ist. "Demgemäß wäre der Aneignungsvorgang
als intrinsisch motivierte, auf die Gewinnung neuer Erfahrungen und Meisterung der Umwelt gerichtet positiv ge-
tönte Aktivität zu betrachten, die nicht durch Spannungs-
reduktion gesteuert ist, mithin auch nicht eigentlich
mit Bedürfnisbefriedigungen irgendwelcher Art abgeschlossen
wird, sondern eine lediglich durch Erholungsphasen unter-
brochene Permanenz besitzt"(Holzkamp 1973, S. 188). Beim
Kind kann sich die Aneignungstätigkeit von allem Anfang an

125

nicht ohne die Unterstützung des Erwachsenen vollziehen.
10) "Beim Gebrauch der Tasse läßt sich das Kind allerdings
nicht von deren Eigenschaften an sich, sondern von den Handlungen des Erwachsenen leiten, der das Gefäß an den Mund des
Kindes führt und allmählich neigt, der dem Kind die Tasse
schließlich selbst in die Hand gibt und dessen Bewegung aktiv
lenkt und korrigiert" (Leontjew, 1973, S. 292). Dabei darf die
unterstützende Tätigkeit des Erwachsenen, durch die die Aktivität des Kindes auf das Niveau adäquater Tätigkeit gehoben und damit die Erfassung objektiver Tatbestände gefördert wird, nicht
als ein Erziehungsfaktor begriffen werden, der quasi als selbständige Variable bzw. zusätzlich zu den zu erfassenden objektiven Bedeutungsstrukturen hinzutritt und ihre Reproduktion im
kindlichen Bewußtsein beeinflußt oder modifiziert. Die Unterstützungstätigkeit des Erwachsenen ist vielmehr selbst der
Logik des Objekts unterworfen. Sie basiert auf der bereits voll-
zogenen adäquaten Aneignung seiner Bedeutung durch den Erwachsen-
en. Da der Erwachsene und das Kind in ihren Tätigkeiten beide
determiniert sind von der Gegenstandsbedeutung als Produkt gesellschaftlicher Arbeit, kann man die zwischen ihnen auftreten-
de gesellschaftliche Beziehung auch als Kooperation bezeichnen.
Diese kooperative Struktur der individuellen Entwicklung, die
Erziehung einschließt, ist zum einen notwendiges Moment der Vorbereitung auf die menschliche Arbeit, deren Grundcharakteristika

[10] Holzkamp - Osterkamp zeigt deutlich den Unterschied der Zielrichtung des von Unterstützung begleiteten tierischen Neugier-
und Explorationsverhaltens und der Herausbildung der Aneignungstätigkeit beim Kind mit Hilfe der Unterstützungstätigkeit des
Erwachsenen. "Bei den höchstentwickelten Tieren dienen die
sozial unterstützten und ermöglichten Neugier- und Explorations-
aktivitäten mit Erprobung sozialer Verhaltensweisen etc. jenen
individuellen Lern- und Entwicklungsprozessen, durch welche ...
die biologisch notwendigen artspezifischen Verhaltensmöglich-
keiten der höchsten tierischen Formen allein erreicht werden
können. In der menschlichen Individualentwicklung, in der nicht
auf bloß biologisch, sondern auf gesellschaftlich notwendige
Aktivitäten vorbereitet wird, muß das objektive Ziel der individuellen Entwicklung in der Vorbereitung auf den durch Arbeit
zu erbringenden individuellen Beitrag zur gesellschaftlichen
Lebenssicherung der auf einer bestimmten Entwicklungsstufe
stehenden Gesellungseinheit bestehen, wobei das Spiel-Neugier-
und Explorationsverhalten hier in Aneignungsaktivitäten aufgehoben ist, in denen Gehalte der historisch bestimmten Produktionsweise dieser Gesellungseinheit individuell realisiert werden"
(Osterkamp, 1975, S. 308 f).

im Kooperationsverhältnis der Beteiligten besteht. Sie bedingt und ermöglicht zum anderen die Erfassung personaler Bedeutungen des "Anderen", des unterstützenden Erwachsenen, die sich durch dessen adäquate Tätigkeit gegenüber dem Objekt enthüllt. "Indem z.B. das Kind die besondere Weise der aktuellen väterlichen Beiträge zur Unterstützung seiner Aneignungsbemühungen wahrnehmend erfaßt, erfaßt es immer mehr auch die durchgehende Eigenart dieser Tätigkeiten als Tätigkeiten des Vaters (abgehoben etwa von den Tätigkeiten der Geschwister) "(Holzkamp, 1973, S. 197). Der kooperative Prozeß unterscheidet sich zu Beginn von dem gesellschaftlich-historischen dadurch, daß der Erwachsene einen spezifischen Vorsprung hat, also durch eine "dyadische Asymetrie". Die Förderung der individuellen Entwicklung wird mit zunehmendem Alter immer mehr vom Kind selbst bewußt übernommen, und zwar in dem Maße, in dem es begreift, daß die Teilnahme am gesellschaftlichen Leben nur über die Aneignung gesellschaftlichen Wissens möglich ist. Der Aneignungsvorgang läuft nicht nur, einmal von außen angestoßen, quasi von selbst ab, ist wie Leotjew sagt, nicht einfach "gegeben", sondern jedem "aufgegeben" (1973, S. 281). Dabei unterliegt er bestimmten Entwicklungsschritten. Er ist zu Anfang nur ein praktischer Umgang mit den zu erfassenden Objekten, weshalb auch eine enge Beziehung zwischen der Ausbildung der motorischen Fähigkeiten des Kindes und der Ausbildung der bedeutungsbezogenen Wahrnehmung existiert. Das Kind verhält sich nach seiner Geburt zunächst sprachfrei und erfaßt in diesem Zeitraum eine ganze Menge von Bedeutungen seiner Umwelt. Obwohl seine Tätigkeit von den Erwachsenen nicht nur aktiv gelenkt, sondern immer auch sprachlich begleitet ist, kann es erst nach einer bestimmten Zeit gesellschaftliche Erfahrungen auch über verbale Kommunikation aneignen. Das Kind versteht den Sinn von Wörtern erst dann, wenn es die Bedeutung eines Gegenstandes vorher praktisch angeeignet hat. Erst danach begreift es, auf welchen Inhalt eigentlich die einzelnen Symbole sich beziehen, auf was sie verweisen. Eine bestimmte Ausfaltung der Sprache ermöglicht in der Folge den Übergang zu denkenden Erkenntnis, die Voraussetzung ist für die wachsende Teilhabe an der gesellschaftlich kumulierten Erfahrung. Betrachten wir diesen Entwicklungsproze

genau, so können wir feststellen, daß er in seinen einzelnen
Etappen in etwa ein Nachvollzug der gesellschaftlich-historischen Entwicklung in der Individualgeschichte ist."In gesellschaftlich historische wie in individualgeschichtlicher Größenordnung basieren sinnliche und denkende Erkenntnis auf materi-
ell-gegenständlicher Tätigkeit" (Holzkamp,1973, S. 194).
Am Ende des kindlichen Aneignungsprozesses steht zweierlei:
Einmal die immer adäquatere und umfassendere Erkenntnis der
jeweilig spezifischen gesellschaftlich-historisch gewordenen
objektiven sachlichen und personalen Bedeutungsstrukturen
und zum anderen die über die Tätigkeit sich entwickelnde Wahrnehmung als Funktion, also in ihrer Eigenart als bedeutungsbe-
zogene menschliche Erkenntnis.

E Wahrnehmung und Denken in ihrer historischen Spezifik als Momente der Erkenntnistätigkeit von Subjekten innerhalb der bürgerlichen Gesellschaft.

Sinnliche Erkenntnis als allgemeine gesellschaftliche Bedingung von Erkenntnismöglichkeit und Erkenntnistätigkeit ist das Erfassen von objektiven Bedeutungsstrukturen. Sie sind der allgemeinste Ausdruck der durch die Menschen geschaffenen gegenständlichen Welt und ihrer Beziehungen, die sie bei der Produktion ihres Lebens eingehen. Dabei ist die praktische Tätigkeit der Vergegenständlichung, der Entäußerung nicht von der reflektiven Tätigkeit sinnlicher Erkenntnis und Denkens zu trennen. Sie sind zwei Seiten eines einheitlichen Prozesses, der menschlichen Praxis. Ein richtiges Verständnis der Erkenntnis setzt das Erfassen des Verhältnisses von Subjekt und Objekt als Praxis voraus. "In der Praxis wurde die Grundlage einer realen tätigen Mitte entdeckt, einer realen historischen Vermittlung von Geist und Materie, Kultur und Natur, Mensch und Kosmos, Theorie und Handeln, Erkenntnistheorie und Ontologie" (Kosik, 1967, S. 223). Die Realität des Menschen, sein gesellschaftlicher Charakter stellt sich in gegenständlicher Tätigkeit dar. Die Produkte, deren Beziehung untereinander die versachlichten Verhältnisse der Produzenten ausdrücken, sind selbst als von Menschen produzierte zu begreifen. "In der Produktion und Reproduktion des gesellschaftlichen Lebens, d.h. in der Gestaltung seiner selbst als eines gesellschaftlich historischen Wesens produziert der Mensch: 1. materielle Güter, eine materielle sinnliche Welt auf der Grundlage der Arbeit; 2. gesellschaftliche Beziehungen und Insititutionen, die Summe gesellschaftlicher Verhältnisse; 3. auf ihrer Grundlage Ideen, Vorstellungen, Emotionen, menschliche Eigenschaften und die dazugehörigen menschlichen Sinne. ... Das Wesen des Menschen ist die Einheit von Gegenständlichkeit und Subjektivität" (ebenda S. 121 f). Im Rahmen dieser Einheit haben wir die allgemein-gesellschaftliche Funktion und Eigenart menschlicher Erkenntnistätigkeit herausgearbeitet, also die Beziehung der Punkte 1. und 2. zu Punkt 3..

Die Wahrnehmung als menschliche Form der Orientierung in einer von ihm geschaffenen Welt ist begründet in der Aneignungstätigkeit gegenüber den vergegenständlichten Bedeutungen. Bedeutungen

verändern sich aber historisch. Sie drücken den jeweiligen
Stand der Produktivkräfte und der Produktionsverhältnisse
aus. Damit ändert sich auch die Aneignungstätigkeit und der
Inhalt sinnlicher Erkenntnis. Durch die Fassung der Wahrnehmung
als vermittelt über die jeweilige konkrete Aneignungstätigkeit
ist aber nicht nur der Inhalt sinnlicher Erkenntnis histori-
siert; es bilden sich vielmehr auch jeweilig spezifische Eigenarten der Wahrnehmung heraus. Ziel der folgenden Darstellung
ist die Herausarbeitung der Wahrnehmungstätigkeit, wie sie
durch die bürgerliche Gesellschaft geprägt ist, um somit in
einen weiteren Schritt die sinnliche Erkenntnis im Kapitalismus
in den Rahmen einer Gesamtkonzeption der durch die bürgerliche
Gesellschaft bestimmten Erkenntnistätigkeit einzuordnen.
Als ersten Schritt werden wir die gegenständliche Seite, die
Existenzweise der bürgerliche Gesellschaft in ihren allgemeinen
Struktureigentümlichkeiten herausarbeiten. Die sachlichen und
personalen Gegenstandsbedeutungen werden in ihren Besonderheiten
als Ausdruck der Bedingungen kapitalistischer Produktion und
Reproduktion bestimmt. Dabei kommt es vor allem auf zwei Aspekte an: Zum einen sollen die wesentlichen Grundgeseztmäßig-
keiten der kapitalistischen Produktionsweise zusammenfassend dar
gestellt werden, soweit sie für die spätere Abhandlung der Erkenntnisfunktion wichtig sind. Zum anderen legen wir besonderen
Wert auf die Herausarbeitung der spezifischen Verschleierungs-
formen, in denen die kapitalistischen Verhältnisse auf der
Oberfläche in Erscheinung treten; dies deshalb, weil die Wahrnehmung - wie oben schon gezeigt - als sinnliche Erkenntnis
an die sinnlich erfaßbaren Informationen über die objetiven
Bedeutungsstrukturen gebunden ist; und d.h. nichts anderes,
als daß die spezifischen Erscheinungsformen in der bürgerlichen
Gesellschaft einen wesentlichen objektiven Bezugspunkt der unmittelbaren Erfahrung darstellen (s. auch Anm.9) . Es sind also
die im obigen Zitat von Kosik genannten Punkte 1. und 2., nämlich die materielle Produktion und die Beziehungen, die die
Menschen dabei untereinander eingehen,für die bürgerliche Gesellschaft zu konkretisieren.

I. Die kapitalistische Produktionsweise. Widersprüchlichkeiten und die Existensweise gesellschaftlicher Verhältnisse in Wesens- und Erscheinungsformen als Grundeigen-
tümlichkeiten bürgerlicher Gesellschaft.

In der folgenden Darstellung geht es nicht um eine logisch-
historische Ableitung der bürgerlichen Gesellschaft im allgemeinen, genau so wenig kann es nicht darum gehen, die Bedingungen und Differenzierungen heutiger bürgerlicher Gesellschaften in ihren verschiedensten Zueinander von historischen,
empirischen etc. Existenszweisen herauszuarbeiten. Wir beziehen uns lediglich auf die Struktureigentümlichkeiten, wie
sie Marx in der "Kritik der politischen Ökonomie" entfaltet
hat und gehen davon aus, daß die allgemeinsten und relevantes-
ten Besonderheiten von Gegenstandsbedeutungen in der bürgerlichen Gesellschaft daraus abgeleitet werden können, auch wenn
einzelnen Momente durch besondere historische Existensbedin-
ungen überformt sein mögen.

1. Warenproduktion. Widerspruch zwischen Wert und Gebrauchswert und seine Verschleierung.
Eine erste Bestimmung der bürgerlichen Gesellschaft liegt
in ihrer warenproduzierenden Form. Die Produktion von Waren
und ihr Austausch über den Markt existiert auch in vorkapi-
talistischen Gesellschaftsformationen. Was die Art und Weise
der Warenproduktion als Voraussetzung kapitalistischer Produktion von diesen Vorformen unterscheidet, ist ihre volle
Entfaltung, die Einbeziehung aller Spähren gesellschaftlicher
Produktion und Reproduktion in die Regeln der Marktgesetzlich-
keit. Nicht nur materielle Produkte nehmen Warenform an, auch
die menschliche Arbeitskraft wird zur Ware und unterliegt
eigenen Marktgesetzlichkeiten, gleiches gilt für ideelle Produkte, um nur einige Beispiele zu nennen. Was bedeutet es aber,
zu unterscheiden zwischen den Produkten, den Arbeitsgegenstän-
den und -mitteln als Umkreis der materiellen Bedürfnisbefriedigung des Menschen und deren Warenform? Jede Ware hat einerseits diese Produktform, sie ist bestimmt von den jeweiligen
stofflichen Eigenschaften und Qualitäten, die ihr eigen sind
und wodurch sich die einzelnen Waren auch voneinander unterscheiden. Diese konkreten Eigenschaften äußern sich im Gebrauch

in der Konsumtion der Produkte."Die Ware ist zunächst ein
äußerer Gegenstand,ein Ding, das durch seine Eigenschaften
menschliche Bedürfnisse irgendeiner Art befriedigt. Die
Natur dieser Bedürfniss, ob sie z.B. dem Magen oder der
Phantasie entspringen, ändert nichts an der Sache. Es handelt
sich hier auch nicht darum, wie die Sache das menschliche Bedürfnis befriedigt, ob unmittelbar als Lebensmittel, d.h. als
Gegenstand des Genusses, oder auf einem Umweg als Produktionsmittel" (Marx, MEW 23, S. 49). Ist diese konkrete Unterschiedlichkeit der Waren gemeint, so spricht Marx vom Gebrauchswert.
"Die Nützlichkeit eines Dinges macht es zum Gebrauchswert".
(ebenda, S. 50) Die Existenzweise der Waren ist aber damit
nur in ihrer stofflich-körperliche Form gefaßt. Eine davon
unterschiedene Eigenart ist ihre Beziehung untereinander in
der Form des Tauschwerts. Im Austauschprozess existieren die
Waren füreinander, in dem sich bestimmte Quantitäten verschiedener Warensorten als etwas Gleiches setzen. "Eine gewisse
Ware, ein Quarter Weizen z.B. Tausch, sich mit xStiefelwichse
oder ySeide oder mit zGold usw., kurz mit anderen Waren in den
verschiedensten Proportionen". (ebenda S. 51). Aber was ist
das Gemeinsame von xStiefelwichse und ySeide? Hinter den
Tauschwerten muß also ein Drittes existieren, ein gleicher
Maßstab, auf das sie reduzierbar sind, um sich dann in ihrer
Beziehung aufeinander proportional darstellen zu können. Das
Gemeinsame der Waren ist,daßsie alle Produkte menschlicher Arbeit
sind. "Sieht man nun vom Gebrauchswert der Warenkörper ab, so
bleibt ihnen nur noch eine Eigenschaft, die von Arbeitsprodukten. Jedoch ist uns auch das Arbeitsprodukt bereits in der
Hand verwandelt. Abstrahieren wir von seinem Gebrauchswert,so
abstrahieren wir auch von den Bestandteilen und Formen, die
es zum Gebrauchswert machen. Es ist nicht länger Tisch oder
Haus oder Garn oder sonst ein nützlich Ding. <u>All seine sinnlichen Beschaffenheiten sind ausgeschlöscht.</u> Es ist auch nicht
länger Produkt der Tischlerarbeit oder der Bauarbeit oder der
Spinnarbeit oder sonst einer bestimmten produktiven Arbeit.
Mit dem nützlichen Charakter der Arbeitsprodukte verschwindet
der nützliche Charakter der in ihnen dargestellten Arbeit,
es verschwinden also auch die verschiedenen konkreten Formen

dieser Arbeiten, sie unterscheiden sich nicht länger, sondern
sind allesamt reduziert auf gleiche menschliche Arbeit, abstrakt menschliche Arbeit" (ebenda, S. 52; Hervorhebung d.A.).
Es zeigt sich also, daß die Waren in zweierlei Hinsicht Produkt menschlicher Arbeit sind. Einerseits sind sie Gebrauchsgegenstände, in dieser Form Produkt konkreter Arbeit oder
auch gebrauchswertschaffender Arbeit. Andererseits ist in
jeder Ware ein bestimmtes Quantum abstrakt menschlicher Arbeit,
Verausgabung von bloßer Arbeitszeit enthalten. In dieser Form
ist die Arbeit wertschaffende Arbeit. "Diese Dinge stellen nur
noch dar, daß in ihrer Produktion menschliche Arbeitskraft
verausgabt, menschliche Arbeitskraft aufgehäuft ist. Als
Kristalle dieser ihnen gemeinschaftlichen gesellschaftlichen
Substanz sind sie Werte- Warenwerte" (ebenda). Wir haben also
jenes Dritte gefunden, das jeder Ware in Absehung ihrer Eigenschaften, Qualitäten, besonderen Gestalt etc. zukommt und den
Tauschwerten zugrundeliegt, es ist ihr Wertcharakter. Die
Waren sind somit hinsichtlich ihrer Quantität vergleichbar
nach der Menge der in ihnen materialisierten gesellschaftlichen
Arbeit. Jede Ware hat eine bestimmte Wertgröße als Ausdruck
der zu ihrer Herstellung gesellschaftlich notwendigen Durchschnittsarbeitszeit. "Gesellschaftlich notwendige Arbeitszeit
ist Arbeitszeit, erheischt, um irgendeinen Gebrauchswert mit
den vorhandenen gesellschaftlich-normalen Produktionsbedingung-
en und dem gesellschaftlichen Durchschnittsgrad von Geschick
und Intensität der Arbeit darzustellen" (ebenda, S. 53).
Der Wert oder genauer die Wertgröße erscheint im Tauschwert
der Waren. Der Tauschwert ist die Existenzweise des Warenwerts
im Austauschprozeß, wo sich nur relative Warenwerte zeigen.
"Im Austauschverhältnis der Waren selbst erschien uns ihr
Tauschwert als etwas von ihren Gebrauchswerten durchaus un-
abhängiges. Abstrahiert man nun wirklich vom Gebrauchswert
der Arbeitsprodukte, so erhält man ihren Wert, wie er eben
bestimmt ward. Das Gemeinsame, was sich im Austauschverhältnis oder Tauschwert darstellt, ist also ihr Wert" (ebenda).
Die Untersuchung der Warenform ergab die Existenzweise von
Gebrauchswert und Wert als Doppelcharakter der den Waren
zugrundeliegenden Arbeitstätigkeit. Die Ware ist also zweifach

133

bestimmt als konkrete und als abstrakte Form der Verausgabung
menschlicher Arbeit. "Wenn also mit Bezug auf den Gebrauchswert die in der Ware enthaltene Arbeit nur qualitativ gilt,
gilt sie mit Bezug auf die Wertgröße nur quantitativ, nachdem
sie bereits auf menschliche Arbeit ohne weitere Qualität reduziert ist. Dort handelt es sich um das Wie und das Was der Arbeit, hier um ihr Wieviel, ihre Zeitdauer" (ebenda, S. 60).
Die Bestimmung der Warenform in ihrem zueinander der einzelnen
Elemente, im Doppelcharakter von Gebrauchswert und Wert, im Erscheinen des Werts im Tauschwert und in der zugrundeliegenden
Unterscheidung der Arbeit in gebrauchswertschaffende und wertschaffende läßt aber noch keinen Schluß darüber zu, warum und
wann Arbeitsprodukte diese Warenform annehmen müssen.

Grundlage jeder gesellschaftlichen Produktion ist die Kooperation der Produzenten. Die arbeitsteilige Produktion kann dabei in den verschiedensten Formen stattfinden. Schon im Rahmen
einer "Dorfgemeinschaft" werden die verschiedenen Tätigkeiten
wie Viehzucht, Ackerbau, Geräteherstellung etc. nicht von allen
Mitgliedern oder wechselnd wahrgenommen, sondern sie sind jeweils spezialisiert auf eine dieser Tätigkeiten. Die Produktion jedes Einzelnen ist eine gemeinschaftliche, da sie für sich
genommen unnütz ist. Sein Beitrag für die Gemeinschaft sichert
ihm einen Anteil am Gesamtprodukt, wodurch der Umkreis seiner
individuellen Bedürfnisse befriedigt wird. In einer arbeitsteiligen Produktionsweise liefert die individuelle Arbeitstätigkeit des Einzelnen nur vermittelt die gesamten Mittel zur
Bedürfnisbefriedigung eines Menschen. Die warenproduzierende
Gesellschaft als eine entwickeltere Produktionsweise schließt
die Arbeitsteilung, den Teilbeitrag der einzelnen Produzenten
zum Gesamtprodukt und die Umverteilung ein, was sie aber von
den "urkommunistischen Produktionsweisen" (Engels) unterscheidet, ist die Form der gesellschaftlichen Arbeitsteilung: das
gesellschaftliche Gesamtprodukt wird durch die Privatproduktion der Produzenten erstellt, die Umverteilung erfolgt über den
Austausch der Waren auf dem Markt, neben der Produktionssphäre
existiert eine davon abhängige Zirkulationssphäre. Da kein gemeinsamer Plan existiert, regelt sich die Zuteilung des gesellschaftlichen Arbeitsvermögens auf die einzelnen Produktions-

sphären durch den Austauschprozeß der Waren. Ob die einzelne
Privatproduktion gesellschaftlich nützlich ist, entscheidet
sich auf dem Markt. Der Warenbesitzer muß einen Abnehmer für
seine Waren finden. "Dieser Formwechsel der Arbeit mag nicht
ohne Friktion abgehen, aber er muß gehen" (ebenda, S. 58).
Ebenso regelt sich die Umverteilung des gesellschaftlichen
Gesamtprodukts auf die einzelnen Gesellschaftsmitglieder über
die Marktmechanismen. Der Anteil, den der Einzelne für sich
in Anspruch nehmen kann, ist abhängig von seiner potentiellen
Zahlungsfähigkeit, wobei der Beitrag zum gesellschaftlichen
Gesamtprodukt und die potentielle Zahlungsfähigkeit weit auseinanderfallen können, wie sich in der Existenzweise herrschen-
der Klassen zeigt und auch für die Arbeiterklasse im Kaptalis-
mus noch gezeigt wird.
Die Verwandlung der Arbeitsprodukte in die Warenform hat also
ihre Grundlage in einer gesellschaftlichen Form der Arbeitsteilung, die auf der Privatproduktion der Produzenten beruht.
Jeder Einzelne geht hier scheinbar seinen ureigensten Interessen nach; es wird getrennt voneinander produziert. Der
gesellschaftliche Charakter der Produktion scheint hier verschwunden, sie erscheint als eine private Sache. In gesellschaftliche Beziehung treten die Menschen erst wieder im Austauschprozeß. Aber da jeder für sich produziert hat, dadurch
auch keine geregelte Umverteilung stattfinden kann, ist es
für jeden Warenbesitzer notwendig, einen Käufer seiner Waren
zu finden und gleichzeitig auch in den Besitz von Waren zu
kommen, die er für seinen unmittelbaren Lebensunterhalt
braucht, die Rohstoff seiner neuen Produktion sind etc., weil
er sie nicht selbst produziert. Ein Schuster braucht nicht nur
Schuhe, er benötigt auch Kleidung, Lebensmittel, Leder, Nägel
und Arbeitsmittel zur Produktion. Angemerkt sei hier nur der
Vollständigkeit halber, daß die Privatproduktion die Existenzweise des Privatbesitzes als Rechtsverhältnis der Personen
untereinander einschließt. Die Schuhe des Schusters sind sein
Eigentum und nur ein entsprechendes Äquivalent ermöglicht den
Besitzwechsel.

Wenn wir davon sprechen, daß die Privatproduktion die Arbeitsprodukte in Waren verwandelt, also somit eine Warenpro-

duktion ist, so müssen wir uns an die Analyse der Warenform
erinnern, um jetzt den Austauschprozeß etwas genauer darstellen zu können. Jede Ware ist bestimmt durch die Existenz
von Gebrauchswert und Tauschwert. Im Austauschprozeß sind
diese beiden Elemente auf die Pole Verkäufer und Käufer verteilt. Die Ware hat für den Verkäufer "keinen unmittelbaren
Gebrauchswert. Sonst führte er sich nicht zu Markt. Sie hat
Gebrauchswert für andere. Für ihn hat sie unmittelbar nur den
Gebrauchswert, Träger von Tauschwert und so Tauschmittel zu
sein. Darum will er sie veräußern für Ware, deren Gebrauchswert ihm Genüge tut. Alle Waren sind Nicht-Gebrauchswert für
ihre Besitzer, Gebrauchswert für ihre Nicht-Besitzer. Sie
müssen also allseitig die Hände wechseln. Aber dieser Hände-
wechsel bildet ihren Austausch, bezieht sie als Werte aufeinander und realisiert sie als Werte. Die Waren müssen sich daher als Werte realisieren, bevor sie sich als Gebrauchswerte
realisieren können. Denn die auf sie verausgabte menschliche
Arbeit zählt nur, soweit sie in einer für andere nützlichen
Form verausgabt ist. Ob sie anderen nützlich, ihr Produkt daher fremde Bedürfnisse befriedigt, kann aber nur ihr Austausch
beweisen" (ebenda, S. 100 f).
Der in der Ware liegende Widerspruch, sogleich Gebrauchswert
und Wert zu sein, der sich im Austauschprozeß als Springpunkt der Gesellschaftlichkeit der Produzenten untereinander
erweist, erfordert eine Existenzweise des Tauschwerts, in dem
sich alle Waren auf ein gemeinsames Äquivalent beziehen können,
damit ihre Wertgrößen untereinander vergleichbar sind. Diese
Existenzweise des Tauschwerts ist die Geldform der Waren. Das
Geld als eine spezifische Ware - ihre Vorzüge müssen sein
Seltenheit, universelle Teilbarkeit etc., wie es Gold und
Silber als den historisch wichtigsten Geldwaren zukommt -
bildet sich in dem Maße historisch heraus, wie der Tausch
immer mehr allgemeineres Mittel gesellschaftlicher Umverteilung wird. "Die historische Ausweitung und Vertiefung des Austausches entwickelt den in der Warennatur schlummernden Gegensatz von Gebrauchswert und Wert. Das Bedürfnis, diesen Gegensatz für den Verkehr äußerlich darzustellen, treibt zu einer
selbständigen Form des Warenwerts und ruht und rastet nicht,

bis sie endgültig erzielt ist durch die Verdoppelung der
Ware in Ware und Geld. In dem selben Maß daher, worin sich
die Verwandlung der Arbeitsprodukte in Waren, vollzieht, sich
die Verwandlung von Ware in Geld" (ebenda, S. 102). Die Geldware zeichnet sich von den anderen Waren dadurch aus, daß sie
auch einen "formalen Gebrauchswert" hat, der durch ihre gesellschaftliche Funktion, allgemeines Tauschmittel zu sein,
bestimmt ist. Im Geld hat sich die Tauschfunktion verselbständigt. In der Herausbildung der Geldform hat die Warenproduktion ihre vollständige Ausbildung erfahren. In dieser Form
ist sie Voraussetzung und immer wieder Produkt der Bewegung
sich widerstreitender Einheit im Rahmen der Erhaltung von
Grundbedingungen der bürgerlichen Gesellschaft.

Für die Analyse der Genesis der Geldform ist es aber wichtig,
zu unterscheiden zwischen der historisch entstandenen Verdoppelung von Waren in Ware und Geld und deren alltäglicher
Reproduktion im Austauschprozeß. Die einfachste Darstellung
des Werts der Waren erfolgt in der "einfachen Wertform". Der
Tauschwert einer Ware, sagen wir eines Rocks (A), bedeutet
hier das Ausdrücken des Rockwerts durch den Wert einer von
ihm verschiedenen Ware, sagen wir x Meter Leinwand (B). Dabei steht die Ware, deren Wertgröße ausgedrückt wird, in der
relativen Wertform. Die Leinwand stellt den Wertkörper dar,
auf den sich der Rock in seiner Eigenschaft "Wert zu sein"
bezieht. Nur weil beide Produkte abstrakt menschliche Arbeit
sind, können sie sich aufeinander beziehen. Die Leinwand
stellt aber eine Einheit von Gebrauchswert und Wert dar, ihre
Existenz als Wertkörper für den Rock ist also gebunden an
ihre Naturalform. Deshalb spricht Marx davon, daß "der Wert
einer Ware", in unserem Beispiel der Rock, sich im "Gebrauchswert der anderen", in unserem Fall der Leinwand, ausdrückt.
"Vermittels des Warenverhältnisses wird also die Naturalform
der Ware B zur Wertform der Ware A oder der Körper der Ware
B zum Wertspiegel der Ware A. Indem sich die Ware A auf die
Ware B als Wertkörper bezieht, als Materiatur menschlicher
Arbeit, macht sie den Gebrauchswert B zum Material ihres
eigenen Wertausdrucks. Der Wert der Ware A, so ausgedrückt
im Gebrauchswert der Ware B, besitzt die Form des relativen
Werts" (ebenda, S. 67). Im Austauschprozeß erhält die Ware
eine von ihrer Naturalform unterschiedene Wertform. Bei einer
Analyse der Warenform erhält man die Existenz von Gebrauchswert und Wert als ihre Elemente. Bei der Analyse der Erscheinungsform des Werts im Austauschprozeß, des Tauschwerts, erhält man die Verdoppelung dieser Einheiten in einer getrennten
Existenzweise von Naturalform als Darstellung des Gebrauchs-
werts und Wertform als Darstellung des Werts durch eine andere
Ware. "Der in der Ware eingehüllte innere Gegensatz von Gebrauchswert und Wert wird also dargestellt durch einen äußeren
Gegensatz, d.h. durch das Verhältnis zweier Waren, worin die
eine Ware, deren Wert ausgedrückt werden soll, unmittelbar
nur als Gebrauchswert, die andere Ware hingegen, worin Wert

ausgedrückt wird, unmittelbar nur als Tauschwert gilt.
Die einfache Wertform einer Ware ist also die einfache Erscheinungsform des in ihre enthaltenen Gegensatzes von Gebrauchswert und Wert" (ebenda, S. 75 f). Die relative Wertform bedeutet auch die Verwandung der Wertgrößen der Ware
in relative Werte,und nur in dieser Form der relativen Werte
erscheinen die Waren im Austauschprozeß. Die absolute Wertgröße ist hinter den Veränderungen der relativen Werte versteckt. Nehmen wir z. B. an , daß durch steigende Produktivität der Wert von einem Meter Leinwand sich um die Hälfte
verringert, so drückt sich der Wert des Rocks[11] in einer
verdoppelten Menge Leinwand aus. Der relative Wert des Rocks
hat sich verändert, obwohl seine Wertgröße konstant geblieben
ist. Durch eingehende Analyse des Verhältnisses des Wechselns
der Wertgröße und ihres Ausdrucks im relativen Wert kommt
Marx zu folgendem Ergebnis: "Wirkliche Wechsel der Wertgröße spiegeln sich also weder unzweideutig noch erschöpfend
wider in ihrem relativen Ausdruck oder in der Größe des relativen Werts. Der relative Wert einer Ware kann wechseln, obgleich ihr Wert konstant bleibt. Ihr relativer Wert kann konstant bleiben, obgleich ihr Wert wechselt, und endlich brauchen
gleichzeitig Wechsel in ihrer Wertgröße und im relativen Ausdruck dieser Wertgröße sich keineswegs zu decken" (ebenda,
S. 69).
Der Wert einer Ware kommt nur in Beziehung zu einer anderen
zum Ausdruck, denn er existiert nur als gesellschaftliches
Verhältnis privater Produzenten. Die Darstellung des Werts
einer Ware existiert in der relativen Wertform, d.h., ihr
Wert wird ausgedrückt durch den Wert einer anderen Ware. In
dem Ausdruck ein Rock ist gleich x Meter Leinwand wert, wird
der Wert des Rocks durch den Leinwandwert ausgedrückt. Die
Leinwand ist die Verkörperung des Rockwerts. Diese Gleichung
setzt somit Rock und Leinwand nicht nur größengleich, sondern
auch wesensgleich. Während der Rock dessen Wert ausgedrückt
wird, in der relativen Wertform steht, befindet sich die Leinwand in der Äquivalentform. Das ist möglich, weil zu ihrer
Herstellung eine gleich große Menge abstrakt menschlicher
Arbeit verwandt wurde. Nicht der Wert der Ware in der Äquivalentform wird ausgedrückt. Die Leinwandware in ihrer Einheit von Gebrauchswert und Wert hat nur die einzige Funktion,
dem Rock eine adäquate Existenzweise seiner "Warennatur" zu
ermöglichen.
In der einfachen Wertform stehen die Waren wechselseitig einmal in der relativen Wertform, einmal in der Äquivalentform.
Hieran zeigt sich aber auch ihre Unzulänglichkeit und Unter-
entwicklung. Es ist historisch die Stufe des zufälligen Austausches, die Verwandlung der Überschußproduktion in Waren,

[11] Es ist hierbei davon abstrahiert, daß der Wert des Rocks
sich im nachhinein auch verringert, da die Leinwand als ein
Teil seines Rohmaterials verbilligt in den Wert des Rocks
eingeht, würde sich auch seine Wertgröße verringern. Aber
auch auf dieser Ebene läßt sich einfach zeigen, daß der veränderte relative Wertausdruck den Wechsel der Wertgrößen nicht
adäquat wiederspiegelt.

der Austausch zwischen den Gesellschaften. Die Entwicklung
des Austausches erfordert einen allgemeinen Maßstab, um die
vielfältigen Waren zu vergleichen und auch die stoffliche
Existenz einer Ware, die ausschließlich die Funktion des
Äquivalents der Waren erfüllt. Dies erfolgt in der "allgemeinen Wertform" (12). Aus der gesamten Warenwelt ist eine
Ware ausgeschlossen, auf die sich alle anderen beziehen.
Während ausschließlich eine Ware in der Äquivalentform steht,
stehen alle anderen Waren in der relativen Wertform. "Erst
diese Form bezieht daher wirlich die Waren aufeinander als
Werte oder läßt sie einander als Tauschwerte erscheinen"
(ebenda, S. 80). Die Verwandlung der allgemeinen Wertform in
die Geldform erfolgt durch die gesellschaftliche Verfestigung
einer Ware zum ausschließlichen Äquivalent und damit zur Existenz als Geldware. "Die spezifische Warenart nun, mit deren
Naturalform die Äquivalentform gesellschaftlich verwächst,
wird zur Geldware oder funktioniert als Geld. Es wird ihre
spezifisch gesellschaftliche Funktion und daher ihr gesellschaftliches Monopol, innerhalb der Warenwelt die Rolle des
allgemeinen Äquivaltents zu spielen" (ebenda, S. 83). Der
einzige Gebrauchswert der Geldware als solcher ist,durch Ermöglichung des quantitativen Vergleichs von allem und jedem
den universellen Tausch zu ermöglichen. Aber nicht das Geld
macht die Ware "kommensurabel. Umgekehrt. Weil alle Waren
als Werte vergegenständlichte menschliche Arbeit, daher an
und für sich kommensurabel sind, können sie ihre Werte gemeinschaftlich in derselben spezifischen Ware messen und diese
dadurch in ihr gemeinschaftliches Wertmaß oder Geld verwandeln. Geld als Wertmaß ist notwendige Erscheinungsform des
immanenten Wertmaßes der Waren, der Arbeitszeit" (ebenda,
S. 109). In einer Gesellschaft, in der der größte Teil der
privat produzierten Produkte erst über den Austauschprozeß in
die Konsumtion eingehen, also die Produktion selbst Warenproduktion, Produktion für den Markt ist, ist die in der Ware
existierende widersprüchliche Einheit von Gebrauchswert und
Wert gekennzeichnet durch ihre Verdoppelung, ihre polare Verteilung im Tauschwertstandpunkt des Verkäufers (Produzenten)
und im Gebrauchswertstandpunkt des Käufers (Konsumenten).
Die notwendige Verdoppelung der Waren in Ware und Geld als
Ausdruck des Tauschverhältnisses auf der Grundlage der entwickelten Warenproduktion ist dabei selbst ein historisches
Produkt. "Die einfache Wertform ist daher der Keim der Geldform" (ebenda, S. 85). Die Gleichung ein paar Schuhe ist
gleich 100,00 Mark ist die Preisform einer Ware. Die Preise
können nach oben und unten von den zugrundeliegenden Werten
abweichen, werden aber im Durchschnitt von ihnen bestimmt.
Das Wertgesetz ist das ökonomische Zwangsgesetz, das dem Austausch zugrundeliegt und sich "hinter dem Rücken der Beteiligten" als " Naturgesetz" Geltung verschafft. Die Preisbildung,
d.h. die Verwandlung der Werte in Produktionspreise im Kapitalismus unterliegt selbst eigenen Gesetzmäßigkeiten (vgl. dazu Marx, MEW 25, I und II Abschnitt). Ihre genauere Darlegung
kann nicht Aufgabe dieser Darstellung von Struktureigentümlichkeiten bürgerlicher Gesellschaft sein.

(12) "Die Waren stellen ihre Werte jetzt 1. einfach dar, weil
in einer einzigen Ware und 2. einheitlich, weil in derselben
Ware. Ihre Wertform ist einfach und gemeinschaftlich, daher
allgemein".
(Marx, MEW 23, S. 79).

Durch die dauernde Reproduktion des Austauschprozesses der
bürgerlichen Gesellschaft erhalten die Preisformen der Waren
"die Festigkeit von Naturformen", damit wird aber auch der
gesellschaftliche Charakter der Warenproduktion verschleiert,
er erscheint in verkehrter Form. "Es ist aber eben diese Form
- die Geldform - der Warenwelt, welche den gesellschaftlichen
Charakter der Privatarbeiten und daher die gesellschaftlichen
Verhältnisse der Privatarbeiter sachlich verschleiert, statt
sie zu offenbaren" (ebenda, S. 90; Hervorhebung d.A.). Diese
Besonderheit der Erscheinungsform des Werts im Tauschwert, in
der der gesellschaftliche Charakter der Warenproduktion verschleiert wird, verkehrt in der Weise zum Ausdruck kommt, daß
die Verhältnisse der Produzenten als Verhältnisse von Sachen
erscheinen, der Tauschwert der Waren als in ihnen ruhende Natureigenschaft sich darstellt, somit den Waren scheinbar in
der selben Weise Wert zukommt, wie ihnen ihre Gebrauchseigenschaften zukommen, erfaßt Marx in der Konzeption des "Fetischcharakter der Waren". "Dieser Fetischcharakter der Warenwelt
entspringt .... aus dem eingetümlichen gesellschaftlichen
Charakter der Arbeit, welche Waren produziert. Gebrauchsgegenstände werden überhaupt nur Waren, weil sie Produkt von einander unabhäng betriebener Privatarbeiten sind. Der Komplex
dieser Privatarbeiten bildet die gesellschaftliche Gesamt-
arbeit. Da die Produzenten erst in gesellschaftlichen Kontakt
treten durch den Austausch ihrer Arbeitsprodukte, erscheinen
auch die spezifisch gesellschaftlichen Charaktere ihrer Privatarbeiten erst innerhalb dieses Austausches" (ebenda, S. 87).
Aber wie erscheint der gesellschaftliche Charakter der Privatarbeiten im Austauschprozeß? Er erscheint in Gestalt des Tauschwerts in der Beziehung der Werte der Waren aufeinandern, dessen
Grundlage die gesellschaftliche Durchschnittsarbeitszeit der
Produzenten ist. Der Widerspruch, der jeder Warenproduktion
zugrunde liegt, nämlich die Trennung von privater und gesellschaftlicher Arbeit, bedeutet, daß der gesellschaftliche
Charakter sich nicht mehr direkt in der Aktion der Produzenten
zeigt, sondern nur in ihrer sachlichen Form [13]. "Daß in der

(13)
    "Die Bestimmung der Wertgröße durch die Arbeitszeit ist
daher ein unter den erscheinenden Bewegungen der relativen

Warenproduktion gesellschaftliche Arbeit nur als gesellschaftliche Arbeit privater Produzenten geleistet wird - dieser grund
legende Widerspruch äußert sich in dem abgeleiteten, daß der
Austausch von Tätigkeiten und Produkten durch ein besonderes
und zugleich allgemeines Produkt vermittelt werden muß"
(Backhaus, 1969, S. 140). Das gesellschaftliche Verhältnis
der Privatproduzenten, der gesellschaftliche Charakter der
Arbeit ist materialisiert in der sachlichen Form der Waren,
existiert innerhalb des Widerspruchs von Gebrauchswert
Dadurch erscheinen im Austausch die Beziehungen der Waren als
gesellschaftliche Beziehungen der Sachen. Die eigenen menschlichen Produkte haben eine fremde Gestalt angenommen und bestimmen die gesellschaftlichen Verhältnisse der Produzenten
durch ihre versachlichte Form. Die Vorstellung von "Sach-
zwängen" als Reflexion von Bedingungen, denen die Menschen
unausweichlich unterliegen, hat hier ihre materielle Grundlage.
Es sind die eigenen gesellschaftlichen Verhältnisse, die in
Form von Sachen als die bestimmenden Grundbedingungen gesellschaftlicher Lebenserhaltung erscheinen. Es ist das bewußtlose
Ausgeliefertsein an die, durch seine eigene gesellschaftliche
Tätigkeit erzeugten, ökonomischen Gesetzmäßigkeiten, die sich
"als regelndes Naturgesetz" gewaltsam durchsetzen." Die Tatsache nämlich, daß das Produkt sich von sich selbst abhebt und
sich ein selbständiges Reich ökonomischer Kategorien, jenseits
des Bewußtseins fixiert, ist eben nur aus der Selbstzerissen-
heit und dem Sich-Selbst-Widersprechen der gesellschaftlichen
Arbeit zu erklären" (ebenda, S. 141). Die gesellschaftliche
Bewegung der Produzenten "besitzt für sie die Form einer Bewegung von Sachen, unter deren Kontrolle sie stehen, statt
sie zu kontrollieren" (Marx, MEW 23, S. 89). Die Verkehrung
gesellschaftlicher Verhältnisse in Verhältnisse von Sachen,
wie sie auf der Oberfläche der bürgerlichen Gesellschaft
existiert, faßt Marx so zusammen: Den Produzenten "erscheinen
... die gesellschaftlichen Beziehungen ihrer Privatarbeiten
als das was sie sind, d.h. nicht als unmittelbar gesellschaft-

Warenwerte verstecktes Geheimnis. Seine Entdeckung hebt
den Schein der bloß zufälligen Bestimmung der Wertgrößen
der Arbeitsprodukte auf, aber keineswegs ihre sachliche
Form". (Marx, MEW 23, S. 89).

liche Verhältnisse der Personen in ihren Arbeiten selbst,
sondern vielmehr als sachliche Verhältnisse der Personen
und gesellschaftliche Verhältnisse der Sachen" (ebenda,
S. 87).
Eine weitere Verschleierung durch die Wertform der Waren
im Austausch besteht im Verdecken des gesellschaftlichen
Charakters des Werts und in seinem Erscheinen als Natureigenschaft der Ware. Die Wertform oder der Tauschwert einer Ware
ist in der einfachsten Weise so dargestellt, daß sich ihr
innerer Gegensatz äußerlich darstellt. Die Ware, die in der
relativen Wertform steht, gilt unmittelbar nur als Gebrauchswert, die Ware, die in der Äquivalentform steht, gilt unmittelbar nur als Tauschwert, als Verkörperung der gesellschaftlich
allgemeinen Arbeit. "Das Gehirn der Privatproduzenten spiegelt
diesen doppelten gesellschaftlichen Charakter ihrer Privatarbeiten nur wieder in den Formen, welche im praktischen Verkehr im Produktenaustausch erscheinen - den gesellschaftlich
nützlichen Charakter ihrer Privatarbeiten also in der Form,
daß das Arbeitsprodukt nützlich sein muß und zwar für andere -
den gesellschaftlichen Charakter der Gleichheit der verschieden
artigen Arbeiten in der Form des gemeinsamen Wertcharakters
dieser materiell verschiedenen Dinge der Arbeitsprodukte.
Die Menschen beziehen also ihre Arbeitsprodukte nicht aufeinander als Werte, weil diese Sachen ihnen als bloß sachliche Hüllen gleichartig menschlicher Arbeit gelten. Umgekehrt. In dem sie ihre verschiedenartigen Produkte einander
im Austausch als Werte gleichsetzen, setzen sie ihre verschiedenen Arbeiten einander als menschliche Arbeit gleich.
Sie wissen das nicht, aber sie tun es. Es steht daher dem
Wert nicht auf der Stirn geschrieben, was er ist. Der Wert
verwandelt vielmehr jedes Arbeitsprodukt in eine gesellschaftliche Hieroglyphe" (ebenda, S. 88). Diese Hieroglyphe ent-
schlüsselt Marx in der Analyse der Eigentümlichkeiten der
Äquivalentform. "Die erste Eigentümlichkeit, die bei der
Betrachtung der Äquivalentform auffällt ist diese: Gebrauchswert wird zur Erscheinungsform seines Gegenteils, des Werts".
Eine zweite besteht darin, "daß konkrete Arbeit zur Erscheinungsform ihres Gegenteils, abstrakt menschliche Arbeit
wird". Und weiter, "daß Privatarbeit zur Form ihres Gegen-

teils wird, zur Arbeit in unmittelbar gesellschaftlicher
Form" (ebenda, S. 73). Um dies zu verstehen, müssen wir
uns an den einfachen Wertausdruck erinnern: 1 Rock =
x Meter Leinwand. Indem der Rock seinen Wert im Leinwand-
körper ausdrückt, zeigt die Ware, die in der relativen
Wertform steht an, daß sie etwas verschiedenes beinhaltet,
daß ihr Wert verschieden ist von den Eigenschaften, die
ihren Gebrauchswert ausmachen. Umgekehrt ist es mit der Ware,
die in der Äquivalentform steht, mit der Leinwand. Sie vertritt in diesem Wertausdruch eine übernatürliche Eigenschaft
beider Dinge, nämlich ihrern Wert, also etwas rein gesellschaftliches. Dies vertritt sie aber in ihrer Gesamtheit,
d.h., ihr natürlicher Körper wird zum Träger des gesellschaftlichen Verhältnisses der Privatproduzenten. Die Eigenart der
Äquivalentform besteht gerade darin, "daß ein Warenkörper ...
Wert ausdrückt, also von Natur Wertform besitzt" (ebenda,
S. 71 f, Hervorhebung d.A.). Dies gilt zwar nur im Austauschprozeß, innerhalb des Wertverhältnisses, indem z. B. der
Rock sich auf die Leinwandware als ihr Äquivalent bezieht.
"Da aber Eigenschaften eines Dinges nicht aus seinem Verhält-
nis zu anderen Dingen entspringen, sich vielmehr in solchen
Verhältnissen nur betätigen", scheint auch die Ware in der
Äquivalentform ihre Eigenschaft unmittelbare Austauschbar-
keit darzustellen, "ebenso von Natur zu besitzen" wie Eigenschaften "schwer zu sein oder warm zu halten" (ebenda, S. 72).
Die Eigenschaft "Wert-zu-sein" erhält die Ware in der Produktion, genauso wie die anderen Eigenschaften, die es zum
"nützlichen Ding" machen, nur halt aus dem gesellschaftlichen
Charakter der Produktion, der aber selbst nicht unmittelbar
auf der Hand liegt, da sie unmittelbar private Produktion
ist.
Diese Fetischisierung bezieht sich aber keineswegs nur auf
die Ware, sondern auch auf die Geldform. Die Verfestigung
einer Ware in der Äquivalentform bedeutet damit die Verfestigung des falschen Scheins dieser Form in der Geldware.
Aus dem Warenfetisch entsteht der Geldfetisch [14]. Die Waren

[14] Die Verfestigung des Tauschwertscheins ist für Marx
zweierlei bestimmt. Einerseits in der dauernden Reproduktion

scheinen jetzt austauschbar zu sein, weil sie sich allgemein
im Geld darstellen. Das Geld erscheint als die Inkarnation
der Tauschbarkeit. Im Geld erfolgt die äußere und getrennte
Darstellung des Wertcharakters der Waren, ihre Unterschieds-
losigkeit als Folge der Vergegenständlichung allgemein gesellschaftlicher Arbeit hat eine eigene dingliche Form angenommen. Die Versachlichung oder Verdinglichung wird in Geldfetisch zur handgreiflichen Realität. Die Produkte der gesellschaftlichen Produzenten haben hinter ihrem Rücken eine
Form bekommen, in der sie die eigenen Produzenten beherrschen.
Diese sind Diener, Charaktermasken, quasi Sachverwalter ihrer
eigenen, aber unbewußt eingegangenen gesellschaftlichen Verhältnisse. "Das Geld ist damit unmittelbar zugleich das reale
Gemeinwesen, insofern es die allgemeine Substanz des Bestehens
für alle ist, und zugleich das gemeinschaftliche Produkt
aller. Im Geld ist aber, wie wir gesehen haben, das Gemeinwesen zugleich bloße Abstraktion, bloße äußerliche zufällige
Sache für den Einzelnen, und zugleich bloß Mittel seiner Befriedigung als eines isolierten Einzelnen "(Marx, Grundrisse,
S. 137).

2. Die kapitalisische Form der Produktion. Verschleierung
   des Ausbeutungsverhältnisses durch Profit und Arbeitslohn
Wenn wir die Warenproduktion als eine Voraussetzung ökonomischer Verhältnisse innerhalb der bürgerlichen Gesellschaft

des Austauschs als einständiges In-Beziehung-setzen der
Produkte als Waren und damit eine Verfestigung der Warenform zu einer quasi "Naturform" der gesellschaftlichen Produkte. Andererseits existiert aber durch die Entwicklung des
Austauschs immer mehr nur noch eine bestimmte Ware in der
Äquivalentform. Indem Marx diese Entwicklung im Auge hat,
schreibt er in Bezug auf die Verfestigung des Tauschwert-
Scheins: "Er (der falsche Schein) ist vollendet, sobald die
allgemeine Äquivalentform mit der Naturform einer bestimmten Warenart verwachsen oder zu Geldform kristalisiert ist.
... Ohne ihr Zutun finden die Waren ihre eigene Wertgestalt
fertig vor als einen außer und neben ihnen existierenden
Warenkörper. Diese Dinge, Gold und Silber, wie sie aus den
Eingeweiden der Erde herauskommen, sind zugleich die unmittelbare Inkarnation aller menschlichen Arbeit. Daher die Magie
des Geldes. Das Rätsel des Geldfetischs ist daher nur das
sichtbar gewordene die Augen blendende Rätsel des Warenfe-
tischs" (Marx, MEW 23, S. 107 f).

angeben und sogar ihre volle Entfaltung erst hier vollzogen
wird, so fragt sich, was daneben oder zusätzlich oder überhaupt wesentlich noch Ausdruck sozio-ökonmischer Verhältnisse der bürgerlichen Gesellschaft ist und ihren Charakter
(z.B. die Existenz von Klassen) ausmacht. Dieses Wesentliche
der gesellschaftlichen Produktion des Kapitalismus besteht
darin, daß ihr Ziel nicht die Produktion von Waren sondern
von Kapital ist. Während bei der einfachen Warenproduktion
das Ziel der Produktion darin bestand, durch Austausch der
eigenen Produkte den Umfang seiner individuellen Bedürfnisse
durch Erwerb von fremden Produkten zu befriedigen, so ist das
Ziel der Produktion in der bürgerlichen Gesellschaft eine
Produktion um der Produktion Willen. Durch die Produktion
soll Überschuß erwirtschaftet werden, um in einem größeren
Umfang von neuem zu produzieren. Dieses Verhältnis faßt
Marx durch seinen Kapitalbegriff. Es ist die Verwandlung des
Geldes vom allgemeinen Tauschmittel zum Ausgangspunkt und
Ziel der Produktion. In der entwickelten Warenzirkulation
hat das Geld die Funktion des Zirkulationsmittels erhalten.
Seine Aufgabe ist die möglichst reibungslose Abwicklung des
Austauschs der Waren. Eine andere Form erhält der Geldkreis-
lauf aber, wenn er Ausgangspunkt und Ziel zugleich ist. Ein
Kaufmann z.B. hat ein bestimmtes Geldquantum (G), dafür
tauscht er Waren (W) ein, um sie später wieder in Geld (G)
zu verwandeln. Sein Handeln ist dabei von dem Ziel bestimmt,
am Ende mehr Geld aus dem Prozeß herauszuholen, als er vorher hineingesteckt hat. "Sein treibendes Motiv und bestimmen-
der Zweck ist daher der Tauschwert selbst" (Marx, MEW 23,
S. 164). Das Geld hat hier die Funktion, sich im Prozeß zu
vermehren. "Die vollständige Form dieses Prozeßes ist daher
G-W-G', wo G' = G + delta G, d.h. gleich der ursprünglich vorgeschossenen Geldsumme plus einem Inkrement ist. Dieses Inkrement oder den Überschuß über den ursprünglichen Wert nenne
ich - Mehrwert. Der ursprünglich vorgeschossene Wert ...
verändert ... seine Wertgröße, setzt einen Mehrwert zu oder
verwertet sich. Und diese Bewegung verwandelt ihn in Kapital"
(ebenda, S. 165; Hervorhebung d.A.). Der Wert als Inkarnation
allgemein menschlicher Arbeit hat im Kapital eine noch selb-

145

ständigere Existenzform gefunden als im Geld, wie es für
den Austauschprozeß erforderlich war. War die Existenzweise des Tauschwerts bedingt durch die notwendige Vermittlung der Privatarbeiten, so ist jetzt seine laufende
Vermehrung Ziel des Wirtschaftskreislaufs. " Die Zirkulation des Geldes als Kapital ist ... Selbstzweck, denn
die Verwertung des Werts existiert nur innerhalb dieser
stehts erneuerten Bewegung. Die Bewegung des Kapitals ist
daher maßlos" (ebenda, S. 167). Die Formen, an die sich
das Kapital heftet, das Geld oder die jeweiligen Waren-
arten, sind seine jeweiligen Existenzweisen, wobei das
Geld seine allgemeine Existenzweise ist, in der "seine Iden-
tität mit sich selbst konstatiert wird" (ebenda, S. 169).
Das Subjekt des Kapitals ist der Wert, eine qualitativ unter-
schiedslose Sache. Die Werte sind nur durch ihre unterschiedlichen Quantitäten von einander zu unterscheiden. Die einzige
Existenzweise des Kapitals kann deshalb nur in der Selbstverwertung, als Prozeß des sich Erhaltens und Vermehrens,
bestehen. "Die selbständigen Formen, die Geldformen, welche
der Wert der Waren in der einfachen Zirkulation annimmt,
vermitteln nur den Warenaustausch und verschwinden im Endresultat der Bewegung. In der Zirkulation G-W-G´funktionieren
dagegen beide Ware und Geld, nur als verschiedene Existenzweisen des Werts selbst, das Geld seine allgemeine, die Ware
seine besondere,sozusagen nur verkleidete Existenzweise. Er
geht beständig aus der einen Form in die andere über, ohne
sich in dieser Bewegung zu verlieren, und verwandelt sich so
in ein automatisches Subjekt. In der Tat aber wird der Wert
hier das Subjekt eines Prozesses, worin er unter beständigem
Wechsel der Formen von Geld und Ware seine Größe selbst verändert, sich als Mehrwert von sich selbst als ursprünglichem
Wert abstößt, sich verwertet" (ebenda, S.168 f). Die Versachlichung der gesellschaftlichen Verhältnisse haben hier
einen Höhepunkt erreicht. Ziel ist nicht die Gebrauchswertproduktion, auch nicht für andere [15]. Der Wert als aufge-

(15)"Wir bei Evans (kanadische Firma) glauben nicht, daß wir
dazu da sind, Sperrholz, Eisenbahnwagen oder Hänger zu produzieren. Wir haben ein bestimmtes Kapital zur Verfügung und

häufte menschliche Arbeit und die Darstellung des Reichtums in diese abstrakte Form in Geld, d.h. die verdinglichte Form der gesellschaftlichen Verhältnisse, ist die Bewegungsform des Kapitals. Der Funktionär des Kapitals, der Kapitalist, unterliegt dem Wert als Subjekt der Kapitalbewegung in seiner notwendig andauernden Verwertung. Die Produzenten sind so zum ausführenden Organ ihrer eigenen gesellschaftlichen Verhältnisse geworden, die in der bürgerlichen Gesellschaft in Gestalt der Kapitalbewegung auftreten. Wenn wir anfangs nach dem wesentlichen Kriterium der bürgerlichen Gesellschaft im Unterschied zu anderen Gesellschaftsformationen fragten, so haben wir es jetzt in der Kapitalbewegung gefunden. Die kapitalistische Produktion ist nicht nur Produktion von Waren, sie ist <u>wesentlich Produktion von Mehrwert</u>. Warenproduktion, Austauschprozesse, überhaupt die gesamte Produktions- und Zirkulationssphäre ist bestimmt vom Kapital als sich selbst verwertender Wert, als mehrwertheckender Wert. Sie sind die äußerlichen Existenzweisen, seine Formen in denen er sich befindet, deren Gegenständlichkeit nicht ihn bestimmen, sondern die von ihm bestimmt werden. Der Widerspruch zwischen Wert und Gebrauchswert, die Notwendigkeit der verselbständigten Darstellung im Geld, die Bedingungen des Austauschprozesses etc. existieren weiter in den Formen, in denen das Kapital existiert. Sie sind aber überlagert von dem Charakter der Produktion, deren Grundlage die Erzielung eines Überschusses über den eingesetzten Wert ist, und die damit geprägt ist von dem Widerspruch, durch die maßlose Bewegung des Kapitals solchen Überschuß zu erheischen und der letztendlichen Herkunft des Werts durch die gesellschaftliche Arbeit, die nicht maßlos erweiterbar ist. Die ökonomischen Verhältnisse, die die Menschen in der bürgerlichen Gesellschaft eingehen, können somit als kapitalistisch bezeichnet werden. In Bezug auf die ökonomischen Gesetzmäßigkeiten, die ihr zugrunde liegen, kann

sollten den größtmöglichen Gewinn daraus ziehen. Wenn wir feststellen, daß wir in etwas investiert haben, daß nicht besonders lohnend ist, unternehmen wir Schritte, um uns davon freizumachen, und steigen in ein anderes Geschäft ein, wo der Gewinn größer ist. Wir sind dazu da, für den größten Profit der Aktionäre zu sorgen" (aus: Industrie-Kurier, Nr. 197, 1967).

sie kapitalistische Gesellschaftsformation oder kurz Kapitalismus genannt werden.

Wenn die grundlegende Existenzweise des Kapitals die Vergrößerung eines vorgeschossenen oder eines eingesetzten Werts ist, so müssen wir uns fragen, woher dieser Mehrwert kommt, wie er entstehet. In unserem ersten Beispiel, an dem wir den Kapitalbegriff verdeutlichten, sprachen wir von einem Kaufmann, dessen Ziel es nicht ist, den Waren zu helfen an Ort und Stelle zu kommen, sondern der sein Geld nur verwandelt, weil er am Ende mehr erhofft, als er anfangs hineingesteckt hat. Aber sehr wahrscheinlich hofft er nicht nur; hätte er nicht irgendeine Gewißheit, dann würde er die Transaktion nicht vollziehen. Der Kaufmann bewegt sich ausschließlich in der Zirkulationssphäre, aber wie wir wissen, sind die Werte der Waren durch die Produktion bestimmt, existieren also schon, bevor sie in die Zirkulation eingehen. In der Zirkulation verändert sich aber nicht der Wert der Waren, es wird ihnen nichts mehr zugesetzt. Die Werte werden hier lediglich realisiert. Geht man vom Äquivalententausch aus, so ist es für den Kaufmann unmöglich, am Ende mehr Geld aus dem Prozeß herauszuhohlen, als er am Anfang hineingesteckt hat. Es sei denn, er verlangt beim Verkauf der Waren mehr als er für sie bezahlt hat, aber damit wäre das Äquivalenzprinzip durchbrochen. Um also die Entstehung des Mehrwerts zu erklären, ist es notwendig, vom Äquivalententausch als Bedingung auszugehen und die zufälligen Schwankungen zwischen Wert und Preis im Durchschnitt gleichzusetzen. Wird unter diesen Bedingungen ein Prozeß gefunden, in dessen Verlauf sich der vorgeschossene Wert für den Warenbesitzer vergrößert, so sind wir damit auf die Quelle der Mehrwerts gestoßen. Auch das Handelskapital, sowie Bankkapital und Grundrente, sind unter den Prämissen des Äquivalententausches abzuleiten. Sie sind einerseits Vorformen des industriellen Kapitals, im Kapitalismus sind sie aber abgeleitete Formen und haben ihre Grundlage in der gleichen Quelle wie das industrielle Kapital. Dies kann aber nicht weiter Gegenstand unserer Abhandlung sein. Wenn wir die Entstehung von Mehrwert

nicht aus der Zirkulationsbewegung von Waren erklären
können, so sei hier doch der Vollständigkeit halber angemerkt, daß das Kapital der Zirkulation als ihrer Realisierung
bedarf, denn nur durch den Verkauf existiert der vergrößerte
Wert in Geldform und ist somit einer neuerlichen Kapitalbewegung zugänglich. Die Zirkulationssphäre ist eine notwendige,
aber keine hinreichende Bestimmung für die Existens von Kapital
dessen wesentliches Charakteristikum der Mehrwert ist. Wert
ist geronnene Arbeitszeit. Mehrwert unterscheidet sich vom
übrigen Wert nur durch einen quantitativen Vergleich, er hat
die gleiche Qualität, ist also auch geronnene Arbeitszeit.
Das Problem stellt sich dementsprechend jetzt so: der Kapitalismus will seinen vorgeschossenes Geld durch Übertragung
in die Warenform verwerten. Verwerten heißt, den Waren mehr
Wert zusetzen, dies ist aber nur in der Produktion möglich.
"Die Wertveränderung des Geldes, das sich in Kapital verwandeln soll, kann nicht an diesem Geld selbst vorgehen, denn
als Kaufmittel und als Zahlungsmittel realisiert es nur den
Preis der Ware, die es kauft oder zahlt, während es in seiner
eigenen Form verharrend, zum Petrefakt von gleichbleibender
Wertgröße erstarrt. Ebensowenig kann die Veränderung aus dem
zweiten Zirkulationsakt, dem Wiederverkauf der Ware, entspringen, denn dieser Akt verwandelt die Ware bloß aus der
Naturalform zurück in die Geldform. Die Veränderung muß sich
also zutragen mit der Ware, die im ersten Akt G-W gekauft
wird, aber nicht mit ihrem Wert, denn es werden Äquivalente
ausgetauscht, die Ware wird zu ihrem Wert bezahlt. Die Veränderung kann also nur entspringen aus ihrem Gebrauchswert
als solchem , d.h. aus ihrem Verbrauch. Um aus dem Verbrauch
einer Ware Wert herauszuziehen, müßte unser Geldbesitzer
so glücklich sein, innerhalb der Zirkulationsphäre, auf dem
Markt, eine Ware zu entdecken, deren Gebrauchswert selbst
die eigentümliche Beschaffenheit besäße, Quelle von Wert zu
sein, deren wirklicher Verbrauch also selbst Vergegenständlichung von Arbeit wäre, daher Wertschöpfung. Und der Geldbesitzer findet auf dem Markt eine solche spezifische Ware
vor - das Arbeitsvermögen oder die Arbeitskraft "(ebenda,
S. 181). Diese Ware Arbeitskraft ist der "Inbegriff der

149

physischen und geistigen Fähigkeiten, die in der Leiblichkeit, der lebendigen Persönlichkeit eines Menschen existieren und die er in Bewegung setzt, so oft er Gebrauchswert irgendeiner Art produziert" (ebenda).
Um einen spezifisch kapitalistischen Produktionsprozeß
in Gang zu setzen, ist es nötig, zwei Arten von Waren zu
kaufen. Zum einen die Produktionsmittel, Baulichkeiten,
Maschinen, Rohstoffe etc.. Sie sind die stofflichen Aus-
gangspunkte, aus denen die neuen Waren entstehen. Zum anderen
bedarf es einer genügenden Anzahl von Produzenten, die den
bestimmten Anforderungen des Produktionsprozesses genügen.
Da der Kapitalist nicht selbst oder nur in geringem Umfang
selbst produziert, muß er sich Produzenten beschaffen, er
muß sie kaufen. Was findet er auf dem Markt vor? Er findet
den "freien" Arbeiter, der ihm seine Arbeitskraft anbietet,
seine Leistungsfähigkeit, einen Tag, eine Woche etc. bestimmte
für den Kapitalisten sinnvolle Arbeit zu verrichten. "Zur
Verwandlung von Geld in Kapital muß der Geldbesitzer also den
freien Arbeiter auf dem Warenmarkt vorfinden, frei in dem
Doppelsinn, daß er als freie Person über seine Arbeitskraft
als seine Ware verfügt, daß er andererseits andere Waren nicht
zu verkaufen hat, los und ledig, frei ist von allen zur Verwirklichung nötigen Sachen" (ebenda, S. 183).

Wir finden auf dem kapitalistischen Warenmarkt eine besondere
"Abteilung", den Arbeitsmarkt. Was wird hier als Ware ange-
boten? Der Warenbesitzer ist der Arbeiter, seine Ware ist
die in ihm schlummernde Potenz. Er verkauft sich nicht mit
seiner gesamten Leiblichkeit, mit Haut und Haaren, wie dies
beim Sklaven der Fall ist, sondern verkauft sein Arbeitsvermögen, seine Fähigkeit, bestimmte Arbeitstätigkeiten verrichten
zu können. Die Arbeitskraft des Arbeiters wird zur Ware. Sie
ist zwar gebunden an seine Leiblichkeit und existiert nur
durch sie, aber er kann frei über sie verfügen und steht somit auf gleicher Ebene dem Kapitalisten gegenüber, er als
Verkäufer, der Kapitalist als Käufer der Ware Arbeitskraft.
Als Warenbesitzer unterscheidet beide nichts voneinander, sie
handeln als gleichberechtigte Partner, die Bedingungen des
Warentausches aus, dies kann sowohl die Höhe der Bezahlung
als auch die ihrer Anwendung (der Zeit etc.) beinhalten [16].

[16] Später wird sich zeigen, daß dies selbst ein Schein ist.
Durch die Tendenz der industriellen Reservearmee erlangt der

Der Arbeiter ist gleichzeitig ein eigenartiger Warenbesitzer.
Er hat keine Möglichkeit, seine Arbeitsfähigkeit unmittelbar produktiv einzusetzen, da ihm die Produktionsmittel fehlen.
Somit kann er auch nicht Waren produzieren und diese dann verkaufen, sondern er muß seine Ware Arbeitskraft, das einzige,
was er noch besitzt, verkaufen, um durch diesen Erlös den Umkreis seiner notwendigen Bedürfnisse befriedigen zu können.
Der freie Arbeiter in diesem doppelten Sinne ist selbst Produkt geschichtlicher Bedingungen, wie es Marx in der ursprünglichen Akkumulation expliziert; der Prozeß hat sich in den
verschiedensten Formen (des Bauernlegens, des Verlagssystems
etc.) und unterschiedlichsten Ausmaßen und Zeiten in den verschiedensten Länder vollzogen (vgl. auch Marx, MEW 23, 24.
Kapitel und Dobb,1970). Dies ist aber nicht weiter Gegenstand unserer Betrachtungen.

Wir gehen also von der Existenz der Arbeitskraft als Ware

aus und damit von Arbeitern, die diese anbieten. Als Ware

muß sie wie jede andere Ware Wert und Gebrauchswert haben.

Als erstes zum Wert oder Tauschwert. "Der Wert der Arbeitskraft, gleich dem jeder anderen Ware, ist bestimmt durch die
zur Produktion, also auch zur Reproduktion, dieses spezifischen
Artikels notwendige Arbeitszeit" (ebenda, S. 184). Durch was
wird die Arbeitskraft produziert und aufrecht erhalten?
"Die Arbeitskraft existiert nur als Anlage des lebendigen
Individuums. Ihre Produktion setzt also seine Existenz voraus.
Die Existenz des Individuums gegeben, besteht die Produktion
der Arbeitskraft in seiner eigenen Reproduktion oder Erhaltung. Zu seiner Erhaltung bedarf das lebendige Individuum
einer gewissen Summe von Lebensmittel. Die zur Produktion
der Arbeitskraft notwendige Arbeitszeit löst sich also auf
in die zur Produktion dieser Lebensmittel notwendige Arbeitszeit, oder der Wert der Arbeitskraft ist der Wert der zur
Erhaltung ihres Besitzers notwendigen Lebensmittel. ... Die
Summe der Lebensmittel muß also hinreichen, das arbeitende
Individuum als arbeitendes Individuum in seinem normalen
Lebenszustand zu erhalten. Die natürlichen Bedürfnisse selbst,
wie Nahrung, Kleidung, Heizung, Wohnung usw., sind verschieden
je nach den klimatischen und anderen natürlichen Eigentümlichkeiten eines Landes. Andererseits ist der Umfang sogenannter
notwendiger Bedürfnisse, wie die Art ihrer Befriedigung, selbst

Kapitalist eine Monopolstellung auf dem Arbeitsmarkt,
während die Arbeiter gezwungen sind, sich unter allen
Bedingungen zu verkaufen. Erst die Aufhebung der Konkurrenz unter den Arbeitern - vor allem auch der zwischen dem unbeschäftigten und dem beschäftigten Teil -
und ihr Zusammenschluß in Arbeiterkoalitionen ermöglicht es, mit den Kapitalisten in Konkurrenz zu treten
und so die Bedingungen des Verkaufs und der Anwendung
der Ware Arbeitskraft auszuhandeln. Die Gewerkschaften
sind für Marx deshalb eine notwendige Organisation zur
Durchsetzung des Wertgesetzes (vgl. die Auseinandersetzung mit Proudhon, in:"Das Elend der Philosophie",
MEW 4).

ein historisches Produkt und hängt daher großenteils von
der Kulturstufe eines Landes, unter anderem auch wesentlich davon ab, unter welchen Bedingungen, und daher mit
welchen Gewohnheiten und Lebensansprüchen die Klasse der
freien Arbeiter sich gebildet hat. Im Gegensatz zu den
anderen Waren enthält also die Wertbsetimmung der Arbeitskraft ein historisches und moralisches Element. Für ein bestimmtes Land, zu einer bestimmten Periode jedoch ist der
Durchschnitts-Umkreis der notwendigen Lebensmittel gegeben"
(ebenda, S. 185).

Nun zum Gebrauchswert der Arbeitskraft. Durch den Kauf der
Arbeitskraft als einer unabdingbaren Produktionsbedingung,
hat einerseits der Arbeiter die Möglichkeit, die dadurch
gewonne Menge Geld in Lebensmittel umzusetzen, die in Warenform auf dem Markt existieren und der Kapitalist andererseits kann, da nun im Besitz der Ware Arbeitskraft, ihren
Gebrauchswert nutzen. Bei der Arbeitskraft ist es genau
wie bei jeder anderen Ware so, daß ihr Tausch und ihr Gebrauch auseinanderfallen. Der Gebrauch oder die Konsumtion
der Arbeitskraft vollzieht sich aber im Produktionsprozeß,
in der Produktion von Waren. Jetzt wo wir die beiden Waren-
arten der Produktion bestimmt haben, gilt es, den Produktionsprozeß hinsichtlich des Wertbildungsprozessen zu analysieren.
Unter der Obhut des Kapitalisten beginnt der Arbeiter zu produzieren, d.h., die Betätigung der Ware Arbeitskraft, ihr
Gebrauch ist die Arbeitstätigkeit des Arbeiters. Das Produkt
dieser Produktion gehört dem Kapitalisten, denn der Arbeiter
gebraucht seine Arbeitskraft nicht für sich, sondern für
seinen neuen Besitzer. Von der stofflichen Seite aus betrachtet
verbraucht der Arbeiter die Produktionsmittel, konsumiert sie
produktiv, indem er sie durch seine Arbeitstätigkeit zweck-
mäßig umwandelt in neue Gebrauchswerte. Sowohl die Produktionsmittel, als auch die lebendige Arbeit gehen in der neuen Form,
im neuen Produkt auf. Die Ausgangsbedingungen haben eine neue
Gegenständlichkeit erhalten. Der Kapitalist ist aber nur soweit an der stofflichen Seite des Produktionsprozesses interessiert, als die Gebrauchswerte Träger von Tauschwert sind.
Von der Wertseite her betrachtet überträgt der Arbeiter den
Wertbestandteil der Produktionsmittel auf die neue Ware, indem
er die Produktionsmittel vernutzt, sie in ihrer stofflichen

Form verschwinden und in der neuen Ware eingehen. Ein Teil
des Werts dieser Waren besteht also aus dem Teil des Werts
der Produktionsmittel, die in die neue Ware eingehen. "Der
Arbeiter kann neue Arbeit nicht zusetzen, also nicht neuen
Wert schaffen, ohne alte Werte zu erhalten, denn er muß die
Arbeit immer in bestimmter nützlicher Form zusetzen, und er
kann sie nicht in nützlicher Form zusetzen, ohne Produkte zu
Produktionsmitteln eines neuen Produkts zu machen und dadurch
ihren Wert auf das neue Produkt zu übertragen. Es ist also
eine Natugabe der sich betätigenden Arbeitskraft, der lebendigen Arbeit, Wert zu erhalten, indem sie Wert zusetzt, eine
Naturgabe, die den Arbeiter nichts kostet, aber dem Kapitalisten viel einbringt, die Erhaltung des vorhandenen Kapitalwerts" (ebenda, S. 221). Die Wertübertragung ist für die
einzelnen Produktionsmittel unterschiedlich. Gehen Rohstoffe
und Arbeitsgegenstände ganz im neuen Produkt auf, so die Arbeitsmittel nur zum Teil. Ein Werkzeug überdauert einen
längeren Herstellungsprozeß und nutzt sich jedesmal nur zum
Teil ab, im verstärten Maße gilt dies für Maschinen.Als Wertbestandteil der neuen Ware erscheinen somit die Wertgröße
der eingeganenen Rostoff, Halbfabrikate etc. und der Teil
des Wertes, den die Arbeitsmittel durch Abnutzung verlieren.
Das vorgeschossene Quantum Geld, daß den Wert der Produktionsmittel darstellt, bezeichnet Marx als konstantes Kapital [17],
da es im Produktionsprozeß in gleicher Quantität erhalten
bleibt. Für die gegenständliche Seite des kapitalistischen
Produktionsprozesses kann also festgehalten werden, daß im
gleichen Moment,in dem der Gebrauchswert verschwindet, der
Tauschwert erhalten bleibt, er in der neuen Ware in gleicher
Quantität wieder erscheint. Vorausgesetzt ist selbsver-
ständlich ein sachgemäßer Umgang und keine Verschwendung der
Produktionsmittel.

[17]"Der Teil des Kapitals also, der sich in Produktionsmittel,
d.h. in Rohmaterial, Hilfsstoffe und Arbeitsmittel umsetzt, verändert seine Wertgröße nicht im Produktionsprozeß. Ich nenne
ihn daher konstanten Kapitalteil   oder kürzer: konstantes
Kapital" (Marx, MEW 23, S. 223).

Wir sind nun bei der Frage angelangt, welche Rolle die
lebendige Arbeit, die der Kapitalist als wahre Arbeitskraft gekauft hat, im Produktionsprozeß spielt. Stofflich
betrachtet ist die lebendige Arbeit die Existenzweise der
konkreten Fähigkeiten und Fertigkeiten des Arbeiters, dessen
zielgerichtete gebrauchswertschaffende Tätigkeit die Produktionsmittel zu neuen Gebrauchswerten verarbeitet. Ist auf
dieser Ebene die Arbeit des Schusters, Schmiedes, Schreiners,
Schneiders,etc. verschieden, so ist sie als wertbild-end
gleich. Jede Arbeit schafft Wert, indem sie sich vergegenständlicht. Die Größe ward bestimmt durch die gesellschaftlich notwendige Durchschnittsarbeit, die zur Herstellung einer
jeweiligen Ware erforderlich ist. Die Betätigung der Arbeitskraft im Produktionsprozeß beinhaltet <u>nicht nur eine Übertragung des Wertbestandteils der Produktionsmittel, sondern auch
eine Produktion von Neuwert</u> [18]. "Während die Arbeit durch
ihre zweckmäßige Form den Wert der Produktionsmittel auf das
Produkt überträgt und erhält, bildet jedes Moment ihrer Bewegung zusätzlichen Wert, Neuwert" (ebenda, S. 223). Der Produktionsprozeß ist Wertbildungsprozeß, in der Zeit, in der
der Arbeiter für den Kapitalisten arbeitet, produziert er nicht
nur neue Gebrauchswerte, er vergegenständlicht auch Wert und
zwar in dem Maße, in dem er seine Arbeitszeit dem gesellschaftlich notwendigen Durchschnitt entspricht. Die Kennzeichnung des
Produktionsprozesses als Wertbildungsprozeß läßt aber keine
Unterscheidung zwischen dem Arbeiter, der unter dem Kommando
des Kapitalisten produziert und einem selbständigen Privatproduzenten zu; der Schuster bildet auch Neuwert, wenn er
Leder zu Schuhen verarbeitet. Auf der Wertseite gibt es aber
keine andere Unterscheidung als ihre Größenbeziehung. Der
einfache Produktionsprozeß von Waren unterscheidet sich gegenüber dem kapitalistischen Produktionsprozess dadurch, daß die
Größe des geschaffenen Neuwerts die Ausgaben für die Ware

---

[18] "In ihrer abstrakten, allgemeinen Eigenschaft also, als
Verausgabung menschlicher Arbeitskraft, setzt sich die Arbeit
des Spinners den Wert von Baumwolle und Spindel Neuwert zu,
und in ihrer konkreten, besonderen, nützlichen Eigenschaft als
Spinnprozeß, überträgt sie den Wert dieser Produktionsmittel
auf das Produkt und erhält so ihren Wert im Produkt. Daher die
Doppelseitigkeit ihres Resultats in demselben Zeitpunkt"
(Marx,MEW 23, S.215).

Arbeitskraft bei weitem übersteigt. Der Wertbildungsprozeß ist hier Verwertungsprozeß. Wie ist das zu erklären?
Der Wert der Ware Arbeitskraft ward bestimmt durch die
Arbeitszeit oder Wertgröße der Waren, die als Lebensmittel
die Existenz des Arbeiters garantieren. "Aber die vergangene
Arbeit, die in der Arbeitskraft steckt und die lebendige Arbeit, die sie leisten kann, ihre tägliche Erhaltungskosten
und ihre tägliche Verausgabung, sind zwei ganz verschiedene
Größen. Die erste bestimmt ihren Tauschwert, die andere bildet ihren Gebrauchswert. Daß ein halber Arbeitstag nötigt,
um ihn während 24 Stunden am Leben zu erhalten,hindert den
Arbeiter keineswegs, einen ganzen Tag zu arbeiten. Der Wert
der Arbeitskraft und ihre Verwertung im Arbeitsprozeß sind
also zwei verschiedene Größen" (ebenda, S. 208; Hervorhebung
d.A.).Nicht nur, daß Tauschwert und Gebrauchwert der Ware
Arbeitskraft zeitlich auseinanderfallen, ihre Bestimmungs-
größe ist auch unterschiedlich. Der Gebrauchswert der Arbeitskraft ist Quelle von Wert, deshalb ist auch die Zeit,
in der sie verausgabt wird wertbildend. Die Differenz zwischen dem geschaffenen Neuwert und dem Wert der Arbeitskraft
ist der Mehrwert, es ist Mehrarbeit, die der Arbeiter kosten-
los für den Kapitalisten leistet. Es ist aber kein offen-
sichtlicher Betrug, denn der Kapitalist hat das entsprechende
Äquivalent, den Wert der Arbeitskraft bezahlt. Die Bedingungen
des Wertgesetzes sind also eingehalten. Es ist die kapitalistische Form der Aneignung des gesellschaftlichen Mehr-
wertprodukts. Der Wertbildungsprozeß stellt sich nun zweifach
dar: einerseits reproduziert der Arbeiter seinen Wert der
Arbeitskraft, indem er einen entsprechenden Neuwert bildet,
andererseis produziert er Neuwert, für den er kein Äquivalent
vom Kapitalisten bekommt und gerade dies charakterisiert den
Produktionsprozeß als Verwertungsprozeß, denn "der Verwertungsprozeß (ist) nichts als ein über einen gewissen Punkt hinaus
verlängerter Wertbildungsprozeß" (ebenda, S. 209). Der Kapital-
bestandteil, der den Wert der Arbeitskraft dabei darstellt,
wird deshalb in seiner doppelten Bestimmtheit bei Marx durch
den Begriff des variablen Kapitals ausgedrückt [19]. Von der

Wertseite her betrachtet, stellt sich der kapitalistische
Produktionsprozess als Produktion von Waren und von Mehrwert folgendermaßen dar. Er ist Reproduktion der Werte der
Waren, die als "Bildungselemente" in die neue Ware eingehen,
der Produktionsmittel und Arbeitskraft, aber gleichzeitig
die Produktion einer Wertgröße, die vorher noch nicht existiert
es ist die Vergegenständlichung der lebendigen Arbeit ohne
Repräsentanz im Wert der Arbeitskraft. Wir haben damit die
Grundlage der Existenzweise des industriellen Kapitals gefunden. "Indem der Kapitalist Geld in Waren verwandelt, die
als Stoffbildner eines neuen Produkts oder als Faktoren des
Arbeitsprozesses dienen, in dem er ihrer toten Gegenständlichkeit lebendige Arbeitskraft einverleibt, verwandelt er Wert,
vergangene, vergegenständlichte, tote Arbeit in Kapital, sich
selbstverwertenden Wert" (ebenda). Somit ist das Wesen des
kapitalistischen Produktionsprozesses aufgedeckt, es ist
die Produktion von Mehrwert. Die Summe des Mehrwerts ins
Verhältnis gesetzt zum vorgeschossenen Kapital ist der Verwertungsgrad des Kapitals und dies ist der Springpunkt kapitalistischer Produktion.
Der Produktionsprozeß von Waren war durch den Doppelcharakter
von gebrauchswertschaffender und wertschaffender Arbeit gekennzeichnet. Er stellt sich im kapitalistischen Produktionsprozeß als widersprüchlich Einheit von Arbeits- und Verwertungsprozeß dar. "Als Einheit von Arbeitsprozeß und Wertbildungsprozeß ist der Produktionsprozeß Produktionsprozeß von
Waren; als Einheit von Arbeitsprozeß und Verwertungsprozeß
ist er kapitalistischer Produktionsprozeß, kapitalistische
Form von Warenproduktion" (ebenda, S. 211).
Es soll hier aber noch einmal auf die Wichtigkeit und die
Bedeutung eines richtigen Erfassens des Marxschen Kapitalbegriffs hingewiesen werden. Das Kapital bildet das grundlegende Produktionsverhältnis, mit dem alle ökonomischen

(19) "Der in Arbeitskraft umgesetzte Teil des Kapitals verändert ... seinen Wert im Produktionsprozeß. Er reproduziert
sein eigenes Äquivalent und einen Überschuß darüber, Mehrwert,
der selbst wechseln, größer oder kleiner sein kann. Aus einer
konstanten Größe verwandelt sich dieser Teil des Kapitals fortwährend in eine variable. Ich nenne ihn daher variablen Kapital
teil   oder kürzer: variables Kapital" (Marx, MEW 23, S.224).

Gesetze und Widersprüche der kapitalistischen Produktionsweise verbunden sind. Es ist ein historisch sich heraus-
bildendes Verhältnis, das immer mehr die Gesamtheit der
Produktion und Reproduktion beherrscht, und der Gesellschaft seinen Stempel aufdrückt. Deshalb kommt den Dingen
auch nicht als eine quasi natürliche Eigenschaft zu, Kapital zu sein, sondern die Dinge, z. B. die Produktionsmittel,
verwandeln sich dann in Kapital, wenn sie unter bestimmten
gesellschaftlichen Bedingungen sich ausschließlich in den
Händen einer Klasse befinden und damit zur Ausbeutung einer
anderen Klasse benutzt werden. "Aber das Kapital ist kein
Ding, sondern ein bestimmtes gesellschaftliches, einer bestimmten historischen Gesellschaftsformation angehöriges
Produktionsverhältnis, das sich an einem Ding darstellt und
diesem Ding einen spezifischen gesellschaftlichen Charakter
gibt. Das Kapital ist nicht die Summe der materiellen und
produzierten Produktionsmittel. Das Kapital, das sind die
in Kapital verwandelten Produktionsmittel, die an sich so-
wenig Kapital sind wie Gold und Silber an sich Geld ist. Es
sind die von einem bestimmten Teil der Gesellschaft mono-
polisierten Produktionsmittel, die der lebendigen Arbeitskraft gegenüber verselbständigten Produkte und Betätigungs-
bedingungen eben dieser Arbeitskraft, die durch diesen Gegensatz in Kapital personifiziert werden" (Marx, MEW 25, S. 822
f).

Das Wesensverhältnis, das dem Kapital zugrundeliegt, die
Grundlagen des Verwertungsprozessen haben aber Erscheiungs-
formen, in denen diese Zusammenhänge verschleiert und
mystifiziert sind, so wie sich in den Erscheinungsformen der
Warenproduktion ihre Grundlagen verschleiert und verdinglicht
darstellen. Diese Verdinglichung hat ihre Ursache darin, daß
die Menschen ihre gesellschaftlichen Beziehungen nich bewußt
miteinander eingehen. Wir sahen dies bei der einfachen Warenproduktion. Die Verausgabung der Arbeit erfolgt hier (unmittelbar)in privater Form. Der gesellschaftliche Charakter dieser
Privatarbeiten muß deshalb die Gestalt des Werts der Waren an-

nehmen um so als Vergegenständlichung abstrakter Arbeit
die Privatarbeiten vergleichbar machen zu können. Da der
Wert aber die Verkörperung gesellschaftlicher Beziehungen
ist, kann er auch nicht direkt an diesem Produkt selbst,
sondern nur in der Beziehung zu anderen Produkten in Erscheinung treten. Der Wert nimmt deshalb eine von ihm unterschiedene Erscheinungsform an, er existiert in und durch die
Existenzweise des Tauschwerts.
In welcher Weise trifft dies auch für die kapitalistische
Warenproduktion zu? Oder welche spezifischen Wesens- und
Erscheinungsformen haben die gesellschaftlichen Beziehungen
der Menschen im Kapitalismus? Schauen wir uns die spezifischen Verhältnisse etas genauer an. Die kapitalistische
Warenproduktion zeichnet sich nicht nur durch eine Vergegenständlichung des gesellschaftlichen Charakters der Arbeit
im Wert der Waren aus, sie ist wesentliche eine Vergegenständlichung von unbezahlter Arbeit der Arbeiterklasse im Mehrwert. Die gesellschaftlichen Verhältnisse in der bürgerlichen
Gesellschaft verkörpern sich so im Kapital, als sich selbst
verwertendem Wert, als ein Wertverhältnis, in dem sich der
Wert des Kapitals nur durch den Austausch mit der lebendigen
Arbeitskraft des freien Lohnarbeiters ständig erhält und vermehrt. Die kapitalistische Produktion setzt eine Trennung von
Arbeit und Eigentum als Produktionsmittel voraus. Nur durch
die Monopolisierung der Produktionsmittel in den Händen einer
Klasse, der Kapitalisten, verwandelt sich Geld, Produktionsmittel und Waren in die Form von Kapital und dienen zur Ausbeutung einer anderen Klasse, der Arbeiter. Der monopoli-
sierte Besitz von Produktionsmittel schließt so die Herrschaft
über seine Existenzbedingung, die Lohnarbeit mit ein, weil
nur durch ihre Existenz und Betätigung das Kapitalverhältnis
aufrecht erhalten werden kann. "Die Existenz einer Klasse,
die nichts besitzt als die Arbeitsfähigkeit,ist eine notwendige Voraussetzung des Kapitals. Die Herrschaft der aufge-
häuften, vergangenen, vergegenständlichten Arbeit über die
unmittelbare, lebendige Arbeit macht die aufgehäufte Arbeit
erst zum Kapital" (Marx, MEW 6, S.409). Dem gesellschaftlichen
Verhältnis im Kapitalismus liegen deshalb auch keine Beziehungen von gleichen Privatproduzenten zugrunde, sondern

es sind wesentlich Klassenbeziehungen, die auf der Ausbeutung der Arbeiterklasse beruhen. Die bürgerliche Gesellschaft
ist deshalb gekennzeichnet vom Widerspruch von Lohnarbeit und
Kapital. Es ist ein ökonomisches Herrschaftsverhältnis der
Kapitalistenklasse über die Arbeiterklasse, aufgrund dessen
sich die Kapitalisten als Besitzer von Produktionsmittel das
gesellschaftliche Mehrprodukt in Form des Mehrwerts aneignen.
Wie wird nun das Ausbeutungsverhältnis im Kapitalismus verschleiert? Wie der Wert der Waren, so kann auch der Mehrwert als Verkörperung der kapitalistischen Form der Warenproduktion, da er ebenso eine Vergegenständlichung gesellschaftlicher Verhältnisse ist, nicht direkt an den einzelnen
Waren in Erscheinung treten, sondern nur in ihrer Beziehung
zueinander. Die Beziehung der Waren zueinander ist aber ihr
Austauschverhältnis. Das Wesen der kapitalistischen Produktion erhält durch ihre Vermittlung im Austauschprozeß Erscheinungsformen, die deren Inhalt nicht mehr wiederspiegeln. Das
Ausbeutungsverhältnis wird durch die Ware-Geld-Beziehung vermittelt und dadurch verschleiert. Der Mehrwert erscheint in
Form des Profits und der Wert der Ware Arbeitskraft erhält
die Preisform des Arbeitslohns.
Zunächst zur Verwandlung des Mehrwerts in die Form des Profits. Die Waren in der kapitalistischen Produktion stellen
hinsichtlich ihrer Wertbestandteile eine Veränderung gegenüber der einfachen Warenproduktion dar. Setzt sich der Wert
der Ware in der einfachen Warenproduktion zusammen aus den
verbrauchten Produktionsmitteln und dem vom Privatproduzent
zugesetzten Neuwert, so enthält der Wert der kapitalistisch
produzierten Ware den Teil der vernutzten Produktionsmittel
(c), den Ersatz für die Ware Arbeitskraft (v) und den Mehrwert (m), [20](besteht also aus c+v+m = W). Dieser Unterschied

(20) c = konstantes Kapital
     v = variables Kapital $\quad \frac{m}{v}$ = Mehrwertrate
c+v+m = Warenwert
  c+v = Kostpreis $\qquad \frac{m}{c+v}$ = Profitrate

der Waren, die Veränderung des gesellschaftlichen Inhalts
der Warenform existiert aber nicht im Austauschprozeß. Unter
den Bedingungen des Äquivalenzprinzips tauschen sich die Waren im Verhältnis zu ihren Wertgrößen als Gesamtheit der Vergegenständlichung abstrakter Arbeit, und es macht keinen Unterschied, ob sie von einem Privatproduzenten oder unter den Bedingungen kapitalistischer Produktion geleistet wurde, es ist
beidesmal die gesellschaftlich notwendige Durchschnittsarbeitszeit, die die Wertgröße bestimmt. Die kapitalistische Form
der Produktion tritt also nicht an den Waren in Erscheinung.
Ihrem Charakter als Verkörperung von Wert ist es gleichgültig,
aus welchen Bestandteilen er sich zusammensetzt, ob ein Teil
des Werts unbezahlt angeeignete Arbeit ist, sie werden, da
sie alle die gleiche Qualität aufweisen, zu einer Gesamtheit
zusammengezogen, in der die verschiedene Herkunft verschwunden ist. Der Mehrwert erscheint damit gleichzeitig nicht als
ein bestimmter Wertbestandteil der Ware, sondern als Überschuß
über das vorgeschossene Kapital, als Gewinn oder Profit des
Kapitalisten. Die kapitalistische Produktion setzt ein bestimmtes Quantum an Geld und ihre Verwandlung in Produktionsmittel und Arbeitskräfte voraus. Diese Ausgaben bezeichnet
Marx als den Kostpreis (c+v) der Waren. Der Erlös, der in
der Produktion auf Geheiß des Kapitalisten hin neu produzierten Waren stellt einen Überschuß über diesen Kostpreis,
also über das, was der Kapitalist für die Produktion ausge-
geben hat, dar.[21] Der Überschuß oder der Profit erscheint
so als ein Überschuß über das eingesetzte Gesamtkapital, erscheint beiden Bestandteilen zu entspringen. Die beiden Wertbestandteile, die den Kostpreis bilden, der Wert der Produktions
mittel und der Wert der Arbeitskraft, sind als Wertbestandteil
qualitativ unterschiedslos und ihre Größe bestimmt sich einzig
und allein aus der Art und Weise ihrer technischen Kombination.

[21]"Die kapitalistsiche Kost der Ware mißt sich an der Ausgabe in Kapital, die wirkliche Kost der Ware an der Ausgabe
in Arbeit. Der kapitalistische Kostpreis der Ware ist daher
quantitativ verschieden von ihrem Wert oder ihrem wirklichen
Kostpreis; er ist kleiner als der Warenwert, denn da W=k+m,
ist k=W-m" (Marx, MEW 25, S. 34).

Der kapitalistische Kostpreis verschleiert damit das Wesen
der Ausbeutung, da in ihm der Unterschied zwischen variablem
und konstantem Kapital ausgelöscht, verschwunden ist. Die
wirkliche Qualität des variablen Kapitals, der spezifische
Gebrauchswert der Ware Arbeitskraft, wertbildend und damit
auch mehrwertbildend zu sein, existiert auf dieser Ebene nicht
mehr. Die Verwandlung des Mehrwerts in die Form des Profits
als Erscheinung des Mehrwerts, als Überschuß über den Kostpreis der Ware mystifiziert daher das Kapitalverhältnis. Von
dieser verdinglichten Form sagt Marx, daß sie "mit Notwendigkeit aus der kapitalistischen Produktionsweise hervorwächst"
(Marx, MEW 25, S. 46). Die Verwandlung des Mehrwerts in den
Profit bringt aber auch eine Verwandlung der Mehrwertrate
($\frac{m}{v}$) in die der Profitrate ($\frac{m}{c+v}$) mit sich und bewirkt eine
quantitative Verschleierung des Ausbeutungsverhältnisses.
Die Profitrate ist stehts kleiner als die Mehrwertrate, sie
kann sogar fallen, obwohl die Mehrwertrate, also die Ausbeutung zunimmt, nämlich dann, wenn das konstante Kapital schneller wächst.
Nicht nur im Profit, sondern auch in der Erscheinung des
Werts der Ware Arbeitskraft in ihrer Preisform als Arbeitslohn ist der besondere wertbildende Charakter der Arbeit nicht
mehr sichtbar. In der Beziehung des Lohns als Preisausdruck
des Werts der Arbeitskraft auf die Arbeit und nicht auf ihre
Erhaltungskosten verschwindet der Ausbeutungscharakter der
kapitalistischen Produktion, da gemäß dem Inhalt dieser Erscheinungsform die Arbeit als bezahlt gilt und somit auch
keine unbezahlte Arbeit vom Kapitalisten angeeignet werden
kann. Beide Erscheinungsformen, die Verwandlung des Werts
der Arbeitskraft in den Arbeitslohn als auch die des Mehrwerts
in die Form des Profits, stellen zusammengenommen die Grundlagen der Verschleierung und Verdinglichung der kapitalistischen Ausbeutungsverhältnisse dar. "Weil auf dem einen Pol
der Preis der Arbeitskraft in der verwandelten Form von Arbeitslohn, erscheint auf dem Gegenpol der Mehrwert in der
verwandelten Form von Profit." (ebenda).
Der Schein der gerechten Bezahlung der Arbeit wird noch verstärkt (zum grundlegenden Verhältnis und ihrer Bedeutung für

die Erkenntnis siehe später) durch die verschiedenen Existenzweisen des Arbeitslohns. Die Form, in der sich unmittelbar der Wert der Arbeitskraft im Arbeitslohn darstellt, ist der Zeitlohn. Der Arbeiter verkauft seine Arbeitskraft für eine bestimmte Zeit, sagen wir 8 Stunden. In diesen 8 Stunden verdient er seinen Lohn, der sich also darstellt als Bezahlung der 8 Stunden Arbeitszeit. Die Verfestigung des Scheins, des Arbeitslohns als Bezahlung der Arbeit ergibt sich dadurch, daß die Arbeiter hier pro Stunde einen bestimmten Geldbetrag erhalten, d.h., daß die Lohnhöhe unmittelbar von den geleisteten Arbeitsstunden abhängt. Demgegenüber verwandelt sich im Stücklohn der Preis der Arbeit in den Preis der in den Waren gegenständlichten Arbeit. Er ist ein besonderes günstiges System zur Auspressung von Mehrarbeit und Verdichtung der Poren des Arbeitstages. Der Lohn ist hier abhängig von der individuellen Leistungsfähigkeit der Arbeiter, die Verstärkung des Lohnfetischs hat ihre Ursache darin, daß die jeweilige individuelle Arbeitsleistung als bezahlt erscheint. Diese Lohnformen sind heute größtenteils, vor allem in den Konzernen, abgelöst durch sogenannte wissenschaftliche Lohnfindungsmethoden. Die verbreitetste Art ist die in vielfältigen Differenzierungen angewandte Arbeitsbewertung oder Arbeitsplatzbewertung. Hier wird nicht mehr vom Arbeiter ausgegangen und anhand von Eingruppierungssätzen der Zeit- und der Stücklohnsatz festgelegt, sondern die Arbeitsanforderungen eines bestimmten Arbeitsplatzes werden erfaßt und nach der jeweiligen Gewichtung bewertet. Als Ergebnis erhält jeder Arbeitsplatz eine Punktzahl, die mit einem bestimmten Lohnfaktor multipliziert die Lohnhöhe ergibt. Da die an einem Arbeitsplatz aufzubringende Arbeitsleistung scheinbar wissenschaftlich exakt ermittelt und somit der Eindruck erweckt wird, als ob damit eine Grundlage für eine "gerechte Entlohnung" geschaffen wäre, wird der Fetischisierung des Lohnverhältnisses besonderer Vorschub geleistet. Aber so, wie noch kein Chemiker in der Ware Wert gefunden hat, so wird kein Arbeitswissenschaftler in der Analyse der Arbeitsplatzanforderungen und -bedingungen eine Grundlage für den Lohn

finden. Dem Lohn als Preisausdruck der Arbeitskraft liegt
ein Wertverhältnis und damit ein gesellschaftliches Ver-
hätnis zugrunde. Dieses gesellschaftliche Verhältnis ist
bestimmt durch die einzig mögliche Existensweise des Kapitals, die Notwendigkeit der Ausbeutung. Dadurch ist der
Rahmen des Lohns als Preisausdrucks der Erhaltung der Arbeitskraft abgesteckt, mögen auch noch so viele (individuelle) Differenzierungen und Schwankungen auf der Oberfläche
existieren.

3. Bewegungsformen des Kapitals (relativer Mehrwert, Fall der Profitrate). Spezifische Existenzweise der Lohnarbeiterschaft.

Nachdem wir den spezifischen Inhalt der kapitalistischen
Warenproduktion, das Wesen des Kapitalverhältnisses, sowie
seine Erscheinungsformen dargestellt haben, sind jetzt die
Bewegungsgesetze des Kapitals, die spezifische Art und Weise
kapitalistischer Produktion und ihre Auswirkungen auf die
Lebens- und Arbeitsbedingungen der Arbeiterklasse Gegenstand
der Analyse.
Das ökonomische Grundgesetz des Kapitalismus formuliert Marx
so: "Prodkution von Mehrwert oder Plusmacherei ist das absolute Gesetz dieser Produktionsweise" (Marx, MEW 23, S. 647).
Für den einzelnen Kapitalisten macht es sich als Zwangsge-
setzt der Konkurrenz geltend. So ist er bei Strafe seines
Untergangs gezwungen, die Ausbeutung der Lohnarbeiter zu erhöhen, da sich nur so sein eingesetzes Kapital erhält und
verwertet und zwar in steigendem Maße. Es gibt nun allgemein
zwei Möglichkeiten, die Mehrarbeitszeit und damit den Mehrwert zu erhöhen: Entweder bei gegebener durchschnittlicher
notwendiger Arbeitszeit die Gesamtarbeitszeit zu erhöhen,
also den Arbeitstag, die Wochenarbeitszeit etc. zu verlängern,
oder die durchschnittlich notwendige Arbeitszeit zu senken.
Dies ist aber bei gleichbleibendem Wert der Arbeitskraft nur
möglich, wenn durch steigende Arbeitsproduktivität die Erhaltung der Arbeitskraft schneller reproduzierbar ist, also

163

der Konsumtionsfond der Arbeiterklasse wohlfeiler produziert wird. In der Entwicklung der Mehrwertproduktion unterscheidet Marx also zwischen zwei Arten von Methoden ihrer
Erhöhung, dem absoluten und dem relativen Mehrwert [22].
Sie treten zwar nie getrennt voneinander auf, gehören notwendigerweise zusammen, sind aber auch gleichzeitig bezeichnend für bestimmte historische Tendenzen und Abschnitte der
kapitalistischen Produktionsweise. So war die absolute Mehrwertproduktion vor allem bezeichnend für den Beginn der kapitalistischen Produktionsweise, während die Notwendigkeit der
Steigerung der Mehrwertrate durch erhöhte Produktivität sich
vor allem nach der Durchsetzung eines "Normalarbeitstages"
auf der Grundlage der früher schon entwickelten Kooperation
und Anwendung der Maschinerie als das Hauptmittel der steigenden Kapitalverwertung erwies. Die Produktion des relativen
Mehrwerts und der daraus folgenden Entwicklung der spezifischen kapitalistischen Produktionsmethoden, d. h. also die
spezifisch kapitalistische Form der Produktivitätssteigerung,
soll im folgenden genauer untersucht werden, einmal in Bezug
auf ihre Folgen in der unmittelbaren Produktion, der Herausbildung der spezifischen Fabrikproduktion, zum anderen in
Bezug auf ihre gesamtgesellschaftlichen Auswirkungen, als
Tendenz des kapitalistischen Akkumulationsprozesses.

Das Kapital, das in seiner Bewegung und Tendenz maßlos ist,
hat in den "besonderen Produktionsmethoden des relativen
Mehrwerts" (ebenda, S. 340) die Form gefunden, in der es in
seiner Widersprüchlichkeit prozessierend existieren kann.
Insofern sind in der Produktion des relativen Mehrwerts die
Bewegungsgesetze des Kapitals als ein mehrwertheckender Wert
auf den Begriff gebracht. Wie geht nun die Produktion des
relativen Mehrwerts im einzelnen vor sich? Um den "Begriff

[22] "Durch Verlängerung des Arbeitstages produzierten Mehrwert nenne ich absoluten Mehrwert; den Mehrwert dagegen, der
aus Verkürzung der notwendigen Arbeitszeit und entsprechender
Veränderung im Größenverhältnis der beiden Bestandteile des
Arbeitstages entspringt - relativen Mehrwert" (Marx, MEW 23, S. 334).

des relativen Mehrwerts" (ebenda, S. 331) zu entwickeln,
geht Marx davon aus, daß der Arbeitstag, also auch die Gesamtarbeitszeit konstant bleibt oder sich sogar verkürzt.
Soll unter diesen Bedingungen die Mehrwertrate und -masse
erhöht werden, so ist dies nur durch Verringerung des Anteils des variablen Kapitals zu erreichen. Es zeigt sich
die direkte Beziehung zwischen dem Wert der Arbeitskraft und
dem Mehrwert, oder anders ausgedrückt, zwischen der notwendigen Arbeitszeit und der unentgeldlich aufgewandten Mehrarbeitszeit. Soll also die Mehrarbeitszeit steigen, so muß
bei gleichbleibendem Arbeitstag die notwendige Arbeitszeit
abnehmen. Unter den Voraussetzungen des Äquivalententausches
ist die Reduzierung der notwendigen Arbeitszeit oder des variablen Kapitals nur möglich durch die Entwicklung der Produktivkraft der Arbeit. "Die Entwicklung der Produktivkraft der
Arbeit, innerhalb der kapitalistischen Produktion, bezweckt,
den Teil des Arbeitstages, den der Arbeiter für sich selbst
arbeiten muß, zu verkürzen, um gerade dadurch den anderen
Teil des Arbeitstages, den er für den Kapitalisten umsonst
arbeiten kann, zu verlängern" (ebenda, S. 340). Die Produktivkraft der Arbeit erhöhen bedeutet, die technischen und gesellschaftlichen Bedingungen des Arbeitsprozesses, also die
stoffliche Seite der Produktionsweise selbst unaufhörlich
umzuwälzen, ständig zu revolutionieren und so den Arbeitsprozeß dem Verwertungsprozeß, dem Verwertungstrieb des Kapitals
botmäßig zu machen. Durch kooperatives und arbeitsteiliges
Zusammenwirken der Produzenten, Ökonomisierung der Produktion,
Anwendung von Wissenschaft und Technik und Herausbildung eines
Maschinen- und Automatensystems, wird der Wirkungsgrad der
Arbeit, die Arbeitsproduktivität immens und immer wieder aufs
neue gesteigert [23]. Die Erhöhung der Arbeitsproduktivität
führt zu einer Verwohlfeilerung der Waren, da in der gleichen
Zeit jetzt mehr Waren produziert werden können wie früher
und so der Tageswert sich auf eine größere Anzahl verteilt,

[23]"Die Produktion des relativen Mehrwerts revolutioniert
durch und durch die technischen Prozesse der Arbeit und die
gesellschaftlichen Gruppierungen" (Marx, MEW 23, S. 532 f).

was gleichbedeutend ist mit einer Verringerung des Wertbestandteils, der auf die einzelne Ware entfällt. Werden
also durch erhöhte Arbeitsproduktivität die Lebensmittel
der Arbeiterklasse schneller und so auch billiger produziert, so sinkt damit der Wert der Arbeitskraft, d. h. der
gleichbleibende Reallohn ist schneller reproduzierbar. Es
sinkt der Teil des produzierten Neuwerts, den der Arbeiter
für seine Erhaltung beansprucht und damit fällt dem Kapitalisten ein größerer Teil als Mehrwert zu. Die gesamtgesellschaftliche Entwicklung wachsender Produktivität setzt
sich im Kapitalismus nicht in einer abgestimmten, planmäßigen
Weise, sondern anarchisch über die Konkurrenz der Einzelka-
pitale durch. Die durch den Konkurrenzkampf aufgezwungene
ständige Verwertung des Kapitals treibt die Kapitalisten zu
andauernder Verbesserung und Erneuerung der Produktionsmethoden. Den Vorteil, den ein Kapitalist hat, wenn er vor der
Konkurrenz verbesserte Produktionsmethoden, neue Maschinen
etc. einsetzt, besteht darin, daß er gegenüber seinen Kon-
kurrenten einen Extramehrwert einstreichen kann. Da er billiger
produziert, kann er seine Ware zu geringerem Preis als seine
Konkurrenz verkaufen. Die Erzielung eines Extramehrwerts ist
aber nur eine vorübergehende Sache, denn die Konkurrenz übernimmt mit der Zeit diese moderneren Produktionsverfahren. So
setzt sich über die Jagd nach Extramehrwert und der nachfol-
genden Verallgemeinerung eine gesamtgesellschaftlich steigende
Arbeitsproduktivität durch, die dann insgesamt zu einer Erhöhung des relativen Mehrwerts führt. Ist die steigende Produktivität der Arbeit die allgemeine Grundlage für die Produktion des relativen Mehrwerts, so ist ihre konkrete Form
die des Erheischens eines Extramehrwerts durch das Einzelkapital. Es ist dies die konkrete Bedingung, unter der sich
die widersprüchliche Entwicklung der Produktivkräfte im Kapitalismus vollzieht.
Nach der Klärung des Begriffs des relativen Mehrwerts geht
es nun um die historische Entwicklung. Die kapitalistische
Produktion beginnt unter den handwerklichen Produktionsbedingungen. Sie nimmt ihre technische Seite zum Ausgangspunkt,
unterscheidet sich daher anfänglich von der Handwerksproduktion
nur quantitativ Indem sie die zersplitterte Produktion von

Kleinmeistern und Gesellen sprengt und die Produzenten in
einer neuen kooperativ-arbeitsteiligen Form zusammenführt,
entwickelt sie die Manufaktur als eine dem Maschinensystem
vorangegangenes Stadium des kapitalistischen Produktionsprozesses [24]. Die Steigerung der Produktivkraft der Arbeit
beruht hier auf der Art und Weise der Arbeitsteilung und Kooperation als gesellschaftliche Kombination des Produktionsprozesses. Damit ist eine Hervorbringung gesellschaftlicher
Produktivkräfte gegeben, die die stagnierende Produktion des
Zunftsystems sprengen und den Wirkungsgrad der Arbeit bedeutend erhöhen. Für die Manufaktur ist deshalb nach Marx der
"Teilarbeiter und sein Werkzeug" (ebenda, S. 359) charakte-
ristisch. Der Herstellungsprozeß wird aufgegliedert in kleinste Teiloperationen, was jeweils spezifische Qualifikationen
bei den Arbeitern verlangt. Es bildet sich der auch noch heute
durch die Fließbandproduktion hinlänglich bekannte Detail-
arbeiter heraus, von dem nur ganz bestimmte Handgriffe und
Fertigkeiten verlangt werden. So fungiert der Einzelne nur
noch als Glied einer Gesamtarbeitschaft, des gesellschaftlichen Gesamtarbeiters. Die Entwicklung des Gesamtarbeiters
erhöht den relativen Mehrwert, entwickelt die Produktivität
für das Kapital, bringt aber gleichzeitig Verarmung und Entwicklungslosigkeit des Arbeiters mit sich, führt zur lebens-
länglichen Anexion des Arbeiters an eine Teilfunktion. "In
der Manufaktur ist die Bereicherung des Gesamtarbeiters und
daher des Kapitals an gesellschaftlicher Produktivkraft bedingt durch die Verarmung des Arbeiters an individuellen
Produktivkräften" (ebenda, S. 383). Die handwerkliche Grundlage der Manufaktur wird im Laufe der Zeit zum Hindernis für

[24]"Die kapitalistische Produktion beginnt, ... in der Tat
erst, wo dasselbe individuelle Kapital eine größere Anzahl
Arbeiter gleichzeitig beschäftigt, der Arbeitsprozeß also seinen Umfang erweitert und Produkt auf größere quantitativer
Stufenleiter liefert. Das Wirken einer größeren Arbeiteranzahl
zur selben Zeit, in demselben Raum ..., zur Produktion der selben Warensorte, unter dem Kommando desselben Kapitalisten, bildet historisch und begrifflich den Ausgangspunkt der kapitalistischen Produktion"(Marx, MEW 23, S. 341).

die Weiterentwicklung des Produktionsprozesses, da trotz
aller arbeitsteilig-kooperativer Formen die Produktion selbst
von der handwerklichen Geschicklichkeit des Arbeiters, seinem
Können in der Anwendung der Werkzeuge abhängig bleibt.durch
die maunfakturmäßige Arbeitsteilung verbessert sich aber schon
das Werkzeug, da zur Herausbildung von Spezialtätigkeiten auch
Spezialwerkzeuge benötigt werden. Mit der Entwicklung der Ar-
beitsinstrumente entsteht so die Voraussetzung für die Herstellung von Maschinen. Durch die Kombination von Antriebs-
und Werkzeugmaschine und damit der Möglichkeit der Produktion
von Maschinen durch Maschinen, wird die technische Grenze
der Manufaktur überwunden. Die kapitalistische Produktionsweise hat sich damit von den natürlichen Bedingungen des
Arbeitsprozesses insofern gelöst, als die unmittelbare persönliche Kraftanstrenung und persönliche Geschicklichkeit
des Arbeiters nicht mehr Ausgangspunkt und Bedingung der
Produktion ist. Durch die Anwendung des Maschinensystems entsteht ein objektiver Produktionsorganismus, "den der Arbeiter
als fertige materielle Produktionsbedingung" (ebenda, S. 407)
vorfindet. Der sich in der Manufaktur entwickelnde Prozeß
der Verwandlung des einzelnen Arbeiters zum Glied eines gesellschaftlichen Gesamtarbeiters erfährt in der großen Industrie seine volle Entfaltung. Die Maschinerie in ihrer entwickelten Gestalt als Maschinensystem ist eine Produktivkraft, die von vornherein nur gesellschaftlich angewandt werden kann. Die Manufaktur verwandelt sich in die Fabrik. Durch
die technischen Bedingungen des Maschinensystems besteht die
Möglichkeit der immer schnelleren Revolutionierung der Produktionsmethoden, der verstärkten Einbeziehung von Wissenschaft und Technik in den Produktionsprozeß. Die Entwicklung
des Gesamtarbeiters und damit die Steigerung der Produktivkraft der Arbeit kann sich deshalb in immer stärkerem Maße
vollziehen. Der kapitalistische Produktionsprozeß hat jetzt
einzig und allein seine Grenze in sich selbst. Bei der Betrachtung der Auswirkungen des Fabriksystems und der Anwendung der Maschinerie ist zu unterscheiden zwischen der "Natur"
oder dem Wesen des Verhältnisses von Arbeiter und Maschine
und der Art und Weise dieses Verhältnisses unter kapitalisti-

scher Anwendung. "In dem einen erscheint der kombinierte Gesamtarbeiter oder gesellschaftlicher Arbeitskörper als übergreifendes Subjekt und der mechanische Automat als Objekt, in dem anderen ist der Automat selbst das Subjekt und die Arbeiter sind nur als bewußte Organe seinen bewußtlosen Organen beigeordnet und mit denselben der zentralen Bewegungskraft untergeordnet. Der erste Ausdruck gilt von jeder möglichen Anwendung der Maschinerie im großen, der andere charakterisiert ihre kapitalistische Anwendung und daher das moderne Fabriksystem" (ebenda, S. 442). In der kapitalistischen Produktion wenden also die Arbeitsbedingungen den Arbeiter an, statt umgekehrt. Der Produktionsorganismus der Maschinerie vollendet die Unterwerfung der Arbeiter unter das Kapital. Das Arbeitsmittel tritt dem Arbeiter als Kapital gegenüber, d. h. als tote Arbeit, die durch Einsaugung lebendiger Arbeit existiert. Die Scheidung von Hand- und Kopfarbeit erhält im Fabriksystem ihre Vollendung [25]. Insgesamt kann der Übergang von der manufakturmäßigen zur fabrikmäßigen Produktion auch als Verwandlung der formellen in die reelle Subsumtion der Arbeiter unter das Kapital bezeichnet werden.

Wir haben im groben die historischen Stadien des kapitalistischen Produktionsprozesses verfolgt, wobei dies gemäß seines zwieschlächtigen Charakerts als Arbeits- und Verwertungsprozeß sowohl Stadien der Entwicklung der Produktivkräfte, des Wirkungsgrads der Arbeit, als auch Stadien der relativen

[25] "Während die Maschinenarbeit das Nervensystem aufs äußerste angreift, unterdrückt sie das vielseitige Spiel der Muskeln und konfisziert alle freie, körperliche und geistige Tätigkeit. Selbst die Erleichterung der Arbeit wird zum Mittel der Totur, indem die Maschine nicht den Arbeiter von der Arbeit befreit, sondern seine Arbeit vom Inhalt. .. Die Scheidung der geistigen Potenzen des Produktionsprozesses von der Handarbeit und die Verwandlung derselben in Mächte des Kapitals über die Arbeit vollendet sich .. in der auf der Grundlage der Maschinerie aufgebauten großen Industrie. Das Detailgeschick des individuellen, entleerten Maschinenarbeiters verschwindet als ein winzig Nebending vor der Wissenschaft, den ungeheuren Naturkräften und der gesellschaftlichen Massenarbeit, die im Maschinensystem verkörpert sind" (Marx, MEW 23, S. 445 f.).

Mehrwertproduktion, der wachsenden Ausbeutung der Arbeiterklasse sind. Die allgemeine Grundlage der "besondern Pro-
duktionsmethode des relativen Mehrwerts" (Marx) ist dabei
die kapitalistische Form der Kooperation, die Vergesellschaftung der unmittelbaren Produktion durch das Kapital.
Es gibt zwar verschiedenartige Ausprägungen des kooperativ-
arbeitsteiligen Produktionsprozesses - so ist z. B. die Verwandlung des Arbeiters in einen Teilarbeiter die vorherrschen-
de Form im Stadium der Manufaktur, während in der großen
Industrie die Verwandlung des Arbeitsmittels bis hin zu automatischen Systemen das tragende Prinzip ist, und damit die
kooperativ - arbeitsteilige Struktur hier wesentlich von der
Art und Weise des Maschinensystems abhängt [26] (daher spricht
auch Marx vom Arbeiter als Anhängsel der Maschine) - aber die
Grundform der kapitalistischen Kooperation, damit auch die
Bestimmung des Arbeitsprozesses durch den Verwertungsprozeß
bleibt gleich.
Voraussetzung eines kooperativen-arbeitsteiligen Produktionsprozesses ist zunächst die quantitative Ausdehnung der unmittelbaren Produktion. Das bedeutet die Anwendung einer
größeren Arbeiteranzahl am gleichen Ort, unter dem gleichen
Kommando und verlangt somit gleichzeitig auch die Vermehrung
der Produktionsinstrumente, größere Räumlichkeit, mehr Maschinen, Rohstoffe, Arbeitsmittel etc.. Vorausgesetzt ist
also ein bestimmtes Kapitalminimum als Auslagen für variables
und konstantes Kapital. Sind diese Bedingungen erfüllt, so
ergibt das Resultat etwas qualitativ neues. Es ist nicht die
einfache Zusammenfassung der individuellen Arbeiter, auch nicht
allein die Erhöhung seiner Produktivität, sondern die Herausbildung einer neuen Produktivkraft, einer gesellschaftlichen
Produktivkraft, die durch die Zusammenarbeit entsteht. Die
gemeinsame Kraftpotenz des entwickelten Gesamtarbeiters

[26] Vgl. dazu die Untersuchungen von Popitz u. a. (1957).
Sie unterscheiden zwischen "teamartiger" und "gefügeartiger"
Kooperation, wobei die gefügeartige Kooperation als Resultat
verstärkter Mechanisierungs· und Automatisierungsprozesse
auftritt.

übersteigt bei weitem die Kraftpotenz der gleichen Anzahl
individuell und getrennt arbeitender Produzenten. "Verglichen mit einer gleich großen Summe vereinzelter individueller Arbeitstage produziert der kombinierte Arbeitstag größere Massen von Gebrauchswert und vermindert daher
die zur Produktion eines bestimmten Nutzeffekts nötige Arbeitszeit. Ob er im gegebenen Fall diese gesteigerte Produktivkraft erhält, weil er die mechanische Kraftpotenz
der Arbeiter erhöht oder ihre räumliche Wirkungssphäre aus-
dehnt oder das räumliche Produktionsfeld im Verhältnis zur
Stufenleiter der Produktion verengt oder im kritischen Moment viel Arbeit in wenig Zeit flüssig macht, oder den Wett-
eifer der Einzelnen erregt und ihre Lebensgeister spannt
oder den gleichartigen Verrichtungen vieler den Stempel der
Kontinuität und Vielseitigkeit aufdrückt,oder verschiedene
Operationen gleichzeitig verrichtet oder die Produktionsmittel durch ihren gemeinschaftlichen Gebrauch ökonomisiert
oder der individuellen Arbeit den Charakter gesellschaftlicher
Durchschnittsarbeit verleiht, unter allen Umständen ist die
spezifische Produktivkraft des kombinierten Arbeitstags gesellschaftliche Produktivkraft der Arbeit oder Produktivkraft
gesellschaftlicher Arbeit. Sie entspringt aus der Kooperation
selbst. Im planmäßigen Zusammenwirken mit andern streift der
Arbeiter seine individuellen Schranken ab und entwickelt sein
Gattungsvermögen" (ebenda, S. 348 f).Das planmäßige Zusammenwirken im kooperativ-arbeitsteiligen Produktionsprozeß ist
aber nicht die Sache der Arbeiter, sondern die des Kapitals.
Während sich die gesamtgesellschaftliche Arbeitsteilung auch
im Kapitalismus nur anarchisch hinter dem Rücken der Beteiligten durch das Wirken des Wertgesetzes durchsetzt, existiert
im kapitalistischen Produktionsprozeß selbst eine planmäßige
Organisation, eine kooperative Form der Produktion, die ein
erhöhtes Maß an Vergesellschaftung und Entwicklung der Produktivität darstellt. Aber der Arbeiter ist davon ausgeschlossen, da die planmäßige Organisation als Produktions-
plan nur durch die Anordnung des Kapitalisten existiert.
"Die Kooperation der Lohnarbeiter ist ferner bloße Wirkung
des Kapitals, das sie gleichzeitig anwendet. Der Zusammenhang

ihrer Funktionen und ihrer Einheit als produktiver Gesamtkörper liegen außer ihnen, im Kapital, das sie zusammen-
bringt und zusammenhält. Der Zusammenhang ihrer Arbeiten
tritt ihnen daher idell als Plan, praktisch als Autorität
des Kapitalisten gegenüber, als Macht eines fremden Willens,
der ihr Tun seinem Zweck unterwirft" (ebenda, S. 351; Hervorhebung d.A.). Die Kooperation im kapitalistischen Produktionsprozeß ist keine von den unmittelbaren Produzenten selbst bewußt geplante gemeinsame Tätigkeit [27]. Der Inhalt der Produktion gehört nicht zu den unmittelbaren Existenzbedingungen
der Arbeiter. Er ist nicht die gemeinsame Sache der Produzenten, von denen jeder ein Glied des Gesamtarbeiters ist,
sondern alleinige Sache des Kapitalisten. Die Lohnarbeiter
stehen zwar objektiv in ineinandergeschachtelten Kooperations-
verhältnissen verschiedener Größenordnungen, von der aktuellen
Koordination der Teilarbeiten bis hin zu übergreifenden Koope-
rationsstrukturen zwischen ganzen Industriezweigen. Diese sind
aber einzig und allein verkörpert im Kapitalisten,als dem
industriellen Leiter. " Mit der Kooperation vieler Lohnarbeiter entwickelt sich das Kommando des Kapitals zum Er-
heischnis für die Ausführung des Arbeitsprozesses selbst, zu
einer wirklichen Produktionsbedingung. Der Befehl des Kapitalisten auf dem Produktionsfeld wird jetzt so unentbehrlich
wie der Befehl des Generals auf dem Schlachtfeld"(ebenda,
S. 350). Dadurch, daß der kaptialistische Produktionsprozeß wesentlich Verwertungsprozeß ist, hat die Leitung des
Arbeitsprozesses spezifische Charaktermerkmale. Sie ist der
"Form nach despotisch" (ebenda, S. 351). Mit der Ausdehnung

[27]"Das Produkt seiner Tätigkeit (des Arbeiters) ist daher
auch nicht der Zweck seiner Tätigkeit. Was er für sich selbst
produziert, ist nicht die Seide, die er webt, nicht das Gold,
das er aus dem Bergschacht zieht, nicht der Palast, den er
baut. Was er für sich selbst produziert, ist der Arbeitslohn,
und Seide, Gold, Palast, lösen sich für ihn auf in ein bestimmtes Quantum von Lebensmittel. ... Die zwölfstündige Arbeit ... hat ihm keinen Sinn als Weben, Spinnen, Bohren usw.,
sondern als Verdienen, das ihn an den Tisch, auf die Wirts-
hausbank, ins Bett bringt" (Marx, MEW 6, S. 400 f.).

der Produktion entwickelt sich ein spezifisches Herrschafts-
system im Betrieb. Der Kapitalist delegiert seine Aufsicht
an "industrielle Oberoffiziere" und "Unteroffiziere". "Mit
der Entwicklung der Kooperation auf größerem Maßstab entwickelt dieser Despotismus seine eigentümlichen Formen. Wie
der Kapitalist zunächst entbunden wird von der Handarbeit, sobald sein Kapital jene Minimalgröße erreicht hat, womit die
eigentliche kapitalistische Produktion erst beginnt, so tritt
er jetzt die Funktion unmittelbarer und fortwährender Beauf-
sichtigung der einzelnen Arbeiter und Arbeitsgruppen selbst
wieder ab an eine besondere Sorte von Lohnarbeitern. ... Die
Arbeit der Oberaufsicht befestigt sich zu ihrer ausschließlichen Funktion" (ebenda). Durch diese Bedingungen des kapitalistischen Produktionsprozesses ist der Arbeiter vom gesellschaftlichen Inhalt der Produktion und damit von der geistigen
und praktischen Verfügung über die kooperative menschliche
Tätigkeit notwendig ausgeschlossen.
Wie wir sahen, entsteht durch die Kooperation eine gesteigerte Produktivkraft der Arbeit, eine gesellschaftliche Produktivität, die den Wirkungsgrad des individuellen Arbeiters,
da jetzt Teil des Gesamtarbeiters, immens steigert. Die Entwicklung der Arbeitsproduktivität als Grundlage der Produktion
des relativen Mehrwerts erscheint aber nicht als Entwicklung
der gesellschaftlichen Potenzen des Gesamtarbeiters. Da die
Verwandlung der individuellen Arbeitskraft der Arbeiter in
eine gesellschaftliche Produktivkraft durch das Kapital erfolgt, erscheint diese neue Produktivkraft als Produktivkraft des Kapitals. "Weil die gesellschaftliche Produktivkraft der Arbeit dem Kapital nichts kostet, weil sie andererseits nicht von dem Arbeiter entwickelt wird, bevor seine
Arbeit selbst dem Kapital gehört, erscheint sie als Produktivkraft, die das Kapital von Natur besitzt, als seine immanente
Produktivkraft" (ebenda, S. 253). Die kapitalistischen Be-
wegungsgesetzte in Form des relativen Mehrwerts nehmen so
selbst in der unmittelbaren Produktionssphäre eine Erscheinungsform an, durch die das Kapitalverhältnis und damit die
Ausbeutung verschleiert ist. Diese Verschleierung verstärkt
sich mit der Entwicklung des Maschinensystems zu teilautoma-

tischen oder vollautomatischen Produktionssystemen.
Diese Entwicklung im Auge schreiben Bahrt^{h}u.a. (1970):
" Gerade in der Sphäre der Arbeit ist es dem Kapitalismus gelungen, mit der Realisierung seiner Verwertungsin-
teressen Veränderungen auszulösen, die dem Arbeiter den
Charakter der Gesellschaft nicht offenbart, sondern ver-
deckt haben" (S. 114).

Wir haben die Bewegungsgesetze des Kapitals im Moment des
relativen Mehrwerts dargestellt und bis jetzt die Auswirkungen auf die unmittelbare Produktion, die Bedingung des
spezifisch kapitalistischen Produktionsprozesses betrachtet.
Man könnte auch sagen, wir haben das individuelle Kapital unter
seinen Produktionsbedingungen betrachtet. Produktion von Mehrwert soll aber nicht nur einmal stattfinden, sondern als Prozeß und dies bei vielen Einzelkapitalen. Wir kommen also zur
Frage des "Gesetzes der kapitalistischen Akkumulation" (Marx,
MEW 23, S. 640). Hierbei können wir aber nicht das jeweilige
Einzelkapital, sondern müssen die Tendenz des Gesamtkapitals
analysieren, indem das Einzelkapital nur einen aliquoten
Teil bildet. Der Verwertungstrieb des Kapitals macht sich
für den einzelnen Kapitalisten als Zwangsgesetz der Konkurrenz
geltend. Will er im Konkurrenzkampf bestehen, muß er nicht nur
die Produktion beibehalten, er muß einen Teil des Mehrwerts
anlegen und seine Produktion erweitern, d.h. akkumulieren.
Uns interessieren die Auswirkungen der Akkumulation, also
ständige Verwandlung von Mehrwert in Kapital, hinsichtlich
der Anwendung der Methoden der relativen Mehrwertproduktion,
also in Bezug auf die spezifisch kapitalistische Form der
Produktivitätssteigerung.
Entwicklung der Produktivkraft der Arbeit bedeutet Veränderung
der Zusammensetzung der Elemente des Arbeitsprozesses (technische Zusammensetzung). Durch die maschinelle Produktion
nimmt die Menge der Produktionsmittel, Rohstoffe und Halbfabrikate etc. zu, während gleichzeitig durch Entwicklung des
Wirkungsgrads der Arbeit diese vermehrte Masse von einer geringeren Anzahl von Arbeitern angewandt werden kann. Somit verändert sich auch die Zusammensetzung des Kapitals, indem der

174

Kapitalist einen immer größeren Umfang für das wachsende
konstante Kapital und einen immer kleineren Umfang für das
variable Kapital auslegen muß. Die Entwicklung der Produktivkraft der Arbeit hat also bei fortschreitender Akkumulation zur Folge, daß der variable Bestandteil des Gesamtkapitals relativ fällt. Die steigende Produktion des relativen Mehrwerts führt so zur Abnahme des Anteils der lebendigen Arbeit im Produktionsprozeß und dies bei beschleunigter
Akkumulation im verstärkten Maße. "Wenn also ein gewisser
Grad der Kapitalakkumulation als Bedingung der spezifischen
Produktionsweise erscheint, verursacht die letztere rück-
schlagend eine beschleunigte Akkumulation des Kapitals. Mit
der Akkumulation des Kapitals entwickelt sich daher die
spezifisch kapitalistische Produktionsweise und mit der spezifisch kapitalistischen Produktionsweise die Akkumulatuion des
Kapitals. Diese beiden ökonomischen Faktoren erzeugen, nach
dem zusammengesetzten Verhältnis des Anstoßes, den sie sich
gegenseitig erteilen, den Wechsel in der technischen Zusammensetzung des Kapitals,durch welchen der variable Bestandteil
immer kleiner und kleiner wird, verglichen mit dem konstanten"
(ebenda, S. 653). Das bleibt nicht ohne Folgen für die Existenzbedingungen des Lohnarbeiters. Durch Abnahme des Anteils
der lebendigen Arbeit bei steigender Produktivität bringt die
kapitalistische Akkumulation die Tendenz einer Überbevölkerung
im Verhältnis zum Verwertungsinteresse des Kapitals hervor.
Die Tendenz der industriellen Reservearmee ist die Kehrseite
der Freiheit des Arbeiters als Warenbesitzer. Es ist seine to-
tale Abhängigkeit vom Bedarf des Kapitals an Arbeitskraft und
damit die Bedrohtheit seiner Existenz durch Verlust seines
Arbeitsplatzes bzw. fehlenden Bedarfs an Arbeitskraft auf dem
Arbeitsmarkt. Tritt diese Tendenz der industriellen Reservearmee in den verschiedensten Formen auf, als strukturelle
Umgliederung von ganzen Industriebereichen, stockende Ab-
sorbtion in anderen Sektoren etc., so kommt sie vor allem
in den immer wiederkehrenden Kriesentendenzen des kapitalistischen Akkumulationsprozesses zum Vorschein und reguliert die
kapitalistische Überwindung der Krisen in Form von Lohnsenkung

und Disziplinierung der Arbeitklasse.
Durch die anarchische Produktionsweise des Kapitalismus,
das Durchsetzen von Tendenzen und Gesetzmäßigkeiten durch
widersprüchliche Bewegungsformen und vielfältige Sonderent-
wicklung auf der Oberfläche der Gesellschaft gibt es vielfältige Momente der kapitalistischen Krisenentwicklung und
ebensoviele Ausdrucksformen. Wenn Marx aber von der Krisentendenz des Kapitalismus spricht, so meint er, daß die Ursache der Krise in den Bewegungsgesetzen des Kapitals selbst
liegen. Der fortschreitende Akkumulationsprozeß hat bei steigender Produktivkraft der Arbeit zur Folge, daß der variable
Kapitalteil im Verhältnis zum konstanten sinkt. Da die Profitrate und hier vor allem die Durchschnittsprofitrate (zur Verwandlung des Profits in Durchschnittsprofit vgl. Marx, MEW
25, S. 151 ff) dem Kapitalisten den Verwertungsgrad seines
Gesamtkapitals anzeigt, müssen wir die Auswirkungen der Veränderung der Kapitalzusammensetzung auf die Profitrate untersuchen. Bei fortschreitender Akkumulation wächst das Gesamtkapital. Da aber das konstante Kapital schneller wächst als
das variable und nur der variable Kapitalbestand Profit erzeugen kann, fällt mit wachsendem Gesamtkapital die allgemeine Profitrate. Das Kapital kann sich trotz steigender Produktivkraft der Arbeit nicht mehr progressiv verwerten. Die
kapitalistischen Produktionsbedingungen geraten mit sich
selbst in Widerspruch. Marx formuliert diese Bedingung kapitalistischer Akkumulation in seinem Gesetz des tendenziellen
Falls der allgemeinen Profitrate. "Die progressive Tendenz
der allgemeinen Profitrate zum Sinken ist also nur ein der
kapitalistischen Produktionsweise eigentümlicher Ausdruck
für die fortschreitende Entwicklung der gesellschaftlichen
Produktivkraft der Arbeit. Es ist damit nicht gesagt, daß
die Profitrate nicht aus anderen Gründen vorübergehend fallen
kann, aber es ist damit aus dem Wesen der kapitalistischen
Produktionsweise als eine selbstverständliche Notwendigkeit
bewiesen, daß in ihrem Fortschritt die allgemeine Durch-
schnittsrate des Mehrwerts sich in einer fallenden allgemeinen
Profitrate ausdrücken muß. Da die Masse der angewandten
lebendigen Arbeit stehts abnimmt im Verhältnis zu der Masse

der von ihr in Bewegung gesetzten vergegenständlichten
Arbeit, der produktiv konsumierten Produktionsmittel, so
muß auch der Teil dieser lebendigen Arbeit, der unbezahlt
ist, und sich in Mehrwert vergegenständlicht, in einem stehts
abnehmendem Verhältnis stehen zum Wertumfang des angewandten
Gesamtkapitals. Dies Verhältnis der Mehrwertmasse zum Wert
des angewandten Gesamtkapitals bildet aber die Profitrate,
die daher beständig fallen muß" (Marx, MEW 25, S. 223 ;
Hervorhebung d.A.). Wir können hier im einzelnen keine Ableitung dieses Gesetzes und seiner historischen Berechtigung
vornehmen (vgl. dazu die Diskussion in der Zeitschrift "Probleme des Klassenkampfes" sowie Schmiede, 1973 und Grossmann,
1970). Zu betonen ist, daß Marx das Gesetz des tendenziellen
Falls der allgemeinen Profitrate nicht bei konstanter, sondern
steigender Mehrwertrate abgeleitet hat, d.h. er hat die Erhöhung des Mehrwerts durch technische Entwicklung als Voraussetzung sehr wohl in die Analyse einbezogen. Es ist der
Widerspruch der "besonderen Produktionsmethoden des relativen
Mehrwerts" (Marx), der hier sowohl in steigender Mehrwertrate,
als auch im steigenden konstanten Kapital als Folge der verstärkten Anwendung der Maschinerie seinen Ausdruck findet.
"Also dieselbe Entwicklung der gesellschaftlichen Produktivkraft der Arbeit drückt sich im Fortschritt der kapitalistischen Produktionsweise aus, einerseits in einer Tendenz zu
fortschreitendem Fall der Profitrate und andererseits in beständigem Wachstum der absoluten Masse des angeeigneten Mehrwerts oder Profits; so daß im ganzen der relativen Abnahme
des variablen Kapitals und Profits eine absolute Zunahme
beider entspricht. Dies doppelte Wirkung kann sich nur darstellen in einem Wachstum des Gesamtkapitals in rascherer
Progression als die, worin die Profitrate fällt" (ebenda,
S. 233). Das Gesetz des tendenziellen Falls der allgemeinen
Profitrate setzt sich aber wie alle ökonomischen Gesetz -
mäßigkeiten nur hinter dem Rücken der Beteiligten durch,
vollzieht sich über das Zwangsgesetz der Konkurrenz der
Einzelkapitalisten. In der Sphäre der Konkurrenz der Einzelkapitalisten liegen aber selbst "entgegenwirkende Ursachen

(ebenda, S. 242), die das Gesetz zu einer Tendenz machen[28].
Es sind dies schlechte Bezahlung von Teilen der Arbeiterklasse, verbilligte Einfuhr von Rohstoffen etc. gleichzeitig
zeigt sich das Wirken des Gesetzes in periodischen Kristen-
tendenzen des kapitalistischen Produktionsprozesses, machen
sich die Widersprüche des Akkumulationsprozesses durch ge-
waltsame Eruptionen Luft. Führt die Entwicklung der Produktivkraft der Arbeit einerseits zur Abnahme des variablen Kapital-
bestandteils und somit zur Tendenz der industriellen Reservearmee, so führt sie andererseits dazu, daß ein immer größerer
Teil des Mehrwerts in Kapital verwandelt werden muß, damit
das Gesamtkapital sich progressiv verwerten kann. Durch das
Sinken der Profitrate schwindet aber diese Möglichkeit. Die
Verwertung des Zusatzkapitals wird immer schwieriger. Der
Akkumulationsprozeß führt so zur Überakkumulation von Kapital.
"Diese Plethora (Überfluß) des Kapitals erwächst aus denselben Umständen, die eine relative Überbevölkerung hervorrufen,
und ist daher eine diese letztere ergänzende Erscheinung,
obgleich beide auf entgegengesetzten Polen stehen, unbe-
schäftigtes Kapital auf der einen und unbeschäftigte Arbeiter-
bevölkerung auf der anderen Seite" (ebenda, S. 261). Überakkumulation von Kapital bedeutet, daß der Mehrwert nicht
mehr in Kapital verwandelt werden kann, der kapitalistische
Akkumulationsprozeß stockt. Dies ruft dann Stockung in der
Produktion selbst hervor, da keine neuen Maschinen, Rohstoffe etc. gebraucht werden, führt zu Entlassungen der Arbeiter, Abnahme der gesellschaftlichen Konsumtion etc..
Ruft die Überakkumulation einerseits diesen Krisenprozeß
hervor, so sind mit der Krise aber auch die Bedingungen gegeben, sie auf kapitalistischem Weg zu lösen. Denn die Krise
bringt Entwertung des Kapitals, Vernichtung von Produktivkräften, Senkung des Lohns etc. mit sich. Warenmassen können
nicht mehr ihrer Bestimmung zugeführt werden, Produktions-

[28]"Es müssen entgegenwirkende Einflüsse im Spiel sein,
welche die Wirkung des allgemeinen Gesetzes durchkreuzen
und aufheben und ihm nur den Charakter einer Tendenz geben, weshalb wir auch den Fall der allgemeinen Profitrate
als einen tendenziellen Fall bezeichnet haben" (Marx,
MEW 25, S. 242; zu den einzelnen Momenten, vgl., ebenda,
S. 242 ff).

anlagen stehen still, Arbeitskräfte können nicht eingesetzt werden. All dies führt dazu, daß nach einer Periode
der Reinigung, der Vernichtung eines Teils des Kapitals
das übriggebliebene Restkapital sich wieder besser verwerten kann. Es beginnt wieder vertärkt zu produzieren und zu
akkumulieren. "Die eingetretene Stockung der Produktion
hätte eine spätere Erweiterung der Produktion - innerhalb
der kapitalistischen Grenzen vorbereitet. Und so würde der
Zirkel von neuem durchlaufen. Ein Teil des Kapitals, das
durch Funktionsstockung entwertet war, würde seinen alten
Wert wiedergewinnen. Im übrigen würde mit erweiterten Produktionsbedingungen, mit einem erweiterten Markt, und mit
erhöhter Produktivkraft derselbe fehlerhafte Kreislauf wieder
durchgemacht werden" (ebenda, S. 265). Die Oberakkumulation
von Kapital als Folge des tendenziellen Falls der Profitrate
darf nicht mit der jeweiligen historisch konkreten Krisen-
erklärung verwechselt werden. Sie ist nur allgemeiner Ausdruck der Krisentendenz des Kapitals.Die Marxsche Akkumulations
theorie ist somit gleichzeitig eine allgemeine Kristentheorie
des Kapitalismus.
Der kapitalistische Akkumulationsprozeß führt zu "Oberfluß
an Kapital bei Oberfluß an Bevölkerung" (ebenda, S. 261).
Es ist dies der widersprüchliche Charakter der kapitalistischen Produktivkrafentwicklung, daß nämlich bei Existenz
von überschüssigem Kapital, das sich nicht verwerten kann,
gleichzeitig die Bevölkerung wächst, die keine Beschäftigung
findet und nur durch Vernichtung von Kapitalwerten, gesellschaftlichen Produktivkräften und Warenmassen das labile
Gleichgewicht des kapitalistischen Produktionsprozesses
wieder hergestellt werden kann. Oberproduktion von Kapital
ist somit keine absolute Oberproduktion von Produktionsmitteln,
von Waren überhaupt, sondern nur eine Oberproduktion, soweit
diese Waren als Kapital fungieren sollen. Es wird also nicht
zuviel Reichtum produziert, sondern es wird periodisch zuviel
Reichtum in seinen kapitalistischen, gegensätzlichen Formen
produziert. Nicht daß die brachliegenden Produktivkräfte
keinen Nutzen für die Gesellschaft hätten, sie können aber
nicht im Interesse der Kapitalverwertung benutzt werden, ob-

wohl gleichzeitig ein Teil der Bevölkerung brotlos ist
und die Anwendung und Weiterentwicklung der Produktivkräfte den Gesellschaftsmitgliedern insgesamt eine reichere
und bessere Entfaltungsmöglichkeit ermöglichen würde. Der
Widerspruch der kapitalistischen Produktionsweise besteht
aber darin, daß ihre Tendenz der absoluten Entwicklung der
Produktivkräfte beständige in Konflikt gerät mit den spezifischen kapitalistischen Produktionsbedingungen, worin sich
das Kapital bewegt und allein bewegen kann. "Die wahre
Schranke der kapitalistischen Produktion ist das Kapital
selbst, ist dies:daß das Kapital und seine Selbstverwertung
als Ausgangspunkt und Endpunkt, als Motiv und Zweck der Produktion erscheint; daß die Produktion nur Produktion für das
Kapital ist und nicht umgekehrt die Produktionsmittel bloße
Mittel für eine stets sich erweiternde Gestaltung des Lebensprozesses für die Gesellschaft der Produzenten sind. Die
Schranken, in denen sich die Erhaltung und Verwertung des
Kapitalwerts, die auf der Enteignung und Verarmung der gros-
sen Massen der Produzenten beruht, allein bewegen kann, diese
Schranken treten daher beständig in Widerspruch mit den Produktionsmethoden, die das Kapital zu seinem Zweck anweden
muß und die auf unbeschränkte Vermehrung der Produktion, auf
die Produktion als Selbstzweck, auf unbedingte Entwicklung
der gesellschaftlichen Produktivkräfte der Arbeit lossteuern.
Das Mittel - unbedingte Entwicklung der gesellschaftlichen
Produktivkräfte - gerät in fortwährenden Konflikt mit dem beschränkten Zweck, der Verwertung des vorhanden Kapitals.
Wenn daher die kapitalistische Produktionsweise ein historisches Mittel ist, um die materielle Produktivkraft zu entwickeln und den ihr entsprechenden Weltmarkt zu schaffen, ist
sie zugleich der beständige Widerspruch zwischen dieser ihrer
historischen Aufgabe und den ihr entsprechenden gesellschaftlichen Produktionsverhältnissen" (ebenda, S. 260). Die marxistische Akkumulationstheorie ist nicht nur eine einfache
Krisentheorie, sondern sie zeigt sowohl die historische
Mission des Kapitalismus, nämlich die Entwicklung der Produktivkräfte der Arbeit, die Revolutionierung der unmittelbaren
Produktionsbedingungen und die Anwendung von Wissenschaft

und Technik, als auch ihre historische Schranke, indem die
geschaffenen Produktivkräfte im Kapitalismus nicht mehr angewandt werden können, die Entwicklung der Produktivkräfte
stagniert, ja selbst der kapitalistische Produktionsprozeß
nur durch periodische Vernichtung von Produktivkräften sein
labiles Gleichgewicht erhalten kann. Das Gesetz des tendenziellen Falls der allgemeinen Profitrate ist so der ökonomische Ausdruck des Widerspruchs von Produktionsverhältnissen und Produktivkräften der kapitalistischen Produktionsweise. Er zeigt, daß der Kapitalismus sich selbst überflüssig
macht, und nur durch eine bewußte planmäßige Kooperation der
gesellschaftlichen Produzenten die Produktivkräfe der Gesellschaft weiterentwickelt und zur Befriedigung der entfalteten Bedürfnisse aller Gesellschaftsmitglieder eingesetzt werden können.

4. Erscheinungsformen des Gesamtprozesses kapitalistischer
Produktion.

Wir haben jetzt die wesentlichen Bewegungsgesetze des Kapitals
dargestellt und somit auch die Arbeits- und Lebensbedingungen
der Lohnarbeiter als Ausdruck, als Folge der kapitalistischen
Entwicklung erfaßt. Die weitere Darstellung der Bewegung des
Kapitals in den konkreten Formen des Zirkulationsprozesses,
der Aufteilung des Profits in industriellen Profit, Zins,
Profit des Warenhandlungskapitals und Rente, etc.,können wir
nicht im einzelnen verfolgen, da es den Rahmen unserer Darstellung bei weitem sprengen würde (vgl. hierzu: Marx, MEW 24
und 25). Ziel unserer Darstellung war es nicht nur, das Wesen
der gesellschaftlichen Verhältnisse im Kapitalismus, sondern
auch immer die jeweiligen Erscheinungsformen abzuleiten, durch
die das Wesen entstellt und mystifiziert ist. Wir wollen jetzt
abschließend noch die Erscheinungsformen betrachten, die die
"Gestaltungen des Kapitals auf der Oberfläche der Gesellschaft" (Marx, MEW 25, S. 33) annehmen. Es sind dies Formen,
die im Gesamtprozeß der kapitalistischen Produktion entstehen und so die Oberfläche der bürgerlichen Gesellschaft
als eine verselbständigte und losgelöste Sphäre des Scheins
konstituieren.

Wir sahen schon die Verwandlung des Mehrwerts in die Form
des Profits als Beziehung des überschüssigen Werts auf das
vorgeschossene Gesamtkapital. Die Profitrate drückt so ein
Verhältnis aus, das verschieden ist vom wirklichen Ausbeutungsverhältnis, wie es sich in der Mehrwertrate darstellt.
Aber bei dieser einfachen Verwandlung bleibt es nicht. "Die
Profitrate wird durch eigene Gesetze reguliert, die einen
Wechsel derselben bei gleichbleibender Rate des Mehrwerts
zulassen und selbst bedingen" (ebenda, S. 836). Durch Ökonomisierung des konstanten Kapitals z. B. erhöht sich die Profitrate bei gleichbleibender Mehrwertrate. "Alles dies verhüllt mehr und mehr die wahre Natur des Mehrwerts und daher
das wirkliche Triebwerk des Kapitals" (ebenda). Der angeeignete Profit ist immer mehr verschieden von der Größe
der Exploitation der Arbeiter, die nur noch den wertmäßigen
Rahmen abgibt, in dessen Grenzen er sich bewegen kann. Dieser
Unterschied ergibt sich vor allem "durch die Verwandlung des
Profits in Durchschnittsprofit und der Werte in Prdoduktions-
preise, in die regulierenden Durchschnitte der Marktpreise.
Es tritt hier ein komplizierter gesellschaftlicher Prozeß
dazwischen, der Ausgleichungsprozeß der Kapitale, der die
relativen Durchschnittspreise der Waren von ihren Werten und
die Durchschnittsprofitrat in den verschiedenen Produktionssphären von der wirklichen Exploitation losscheidet" (ebenda).
Im Zirkulationsprozeß entstehen so neue Formen, die den
Charakter der kapitalistischen Produktion verschleiern. Hier
werden die individuellen Werte zu gesellschaftlichen Durch-
schnittswerten ausgeglichen, damit auch die individuellen Pro-
fitraten zu Durchschnittsprofitraten, was gleichbedeutend ist
mit der Herausbildung einer allgemeinen Profitrate. Der Charakter der Wertproduktion und damit auch der Mehrwertproduktion
verschwindet dadurch immer mehr. Den Preisen der Waren und damit auch den Profiten sieht man ihre Herkunft aus der Produktionssphäre nicht mehr an, der Markt erscheint als die einzig
wirkliche Existenzweise der Ware. Hinzu kommen Realisierungs-
bedingungen des Mehrwerts, die mit ihrer Herkunft als Produkt
vergegenständlichter Arbeit nichts zu tun haben. So ist die

Masse des Mehrwerts mitbestimmt von der Zirkulationszeit
des Kapitals; die Schwankungen des Profits gegenüber dem
Durchschnittsprofit ergeben sich aus Marktsituationen, Han-
deltsvorteilen etc. und scheinen somit subjektiv dem Wirken
des Kapitalisten, vor allem des Handelskapitalisten geschuldet. Alles dies macht die Zirkulationssphäre zu einer Sphäre
"worin die Verhältnisse der ursprünglichen Wertproduktion
völlig in den Hintergrund treten" (ebenda, S. 835).
Weiterentwickelte "Gestaltungen des Kapitals" auf der Oberfläche der Gesellschaft (Marx) stellen die Revenuen, die
Einkommensarten der verschiedenen Gesellschaftsgruppen in Bezug auf ihre jeweilige Quelle dar. So erscheint das Einkommen
des Kapitalisten (Profit, Zins) aus dem Besitz an Produktionsmittel herzukommen, die Rente des Grundherrn ist in dieser Erscheinungsform der gesellschaftlichen Verhältnisse dem Besitz
an Boden geschuldet, und der Arbeitslohn erscheint als Bezahlung der Arbeit, wie wir schon früher gesehen haben. Diese
"trinitarische Formel" (ebenda, S. 822) ist die Art und Weise
der oberflächlichen Existenz des gesellschaftlichen Produktions
prozesses, in dem die einzelnen Bestandteile, in die der Neuwert sich aufteilt (Kapitaleinkommen, Grundrente, Arbeitslohn), nichts mehr miteinander zu tun haben. "Die Form der
Revenue und die Quellen der Revenue drücken die Verhältnisse
der kapitalistischen Produktion in der fetischartigsten Form
aus. Es ist ihr Dasein, wie es an der Oberfläche erscheint,
von dem verborgenen Zusammenhang und den vermittelnden Zwi-
schengliedern getrennt. So wird die Erde die Quelle der Grundrente, das Kapital die Quelle des Profits und die Arbeit die
Quelle des Arbeitslohns" (Marx, MEW 26/3, S. 445). Die Mehr-
wertschöpfung, ja die gesamte Wertschöpfung als Vergegenständlichung gesellschaftlicher notwendiger Arbeitszeit ist
in dieser trinitarischen Formel ausgelöscht. In der Erscheinung zeigt sich nicht mehr, daß die in die Distribition ein-
gehenden Wertgrößen nur als Bestandteil des, sagen wir,
jährlich produzierten Neuwerts fungieren, der wiederum Produkt der auf die Produktion verwandten gesellschaftlich notwendigen Durchschnittsarbeitszeit ist. Das ist die einzige
und wahre Quelle aller Revenuen. Ein Teil davon fällt der

Arbeiterklasse zur Erhaltung ihrer Arbeitskraft zu, der
andere Teil, der Mehrwert, zerfällt in die Bestandteile
des Profits, des Zinses, der Grundrente usw.. Auf der Oberfläche ist dieses Verhältnis aber ausgelöscht. Die einzelnen Wertbestandteile sind hier voneinander getrennt und
führen ein eigenständiges Dasein[29]. Da die Einkommensarten
als jeweilige Anteile der Gesellschaftsmitglieder am geschaffenen Reichtum auf dieser Ebene nichts miteinander zu tun haben, hat jede Art ihre eigene Quelle aus der ihre Besitzer
den jeweiligen Anspruch am gesellschaftlichen Gesamtprodukt
ableiten können. "Wer Besitzer von Boden, Arbeit und Kapital
ist, bezieht Einkommen aus drei Produktionsfaktoren; wer nur
Besitzer eines Produktionsfaktors ist, kann nur aus einem
Faktor Einkommen beziehen" (Frank 1967, S. 193).[30] Folge-

[29]"Der wirkliche Produktionsprozeß, als Einheit des unmittelbaren Produktionsprozesses und des Zirkulationsprozesses, er
zeugt neue Gestaltungen, worin mehr und mehr die Ader des inneren Zusammenhangs verloren geht, die Produktionsverhältnisse
sich gegeneinander verselbständigen und die Wertbestandteile
sich gegeneinander in selbständigen Formen verknöchern"
(Marx, MEW 25, S. 836).

[30]Es ist nur "natürlich, daß die wirklichen Produktionsagenten in diesen entfremdeten und irrationalen Formen ... sich
völlig zu Hause fühlen, denn es sind eben die Gestaltungen
des Scheins, in welchen sie sich bewegen und womit sie täglich zu tun haben" (Marx, MEW 25, S. 838). In der Reproduktion dieser verdrehten Form der gesellschaftlichen Produktionsverhältnisse unterscheiden sich "in der Tat die Vorstellungen,
Motive, etc. der in der kapitalistischen Produktion befangenen
Träger"(Marx, MEW 26/3, S. 445)nicht von den"Theorien" der Vol-
gärökonomen. Diese stellen "nichts als eine didaktische, mehr
oder minder doktrinäre Übersetzung (daher nicht naiv und objektiv, sondern apologetisch/MEW 26/3, S. 445)der Alltagsvor-
stellungen der wirklichen Produktionsagenten (dar) und (bringen)
eine gewisse verständige Ordnung unter sie". Sie bewegen sich
"gerade in dieser Trinität (Boden, Arbeit, Kapital), worin
der ganze innere Zusammenhang ausgelöscht ist, (und finden darin) die naturgemäße und über allen Zweifeln erhabene Basis
ihrer eigenen Wichtigtuerei" (Marx, MEW 25, S. 838 f.). In
diesen Rahmen ist auch das zitierte "Lehrbuch" von Frank
(1967) einzuordnen.

richtig erscheint die Produktion des gesellschaftlichen
Reichtums auch nicht der Vergegenständlichung, dem Wirkungsgrad der Arbeitskraft geschuldet, sondern "produzieren heißt
Produktionsfaktoren kombinieren" (ebenda, S. 107). Die
verselbständigten Quellen von Einkommen sind auf der Oberfläche somit gleichzeitig selbständige Faktoren der Produktion. Die Wertschöpfung erscheint als Produkt aller Faktoren
(Boden, Arbeit, Kapital). "Bei der Erstellung des Sozialpro-
dukts wird das gesamte Einkommen (Volkseinkommen) von den
produktiven Faktoren verdient" (ebenda, S. 193). Die konkret
historisch-gesellschaftlichen Verhältnisse der kapitalistischer
Produktion erhalten also Formen, die verschieden sind von
ihren wirklichen Zusammenhängen. Die Revenuen sind mit den
stofflichen Elementen der Produktion zusammengewachsen und
dadurch verdinglicht, naturalisiert und fetischisiert. Der
Profit scheint aus den Produktionsmitteln, die Rente aus dem
Boden und der Arbeitslohn unmittelbar aus der Arbeit zu entspringen. "In dieser ökonomischen Trinität als dem Zusammenhang der Bestandteile des Werts und des Reichtums überhaupt
mit seinen Quellen ist die Mystifikation der kapitalistischen
Produktionsweise, die Verdinglichung der gesellschaftlichen
Verhältnisse, das unmittelbare Zusammenwachsen der stofflichen Produktionsverhältnisse mit ihrer geschichtlich-so-
zialen Bestimmtheit vollendet: Die verzauberte, verkehrte
und auf den Kopf gestellte Welt, wo Monsieur le Capitale
und Madame la Terre als soziale Charaktere und zugleich
unmittelbar als bloße Dinge ihren Spuk treiben" (Marx, MEW
25, S. 838).
Für Marx ist an dieser Stelle die Darstellung der Oberfläche
der bürgerlichen Gesellschaft als fetischisierte Erscheinungsformen der gesellschaftlichen Beziehungen der Produzenten im
Kapitalismus abgeschlossen. Sie durchzieht alle Bände der
"Kritik der politischen Ökonomie". Er weist dabei eine zunehmende Verdinglichung und Verkehrung des Subjekt-Objekt-
Verhältnisses der gesellschaftlichen Beziehungen der Menschen
als Resultat der spezifischen Form-bestimmtheit der Arbeit
unter den Bedingungen kapitalistischer Produktion nach.
(vgl. dazu auch: Kofler, 1972, S. 160 ff.).

Zusätzlich entstehen in der Sphäre der Konkurrenz noch
spezifische Erscheinungsformen, die die gesellschaftlichen
Verhältnisse weiter mystifizieren. Die Konkurrenz ist die
Oberfläche der bürgerlichen Gesellschaft in ihrer täglichen
Erscheinungsweise, in der der Einzelfall, der Zufall herrscht.
Jeder Fall für sich betrachtet ist verschieden vom anderen und
hat Eigenheiten. Diese Ebene der Oberfläche der bürgerlichen
Gesellschaft ist ein chaotisches Durcheinander von Beziehungen
und Verhältnissen, von Bewegungsformen, wie sie duch Personen
und Dinge zur Erscheinung kommen. Marx sagt deshalb von der
Sphäre der Konkurrenz: "Es scheint ... in der Konkurrenz alles
verkehrt" (ebenda, S. 219).Diese unmittelbarste Ebene der
Existenz der kapitalistischen Gesellschaft wird aber von uns
nicht weiter analysiert.

Sehen wir von der inhaltlichen Seite der kapitalistischen Produktionsweise ab, wie wir sie in den Grundzügen dargestellt
haben, so ergibt sich das Ergebnis, daß die Existenzweise der
gesellschaftlichen Verhältnisse in der bürgerlichen Gesellschaft charakterisiert ist durch ihre Darstellung in Wesens-
und Erscheinungsformen. In den Erscheinungsformen kommen die
wesentlichen Zusammenhänge verkehrt, verdreht, nur zum Teil
etc. zum Vorschein. Die Erscheinung zeigt das Wesen und verbirgt es zugleich. "Das Wesen eines Dinges, Prozesses, usw.
durchdringt und bestimmt alle seine Eigenschaften, Merkmale
usw.. Es erscheint jedoch nie in reiner Form, sondern stets
in spezifischer und modifizierter Gestalt, gewissermaßen als
Projektion des Wesens auf die Ebene der Erscheinung" (Philosophisches Wörterbuch, 1964, S. 1159). Das Wesen ist die grundlegende Existenzbedingung der Erscheinungsform. Es sind die
grundlegenden Verhältnisse und Beziehungen "einer Sache ",
die aber nur in und durch die Erscheinungsform existieren.
Das Wesen ist also nicht unmittelbar gegeben, sondern durch
die Erscheinungsform vermittelt, zeigt sich also in etwas
anderem als es selbst ist. "Sein Hervortreten in der Erscheinung bedeutet seine Bewegung und beweist, daß es nicht erstarrt, nicht passiv ist. Nur so offenbart die Erscheinung das
Wesen. Die Offenbarung des Wesens ist die Aktivität der Er-

scheinung" (Kosik, 1967, S. 9 f.). Wenn man zwischen dem
Wesen als den grundlegenden Beziehungen "einer Sache", und
der Erscheinung als den oberflächlichen Bewegungsformen
"der Sache" unterscheidet, so bedeutet das aber nicht,
daß es verschiedene Wirklichkeiten gibt, oder daß das Wesen wirklicher als die Erscheinung wäre. Kosik schreibt dazu: "Das Wesen (kann) genauso unwirklich sein, wie die Erscheinung und die Erscheinung so unwirklich wie das Wesen,
falls sie isoliert sind und in dieser Isoliertheit für die
einzige oder wahre Wirklichkeit´gehalten werden" (ebenda,
S. 10 f.). Die beiden Seiten existieren also keineswegs
isoliert voneinander. Die wirklichen Bewegungsgesetze
"der Sache" und damit die Wirklichkeit sind gerade gekennzeichnet durch die Einheit von Wesen und Erscheinung. So
ist der Wert der Waren,ihr Wesen also nur ein Teil der Wirklichkeit der Warenproduktion. Der andere Teil ist ihr notwendiges Erscheinen im Tauschwert der Waren, die Entwicklung
der Tauschwertbeziehung, die Herausbildung der Geldfunktion
etc. als der Existenzweise des Werts der Waren im Austauschprozeß. Die Wirklichkeit ist somit immer die Totalität gesellschaftlicher Verhältnisse als Einheit von Wesen und Erscheinungsform.

5. Die Herausbildung verschiedener Ebenen von Interssenstand-
punkten der Arbeiterschaft als Reflexion kapitalistischer
Produktionsverhältnisse.
Wie in der Darstellung der kapitalistischen Produktionsbedingungen sichtbar wurde, ist die Kooperation und Arbeitsteilung in der bürgerlichen Gesellschaft sowohl gesamtgesellschaftlich als auch innerhalb der unmittelbaren Produktionssphäre, in den Betrieben, nicht so geregelt, daß
für das einzelne Gesellschaftsmitglied die individuelle
Lebenserhaltung und Entfaltung unmittelbar mit der gesellschaftlichen Lebenserhaltung und -entfaltung zusammenfällt.
Zwar ist auch in der bürgerlichen Gesellschaft die individuelle Lebenserhaltung mit dem gesellschaftlichen Leben vermittelt, aber auf eine durch und durch widersprüchliche Art
und Weise, wobei sich die gesamtgesellschaftliche Notwendig-

187

keiten gesellschaftlicher Lebenserhaltung meist hinter dem
Rücken der Beteiligten durchsetzen, d. h. also ohne Bewußtsein der Produktionsagenten. Der kapitalistische Produktionsprozeß ist nicht nur Produktion und Reproduktion von Kapital, als dauernde Verwandlung gegenständlicher Produktionsbedingungen in die Kapitalform und damit eine spezifisch-
historische Bedingung der Aneignung des gesellschaftlichen
Mehrprodukts, sondern auch damit einhergehend fortlaufende
Produktion und Reproduktion der darin eingeschlossenen Produktionsverhältnisse, deren Grundlage die spezifisch kapitalistischen Klassenverhältnisse sind. (vgl. Mauke, 1970).
"Nicht nur die gegenständlichen Bedingungen des Produktions-
przesses erscheinen als sein Resultat; sondern ebenso ihr
spezifisch gesellschaftlicher Charakter; die gesellschaftlichen Verhältnisse, und daher die gesellschaftliche Stellung
der Produktionsagenten gegeneinander - die Produktionsverhältnisse selbst werden produziert - sind beständig erneuertes
Resultat des Prozesses" (Marx, Resultate, 1969, S. 89).
"Wachstum des Kapitals und Zunahme des Proletariats erscheinen
daher als zusammengehörige, wenn auch polarisch verteilte
Produkte desselben Prozesses" (ebenda, S. 86). Die kooperativ-
arbeitsteilige Struktur der bürgerlichen Gesellschaft reproduziert sich so"nur um den Preis des Klassenantagonismus, durch
welchen die unmittelbaren Produzenten gesellschaftlichen
Reichtums von der bewußten gesellschaftlichen Planung der
Produktion ausgeschlossen und durch objektive Strukturmerkmale der Gesellschaft bei der Nutzung der gesellschaftlichen
Güter (materieller und ideeler Art), gemessen an den gesellschaftlichen Möglichkeiten, radikal eingeschränkt sind. In
In der bürgerlichen Klassengesellschaft gibt es keine wider-
spruchsfreien gesellschaftlichen Lebensnotwendigkeiten, denen
sich der Einzelne nur bewußt unterstellen braucht, um auch
seinen individuellem Interesse zu dienen" (Holzkamp, 1973,
S. 237).
Die individuellen Interessen der Produktionsagenten ergeben
sich auf der Oberfläche der bürgerlichen Gesellschaft nicht
aus der einfachen Gestalt der Ware-Geld-Beziehungen, also
dem Warenaustausch, sondern aus ihrer Form als Distribution
des gesellschaftlichen Reichtums. Der Interessenstandpunkt

des einzelnen ist die Beziehung seines Einkommens auf eine
entsprechende Quelle (Boden, Arbeit, Kapital), in dem er
einmal an der Erhaltung der Revenuequelle, zum anderen an
möglichst hoher Revenue und schließlich an ihrem kontinu-
ierlichen Fluß interessiert ist, um so seine individuelle
Lebenserhaltung zu garantieren. Da dieser Interessenstandpunkt allen Eigentümern von Revenuequellen eigen ist; fällt
hier zunächst der individuelle Interessenstandpunkt mit einem
gesamtgesellschaftlichen in der Form zusammen, daß die allgemeinste Grundlage der Erhaltung der Revenuen die Erhaltung
der kapitalistischen Gesellschaft ist. [31]Es ist der Interessenstandpunkt der Gesellschaftsmitglieder als Privat-
besitzer, die sich auf Basis des Äquivalenzprinzips als
freie und gleiche Bürger der Gesellschaft verstehen. Die
unterschiedliche Höhe der Revenuen, die im Durchschnitt den
Privateigentümern von Produktionsmitteln und den Beziehern
von Arbeitslohn zufällt, sowie deren Ausdruck in den gesellschaftlichen Besitzverhältnissen zeigen aber schon erhebliche Differenzen in der Möglichkeit der Aneignung materieller und imaterieller Güter und erweisen sich als oberflächlicher Ausdruck der gesellschaftlichen Klassenteilung.
Die Herausbildung von Partialinteressen der Eigentümer der
verschiedenen Revenuequellen ergibt sich aus deren verschiedener stofflicher Grundlage. Vor allem die Erhaltung der Arbeitskraft als einzige Möglichkeit der individuellen Lebenserhaltung der Arbeitskraft stößt auf die Bedingungen des
Kapitalverwertungsprozesses, auf das Interesse des Kapitalister
nach größtmöglicher und billigster Vernutzung seiner Produktionsmittel. Neben dem Schein der Gleichheit der Interessen
der Einkommensbezieher ergibt sich so aus ihrem ökonomischen
Inhalt die Existenz von Partialinteressen, die nicht nebeneinander, sondern gegeneinander stehen. Die grundlegenden

[31]"Das gleiche Interesse am Erhalt ihrer Revenuequellen,
deren kontinuierlicher Fluß, sowie die Konkurrenz um höheren
Anteil am jährlich produzierten Reichtum ist die Ursache der
Alltagsvorstellung von der Partnerschaft von Lohnarbeit und
Kapital, der Sozialromantik des Reformismus" (Frerichs, 1976,
S. 160; vgl. auch :"Probleme des Klassenkampfes" Nr. 7/Mai 73)

Bedingungen kapitalistischer Produktion schlagen soweit
auf der Oberfläche durch, daß wesentlich der Interessengegensatz von Unternehmern und Arbeiterschaft die ökonomische als auch politische Sphäre der bürgerlichen Gesellschaft prägt. Die Herausbildung von Partialinteressen hat
zur Folge, daß wesentlich nur noch bei der Kapitalistenklasse und ihren Ideologen eine unmittelbare und direkte
Verbindung, eine Konkordanz von individuellem und allgemein-
gesellschaftlichem Interesse besteht. Aber wenn sich auch die
Arbeiter zur gemeinsamen Durchsetzung von Lohnforderungen,
Verbesserung von Arbeitsbedingungen etc. organisieren, so
bleiben sie doch innerhalb der Grenzen des kapitalistischen
Systems eingebunden. (Zur erkenntnistheoretischen Grundlage
von Partialinteressen siehe weiter unten). Die Forderungen
und Kämpfe der Arbeiterschaft haben bei der Vertretung ihres
Partialinteresses da ihre Grenze,wo durch sie die kaptialistische Produktionsweise selbst in Gefahr gerät, da die
Grundlage, auf der Zugeständnisse für ihre Verbesserung der
Arbeits- und Lebensbedingungen den Unternehmern abgerungen
werden können, eine beständige Entwicklung der kapitalistischen
Produktion selbst ist. Die harmonische Beziehungen, wie sie
in der Fiktionsweise konservativer Gesellschaftsborstellungen
vorherrschen sind hier verschwunden[32]. Die Oberfläche der
bürgerlichen Gesellschaft ist gekennzeichnet durch soziale
Konflikte und ihre Austragung auf den verschiedensten Ebenen,
durch unmittelbare Kampfaktionen, Verhandlungen zwischen den
organisierten Gruppen und Klassen, durch Umsetzung in politische Zielvorstellungen und Einwirkung auf den bürgerlichen
Staat.
Marx hat aus der Analyse der kapitalistischen Produktionsweise ihre "transitorische Notwendigkeit" abgeleitet, was
gleichbedeutend ist mit der Überwindung des eben dargestellten
Interessenstandpunkts der Arbeiterklasse. Die kapitalistische
Produktionsweise bedeutet eine ungeheure Entwicklung der Pro-

[32] Welche Beziehungen die Oberfläche bestimmen, ist wesentlich durch die sozio-ökonomischen Verhältnisse eines Landes
bestimmt.

duktivkraftsteigerung, eine Überwindung der zersprengten
und vereinzelten und daher wesentlich konservativen Produktion zugunsten einer Vergesellschaftung und Ökonomisierung des Produktionsprozesses. Sie ist in Bezug auf die
stofflichen Bedingungen des Produktionsprozesses wesentlich
revolutionär. Sie bringt eine dauernde Entwicklung der Tech-
nologie, des Verkehrswesens, der Anwednung der Wissenschaft
und eine sich auf entwickelnder Stufenleiter herausbildende
kooperative Form des Arbeitsprozesses hervor, damit "die
Verwandlung der Arbeitsmittel in nur gemeinsam verwendbare
Arbeitsmittel, die Ökonomisierung aller Prdoduktionsmittel
durch ihren Gebrauch als Produktionsmittel kombinierter, gesellschaftlicher Arbeit (und) die Verschlingung aller Völker
in das Netz des Weltmarkts" (Marx, MEW 23, S. 790). Die
immense Entwicklung der menschlichen Möglichkeiten durch den
fortschreitenden Vergesellschaftungsprozeß vollzieht sich
aber im Kapitalismus durch die ihm eigentümliche widersprüchliche Art und Weise. Sie hat nämlich die Entwurzelung, Ver-
elendung und Vereinseitigung der Massen zum Resultat. Die
progressive Entwicklung des gesellschaftlichen Gesamtarbeiters
hat durch seine kapitalistische Form der Anwendung Vereinseitigung und Entwicklungslosigkeit bei dem größten Teil der
Produzenten zur Folge, findet also keinen Niederschlag in
den Subjekten und ihrer Persönlichkeit (vgl. Sève, 1972).
Der Widerspruch zwischen Produktivkräften und Produktionsverhältnissen, wie er sich in der kapitalistischen Produktionsweise darstellt, nämlich, daß der weitere gesellschaftliche
Fortschritt im Kapitalismus durch diesen selbst behindert
ist, somit eher eine Vergeudung gesellschaftlicher Produktivkräfte darstellt, zeigt aber einen wesentlichen Unterschied
zu den Formen, in denen er in frühreren Gesellschaftsepochen
aufgetreten ist. Mit der Abschaffung des Kapitalismus besteht nämlich zum ersten Male die Möglichkeit der Abschaffung
der Klassenverhältnisse und damit der Ausbeutung des Menschen
durch den Menschen überhaupt.

"Wenn ... die Einteilung in Klassen eine gewisse geschichtliche Berechtigung hat, so hat sie eine solche doch nur für
einen gegebenen Zeitraum, für gegebene gesellschaftliche Bedingungen. Sie gründet sich auf die Unzulänglichkeit der
Produktion; sie wird weggefegt werden durch die volle Ent-

191

faltung der modernen Produktivkräfte. Und in der Tat hat
die Abschaffung der gesellschaftlichen Klassen zur Voraussetzung einen geschichtlichen Entwicklungsgrad, auf dem das
Bestehen nicht bloß dieser oder jener bestimmten herrschenden Klasse, sondern einer herrschenden Klasse überhaupt,also
des Klassenunterschieds selbst, ein Anachronismus geworden,
veraltet ist. Sie hat also zur Voraussetzung einen Höhegrad
der Entwicklung der Produktion, auf dem Aneignung der Produktionsmittel und Produkte und damit der politischen Herrschaft, des Monopols der Bildung und der geistigen Leitung
durch eine besondere Gesellschaftsklasse nicht nur überflüssig, sondern auch ökonomisch, politisch und interlektuell
ein Hindernis der Entwicklung geworden ist.... Ist der politische
und interlektuelle Bankerott der Bourgeoise selbst kaum noch
ein Geheimnis, so wiederholt sich ihr ökonomischer Bankerott
regelmäßig alle zehn Jahre. In jeder Krise erstickt die Gesellschaft unter der Wucht ihrer eigenen, für sie unverwend-
baren Produktivkräfte und Produkte und steht hilflos vor dem
absurden Widerspruch, daß die Produzenten nichts zu konsu-
mieren haben, weil es an Konsumenten fehlt. Die Expansions-
kraft der Produktionsmittel sprengt die Bande, die die kapitalistische Produktionsweise ihr anlegt. Ihre Befreiung aus
diesen Banden ist die einzige Vorbedingung einer ununter-
brochenen, stets rascher fortschreitenden Entwicklung der
Produktivkräfte und damit einer praktisch schrankenlosen
Steigerung der Produktion selbst. ... Die gesellschaftliche
Aneignung der Produktionsmittel beseitigt nicht nur die jetzt
bestehende künstliche Hemmung der Produktion, sondern auch
die positive Vergeudung und Verheerung von Produktivkräften
und Produkten, die gegenwärtig die unvermeidliche Begleite-
rin der Produktion ist und ihren Höhepunkt in den Krisen erreicht. Sie setzt ferner eine Masse von Produktionsmitteln
und Produkten für die Gesamtheit frei durch Beseitigung der
blödsinnigen Luxusverschwendung der jetzt herrschenden Klassen
und ihrer politischen Repräsentanten. Die Möglichkeit, vermittels der gesellschaftlichen Produktion allen Gesellschaftsmitgliedern eine Existenz zu sichern, die nicht nur materiell
vollkommen ausreichend ist und von Tag zu Tag reicher wird,
sondern die ihnen auch die vollständige freie Ausbildung und
Betätigung ihrer körperlichen und geistigen Anlagen garan-
tiert, diese Möglichkeit ist jetzt zum ersten Mal da, aber
sie ist da" (Engels, MEW 19, S. 225 f).

Die Klassenlage des Lohnarbeiters ist so nicht nur gekenn-

zeichnet durch die Wirklichkeit der Ausbeutung, die seine

unmittelbaren Arbeits- und Lebensbedingungen bestimmt, sondern

auch durch die objektive gesellschaftliche Möglichkeit ihrer

Überwindung. Damit ist die Entwicklungslosigkeit als kapita-

listische Bedingung des Proletariats kein blindes Faktum,

sondern ist aufhebbar durch die sozialistische Perspektive

als bewußtem Klassenstandpunkt des Proletariats. Sie be-

inhaltet den Kampf des klassenbewußten Proletariats um eine

Beteiligung aller Gesellschaftsmitglieder an der bewußten
kooperativen Planung gesellschaftlicher Produktion, die
volle Verfügung aller über die materiellen und ideellen
Güter der Gesellschaft und damit allseitige Entwicklung kör-
perlicher und geistiger Möglichkeiten der gesellschaftlichen
Produzenten. Dieser Kampf als bewußte Tat, als kritische, revolutionäre Praxis des Proletariats und seiner Verbündeten,
ist nicht das Durchsetzen seines Partialinteresses gegen das
Partialinteresse der Kapitalisten, sondern er fällt zusammen
mti einem neuen gesamtgesellschaftlichen Interessenstandpunkt,
nämlich der bewußten Befreiung der gesellschaftlichen Produktiv
kräfte von ihren kaptialistischen Fesseln, weil nur so die gesamtgesellschaftlichen Lebensnotwendigkeiten gesichert und
entwickelt werden können.

Wir haben also jetzt gezeigt, daß die Arbeiterklasse auf
der Basis ihrer Existenzbedingungen verschiedene Interessen-
standpunkte herausbilden kann. Der Begriff der Interessen
bedeutet die Umsetzung der ökonomischen Verhältnisse in
handelnde Subjekte. Die Grundlage der Herausbildung von
"Interessen" ist somit die jeweilige Einsicht in die gesellschaftlichen Verhältnisse (und die motivationale Ebene
der Handlungsbedingung, denn Interesse ist gleich Handlungs-
voraussetzung /vgl. dazu Holzkamp-Osterkamp, 1976), d. h.,
die Herausbildung des jeweiligen Interessenstandpunkts ist
mit der Art und Weise des gesellschaftlichen Bewußtseins des
Proletariats verbunden. Welche Aussagen trifft nun die politische Ökonomie über das Bewußtsein?
Geht man nun von der historisch spezifischen Existenzweise
der bürgerlichen Gesellschaft aus, so sind zwei Arten von
Bewußtseinsformen als Wiederspiegelung dieser gesellschaftlichen Verhältnisse eingeschlossen. Das Sein, also die historisch spezifischen Verhältnisse, die die Menschen zur Natur
und untereinander während der Produktion ihrers gesellschaftlichen Lebens in der kapitalistischen Produktionsweise eingehen, bestimmen das Bewußtsein. [33] Da das Sein verschiedene

[33] "Das Bewußtsein kann nie etwas anderes sein als das bewußte
Sein, und das Sein der Menschen ist ihr wirklicher Lebensprozeß"
(Marx, MEW 3, S. 26).

Existenzweisen hat, kann es sowohl in seiner Oberflächengestalt ausschließlich bewußtseinsbestimmend wirken, genauso
besteht aber auch die Möglichkeit, die Wirklichkeit des Kapitalismus zu erfassen, womit das Bewußtsein die Reflexion   der
inneren Zusammenhänge ist. [34] Die "Kritik der politischen
Ökonomie" schließt somit die Bewußtseinsformen als abgeleitete
Momente ein. [35] Sie bleibt aber bei ihrer Konstatierung und
einer eventuell empirischen Ausführung und Gewichtung stehen.
Die verschiedenen Formen des Arbeiterbewußtseins und das
Klassenbewußtsein existieren nebeneinander als verschiedene
Möglichkeiten der bewußtseinsmäßigen Erfassung des bürgerlichen Lebensprozesses. Sie sind alle begründet in der Basis
der kapitalistischen Gesellschaft. Marx spricht deshalb von
objektiven Gedankenformen als Wiederspiegelung der Formen
gesellschaftlicher Arbeit.
Viele Theoretiker meinen nun nicht nur die objektive Möglichkeit der Herausbildung von Klassenbewußtsein, sondern
auch die jeweiligen Bedingungen mit Hilfe der Kritik der politischen Ökonomie ableiten zu können. Sie beziehen sich dabei auf die Marxsche Aussage, daß die kapitalistische Produktionsweise unaufhörlich und mit Notwendigkeit auf den Punkt
ihrer eigenen Abschaffung zusteuert. "Das Kapitalmonopol
wird zur Fessel der Produktionsweise, die mit und unter ihm
aufgeblüht ist. Die Zentralisation der Produktionsmittel und
die Vergesellschaftung der Arbeit erreichen einen Punkt, wo
sie unverträglich werden mit ihrer kapitalistischen Hülle.
Sie wird gesprengt. Die Stunde des kapitalistischen Privat-

[34] Die beiden Arten bewußtseinsmäßiger Erfassung der gesellschaftlichen Verhältnisse stehen in engem Zusammenhang mit
zwei Arten von praktischem Verhalten zur Welt: der utilita-
rischen und der kritisch-solidarischen oder revolutionären.
Vgl. dazu die späteren Ausführungen über das Denken in der
bürgerlichen Gesellschaft.

[35] "Die Kritik der politischen Ökonomie kann nur formations-
spezifische Bestimmungen von Bewußtseinsformen nachweisen,
deren genauere Analyse Gegenstand der materialistischen Erkenntnistheorie (und Psychologie) ist"(Frerichs, 1976, S. 158).

eigentums schlägt. Die Expropriateurs werden expropriert"
(Marx, MEW 23, S. 791). Dabei wird die "Notwendigkeit der
Überwindung " des Kapitalismus verwechselt mit kausal-
historischer Entwicklungszwangsläufigkeit. Daß Marx dies
nie gemeint haben kann, wird schon deutlich an seiner formulierten Alternative :Sozialismus oder Barberei. Er spricht
also von "Notwendigkeit" in dem Sinne, daß der Kapitalismus
selbst eine solche Zuspitzung von Widersprüchen produziert,
daß die "Wendung der Not" und damit die materiell-gesellschaft-
liche Weiterentwicklung nur noch möglich wird, wenn der Sozialismus geschaffen wird, d. h. mit anderen Worten: er wird
selbst zur Notwendigkeit. Die Tatsache, daß er geschaffen
werden muß, sagt noch nichts darüber aus, daß Notwendigkeit
und Möglichkeit im Handeln der Subjekte auch Realität werden.
Die gesellschaftliche Praxis - im Rahmen der bürgerlichen
Gesellschaft die kritisch-solidarische Praxis - kann einerseits durch Einsicht in gesellschaftliche Notwendigkeiten
"bewußte Erfüllung der objektiven Entwicklungsmöglichkeiten
einer bestimmten historischen Stufe sein; insoweit ist sie
Träger der Verwirklichung der gesellschaftlich ´notwendigen´
Entwicklung". Eine andere Art gesellschaftlicher Praxis -
im Rahmen der bürgerlichen Gesellschaft die utilitaristische
Praxis - kann aber auch gegenüber den gesellschaftlichen Entwicklungsnotwendigkeiten "einsichtslos und bewußtlos verlaufen,
damit die gesellschaftlichen Entwicklungsnotwendigkeiten verfehlen; insoweit werden die gesellschaftlichen Entwicklungsmöglichkeiten nicht zur historischen Wirklichkeit. Die Alternative zur historischen Entwicklung gemäß gesellschaftlichen
´Not-Wendigkeiten´ ist demnach stets Stagnation, Verfall Unter-
gang einer gesellschaftlichen Lebenseinheit" (Holzkamp, 1974,
S. 33 f.; keine Hervorhebungen). Diese Alternative zeigt,
daß die gesellschaftliche Praxis (und damit das Bewußtsein)
also keineswegs sich automatisch aus den gesellschaftlichen
Verhältnissen ergibt. Obwohl die objektiven gesellschaftlichen Bedingungen ihre Voraussetzung und Ermöglichung sind,
so ist sie doch als Lebenstätigkeit bewußter und zu sich
selbst verhaltender menschlicher Subjekte nicht eine mechani⁼
sche Hervorbringung objektiver Bedingungen, sondern unter-

liegt eigenen Gesetzmäßigkeiten, v.a. in der Form der
Erkenntnistätigkeit des Subjekts. Diese spezifischen Vorgänge müssen in der materialistischen Erkenntnistheorie
und Psychologie untersucht werden, die einmal selbst das
Zustandekommen von in der politischen Ökonomie aufgezeigten beiden Bewußtseinsformen zeigt und somit auch nähere
Angaben über den Weg des Obergangs von der einen zur anderen
Form machen kann. Die Kritik der politischen Ökonomie dagegen
kann immer nur mit ihrer Analyse der objektiven gesellschaftlichen Verhältnisse die Erweiterung der Möglichkeit konsta-
tieren, nicht aber, was es bedarf, damit die Möglichkeit auch
zur Wirklichkeit wird. Dies ist gerade der entscheidende Fehler
der Autoren des "Projekts Klassenanalyse", die in ihrer ökono-
mistischen Auslegung der Kritik der politischen Ökonomie die
Erkenntnistheorie und Psychologie für überflüssig halten.
Wir sind jetzt angelangt bei der Fragestellung der Erkenntnis
der bürgerlichen Gesellschaft. Sinnliche Erkenntnis und Denken,
als über die Aneignungstätigkeit vermittelte Erkenntnisformen,
sind jetzt selbst in ihren Eigenarten durch Aneignung der
gegenständlichen Momente kapitalistischer Produktion und Reproduktion, die ihren Niederschlag in spezifischen Bedeutungsstrukturen finden, abhebend von ihren allgemein-menschlichen
Eigenarten, darzustellen. Wenn also der Aufweis der gegenständlichen Seite die Existenz von verschiedenen Bewußtseinsformen ergibt, so stellt sich jetzt die Frage, wie diese
entstehen, als mechanisches Abbild oder als Produkt einer
eigenständigen Erkenntnistätigkeit, die in einem bestimmten
funktionalen Zusammenhang zur gesellschaftlichen Praxis steht,
also als eine Bedingung zur gesellschaftlichen Lebenserhaltung
und -entfaltung. Dieser Funktionali_tätszusammenhang zwischen
der Erkenntnistätigkeit und dem praktischen Lebensprozeß der
Menschen wurde in der Analyse der Wahrnehmung und des Denkens
schon in ihrem allgemein-gesellschaftlich bestimmten Ablauf
zugrundegelegt und soll auch Leitfaden der folgenden Darstellung über Wahrnehmung und Denken in der bürgerlichen Gesellschaft sein.

II. Prozeß und Eigenarten sinnlicher Erkenntnis bzw. unmittelbarerErfahrung im Kapitalismus.

1. Die Organisationstendenzen als unspezifisch-organismische Charakteristika der Wahrnehmung.

Um die sinnliche Erkenntnis in ihrer Besonderheit in der bürgerlichen Gesellschaft näher charakterisieren zu können, bedarf es aber zunächst eines Abschnittes, in dem sie hinsichtliche ihrer biologischen Eigenarten noch vollständiger und genauer beschrieben wird als bisher, weil sich aus diesen, wie sich im Verlauf der Ausführungen zeigen wird, wichtige Konsequenzen für ihre Funktion in der bürgerlichen Gesellschaft ergeben.

Wir haben schon früher darauf hingewiesen, daß die Wahrnehmung sich nicht aus ihren organismisch bedingten Charakteristika lösen kann. Die Beschränkung der Vergesellschaftungsmöglichkeit aufgrund der in ihr aufgehobenen primitiven organismischen Orientierungsformen wird ganz besonders deutlich an der "Halbirrtümlichkeit" und den sie ergänzenden "Organisationseffekten".[36] Die Kennzeichnung der Organisationstendenzen im Rahmen einer historisch-materialistischen Wahrnehmungspsychologie ist bisher lediglich von Holzkamp geleistet worden, weshalb wir uns im wesentlichen auf seinen An-

---

[36] Wir stellen bei Holzkamp (1973) immer wieder fest, daß hier eine konkretere Kennzeichnung des Wechselverhältnisses von natürlichen und gesellschaftlichen Momenten erfolgt, während Sève (1972) bei einer relativ unpräzisen Bestimmung dieses Verhältnisses stehen bleibt. Es zeigt sich hier besonders deutlich, zu welchen Erkenntnisfortschritten eine Theorie gelangt, die sich nicht nur, wie zum größten Teil bei Sève, auf einer philosophischen Ebene mit den psychologischen Tatbeständen beschäftigt. Das spezifische Verhältnis von natürlichen und gesellschaftlichen Eigentümlichkeiten darin ist zwar sehr weit von Sève gefaßt worden; welcher Aspekt nun aber genau Produkt der natürlichen, welcher Produkt gesellschaftlicher Bedingungen usw. ist, das kann nur geklärt werden, wenn die Psychologie selbst empirische, logisch-historische Analysen anstellt. Psychologische Fragen lassen sich eben nicht durch Explikationen der Feststellungen von Marx, Engels und Lenin und den daraus abgeleiteten Theorien beantworten, sondern machen selbst eine der Marx'schen dialektischen Methode gehorchende Analyse neuesten empirischen Materials und entsprechende wissenschaftliche Forschung in bezug auf den Gegenstandsbereich der Psychologie notwendig.

satz stützen.
Organisationseffekte sind die andere Seite der Halbirrtümlichkeit der Wahrnehmung, sind nur daraus zu verstehen. Was
heißt: "Die Wahrnehmung ist halbirrtümlich?" Die allgemeine funktionelle Eigenart der Wahrnehmung innerhalb von Er-
kenntnisprozessen besteht darin, daß sie sinnliche Erkenntnis ist, d.h., sie ist gebunden an eine direkte stoffliche
Wechselwirkung zwischen dem Körper des wahrnehmenden Subjekts und dem zu erfassenden realen Gegenstand in der Außenwelt, also seine sinnliche Präsenz. Diese Bindung macht auf
der einen Seite gerade die Fähigkeit der Wahrnehmung aus,
die wirklichen Eigenschaften der gegenständlichen Welt in
"unmittelbarer Erfahrung" (Holzkamp, 1973, S. 297) zu erfassen. Sie bedeutet auf der anderen Seite jedoch, daß die
Wahrnehmung durch die Momente in ihrer Erkenntnisfunktion
eingeschränkt ist, die sich aus der physischen Körperlich-
keit des Wahrnehmenden sowie der physischen Realität des
Wahrnehmungsgegenstandes ergeben. Die Zurückgehaltenheit
der Intention des Subjekts auf die adäquate Erkenntnis des
Objekts in körperlich stofflichen Wahrnehmungsbedingungen
beweist sich schon in der alltäglichen Erfahrung. Müdigkeit,
Alkoholkonsum oder Drogengebrauch machen es oft trotz größ-
ter Anstrengung unmöglich, den Gegenstand sinnlich zu erfassen, was meint, daß Wahrnehmung abhängig "von bestimmten
Eigenarten eines globalen "Normalstatus" des innerorganismi-
schen Milieus" (ebenda, S. 3oo). Neben der Betrachtung dieses körperinternen Normalzustandes ist die Aufrechterhaltung
des "Fließgleichgewichts" (vgl. naturgeschichtliche Rekonstruktion, Teil C I) zwischen Stimulierung und verarbeiten-
den Prozessen wichtig. Die Wahrnehmung ist nur dann fähig,
Objekte der Außenwelt adäquat zu erfassen, wenn eine optimale Stimulierung gegeben ist. Dies konnte in Experimenten
nachgewiesen werden. Die Funktion der Wahrnehmung wird ge-
stört, wenn man die Reiz-Zufuhr durch eine Dunkelmaske vor
den Augen, Abschirmung von Geräuschen etc. verhindert. Es
wird berichtet, daß die Versuchspersonen noch nach dem Experiment an Einschränkungen ihrer Wahrnehmungsfähigkeit lit-
ten. Auf dieser Tatsache beruht eine der meist angewandten
Foltermethoden der politischen Polizei in den faschistischen

Ländern. Die Ursache für die Abhängigkeit von optimaler
Stimulierung liegt in dem in der Naturgeschichte sich entwickelnden Reizhunger, der sogar bei Tieren schon den primären Trieb nach Nahrung überlagern kann.
Eine andere Störung der "richtigen Reiz-Zufuhr" ist die einseitige Belastung von Rezeptor-Systemen. So hat Gibson (1933)
an seinen "Brillenversuchen" zeigen können, daß, wenn man
Versuchspersonen für längere Zeit Brillen aufsetzt, bei denen die Welt auf dem Kopf steht, diese sich den neuen Wahrnehmungsbedingungen langsam so anpassen, daß sie die Welt
wieder "richtig" sehen. Nimmt man ihnen die Brille wieder
ab, so sehen sie die Dinge jetzt mit bloßem Auge verkehrt,
erst allmählich stellt sich das Auge wieder um. Diese "Nach-
effekte", also die Verzerrungen und Verfälschungen der wirklichen Eigenschaften der objektiven Außenwelt und das "Nach-
hinken" der Wahrnehmung hinter den objektiven Orientierungs-
anforderungen (als weiteres Beispiel dazu siehe Anhang IV)
zeigt, daß es körperliche Prozesse gibt, die durch den Willen des Subjekts nicht beeinflußbar sind, auf seine Wahrnehmung entscheidende Auswirkungen haben. Sie können unter bestimmten Bedingungen eine adäquate Erkenntnis verhindern.
Aber auch von den außerweltlichen Wahrnehmungsbedingungen
in ihrer physischen Realität kann eine Beschränkung der Wahrnehmung ausgehen. Der Wahrnehmende befindet sich gegenüber
dem Wahrgenommenen immer in einer bestimmten Lage und Entfernung. Um die figural-qualitativen Merkmale eines Dinges
adäquat erfassen zu können, ist die orthogonale Draufsicht
als optimale Lage notwendig. Jede andere Lage, z.B. das Stehen vor einem Haus, erlaubt immer nur eine Wahrnehmung bestimmter Seiten bzw. bestimmter Ausschnitte des Objekts. Die
Begrenztheit der Wahrnehmung durch Standort und Perspektive
ist zwar durch Lokomotionsänderung (z.B. Herumgehen um das
Haus) z.T. ausgleichbar, aber auch durch den trägen wider-
ständigen Charakter des wahrnehmenden Objekts relativ begrenzt. Ähnlich verhält es sich mit der Entfernung. In der
schon in der Naturgeschichte entstandenen Größenkonstanz
wird in der Wahrnehmung die Entfernung des Gegenstandes vom
Objekt kompensatorisch berücksichtigt, so daß eine adäquate

199

Erkenntnis des Objekts in bestimmten Grenzen überhaupt möglich wird (siehe Ausführungen über Akkomodation). Aber auch die Entfernung ist dem Wahrnehmenden nur partiell zugänglich. Hat z.B. ein Flugzeug eine bestimmte Höhe erreicht, so wird es kleiner gesehen als es in Wirklichkeit ist.

Holzkamp kommt aufgrund dieser Tatbestände zu der Aussage "Die besondere Eigenart der Wahrnehmung als Erkenntnis der gegenständlich präsenten Realität bedeutet notwendig ihre Begrenztheit. ...So haben wir festzuhalten, daß die Wahrnehmung ihre besondere Funktion der adäquaten Erfassung von Eigenschaften der wirklichen Welt...schon ihrem 'Wesen' als Erkenntnis der äußeren Welt nach, selbst beim Gegebensein optimaler 'innerer' und 'äußerer' Wahrnehmungsbedingungen gemäß der 'Zurückgehaltenheit' der Gegenstandsintention im undurchdringlichen, der Verfügbarkeit entzogenen Milieu der stofflichen Wechselwirkung zwischen Organismus und Außenwelt, immer nur approximativ erfüllen kann" (Holzkamp, 1973, S. 3o8 f).

Wie ist nun diese "halbirrtümliche" Funktion der sinnlichen Erkenntnis mit unserer These zu vereinbaren, daß bei den höchstentwickelten Tieren eine adäquate Perzeption der figural-qualitativen Merkmale und beim Menschen eine adäquate Wahrnehmung der Dinge auch in ihrer Bedeutung vorhanden ist und auch möglich sein muß, um die jeweilige Lebensfunktion aufrecht erhalten zu können ? Diese Frage ist nur zu beantworten, wenn wir die Organisationstendenzen berücksichtigen. Die Organisationstendenzen sind von der Gestaltpsychologie, einer bestimmten Richtung der bürgerlichen Wahrnehmungspsychologie, näher untersucht worden. Die Gestaltpsychologen gehen davon aus, daß die von ihnen in Experimenten gefundenen Phänomene Gesetze (Gestaltsgesetze) der menschlichen Wahrnehmung sind, nach denen der Mensch die nach ihrer Theorie ungegliederte, diffuse, atomisierte Welt als gegliedert und geordnet wahrnehmen kann. Bevor wir zu den erkenntnistheoretischen Grundlagen dieses Ansatzes kommen, sollen die Gesetze anhand von Metzger "Figural-Wahrnehmung" (1966) und Michotte u.a. "Die amodalen Ergänzungen von Wahrnehmungsstrukturen" (1966) in ihren Hauptlinien dargestellt werden.

Wir halten uns dabei an die globale Zuordnung von Holzkamp.

1. Ein wichtiges Organisationsprinzip ist die Oberverdeut-
   lichung der Abgehobenheit.

- Rubin (1921) stellte fest, daß geschlossene Konturen nie
  als Linien wahrgenommen werden, die sie in seinen Zeich-
  nungen immer sind, sondern als Grenzen eines Dings, das
  sich vom Umfeld abhebt, also als Figur (Figur-Grund-Diffe-
  renzierung). (vgl. Abbildung 1)

Abb.: 1
Rubinscher Becher

- Der Helligkeitsunterschied von aneinandergrenzenden Flächen wird überbetont, wenn diese Helligkeitsunterschiede
  so gering sind, daß ohne die Abhebung Unterschiede überhaupt
  nicht mehr wahrnehmbar wären. (Abbildung 2)

Abb.:2)Kontrast und Angleichung:die Farbe des oberen "S"
wird von links nach rechts zunehmend heller,die Farbe des
unteren "S" zunehmend dunkler.(vgl.Kanizsa,1966).

- Liegen einzelne Kleingebilde im Sehfeld relativ nahe bei-
  einander, so werden sie in der Wahrnehmung nach dem Gestalt-

gesetz der Nähe und der größten Dichte (vgl. Metzger, 1966, S. 7o1) zu figuralen Einheiten zusammengefaßt, "so daß möglichst dichte und möglichst stark von anderen ab- gesetzte (isolierte) Gruppen entstehen" (ebenda).

2. Überhomogenisierung von Infeldern

Eine Ansammlung von Kleibgebilden (z.B. kleinen Dreiecken und Kreisen) wird dann nicht als eine solche Ansammlung wahrgenommen, wenn sie gleich oder ähnlich sind. Vielmehr besteht nach dem Gesetz der Gleichartigkeit und Ähnlich- keit und der geringsten Inhomogenität "die Tendenz, zu der Gruppierung, 'in der die gleichen zusammengefaßt erschei- nen' (und) die Tendenz zur Ausbildung von Gruppen, die in sich uneinheitlich sind" (ebenda, S. 7oo). Wiederum wer- den, (wenn keine klaren weiteren Informationen vorhanden sind) also Phänomene, die keine Figur darstellen, als An- zeichen für eine Figur genommen.

3. Überakzentuierung der Geschlossenheit

"Kann ein Linienmuster einerseits in sich geschlossene, in sich zurücklaufende, andererseits in offene Teilverläufe zerfallen (Abbildung 3 a-c), so ist die Zusammenfassung zu geschlossenen Teilverläufen bevorzugt" (ebenda, S. 7o8), weil nur unter diesen Bedingungen eben Figuren wahrgenom- men werden können. "Die Zusammenschlüsse von Linien im Sinne des Faktors der Geschlossenheit haben die Besonder- heit, daß sie zur Ausbildung von Flächenfiguren führen, wobei die Linien den Charakter von Rändern oder Konturen annehmen" (ebenda).

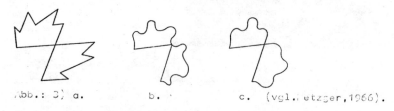

Abb.: 3) a.   b.   c. (vgl. Metzger,1966).

Die Tendenz nach Geschlossenheit, v.a. die Zwangsläufig- keit, mit der diese Gesetze in der Wahrnehmung wirken, zeigt sich besonders an Abbildung 4.

Abb.: 4

(vgl.Metzger,1966)

Was innerhalb des Halbkreises liegt, wird fast automatisch
als nebeneinanderliegende Kreise wahrgenommen, und es erfordert Anstrengung, "es geht einem sozusagen gegen den
Strich", kleine Halbkreise zu erkennen. Das letztere tut
man überhaupt nur, wenn man dazu aufgefordert wird. Ist
man vollkommen unvoreingenommen, wird man auf den ersten
Blick immer wieder von Halbkreisen begrenzte kleine Kreise sehen.
Zusammenfassend läßt sich sagen, daß sich bei der Ausbildung von Figuren immer eine Gliederung durchsetzt, die sich
nach bestimmten Eigenschaften wie Einfachheit, Regelmäßigkeit, inneres Gleichgewicht, Symetrie und Geschlossenheit
bestimmt. Offen ist bis jetzt aber noch, wann welches Gestaltprinzip auftritt. So können z.B. Flächen verschiedener Helligkeit sowohl nach dem Gestaltprinzip der "Überverdeutlichung der Abgehobenheit" als auch nach der "Über-
homogenisierung von Infeldern" organisiert werden, (wobei
einmal, wie oben gezeigt, die Helligkeitsunterschiede überbetont, das andere Mal eher vereinheitlicht, homogenisiert
werden). Diese relative Beliebigkeit verschwindet dann,
wenn die Farbunterschiede sich innerhalb einer Figur befinden. Dann werden nach dem Prinzip der Oberhomogenisie-
rung von Infeldern die Farbunterschiede eher vereinheitlicht, weil bei einem starken Kontrast die Figur in zwei
Teile zerfällt. Sind die Farbflächen dagegen außerhalb einer Figur gegeben, so ist die farbliche Differenzierung
bedeutend, die Farbunterschiede werden überbetont. Metzger
kommt so zu folgenden allgemeinen Aussagen:
"a) die sachliche Beschaffenheit des Gegebenen entscheidet über die Bildung von umfassenderen Einheiten irgend-

203

welcher Art, über Grenzverlauf, Gliederung und Gruppierung....

c) die Art des natürlichen Zusammenschlusses läßt sich
allgemein nur von Gestalt-Eigenschaften der durch ihn
entstehendem Ganzen und Gruppengebilde her verstehen:
Der Zusammenschluß erfolgt derart, daß die entstehenden
Ganzen in irgendeiner Weise vor anderen denkbaren Ein-
teilungen gestaltlich ausgezeichnet sind.

d) ob das Bestehen eines gewissen Sachverhältnisses zur
Bildung eines entsprechenden Ganzen führt oder nicht,
hängt in hohem Maße von der Gesamtheit der Sachverhält-
nisse in der näheren und weiteren Umgebung ab." (1966,
S. 71o f).

4. Ein weiteres sehr wichtiges Organisationsprinzip ist
   die Komplettierung bei Ausnutzung vorhandener Informationen.

Die Gestaltpsychologen unterscheiden zwischen modalen und
amodalen Ergänzungen (siehe Michotte u.a. 1966).

- Fehlen bei bestimmten Reizanordnungen, die Geschlossenheit aufweisen, bestimmte Teilstücke, so werden die Lük-
  ken übersehen bzw. vernachlässigt. "Die einfachste Art
  der perzeptiven Ergänzung...ist dadurch gekennzeichnet,
  daß die Versuchspersonen die Figuren, die man ihnen vorzeigt, einfacher bzw. vollständiger beschreiben, als sie
  in Wirklichkeit sind, und daß sie Lücken überhaupt nicht
  erwähnen. Die Versuchspersonen treffen keinerlei Unterscheidung zwischen den von ihnen hinzugefügten und den
  der Reizkonstellation entsprechenden Figurteilen" (ebenda, S. 979, Hervorhebung d.A.). Einfachstes Beispiel für
  eine solche totalisierende Gestaltsauffassung ist die
  Tatsache, daß trotz des natürlichen blinden Flecks auf
  der Netzhaut die Dinge vollständig und nicht an dieser
  Stelle gebrochen wahrgenommen werden. Besitzen die er-
  gänzten Teile wie hier dieselben visuellen Qualitäten
  (Farbe, Helligkeit) wie die restliche Gestalt, so werden sie modale Ergänzungen genannt.
- Amodale Ergänzungen liegen dann vor, wenn aufgrund von

Überdeckungen oder Überschneidungen verschiedener Figur-
flächen, Teile, die objektiv nicht gegeben sind, komplettiert werden, und zwar unter optimalster Ausnutzung
vorhandener Informationen. "Das Fehlende wird...quasi
'interpoliert' bzw. 'extra-poliert' (Holzkamp, 1973,
S. 314).
Das Gemeinte verdeutlicht sich an den Abbildungen 5-7.

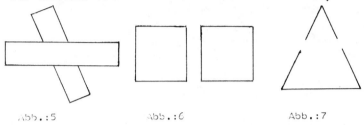

Abb.:5   Abb.:6   Abb.:7

Bei Abbildung 5 geben die Versuchspersonen an, zwei vollständige Rechtecke zu sehen, die übereinander liegen.
Legt man über die offenen Stellen bei Abbildung 6 und 7
einen Bleistift, dann bewirkt der dadurch hergestellte
Schirmeffekt, daß ein vollständiges Rechteck und ein
vollständiges Dreieck wahrgenommen wird, obwohl sie objektiv durchschnitten sind.
- Modale Ergänzungen gibt es aber auch, ohne daß ein Schirm
vorhanden ist. Hier werden die vorhandenen Leerstellen
nicht wahrgenommen, sondern erscheinen als völlig durch-
sichtige Teile des Gegenstandes, die dieselbe Konsistenz
wie die modal gegebenen Teile besitzen. (Abbildung 8)

Abb.:8) Gestalt-Ergänzungsaufgaben (vgl.Street,1931).
Die Konfigurationen stellen dar: Hund, star-
tender Sprinter.

- Das Organisationsprinzip der Komplettierung ist von besonderer Wichtigkeit bei Körpern. Wenn gemäß der vorher
aufgewiesenen Standort- und Perspektivitätsabhängigkeit
der Wahrnehmung nur eine Seite gegeben ist, so werden
räumliche, solide Gegenstände komplettiert. Niemand würde z.B. annehmen, daß ein vor ihm stehender Kasten, von
dem er nur drei Flächen sehen kann, nur diese drei Flächen hat. Er ist vielmehr meistens fest davon überzeugt,
daß die Rückseite, die er nicht sehen kann, auch von drei
weiteren Flächen begrenzt ist. "Die jeweiligen 'Rückseiten' werden dabei...mit Wahrnehmungsevidenz durch 'Inter-
polation' aufgrund der Information auf den 'Vordersei-
ten' und mit der impliziten Voraussetzung, daß auf den
'Rückseiten' keine zusätzliche Information gegeben ist,
ergänzt" (Holzkamp, 1973, S. 315).
Michotte weist eindeutig darauf hin, daß die amodalen
Ergänzungen sich den Versuchspersonen aufgrund der Struktur der Reizkonstellation geradezu "mit Wahrnehmungsevidenz aufdrängen" (1966, S. 982, Hervorhebung d.A.). Es
handelt sich hier weder um eine einfache Schlußfolgerung
noch um die Projektion des fehlenden Teiles aufgrund eines "inneren Bildes" (ebenda), also bestimmter Vertrautheit mit dem Gegenstand. Es wird berichtet, daß die aufgrund dieses Tatbestandes zustandegekommenen Komplettierungen vielmehr immer sehr unsicher und vage seien.

5. Überakzentuierung von Invarianzen innerhalb von Geschehensverläufen.

- Innerhalb eines sonst nicht strukturierten Wahrnehmungs-
feldes werden Kleingebilde, deren gegenseitige räumliche
Beziehungen sich ändern, voneinander abgesondert. Sie
werden dagegen zu Einheiten zusammengefaßt, wenn sie sich
immer in gleicher Entfernung und mit gleicher Geschwin-
digkeit bewegen (Gestaltfaktor des 'gemeinsamen Schick-
sals' vgl. Metzger, 1966, S. 7o2), d.h., daß Abstand und
Lage innerhalb des Veränderungsprozesses invariant bleiben. Nur so können einheitliche Figurenbildungen zustande kommen.

- "Auch die Wahrnehmungsorganisation von Geschehnissen
kann man als optimale Ausnutzung von Information charakterisieren: Zusammenhänge zwischen verschiedenen Einheiten innerhalb von Geschehensverläufen werden in dem
Maße durch die Wahrnehmung hergestellt, wie man zur Beschreibung der Bewegungsgeschwindigkeit und Richtung
der unterschiedlichen Einheiten mit der gleichen Information auskommt. Information, die eine Veränderung von
Wahrnehmungsgegenständen anzeigen könnte, wird dann als
'überschüssig' nicht berücksichtigt, wenn nichts dagegen
spricht, die Veränderungen auf Zusatzbedingungen, die
dem Gegenstand äußerlich sind, zurückzuführen" (Holzkamp,
1973, S. 316, Hervorhebung d.A.).

6. Kausalitätswahrnehmung

Bei Gegebensein einer unstrukturierten Wahrnehmungssituation, also wenn die Ursache einer Beziehung zweier Einheiten nicht offensichtlich ist, wird nach dem Organisationsprinzip der minimalen Energiemenge trotzdem eine Ursache wahrgenommen, und zwar diejenige, die sich aufgrund
der minimalsten Information ergibt.
Dieses Organisationsprinzip hat Ekman (1951/52) in einem
Experiment nachweisen können. Bietet man den Versuchspersonen zwei Lichtquellen in einer bestimmten Nähe zueinander so dar, daß die Lichtenergie zwischen den beiden
wechselt, (der Zunahme der Energie auf der einen Seite
also die Abnahme der Energie auf der anderen Seite entspricht) so stellt die Wahrnehmung einen bestimmten Zusammenhang her: Die Versuchspersonen nehmen an, daß beide
Lichtquellen von einer konstanten Lichtenergie gespeist
werden. "Die Lichtenergie scheint in einem unsichtbaren
Tunnel o.ä. zwischen den beiden Lichtquellen hin und her
zu wandern" (Holzkamp, 1973, S. 316). Wichtig ist, daß
kein zweiter eigener "Antrieb" für die Lichtquelle wahrgenommen, sondern ein einfacher Ursache-Wirkungs-Zusam-
menhang hergestellt wird, der mit der geringsten Information auskommt.
Ein anderes Beispiel macht dies auch noch einmal klar:

Wenn in einem Experiment ein bewegtes an ein ruhendes
Gebilde stößt, und sich beide dann in Richtung des be-
wegten Gebildes fortbewegen, so werden die Versuchspersonen dies als ein "Fortschieben" des zweiten durch das
erste Gebilde sehen. Obwohl objektiv zwischen beiden
keinerlei Beziehung zu bestehen braucht, ⚊ also die Bewegung des ersten zunächst ruhenden Gebildes eine eigene Ursache haben kann, (z.B. eigener Energieantrieb) -
stellt sich der kausale Zusammenhang mit Wahrnehmungsevidenz aufgrund des Prinzips der minimalsten Informa-
tionsausnutzung zwangsläufig immer wieder her. Wir sehen, daß dieses Organisationsprinzip eine Vereinfachung
in sich einschließt, wie auch die von Stadler u.a. anhand von Massironi und Bonaiuto aufgewiesene "phänomenale
Kausalität" zeigt (1975, S. 12o ff). (vgl. Abbildung 9)

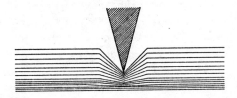

Abb.: 9 (vgl.Stadler u.a.,1975)

Ein unvoreingenommener Betrachter würde die Konfiguration in Abbildung 9 folgendermaßen beschreiben: "'Ein
Keil stößt in eine Linienschar und drückt diese zusammen'.
Diese Beschreibung ist eindeutig, sinnhaltig und enthält Aussagen, für die es keine objektive Grundlage in
der Konfiguration gibt, die diese also interpretieren.
Es besteht nämlich objektiv keine kausale Beziehung zwischen dem Keil und den eingedrückten Linien. Vielmehr
müßte die Beschreibung lauten, wenn man nur das aufnimmt,
was in der Reizkonfiguration tatsächlich vorhanden ist:
"Eine Schar übereinanderliegender Linien, die in der Mitte, von oben begonnen, dreiecksförmige Einbuchtungen nach
unten besitzen, welche je tiefer die Linie liegt, immer
stärker abgeflacht sind. Die unteren Linien sind gerade
und durchgehend. Direkt über der tiefsten Stelle der Ein-

buchtung der oberen Linie befindet sich ein schrägschraffier-
tes, gleichseitiges, spitzwinkeliges, aufrecht mit dem spit-
zen Winkel nach unten stehendes Dreieck" (ebenda).

Die Gestaltpsychologen leiten nun aus diesen Experimenten
die Funktion der Wahrnehmung überhaupt ab. Sie nehmen an, daß
die Welt wie in ihren experimentellen Anordnungen lediglich
aus diffusen Reizen besteht, und die Wahrnehmung gemäß den
aufgewiesenen Organisationsprinzipien die unstrukturierten
Reizsituationen gliedert. Das heißt, daß hier von einer erkenntnistheoretischen Position ausgegangen wird, nach der die
Struktur der Wirklichkeit ein Produkt des Subjekts ist. Die
von uns in Teil C II dargestellte Subjekt-Objekt-Beziehung
und die Frage, inwiefern der Mensch in der sinnlichen Erkenntnis die vorhandenen objektive Realität adäquat erfassen kann,
ist auch hier schlicht ausgespart. "Die Gestalttheorie glaubt
daher, die Gesetzmäßigkeit der Wahrnehmung analysieren zu
können, ohne auf historisch-gesellschaftliche Zusammenhänge
rekurrieren zu müssen" (Stadler u.a., 1975, S. 122). Die Gestalttheorie unterscheidet sich daher von der von Holzkamp
formulierten materialistischen Wahrnehmungspsychologie darin,
"daß der Zusammenhang der einzelnen Reize erst auf der Ebene
des Bewußtseins entsteht, bestensfalls noch wie bei Köhler
seine Entsprechung in neurophysiologischen 'Gestalten' hat,
nicht aber auf die Reizbedingungen, die objektive Realität,
(also die gegenständlich gegliederte Außenwelt) zurückgeht.
Damit wird der Widerspiegelungscharakter der Wahrnehmung geleugnet" (ebenda, S. 123; vgl. auch Teil C III - zur Kritik
der bürgerlichen Wahrnehmungspsychologie; eine ausführliche
Kritik der Gestaltpsychologie ist im Rahmen unserer Arbeit
nicht von Bedeutung).
Wie sind nun die empirisch nachgewiesenen Organisationstendenzen in unserer bisherigen Theorie über die Funktion und
Eigenart sinnlicher Erkenntnis einzuordnen ? Den ersten Hinweis zur Beantwortung dieser Frage finden wir, wenn wir uns
näher anschauen, was eigentlich durch die Organisationstendenzen "hergestellt" wird: Es handelt sich jedes Mal um figural-qualitative Merkmale, wie sie räumlich soliden, abge-

hobenen, realen Dingen der Außenwelt wirklich zukommen:
Figuren zeichnen sich aus durch Abgehobenheit vom Umfeld,
durch ein homogenes Infeld, Vollständigkeit der Konturen
und Ortsveränderung in gleichem Ausmaß und gleicher Richtung. Aufgrund der Tatsache, daß Organisationstendenzen
also zu "Konstruktionen" führen, die der Struktur der äußeren Welt gleichen (wie haben deren figural-qualitative Organisation in der tierischen Umwelt und die Existenz von
figural-qualitativen Merkmalen als Träger von Gegenstandsbedeutungen in der menschlichen Welt nachgewiesen), kommt
Holzkamp zu folgender These: "Die Organisationseffekte sind
...deswegen in der naturgeschichtlichen Entwicklung entstanden, weil sie "funktionale" Ergänzungen der Orientierung
zur Steuerung der lokomotorischen Aktivitäten von Organismen sind" (ebenda, S. 318). Die im Laufe der Evolution bei
den höchstentwickelten Tieren entstandene adäquate Perzeption der figural-qualitativen Merkmale der Umwelt ist die
Basis, ist notwendige Voraussetzung für die Erhöhung der
Fortpflanzungswahrscheinlichkeit der Organismen. Diese
Orientierung ist aber, wie oben gezeigt, notwendig auch immer halbirrtümlich, d.h., es gibt vielfältige Situationen,
in denen die Orientierungsbedingungen so ungünstig sind,
daß trotz einer im allgemeinen adäquaten figural-qualitativen Perzeption die Welttatbestände nicht in ihrer Struktur erfaßt werden könnnen (z.B., wenn aufgrund der Verdek-
kung durch Bäume Tiere, deren Tötung zur Lebenserhaltung
notwendig ist, auf der Suche nach Nahrung nicht in ihrer
Figur voll erscheinen oder Feinde durch Tarnungen nur z.B.
sichtbar sind). Die Organisationstendenzen stellen nun insofern einen Sonderfall in der Orientierung dar, als sie in
diesen "unstrukturierten Situationen" zum Ausgleich der
"Halbirrtümlichkeit" auftreten. Mit Hilfe der Organisationseffekte sind die Organismen fähig, über die eindeutig sen-
sorisch bzw. perzeptiv erfaßbaren Merkmale hinauszugehen,
also auch dann z.B. ein Opfer zu sehen, wenn nur Teile seines Körpers sichtbar sind. Darin ist auch schon der evolutionstheoretische Sinn, die Funktionalität der Organisationseffekte angedeutet: Holzkamp geht davon aus, daß es in der

Identifizierung von wirklichen Dingen zwei Arten von "Wahr-
nehmungsfehlern" gibt: a) die Identifizierung eines Dinges,
obwohl kein solches Ding da ist und b) die Nichtidentifi-
zierung eines Dinges, obwohl es existent ist. Der "Fehler
erster Art" erhöht sich zunächst durch die Organisationseffekte, da ja, wie in den Experimenten der Gestalttheoretiker gezeigt, hier tatsächlich nicht vorhandene Strukturen
erfaßt werden. Die Erhöhung dieser "Fehler" und damit die
Verminderung der "Fehler zweiter Art" ist aber für die Erhöhung der Fortpflanzungswahrscheinlichkeit bedeutend, "wenn
ein Organismus eine gegebene Nahrungsquelle in der Orientierung nicht identifiziert, die Bedrohung durch einen Feind
nicht perzipiert etc., demgemäß nicht zu den jeweils entsprechenden lokomotorischen Aktivitäten (Annäherung, Flucht)
kommt, so verringert sich damit seine Überlebenschance...
in stärkerem Maße, als wenn der Organismus irrtümlich einen
bestimmten Merkmalskomplex für eine Nahrungsquelle, einen
"Feind" etc. "gehalten" hätte....Dies wäre aber gleichbedeutend mit der evolutionären Herausbildung der Organisationseffekte....Von diesem Erklärungsansatz aus wäre auch
evolutionstheoretisch verständlich zu machen, daß es im
Laufe der phylogenetischen Entwicklung zu Formen von Organisationseffekten kommt, durch welche die vorhandene Information auf immer angemessenere Weise als Anzeichen für
das Gegebensein bestimmter gegenständlicher Tatbestände in
der wirklichen Welt ausgeschöpft werden kann: die vitalen
Orientierungsfehler ("zweiter Art"), die die Fortpflanzungswahrscheinlichkeit vermindern, müssen unter sonst gleichen
Bedingungen in dem Maße immer seltener werden, wie bei gegebener Informationsmenge die Identifizierung des Daseins
bzw. Soseins einer Weltgegebenheit häufiger bzw. genauer
wird und - dementsprechend - je geringer die Informationsmenge ist, mit welcher eine bestimmte Identifizierungshäu-
figkeit und -genauigkeit erreicht werden kann" (Holzkamp,
1973, S. 32o f). Das heißt also, daß im Laufe der Entwicklung die durch die Organisationseffekte inplizierten Fehler
sogar geringer werden, also eher das Richtige als das Falsche getroffen wird.
Die Existenz der Organisationseffekte in der menschlichen

Wahrnehmung bedarf angesichts der in der Naturgeschichte
und im allgemein-gesellschaftlichen Teil analysierten Beziehung zwischen tierischer Perzeption und sinnlicher Erkenntnis keiner besonderen Ausführung mehr. Da die organismische Stufe der Orientierung in der menschlichen Erkenntnisfunktion aufgehoben ist, muß die Wahrnehmung auch
die Organisationseffekte als organismische Charakteristika einschließen. Das heißt aber: Die Organisationseffekte
werden jetzt nicht mehr nur in 'Bezug auf die figural-qualitativen Merkmale, sondern auch auf die Bedeutungen der
zu erkennenden Objekte der menschlichen Außenwelt, und zwar
in der von uns anhand der Gestaltgesetze gekennzeichneten
Weise. Sie besitzen also auch hier Funktionalität im Sinne
des Ausgleichs der "Halbirrtümlichkeit" der Wahrnehmung.
Die Bedeutung dieser Effekte zeigt uns die alltägliche Erfahrung. Es genügt, einen flüchtigen Blick auf eine beleb-
te Straße, auf das Mobiliar eines Zimmers zu werfen, um zu
sehen, wie wenig Objekte es gibt, deren Sichtflächen völlig
unverdeckt sind. Unsere Tätigkeit in Haushalt, Produktion
usw. erlaubt uns sehr selten eine orthogonale Draufsicht
auf die bedeutungsvollen Dinge, und doch müssen wir Gegenstandsbedeutungen ständig erfassen, um überhaupt unsere
Aufgaben erfüllen zu können. Um auf unser Beispiel aus der
Darstellung der Halbirrtümlichkeit zurückzukehren: Sobald
wir einige Flächen eines Hauses sehen, sind wir fähig, aufgrund der Komplettierung ein Haus und eben nicht nur Ausschnitte davon wahrzunehmen.
Was die Gestaltpsychologen den Versuchspersonen in ihren
Experimenten dargeboten haben, ist nicht die Wirklichkeit in
ihrer tatsächlichen Struktur, sondern es sind nur Ausschnitte aus ihr. Teile, Punkte, halbe Figuren etc. existieren
in der menschlichen Welt nur als <u>unstrukturierte Wahrneh-</u>
<u>mungssituationen</u>, d.h., als eine Situation, in der die an-
sonsten gegenständlich gegliederte und bedeutungsvolle Welt
nicht vollständig erscheint. Da sie die im Laboratorium hergestellte Welt für die wirkliche Welt halten, begreifen sie
auch nicht, daß die hier untersuchten Spezifika der Wahrnehmung nicht die menschliche Wahrnehmung in ihrer Totalität
erklären können, sondern einen Sonderbereich darstellen, der

selbst nur aus einer allgemeinen Theorie der Wahrnehmung
heraus verstanden werden kann, (wie sie in Teil C entwickelt
wurde).
Die Funktionalität der Organisationseffekte "für die bedeu-
tungsbezogene Wahrnehmung des Menschen (gilt solange), wie
die Wahrnehmungstätigkeit der Steuerung von Lokomotionen
und anderen motorischen Reaktionen innerhalb von gegenständlichen Einheiten der Außenwelt dient, deren Bedeutung sich
in einfachen figural-qualitativen Merkmalen und Merkmalskomplexen ausdrückt und erschöpft" (Holzkamp, 1973, S. 327).
Inwiefern die Funktionalität in der Wahrnehmungstätigkeit
innerhalb der bürgerlichen Gesellschaft gilt, bzw. wie und
ob sie nicht modifiziert wird, wird sich zeigen, wenn wir
die Organisationstendenzen nun in die Behandlung der sinnlichen Erkenntnis in der bürgerlichen Gesellschaft einbauen.
Ihre Wirkung in der Bedeutungswahrnehmung wird dabei deutlicher werden. Wir meinen, daß dieser Weg notwendig ist,
weil bei Holzkamp die Organisationstendenzen mit ihren gno-
seologischen Implikationen einfach als abgeschlossener, ge-
sonderter Teil dargestellt werden, von dem aus es nur sehr
schwer möglich ist, die Übertragung auf die komplizierten
Bedeutungsstrukturen der bürgerlichen Gesellschaft zu leisten.

2. Darstellung des Wahrnehmungsprozesses in Bezug auf die
   Bedeutungsstrukturen des bürgerlichen Systems. Ihre Bedeutung für spezifische Funktionsweisen sinnlicher Erkenntnis im Kapitalismus.

Es geht uns in diesem Teil darum, die Eigenarten sinnlicher
Erkenntnis in der bürgerlichen Gesellschaft herauszuarbeiten.
Dabei wird dies quasi exemplarisch an denjenigen objektiven
Bedeutungsstrukturen (gegenständlicher und personaler Art)
geleistet, die wesentliche für dieses gesellschaftliche System sind. Wir beziehen uns auf die Darstellung und Ableitung
der objektiven Struktur des Gesellschaftssystems in Teil E

I. Wiederholungen daraus werden sich nicht vermeiden lassen,
weil die sinnliche Erkenntnis in ihrer inhaltlichen Seite
ja von dieser objektiven Struktur bestimmt ist. Wir nehmen
diese Wiederholungen aber aus der theoretischen Erwägung
in Kauf, daß nur bei einer klaren Trennung von objektiver
Seite und Reflexion auf der Seite des Subjekts deutlich
wird, daß das Subjekt in der sinnlichen Erkenntnis keine
eigenen Zusammenhänge herstellt, sondern die ihm gegenüberstehenden von ihm geschaffenen, objektiven Bedeutungsstrukturen selbst widerspiegelt. Deshalb wurde in Teil E I auch
so viel Wert auf die Ableitung der Erscheinungsformen gelegt.
Wie in der Analyse der "gegenständlichen Seite" schon dargestellt, zeichnen sich die Gegenstände in der bürgerlichen
Gesellschaft dadurch aus, daß sie nicht nur Gebrauchswert,
sondern auch Wert haben. Während der Gebrauchswert sich an
figural-qualitativen Merkmalen der Dinge festmachen läßt,
also in ihnen aufgeht, stellt der Wert ein gesellschaftliches Verhältnis dar. Er kommt überhaupt nur zustande, in
dem von den konkreten Eigenschaften der Gegenstände abstrahiert wird, und sie hinsichtlich der in ihnen materialisierten abstrakt-menschlichen Arbeitszeit, die die Privatproduzenten bei der Herstellung der Waren verausgaben, auf dem
Maßstab der gesellschaftlichen Durchschnittsarbeitszeit miteinander verglichen werden. Die Gegenstände müssen nur deshalb Wert enthalten, weil sie nicht in bewußter arbeitstei-
liger Kooperation hergestellt werden, sondern Produkt unab-
hängiger Privatarbeiten sind und somit auf dem Markt gegeneinander getauscht werden müssen. Weil die Warenbesitzer
aber in der Produktion voneinander getrennt sind und sich
erst auf dem Markt gegenübertreten, verschwindet automatisch
das gesellschaftliche Verhältnis, das im Wert sachlich eingebunden ist. Es entsteht eine Oberfläche, in der der Wert
als Natureigenschaft der Dinge erscheint.
Was ist nun dem Subjekt in der sinnlichen Erkenntnis zugänglich ? Der gesellschaftliche Charakter einer Produktion
ist in der Wahrnehmung dann erfaßbar, wenn durch einen gemeinsamen Plan quasi die sinnlich-anschaulichen Glieder ge-

geben sind, die die sinnliche Erkenntnis braucht, um sich
nicht in der konkreten Vielfalt der vielen arbeitsteiligen
Einzelarbeiten als losgelöste zu verfangen, sondern ihre
gesellschaftlichen Beziehungen zueinander einzusehen. In
einer warenproduzierenden Gesellschaft ist nur die Information sinnlich erfahrbar, daß die Gegenstände, die man kauft
oder verkauft, auch einen Wert bzw. Preis haben. Woher dieser Wert (Preis) tatsächlich kommt, weshalb er überhaupt
existiert, (also der gesellschaftliche Charakter der Produktion) ist im Tausch als notwendigen Resultat der Privatarbeiten nicht mehr sichtbar. Der Wert wird als eine in
den Waren liegende Natureigenschaft wahrgenommen, also eine
Eigenschaft, die genauso in den Dingen liegt, ihnen quasi
genauso aus sich heraus zukommt wie die Gebrauchswertbe-
schaffenheiten. Dabei wird er immer an diesen festgemacht,
d.h., in der sinnlichen Erkenntnis geht man davon aus, daß
sich der Wert aus den Gebrauchseigenschaften der Ware ergibt. Ein großes Auto ist also teuer, weil es groß ist, die
Uhr ist teuer, weil sie schön ist usw. Die Wahrnehmung trägt
dem Umstand, daß die Ware nicht nur "ordinäres sinnliches
Ding", sondern "sinnlich-übersinnliches Ding" ist (Marx, MEW
23, S. 85) nicht Rechnung, weil sie "wirkliche, sinnliche
Eigenschaften der Dinge...als 'Vehikel' für die 'sinnlich-
übersinnlichen' Tauschwertcharakteristika benutzt " (Holzkamp, 1973, S. 214). Da in Wirklichkeit der Wert sich aber
nie aus den Gebrauchseigenschaften eines Gegenstandes bestimmt, sondern aus der zur Herstellung gesellschaftlich
notwendigen Durchschnittsarbeitszeit, muß diese von der Erscheinungsform so verschiedene Existenz des Wesens sich auch
in gewisser Weise in der Oberfläche niederschlagen. So finden wir dort tatsächlich eine Menge von Widersprüchen. Wenn
sich der Wert eines Dinges, wie in der Wahrnehmung angenommen, in seinen wirklichen Beschaffenheiten manifestiert,
dann kann man feststellen, daß das Prinzip, nach dem er an
den Gebrauchseigenschaften der Gegenstände festgemacht wird,
notwendig auf eine völlig inkonsistente und widersprüchliche
Weise von Ware zu Ware wechseln muß. Bei einem Haus ist es

die "Größe", die den hohen Wert ausmacht, bei einer Armband-

uhr ergibt sich der hohe Preis gerade aus der "Kleinheit".
Beim Wein ist es das "Alter", bei Autos die "Neuheit", die
jeweils ihren Wert rechtfertigen. Wäre der Wert tatsächlich
eine sinnliche Eigenschaft der Waren, dann müßten sie auch
hinsichtlich ihrer Gebrauchsmerkmale miteinander vergleichbar sein, d.h., man müßte folgerichtig sagen können, welche Eigenschaften z.B. einer Uhr und einer Brille so gleich
sind, daß sie beide denselben Preis haben, bzw. worin sich
die Gebrauchswerte von Zigarette und Feuerzeug so unterscheiden, daß ihre Werte (Preise) so unterschiedlich sind.
Eine Tauschbarkeit nach figural-qualitativen Merkmalen der
Gegenstände ist schlechterdings unmöglich. "Bisher hat noch
kein Naturforscher entdeckt, durch welche natürlichen Eigenschaften Schnupftabak und Gemälde in bestimmter Proportion 'Äquivalente' füreinander sind" (Marx, MEW 26/3, S. 127).
Diese Inkonsistenzen und Widersprüchlichkeiten sind selbst
Ausdruck des Wesens auf der Oberfläche. "Die Welt der Pseudokonkretheit ist ein Dämmerlicht von Wahrheit und Täuschung.
Ihr Element ist die Zweideutigkeit. Die Erscheinung zeigt
das Wesen und verbirgt es zugleich. In der Erscheinung tritt
das Wesen hervor, aber es erscheint nicht in adäquater Form,
nur teilweise oder nur mit einigen seiner Seiten oder Aspekte. Die Erscheinung weist auf etwas anderes als sie selbst
ist, sie existiert nur dank ihrem Gegensatz. Das Wesen ist
nicht unmittelbar gegeben; es ist durch die Erscheinung vermittelt, zeigt sich in etwas anderem als sie selbst ist" (Kosik, 1967, S. 9). Die Wahrnehmung ist, wie vorne schon gesagt, fähig, das Objekt in seinen unmittelbaren Eigenschaften, seiner sinnlichen Oberfläche, zu erfassen, also unmittelbare Erfahrung zu bilden. Sie müßte demgemäß hinsichtlich
der Aussage, daß der Wert eine natürliche Eigenschaft der
Dinge ist, die ihnen aufgrund ihrer figural-qualitativen
Merkmale zukommt und sich auch aus ihnen bestimmt, zumindestens zur Unsicherheit (über die Beschaffenheit der Wirklichkeit) führen. Erinnern wir uns hier noch einmal an die
Organisationseffekte. Sie treten immer dann auf, wenn un-
strukturierte (Wahrnehmungs-)Situationen vorliegen und stel-

len geschlossene Einheiten (Figuren) her, die eine angemessene Orientierung erlauben, (weil sie Unsicherheiten ausschalten). Die geschilderten Widersprüchlichkeiten in der Oberflächenexistenz der Ware stellen nun genau eine solche unsichere Wahrnehmungssituation dar. Nach den Organisationsprinzipien der "Überverdeutlichung der Abgehobenheit" und der "Überakzentuierung der Geschlossenheit" wird, - da der Wahrnehmung durch ihre Gebundenheit an die sinnliche Oberfläche der eigentliche Bezugspunkt ihrer Vergleichbarkeit, nämlich die gesellschaftlich notwendige Durchschnittsarbeitszeit nicht zugänglich ist, sie demnach mit der oberflächlichen Information auskommen muß - jede Ware vereinzelt an ihrem Ort und isoliert von der anderen wahrgenommen. Da auf diesem Weg der Zusammenhang in der Wahrnehmung nicht repräsentiert ist, werden auch die Widersprüchlichkeiten nicht erfahrbar. Die Annahme, daß der Wert sich an den Eigenschaften der Dinge festmacht, findet somit jetzt in jeder einzelnen Ware notwendig stets ihre Bestätigung. Hier wird eine generelle Eigenart der Organisationstendenzen in der bürgerlichen Gesellschaft deutlich: "Die 'Überverdeutlichung der Abgehobenheit'..., 'Überakzentuierung der Geschlossenheit'..., durch welche gegebene Merkmalskomplexe in Richtung realer abgehobene, räumliche solid-stoffliche Dinge modifiziert und ausgeschöpft werden, haben gerade in ihrer früher dargestellten biologischen Funktion der Reduzierung vital bedeutsamer zugunsten vital weniger bedeutsamer Orientierungsfehler im Hinblick auf den Stellenwert der Wahrnehmung innerhalb des Erkenntnisprozesses eine 'Kehrseite': Die Überverdeutlichung der dinglichen Abgehobenheit und Geschlossenheit von Weltgegebenheiten heißt gleichzeitig eine Überbetonung der Isoliertheit verschiedener Einheiten der gegenständlichen Welt voneinander, wobei auch die sinnlich eingebundenen Gegenstandsbedeutungen von dieser Überisolierung mit betroffen sind" (Holzkamp, 1973, S. 329 f). Durch diese Überisolierung werden objektive Widersprüche eliminiert, eine geschlossene Oberfläche "konstruiert", in der alles klar zu sein scheint.
Die so hergestellte Wirklichkeit hat gleichzeitig den Cha-

rakter unmittelbarer Wahrnehmungsevidenz. Was bei den Organisationseffekten in ihrer Wirkung bei figural-qualitativen
Merkmalen aufgewiesen wurde, gilt auch da, wo sie sich auf
die Bedeutungen der zu erkennenden Objekte beziehen: Die
Modifikationen haben den gleichen Charakter unmittelbarer
Wirklichkeitserfahrung wie die sinnliche Erkenntnis von Beschaffenheiten dieser Welt selbst. Michotte zeigt ja, daß
die Versuchspersonen die Figuren, die man ihnen vorzeigt,
einfacher bzw. vollständiger beschreiben, als sie in Wirklichkeit sind, daß sie Lücken überhaupt nicht erwähnen und
keinerlei Unterscheidung zwischen den von ihnen hinzugefügten und der Reizkonstellation entsprechenden Figurteilen treffen. Die Qualität sinnlicher Gewißheit stellt sich sogar
wider jedes bessere Wissen immer wieder her (vgl. Michotte
u.a., 1966, S. 981). Es ist selbstverständlich, daß die
Wahrnehmung angesichts einer Oberfläche, in der dem objektiven Widerspruch kein sinnlich erkannter Widerspruch entspricht, in der ein Tatbestand den anderen erschöpfend erklärt, aus sich heraus nicht dazu kommt, hinter dieser für
sie erscheinenden Wirklichkeit noch eine andere zu vermuten.[37]
Die Oberfläche wird immer für die Wirklichkeit selbst gehalten. Für die Wahrnehmung gibt es daran keinen Zweifel;
ein sich nicht in der sichtbaren Bedeutung erschöpfendes
Wesen ist für sie nicht denkbar: "Die Wahrnehmung kennt nicht
den objektiven Schein, sondern nur den Irrtum als Mangel des
wahrnehmenden Subjekts und/oder der zufälligen Wahrnehmungs-
umstände" (Holzkamp, 1973, S. 333). Der SChein wird als die
einzig existierende Realität geradezu immer wieder hergestellt und befestigt. Für die Ware heißt das: Ihr Wesen ver-

---

[37]Es ist deshalb auch nicht die Widersprüchlichkeit in der
unmittelbaren Erfahrung, die das Subjekt veranlaßt, im Denken die sinnlich erfahrbare Oberfläche zu "verlassen"; vielmehr sind es die sich aus der gesellschaftlichen Praxis stellenden Probleme, die das Subjekt zur denkenden Erkenntnistätigkeit bringen. "Der Ursprung des Denkens liegt in der Problemsituation" (Rubinstein, 1974, S. 18; vgl. auch die Analyse des problemlösenden Denkens).

schwindet hinter der glatten Oberfläche. Es ist in der Wahrnehmung nicht mehr repräsentiert.
Die Eigenart und Funktion sinnlicher Erkenntnis können wir
auch beim Geld als dem Tauschmittel einer entwickelten Warenproduktion näher darstellen. Geld ist seinem Wesen nach
eine Ware, deren Wert sich genau wie der aller andern Waren
nach der in ihr materialisierten gesellschaftlich notwendigen Durchschnittsarbeitszeit bestimmt. Da auf dem Markt das
gesellschaftliche Verhältnis, die gesellschaftliche Beziehung der Privatproduzenten, nicht mehr erscheint, stellt
sich das Geld auf der Oberfläche der als ein Gegenstand,
dem eben von Natur aus die Eigenschaft zukommt, Wert zu
haben, und der von Natur aus auch den Charakter hat, alle
Waren tauschbar zu machen. Während bei den anderen Waren
die sinnliche Erkenntnis deren Wert noch an den figural-
qualitativen Merkmalen festmachen kann, ist das beim Geld
nicht mehr möglich. Die Auffassung des Geldes als eines
Dinges, das eben quasi von sich aus die Fähigkeit hat,
"die Welt zu regieren", ist ein auf der Ebene der Wahrnehmung nicht durchschaubarer und auch nicht zu durchbrechen-
der objektiver Schein. Das Geld ist aber nicht in allem den
anderen Waren gleich. Seine Besonderheit besteht darin, daß
es als Tauschmittel benutzt wird, d.h., als eine Ware, in
der alle anderen ihre Werte darstellen. Die Vergleichbarkeit
stellt sich her über die sowohl im Geld als auch in der
sich auf es beziehenden Ware vergegenständlichten gesellschaftlich notwendigen Durchschnittsarbeitszeit. Auch diese
wesenhafte Beziehung von Ware und Geld erfährt eine Umkehrung in der Erscheinungsebene. Eine Ware scheint nicht erst
Geld zu werden, weil die anderen Waren allseitig ihre Werte
in ihr darstellen, vielmehr scheinen sie umgekehrt allgemein
ihre Werte in ihr darzustellen, weil sie Geld ist; die ver-
mittelnde Bewegung verschwindet damit im eigenen Resultat
und läßt keine Spur zurück. Für die sinnliche Erkenntnis,
die sich nur auf dieses Resultat stützen kann, kann es daher niemals ein einheitliches und in sich konsistentes Ska-
lierungssystem geben, nachdem Ware und Geld miteinander im
Verhältnis stehen. Warum z.B. innerhalb einer Warensorte
das größere Exemplar 3,oo DM und das kleinere 1,oo DM kostet

und nicht das größere 5,oo DM und das kleinere 3,oo DM -
es handelt sich also um die Basis der Beziehbarkeit - wird
als blinder Gegebenheitszufall hingenommen, bzw. verschwindet ganz in der sinnlichen Gewißheit, daß im Geld wirkliche
Eigenschaften der Dinge wie Güte und Qualität sich unmittelbar ausdrücken. Solange der Preis eine durchschnittliche
Höhe hat - dieser Durchschnitt bestimmt sich aus der alltäglichen Erfahrung; man weiß etwa, wieviel im allgemeinen welche Ware kostet - taucht das Problem der Basis der Beziehbarkeit überhaupt nicht auf. Den Waren scheint ihr Preis
aufgrund ihres Gebrauchswertes "selbstverständlich" zuzu-
kommen.

Wird der Maßstab, nachdem sich Ware und Geld miteinander
ins Verhältnis setzen, selbst zum Gegenstand der Wahrnehmung, dann entsteht angesichts der Tatsache, daß der sinnlichen Erkenntnis die wesentlichen Zusammenhänge ja nicht
zugänglich sind, nicht etwa Unsicherheit. Durch die Gebundenheit an die Oberfläche ist für die Wahrnehmung nur ein Zusammenhang sichtbar, nämlich, daß Angebot und Nachfrage Einfluß auf die Preisbestimmung haben. Nach dem Organisationsprinzip der "Komplettierung" wird die so gegebene "sichtbare
Seite" unter optimaler Ausnutzung vorhandener Informationen
und mit der Voraussetzung, daß auf der Rückseite keine zusätzliche Information gegeben ist, (vgl. Michotte u.a., 1966,
S. 985) zu einer "Figur" (einem Körper) ergänzt; das heißt
übertragen auf die hier vorliegende Bedeutungsstruktur, daß
Angebot und Nachfrage nicht nur als Ursache temporärer Preis-
schwankungen aufgefaßt, sondern als konstituierendes Moment
des Warenwertes und des aus ihm abgeleiteten Preises verallgemeinert, bzw. "extrapoliert" werden.[38] Damit ist für die
sinnliche Erkenntnis eine Wirklichkeit hergestellt, in der
alles geklärt ist, in der es keine Unsicherheiten gibt, die

[38] Das Gegebensein einer anderen Merkmalskonstellation, also
wenn z.B. wie im Krisenjahr 75/76 trotz sinkender Nachfrage
die Preise der Autos gestiegen sind, führt nicht dazu, daß
in der sinnlichen Erkenntnis dieser Zusammenhang von Angebot,
Nachfrage und Preisen einfach aufgegeben wird. Vielmehr wird,
solange keine weiteren polit-ökonomischen Informationen gegeben sind, in der Wahrnehmung daran festgehalten und diese
Konstellation als eine "Ausnahme" aufgefaßt, in der der scheinbar "wirkliche" und "richtige" Zusammenhang durchbrochen wird.

auf eine wesentlich andere Beziehung verweisen könnten.
Gerade dadurch, daß beim Gegebensein entsprechender sinnlicher Merkmalsmuster automatisch unter optimaler Infor-
mationsausnutzung, Stiftung sparsamster Resultanten, die
gesellschaftlichen Verhältnisse komplettierend aufgebaut
werden, verschwinden für die Wahrnehmung die wesentlichen
objektiven Zusammenhänge der bürgerlichen Gesellschaft in
einer "nach dem Modus des sichtbaren konstituierten Gesamts
tatsächlicher Eigenschaften und Beziehungen der Wirklichkeit" (Holzkamp, 1973, S. 332). Die Organisationstendenz
der "Komplettierung" offenbart also genauso wie die der
"Abgehobenheit" "im Blick auf ihren Stellenwert (innerhalb) des Erkenntnisvollzuges die 'Kehrseite' ihrer Funktionalität für die lokomotions- und reaktionsrelevante
Orientierung: Die beim Vorliegen bestimmter Eigenarten und/
oder Veränderungsformen von Merkmalskomplexen als Interpo-
lation oder Extrapolation der gegebenen Informationen aus-
gelösten Organisationseffekte der Ergänzungsreihen, Bewe-
gungs- und Wirkungszusammenhänge führen als solche zu einer
'zwangsläufig-automatischen' Kurzschlüssigkeit und Ober-
flächenhaftigkeit sinnlich evidenter Beziehungen" (ebenda,
S. 331).

Die hier aufgewiesenen sachlichen Gegenstandsbedeutungen
müßten sich, (wie im Teil C III dargestellt), auch in den
personalen Bedeutungen niederschlagen. Genau wie die Dinge
in der bürgerlichen Gesellschaft nicht nur Gebrauchswert,
sondern auch Wert haben, so haben auch die Personen nicht
mehr nur, (wie noch in der allgemein-gesellschaftlichen Analyse aufgezeigt), die aus ihren Tätigkeiten abgeleiteten
Fähigkeiten und Fertigkeiten, sondern eben auch "Tauschwertcharakteristika". Der Wert als sachliche Gegenstandsbedeutung verweist auf die "Habens-Variable" als personale Bedeutung. Wir wollen jetzt an ihr als dem "Komplementär"
zur Gegenstandsbedeutung des Geldes die sinnliche Erkenntnis
in ihrer Eigenart und Funktion auch bei personalen Bedeutungen behandeln. Genau wie die Werte der Waren und der Wert

des Geldes nicht mehr als gesellschaftliches Verhältnis, sondern als Natureigenschaft erscheinen, so ist auch das Geld-Haben der Individuen auf der Oberfläche der bürgerlichen Gesellschaft etwas, das den Menschen natürlicherweise, selbstverständlich, immer so zukommt, eine Eigenschaft wie jede andere. Der Umstand, daß das Geld-Haben nur in einer warenproduzierenden Gesellschaft notwendige Voraussetzung für die Befriedigung von Bedürfnissen ist, weil (hier) eine Umverteilung des gesellschaftlichen Gesamtprodukts nur über den Markt erfolgt, - in einer planvoll organisierten Produktion muß sich das als überflüssig erweisen. Sie hat als klares Ziel die Befriedigung der Bedürfnisse aller Gesellschaftsmitglieder, so daß der Bedarf jedes einzelnen im Gesamtprodukt enthalten ist und somit jedem aus dem gesellschaftlichen "Fond" wieder zugestellt werden kann - diese gesellschaftliche Bewegung verschwindet in dem zu einer natürlichen Eigenschaft fetischisierte Haben, (das als Schein, wie bei der Ware und dem Geld, durch eben dieses gesellschaftliche Verhältnis auch produziert wird). Die Wahrnehmung nimmt das Haben nicht einfach als für sich identifizierbare Eigenschaft am anderen wahr, sondern versucht, sie an wirklichen Tätigkeitscharakteristika oder sonstigen figural-qualitativen Merkmalen des anderen festzumachen (wie bei dem Wert der Ware). Besonders deutlich wird dies, wenn soziale Ungleichheiten bzw. der Unterschied zwischen Armut und Reichtum als extreme Positionen auf der Habens-Variable zum Gegenstand der interpersonalen Wahrnehmung werden. Was den Individuen im Bereich der Zirkulationssphäre als sinnlich erfahrbare Tatsache gegenübertritt, ist eine gewaltige Verschleierung. Wie bei der Habens-Variable allgemein zeigt sich auch hier die eigentliche, wesentliche gesellschaftliche Grundlage der Existenz von Armut und Reichtum nicht mehr. Sie besteht letztlich in dem Widerspruch zwischen Lohnarbeit und Kapital. Das Kapital muß, um überhaupt existieren zu können, fortwährend Mehrwert akkumulieren, der durch die Lohnarbeiter in der Produktion geschaffen wird. Es erlaubt daher auch all denjenigen, die mit der individuellen Revenue an der Akkumulation beteiligt sind, eine maßlose Steigerung ihrer persönlichen Zahlungsfähigkeit, eine immense Anhäufung von Geld. Der Mehrwert als Basis dieser individuellen Revenue des Kapitalisten kann überhaupt nur entstehen, weil die produzierenden Arbeiter nicht den Wert ihrer Arbeit, sondern nur ihre Arbeitskraft bezahlt bekommen, also nur einen geringen Teil des am Tag geschaffenen Gesamtwertes als Lohn erhalten und damit immer weniger als der Kapitalist. Diese grundlegende Gesetzmäßigkeit wird besonders deutlich, wenn es um die Steigerung des Mehrwertes geht. Da beim konstanten Arbeitstag der Neuwert gleichbleibt, ist eine Erhöhung des Mehrwertes nur dann möglich, wenn der Teil des unbezahlten Arbeitstages sich vergrößert und das bedeutet, daß der Teil des Arbeitstages, der den Wert der Ware Arbeitskraft darstellt, sich in derselben Proportion verkleinern muß. Das ist aber der Inhalt des von Rosa Luxemburg formulierten "Gesetzes des tendenziellen Falls des relativen Lohns". Im Kapitalismus wird der Produktivitätsfortschritt nur möglich, wenn die Arbeiterklasse einen relativ immer geringeren Teil des gesellschaftlichen Reichtums erhält. "Die kapitalistische Produktion kann keinen Schritt vorwärts machen, ohne den Anteil der Arbeiter am gesellschaftlichem Produkt zu verringern" (Luxemburg, zitiert nach: Rosdolsky, 1968, S. 345), also zwischen Arbeiter- und Kapitalistenklasse nicht nur immer einen immensen Unterschied "im Haben" ständig zu produzieren, sondern ihre wechselseitige Distanz sogar fortwährend zu vergrößern, (was selbstverständlich eine Steigerung des Reallohns nicht ausschließt). Er "steigt (aber) nie verhältnismäßig mit der Produktivität der Arbeit" (Marx, MEW 23, S. 631), denn wäre dies die Regel, könnte die Mehrwertrate nie steigen, dann wäre die Produktion des relativen Merhwertes und damit der Kapitalismus selbst unmöglich. Wir sehen also, daß die Lohnabhängigen innerhalb des Kapitalismus notwendig an ihrem Platz gehalten werden, und zwar auch dann, wenn ihr Lebensstandard absolut steigt, weil der Reichtum der Kapitalisten nicht nur im gleichen Maße, sondern in größerer Proportion zunimmt und zunehmen muß. Auf der Ebene der Zirkulation ist dieses grundlegende gesellschaftliches Verhältnis als eigent-

liche Ursache für die größten sozialen Unterschiede nicht
mehr zugänglich. Hier treten sich die Individuen als glei-
chermaßen freie und gleichberechtigte Personen gegenüber.
"Die Sphäre der Zirkulation oder des Warenaustausches, ...
war in der Tat ein wahres Eden der angeborenen Menschen-
rechte. Was allein hier herrscht, ist Freiheit, Gleichheit, Eigentum und Bentham. Freiheit! Denn Käufer und Verkäufer einer Ware, z.B. der Arbeitskraft, sind nur durch
ihren freien Willen bestimmt. Sie kontrahieren als freie,
rechtlich ebenbürtige Personen. Der Kontrakt ist das Endresultat, worin sich ihre Willen einen gemeinsamen Rechts-
ausdruck geben. Gleichheit! Denn sie beziehen sich nur als
Warenbesitzer aufeinander und tauschen Äquivalent für Äquivalent. Eigentum! Denn jeder verfügt nur über das Seine.
Bentham! Denn jedem von den beiden ist es nur um sich zu
tun. Die einzige Macht, die sie zusammen und in ein Verhältnis bringt, ist die...ihrer Privatinteressen" (Marx,
MEW 23, S. 189 f). Diese freien und gleichen Individuen
unterscheiden sich aber sinnlich erkennbar ganz enorm hinsichtlich ihres Quantums Geld, das sie zur Befriedigung ihrer Bedürfnisse besitzen. Da die Reproduktion des Widerspruchs zwischen Armut und Reichtum als gesellschaftlicher
Notwendigkeit des Kapitalismus nur über eine logisch-historische Analyse, also denkend erfaßt werden kann, entzieht
sich diese Information der Wahrnehmung. Verwiesen auf die
verschleiernde scheinbare Gleichheit und Freiheit der Individuen, macht sie die (erfahrbaren) Habens-Unterschiede
fest an den wirklichen Eigenschaften und Fähigkeiten der
Personen. Der Reichtum eines Fabrikbesitzers gründet sich
"auf seine Intelligenz", seine "Tüchtigkeit" oder auch nur
seine Fähigkeit, andere übervorteilen und geschickt seine
Produkte zu hohem Preis absetzen zu können. Ein Händler
hat danach nicht viel Geld, weil er als Selbständiger die
Waren des Kapitalisten auf dem Markt losschlägt, also den
Mehrwert realisiert und damit ein enormer Anteil als Profit
an ihn fällt (vgl. Marx, MEW 25), sondern weil er "risiko-
bereit" ist und "geschickt" genug, auf den Preis, den er
selbst zahlen muß, soviel draufzuschlagen, daß er Gewinn

macht. Diese "interne Kausalitätsattributation" (Holzkamp,
1973, S. 228), also die Wahrnehmung von Armut und Reichtum
als individuell verursacht, ist jedoch nicht die einzig
mögliche Verarbeitung auf der Ebene sinnlicher Erkenntnis.
So hat Wacker (1972) zeigen können, daß Kinder aus der Ar-
bieterschicht den Reichtum immer als Frucht individueller
Bemühungen sehen, Armut dagegen auf äußere Lebensumstände
zurückführen, weil die "Armut" ihrer Eltern sonst eben mit
ihrer "Unfähigkeit" und "Faulheit" erklärt werden müßte,
was selbstverständlich psychische Abwehr hervorruft. Nach
der "externen Kausalitätsattributation" wird der Unterschied zwischen Armut und Reichtum als durch unterschiedliche Lernchancen und unterschiedliche Erziehung bedingt
gesehen. Obwohl in beiden Positionen die eigentlich gesellschaftliche Ursache der sozialen Unterschiede in der Oberfläche verschwindet, und die sinnliche Erkenntnis durch ihr
Verhaftetsein an dem SChein der bürgerlichen Lebensverhältnisse die wesentlichen Zusammenhänge eher "verkennt" als
erkennt, darf ein wesentlicher Unterschied zwischen ihnen
nicht vergessen werden: Wo nämlich natürliche Fähigkeiten
und Eigenschaften als die ausschlaggebenden Kriterien für
Armut und Reichtum gesehen werden, da werden folgerichtig
auch die gesellschaftlichen Unterschiede als natürliche
und selbstverständliche, gerechtfertigte begriffen, die keinen Grund und auch keine Möglichkeit zur Veränderung geben,
während bei der "externen Kausalitätsattributation" der
Einsatz und Kampf für Veränderung von Schulsystemen z.B.
zur Reduzierung der sozialen Gegensätze durchaus wahrscheinlich ist.
Gehen wir noch einmal genauer auf die Eigenart sinnlicher
Erkenntnis ein. Da andere Formen des Zusammenhangs als die
gezeigten oberflächlichen Beziehungen nicht sichtbar werden,
ist der einzelne Mensch notwendig eine unhintergehbare Letztheit. Konträre Informationen können nur im Hinblick auf die
Alternative der internen oder externen Verursachung verwertet werden, führen aber nicht zu einer Problematisierung
der, ob nun internen oder externen, individuellen Verursachung von "Armut" und "Reichtum". "Denkbewegungen, sofern

in der 'Anschaulichkeit' verhaftet, finden sich hier <u>stets</u>
in der Sphäre von 'Beispielen' und 'Gegenbeispielen' (wobei jedes einzelne der Beispiele richtig sein mag). Einem
Menschen, dem der soziale Aufstieg trotz aller 'Erziehung'
nicht gelungen ist, steht ein anderer gegenüber, bei dem
dies offensichtlich doch der Fall war. Auch Beispiele dafür, daß ein Mensch trotz ungünstiger 'Erziehungsbedingun-
gen' seinen sozialen Status halten konnte, lassen sich immer durch Beispiele dafür beantworten, daß ein Mensch, weil
ihm keine hinreichende 'Erziehung' zuteil wurde, sozial ab-
steigen mußte etc. Alle derartigen Beispiele, so kontro-
vers sie auch zueinander stehen, haben eines gemeinsam, daß
sie inplizite 'Bestätigungen' für die individuelle Bedingtheit von Gewinn, Verlust oder Gehalt der 'Armut' bzw. des
'Reichtums' sind" (Holzkamp, 1973, S. 231).
Da das Wesen der sozialen Unterschiede aber ein anderes ist,
schlägt es sich auch in spezifischen Widersprüchlichkeiten
auf der Oberfläche nieder. Zunächst ist der Unterschied
zwischen Armut und Reichtum so groß, daß er in keinem Verhältnis zu den tatsächlich möglichen unterschiedlichen natürlichen Eigenschaften und Fähigkeiten der Individuen stehen kann. Auch hinsichtlich der gleichen Qualifikation und
gleichen Schulbildung entstehen Inkonsistenzen, da z.B. die
Qualifikation der Ärzte nicht höher ist als die von anderen
Akademikern durchschnittlich, diese aber aufgrund ihrer frei-
beruflichen (Unternehmer-)Existenz wesentlich mehr "verdienen". Hier treten nun wieder die Organisationstendenzen in
Kraft. Durch "Überverdeutlichung der Abgehobenheit" und
"Überakzentuierung der Geschlossenheit" wird jedes Individuum isoliert an seinem Ort wahrgenommen und damit Zusammenhänge zwischen den Personen gar nicht erst hergestellt. Der
Schein der individuellen Verursachung von Armut und Reichtum findet so in jedem einzelnen notwendig stets seine Bestätigung. Es entsteht eine glatte geschlossene Oberfläche
mit der Qualität sinnlicher Gewißheit, die als "selbstverständliche" Wirklichkeit gesehen wird.
Wir können dies durch unsere gewerkschaftlichen Lehrgangs-
erfahrungen nur bestätigen. So hatten wir auf einem Lehrgang

mit Lehrlingen von Höchst versucht, die sozialen Unterschiede in unserem bestehenden Gesellschaftssystem durch Vergleich des durchschnittlichen Lohns und Gehalts von Arbeitern und Angestellten mit den Einkünften von Managern bzw.
Vorstandsvorsitzenden der führenden Kapitalgesellschaften
aufzuzeigen. Unser Ziel war, durch diesen sehr gravieren-
den Fakt Empörung hervorzurufen und bei den jungen Kollegen das Interesse zu wecken, über die bestehenden Vertei-
lungsverhältnisse weiter nachzudenken. Wir mußten allerdings feststellen, daß die gesamte Argumentation der Kollegen darauf hinauslief, das immense "Einkommen" der Manger
zu legitimieren. Ihre anfängliche Unsicherheit angesichts
solcher Vergleiche, die sie in ihrem Alltag ansonsten gar
nicht herstellen, verschwand sehr rasch. Sie suchten zur
Begründung (der immensen Unterschiede) nach Eigenschaften
und Tätigkeitsmerkmalen, nach denen sich die beiden Gruppen scheinbar sehr stark voneinander unterscheiden. Die Kriterien reichten von wesentlich höherer Bereitschaft zur Verantwortung und individueller Fähigkeit, Streß auszuhalten,
bis zu hoher Qualifikation bei den Managern, (wobei (auch)
hier die weniger privilegierten Ausbildungsgruppen wie Ste-
nokontoristinnen und Schlosser eher dazu neigten, die Unterschiede auf die Qualifikation zurückzuführen, "die von
den Startchancen, dem Elternhaus abhinge, in dem man gebo-
ren würde", während die relativ qualifizierten Gruppen wie
Physiklaboranten die Legitimation für den Reichtum in den
persönlichen, natürlichen Fähigkeiten der Personen sahen
und sogar eine höhere Qualifikation auf die größere, quasi
angeborene, Intelligenz zurückführten. Sie identifizieren
sich über diesen Weg quasi mit der herrschenden Klasse, weil
sie auch ihr "Höherstehen" und "Besser-sein" gegenüber den
schlechteren Lehrlingen durch ihr "einfach größeres Interesse an vielen Dingen, "ihre Fähigkeit, gut denken zu können", legitimieren). Beide Gruppen erklärten sich das geringe "Verdienst" der Lohnabhängigen so: Die Arbeiter und
Angestellten hätten anders als die Manager täglich nur acht
Stunden Arbeit, könnten den "Hammer nach der Arbeit hin-
schmeißen" und nach Hause gehen, ohne unter ständigem Druck

227

der Verantwortung zu stehen. Sie wären auch froh, nicht so
großem Streß ausgesetzt zu sein und wollten gar nicht so
viel arbeiten, weil sie viel "gemütlicher" wären, "wie man
ja bei ihnen sehen könnte". Wir versuchten, die Geschlossenheit dieser Argumentation, in der alles seine Ordnung
hatte, zu durchbrechen, indem wir die Ungereimtheiten ihrer
Erklärungen aufzeigten: Die Manager können selbst nicht mehr
als acht Stunden täglich arbeiten, Arbeiter und Angestellte
können entlassen werden, wenn sie Fehler machen, haben also genauso viel Verantwortung und Risiko zu tragen usw. Um
mit der sinnlich erfaßbaren Information auszukommen, wurden diese unsichere Situationen immer wieder "sicher gemacht", "geschlossen". Die Widersprüchlichkeiten der Recht-
fertigungstheorie wurden im Erleben mehr oder weniger ausgeklammert, indem man z.B. an der Arbeitsleistung des Mana-
gers besonders solche Momente hervorhob, die seinen Streß
ausmachen, also seinen Reichtum legitimieren, während man
bei den Lohnabhängigen diejenigen Momente besonders beton-
te, die aufgrund ihrer Nichtidentifikation mit dem Eigentum
eines anderen (eben des Kapitalisten) ihre relative Sorgen-
losigkeit in bezug auf Betriebszwecke zur Folge haben, also
das geringere Einkommen rechtfertigen. Durch die Organisationseffekte "der Überverdeutlichung der Abgehobenheit" wird
also die Wirklichkeit so umstrukturiert und modifiziert,
daß, solange keine weiteren Informationen zugänglich sind,
(auf dem Lehrgang waren auf dieser Stufe noch keine weiter-
gehenden polit-ökonomischen Zusammenhänge über die tatsächlichen Ursachen von Armut und Reichtum eingebracht worden)
Widersprüche im Bewußtsein nicht auftauchen. "Demgemäß sind
Widersprüche als Einheit des Gegensätzlichen in der objektiven gesellschaftlichen Bewegung, ...niemals möglicher Bestandteil der Wirklichkeit, soweit sie primär sinnlich erfaßbar ist. Die Wahrnehmung in ihren Organisationstendenzen
geht auf Eindeutigkeit, Abgehobenheit, Geschlossenheit:
Dies Ding ist entweder dies oder das" (Holzkamp, 1973, S.333).
Wir wollen nun noch an einem letzten Beispiel zeigen, zu
welchen Erkenntnissen die Wahrnehmung in der bürgerlichen
Gesellschaft führt. Seidel (1976) hat in seiner Analyse des

"Denkens" beschrieben, wie die Vorstellung, daß der Handel
Profit bringt und dadurch Mehrwert erzeugt, im Alltagsbewußtsein entsteht. Er zeigt, was der unmittelbaren Erfahrung zugänglich ist. "Jedermann kennt den Handel insofern
aus eigener Anschauung, als er die Waren seines täglichen
Konsums einkauft. Er hat daher sicher irgendeine Vorstellung darüber, wie der Handel funktioniert. Man weiß z.B.,
daß der Gemüsehändler morgens zum Großmarkt fährt und dort
seine Waren einkauft. Anschließend verkauft er sie in seinem Laden. Natürlich wird er dieses Geschäft nicht betrei-
ben, wenn nichts dabei für ihn herauskäme - ganz abgese-
hen davon, daß er Ausgaben wie Ladenmiete usw. hat. Also
schlägt er auf den Preis, den er dem Großhändler zahlen
muß, etwas hinzu, und aus diesem Zusatz ergibt sich der
Profit. Nun macht man bekanntlich noch die Erfahrung, daß
die Preise bei den einzelnen Händlern oft unterschiedlich
sind, so daß sich die Vorstellung noch weiter dahingehend
ausbilden kann, daß es allein auf das Geschick des Händlers
ankomme, wie gut er seine Waren an den Mann bringt. Der
Eindruck, daß Faktoren der Zirkulation selbst, wie persön-
liches Geschick, Angebot und Nachfrage usw. den Mehrwert
erzeugen, kann sich auch durch eigene Erfahrung verstärken.
Nicht wenige Menschen kommen etwa in die Lage, gebrauchte
Gegenstände, z.B. ihr Auto zu verkaufen; dabei ist unmittelbar die direkt gewinnbringende Wirkung geschickten Verhaltens zu erfahren. Gelingt es etwa, den Wagen über seinen
(vermuteten) Wert loszuschlagen, so wird sich dies leicht
als Beweis für die Produktivität des Handels im Bewußtsein
des Betreffenden niederschlagen" (ebenda, S. 159 f). Halten
wir noch einmal fest: Wahrnehmbar ist der Profit des Han-
delskapitals als ein Draufschlag. Wir sehen, daß die Händler Waren kaufen, und sie wenn möglich, für das Doppelte
verkaufen. "Diese Form des Zuschlags ist sehr einfach zu
verstehen, z.B. eine Elle Leinwand kostet 2 Schilling. Soll
ich 1o Prozent Profit aus dem Wiederverkauf machen, so muß
ich 1/1o auf den Preis schlagen, also die Elle zu 2 sh.2$\frac{2}{5}$ d.
verkaufen. Die Differenz zwischen ihrem wirklichen Produktionspreis und ihrem Verkaufspreis ist dann = 2$\frac{2}{5}$ d. und

dies ist auf 2 Schilling ein Profit von 10 %.' Dies ist
die Realisierung des merkantilen Profits durch Preisauf-
schlag der Waren, wie sie sich zunächst in der Erscheinung
darbietet." (Marx, MEW 25, S. 294 f). Die tatsächliche Bewegung stellt sich anders dar: "Das Kaufmannskapital ist
nichts als innerhalb der Zirkulationssphäre fungierendes
Kapital. Der Zirkulationsprozess ist eine Phase des gesamten Reproduktionsprozesses. Aber im Zirkulationsprozess
wird kein Wert produziert, also auch kein Mehrwert. Es gehen
nur Formveränderungen derselben Wertmassen vor. Es geht in
der Tat nichts vor als die Metamorphase der Waren, die als
solche mit Wertschöpfung oder Wertveränderung nichts zu tun
hat. Wird beim Verkauf der produzierten Ware ein Mehrwert
realisiert, so, weil dieser bereits in ihm existiert" (ebenda
S. 290 f). Daß dies so sein muß, kann man sich leicht klar
machen, wenn man nicht nur eine Zirkulationsbewegung, sondern die Gesamtheit der Warenzirkulation betrachtet. Jeder
Händler hat das Interesse, Gewinn zu machen, also verkauft
jeder nach der Vorstellung des Aufschlags seine Waren, z.B.
10 % über ihrem Wert. Wenn nun der Unternehmer A seine Ware
an den Unternehmer B verkauft, bezahlt B diese Waren 10 %
über ihrem Wert. B verkauft dann seine Waren auch 10 % über
ihrem Wert. So kann er durch den Verkauf den Verlust aus
seinem Warenkauf wieder wettmachen. Zum Gewinn kommt er so
allerdings nicht. Auch der Unternehmer A muß die bei dem
Verkauf seiner Waren gewinnenen 10 % Aufschlag über den Wert
wieder verlieren, wenn er Waren kaufen muß, die ebenfalls
10 % über ihrem Wert verkauft werden. "Die Gesamtheit der
Kapitalistenklasse eines Landes kann sich nicht selbst
übervorteilen" (Marx, MEW 23, S. 177). Marx zeigt, daß der
Verkaufspreis der Waren, die der Händler dem industriellen
Kapitalisten abkäuft, niemals genauso hoch wie der tatsächliche Produktionspreis ist. Der Produktionspreis ist der
Preis der Waren = Kostpreis (= der Wert des in ihr enthaltenen konstanten und variablen Kapitals) + dem Durchschnittsprofit. Das Kaufmannskapital geht in die Ausgleichung
des Mehrwerts zum Durchschnittsprofit ein, d.h., der wirk-

liche Wert oder Produktionspreis ist = K + P + H
(K = Kostpreis, P = industrieller Profit, H= kommerzieller
Profit). "Der Produktionspreis oder der Preis, wozu der
industrielle Kapitalist als solcher verkauft, ist 'kleiner
als der wirkliche Produktionspreis der Waren; oder, wenn
wir die Gesamtheit der Waren betrachten, so sind die Preise,
wozu die industrielle Kapitalistenklasse sie verkauft,
kleiner als ihre Werte'. Indem 'der Kaufmann Ware, die ihn
100 kostet, zu 118 verkauft, schlägt er allerdings 18 % auf;
aber da die Ware, die er zu 100 gekauft hat, 118 wert ist,
verkauft er sie deswegen nicht über ihrem Wert" (Marx,
MEW 25, S. 297). Die sinnliche Erkenntnis kann sich immer
wieder nur auf den Fakt stützen, daß der Händler eben diese
18 % draufschlägt, woher die Größe dessen, was er auf-
schlägt, tatsächlich kommt, ist für den Käufer und Verkäufer in der Zirkulation nicht sichtbar, weil in dem Augenschein die wesentliche gesellschaftliche Bewegung verschwindet,und es keine sinnlich - anschaulich - empirischen
Zwischenglieder gibt, die die unmittelbar erfahrbare
einzelne Zirkulation und die gesamte Zirkulationsbewegung
miteinander verbinden. Die Mikrobedingungen der einzelnen
Zirkulationsbewegung und die Makrobedingungen der gesamtgesellschaftlichen Warenzirkulation sind nicht lückenlos durch
empirische Zwischenglieder miteinander vermittelt.[39] Die
wesentlichen Gesetzmäßigkeiten des Zusammenhangs von Produktions - und Zirkulationssphäre sind daher nur im Denken erfaßbar.

[39] Sève deutet diesen Zusammenhang in Verbindung mit seiner
Theorie der Persönlichkeit an, wenn er schreibt: "In einer
entwickelten Gesellschaft bewegen sich die meisten menschlichen
Handlungen nicht in einem individuellen Kreislauf; vielmehr
geht ein mehr oder minder großer Teil der Handlungen über gesellschaftliche Kreisläufe, die oft außerordentlich weit von
der unmittelbaren Realität der konkreten Aktion des Individuums entfernt sind. Um ein scheinbar so einfaches Verhältnis
wie die Höhe des Lohnes, der einem Arbeiter für seine Arbeit
(skraft)gezahlt wird, erklären zu können, muß auch die
internationale kapitalistische Konkurrenz untersucht werden.
Das Immense des Umwegs vom Ausgangspunkt der Aktion eines
Individuums bis zu deren Rückkehr zu ihm erklärt, warum das
Individuum sich spontan der der wirklichen Grundlagen seiner
Persönlichkeit nicht bewußt wird (Sève, 1972, S. 229).

231

Im Denken kann von den zufälligen und sich durchkreuzenden
Bedingungen und Bewegungen abstrahiert werden. Durch Setzung
von Invarianzen, wie der Bedingung des Äquivalententausches,
der Gleichsetzung von Wert und Preis, kann so zum Mehrwert
als der eigentlichen Quelle des industriellen Profits,des
Handelsprofits, der Bankzinsen, der Grundrente usw. vorge-
stossen werden.
Die Wahrnehmung dagegen zeugt auch hier wieder zwangsläufig
immer gegen statt für die Wahrheit (im Sinne des Wesens).
"Der Erkenntnisvollzug, sofern er sich unmittelbar auf die
Evidenzen der Wahrnehmung und Anschauung einlässt und gründet,
enthält 'grade in der Gebundenheit an das "sichtbare" notwendig einen Moment der Blindheit für objektive Zusammenhänge "in ihrer wirklichen Totalität (Holzkamp, 1973, S. 331).
Dazu kommt, daß die Organisationseffekte die Oberfläche
auch noch befestigen und verstärken. Nach dem Prinzip der
"Geschlossenheit" haben die unmittelbaren Erfahrungstatsachen
"prinzipiell ihren Charakter des unmittelbaren so - und -
nicht - anders Seins der sinnlich erfahrenen Wirklichkeit,
ihre dem rationalen Zugriff entzogene "Natürlichkeit" und
"Selbstverständlichkeit" wider jede bewußte Intension und
wider jedes bessere Wissen" (ebenda, S. 329). Man mag sich
die immense Wirkung dieser Effekte daran klar machen, daß die
Tatsache des Ursprungs des Handelsprofits aus dem gesellschaftlich produzierten Mehrwert immer wieder neu gegen den Augenschein des Aufschlags, - der durch die bei Seidel beschriebene
Handlungsweise des Händlers erzeugt wird -, durchgesetzt werden muß. An diesem Beispiel wurde klar, daß die sinnliche Erfahrung mit den in ihr eingeschlossenen Organisationstendenzen
prizipiell keine Erkenntnisweise ist, mit der die wesentlichen
gesellschaftlichen Widersprüche des kapitalistischen Systems
im primären Zugriff erfaßbar sein können. Die biologisch bedingte Halbirrtümlichkeit und die sie ergänzenden Organisations
effekte haben solange Funktionalität für die bedeutungsbe-
zogene Wahrnehmung des Menschen, solange sie sich auf eine
Aussenwelt beziehen, deren Bedeutung sich in einfachen,
figural-qualitativen Merkmalskomplexen ausdrückt und erschöpft. "Die Organisation der sinnlichen Erfahrung führt

indessen dann nicht zu einem Gewinn, sondern zu einer Einbuße
an Wirklichkeitserkenntnis, wenn nicht die notwendig unvollkommene, lückenhafte, halbirrtümliche sensorische Information in Richtung auf die Grundbeschaffenheiten einer als
solcher eindeutigen, gegliederten dinglichen Realität, die
es zu erfassen gilt, modifiziert und komplettiert wird,
sondern wenn die bürgerliche Lebenswelt mit ihren in.sinn-
licher Hülle gegebenen historisch gewordenen Scheinhaftigkeiten, Widersprüchlichkeiten, Verkehrtheiten, Bewegungsformen, die sich dem Menschen gegenüber als mehr oder weniger
chaotische, irrationale, sich überkreuzende, dem Zugriff der
Vernunft sich immer wieder entziehende Prozesse verselbständigt haben, zum Gegenstand der sinnlichen Erfahrung wird.
Hier entspricht der Typus der zu erkennenden Wirklichkeit
nicht dem Typus der durch die Wahrnehmungsorganisation über-
akzentuierten Eigenschaften der Realität. Die "Weisheit"
der evolutionären Entwicklung der Orientierung, in welcher
die Semierratik der sensorischen Information auf funktionale
Weise in den Organisationseffekten kompensiert wird, ver-
fängt nicht mehr gegenüber einer Realität, die als solche
ihrem Wesen nach durch"Semierratik" und immer nur unzureichend
eingedämmtes Chaos gekennzeichnet ist" (Holzkamp, 1973,
S. 335, keine Hervorhebung). Es ist also gerade die Wechselwirkung der organismischen Eigentümlichkeiten der Wahrnehmung
mit der besonderen Struktur des Verhältnisses von Wesen und
Erscheinung, der besonderen Ausformung der Oberfläche des
kapitalistischen Systems selbst, die zu einem solchen
Stellenwert der unmittelbaren Erfahrung im Gesamt des Erkenntnisprozesses des Subjekts in der bürgerlichen Gesellschaft führt. Die Resultate dieses Zusammenwirkens haben wir
aufgewiesen in den Formen der Widerspruchselimination, der
Erfassung des Scheins als sinnliche Evidenz usw.

Bei den hier ausgewählten Beispielen, an denen wir die Funktion
sinnlicher Erkenntnis exemplarisch darstellten, und den damit
jeweils verbundenen theoretischen Aussagen handelt sich es
noch nicht um eine gänzlich ausgefeilte Theorie der unmittelbaren Erfahrung. Ihr Ablauf und v.a. die einzelnen Schritte,

durch die die jeweils dem Subjekt gegenüberstehenden Bedeutungsstrukturen der bürgerlichen Gesellschaft in der
sinnlichen Erkenntnis zu einer hintergrundlosen massiven
Wirklichkeit werden, in der ein Tatbestand den anderen so
erschöpfend erklärt, daß der Schein selbst nicht mehr als
Schein begriffen wird, müssen an vielen weiteren Beispielen
selbst auch experimentell weiter überprüft und ausgearbeitet werden. Allerdings ist hier ein Ansatz gegeben,
von dem aus prinzipiell der Weg zum psychologischen Zugang
zum Alltagsbewußtsein beschritten ist. Soviel wurde an unseren
bisherigen Ausführungen schon sehr deutlich: Das die objektive
Wirklichkeit, die wesentlichen Zusammenhänge des bürgerlichen Gesellschaftssystems verkennende und verschleiernde
Bewußtsein ist nicht wesentlich das Produkt einer von der
herrschenden Klasse durch ihre Macht über alle öffentlichen
Kommunikationssysteme (Massenmedien, Schulsysteme etc)
den Lohnabhängigen aufgesetzte Ideologie. Das Alltagsbewußtsein beruht vielmehr auf einer sich durch die Tätigkeit des
Subjekts von selbst herstellenden Erkenntnis, die "klebt" an
den Erscheinungsformen der oberflächlichen Wirklichkeit des
bestehenden Gesellschaftssystems. Die durch die Wahrnehmung
hergestellten Zusammenhänge sind deshalb auch niemals eine
falsche, sondern lediglich eine oberflächliche Kennzeichnung
der Wirklichkeit. Wo von falschem Bewußtsein geredet wird,
wird gerade die adäquate Widerspiegelung der Erscheinungsformen der kapitalistischen Gesellschaft in der unmittelbaren
Erfahrung nicht eingesehen, und damit sowohl die objektive
Grundlage, auf die sich die Wahrnehmung bezieht, als auch
ihre prinzipielle Fähigkeit, unmittelbare Erfahrung über die
zu erkennende Wirklichkeit zu bilden, vergessen.

Ziel unserer Ausführungen über sinnliche Erkenntnis war es,
begreifbar zu machen, was Marx so zusammengefaßt hat:
"Wissenschaftliche Wahrheit ist immer paradox vom Standpunkt
der alltäglichen Erfahrung, die nur den täuschenden Schein
der Dinge wahrnimmt" (Marx, MEW 16, S. 129).

3. Spezifizierung auf Erfahrungselemente des Arbeiterbewußtseins.

Bisher wurden die Eigenarten sinnlicher Erkenntnis an Beispielen von Gegenstandsbedeutungen abgehandelt, die Ausdruck der warenproduzierenden Form der kapitalistischen Gesellschaft sind. Sie gelten in gewissem Sinn für alle Gesellschaftsmitglieder gleich, da sie in irgendeiner Form am Tauschverhalten der Gesellschaft teilhaben. Die ausschließliche Bestimmung des Bewußtseins durch diese in der Zirkulationsebene gegebenen Bedeutungsstrukturen gilt allerdings nicht für die Arbeiterschaft, deren Arbeits- und Lebensbedingungen als Grundlage ihres Bewußtseins jetzt Gegenstand der folgenden Ausführung sein soll.

Wir lassen uns dabei von der bisher schon deutlich gewordenen Grundannahme leiten, daß das Bewußtsein nicht ein "autonomer Komplex subjektiver Neigungen, Bewertungen und Einstellungen" (Deppe, 1971, S. 153) ist, sondern immer ein Verhältnis von Subjekt und Objekt darstellt, in dem das Subjekt die ihm gegenüberstehenden objektiven Bedeutungsstrukturen sinnlich oder denkend erfasst. Da es im Rahmen unserer Arbeit nicht um eine soziologische Theorie des Bewußtseins geht, sondern um eine psychologische Theorie der dem Bewußtsein zugrundeliegenden Erkenntnis, beschäftigen wir uns auch bei der Behandlung des Arbeiterbewußtseins nicht mit seinen einzelnen Bestimmungsmomenten (vergleiche zum Beispiel Deppe, 1971, S. 177), sondern generell mit der auf der Ebene unmittelbarer Erfahrung sich bildenden Erkenntnisse der Arbeiterschaft über ihre gesellschaftlich abhängige untergeordnete Position, über ihre weisungsgebundene Unterordnung und Ausbeutung im Produktionsbereich sowie über die unmittelbare Abhängigkeit von ihrem Lohneinkommen in der Konsumsphäre.

Das Wesen der kapitalistischen Produktionsverhältnisse besteht in einem in sich antagonistischen Austausch- und Produktionszusammenhang zwischen den gesellschaftlichen Funktionen der Lohnarbeit einerseits und der Kapitalver-

235

wertung andererseits. Der Lohnarbeit kommt dabei die Aufgabe
zu, entfremdete Mehrarbeit zu leisten, während das Kapital
den gesellschaftlichen Neuwert unter Abzug des dem
Tauschwert entsprechenden Teils als Mehrwert aneignet. Das
Kapital als mehrwertheckender Wert kann sich nur aufrecht
erhalten, wenn es den Mehrwert beständig akkumuliert, das
heißt, es muß darauf bedacht sein, auch bei gleichem oder
sogar kürzerem Arbeitstag die Mehrwertrate zu erhöhen (relativer Mehrwert). Diese Vermehrung der Mehrarbeitszeit zum
Zwecke der Mehrwertaneignung hat vielfältige negative Folgen
für die Lebensbedingungen der Arbeiterklasse:So ist grundsätzlich die Teilhabe an dem von ihnen selbst produzierten
gesellschaftlichen Reichtum beschränkt auf den zur Reproduktion ihrer Ware notwendigen Lohn, wobei sich, wie im Gesetz des tendenziellen Falls des relativen Lohns vorne schon
gezeigt, dieser Anteil im Laufe der Fortentwicklung des
Kapitalismus sogar tendenziell, relativ zum angeeigneten
Mehrprodukt verringert. Das Bestreben des Kapitals besteht
darüberhinaus aber auch darin, den absoluten Lohn wo immer
möglich zu drücken, da eben der Arbeitstag unter den Bedingungen kapitalistischer Produktionsverhältnisse sich aufteilt in notwendige und Mehrarbeitszeit und jede Verringerung
des variablen Kapitals Vermehrung des Mehrwerts bedeutet.
Wir erinnern weiter an die in der Darstellung der Grundelemente des Kapitalismus aufgewiesene Tendenz zur
industriellen Reservearmee. Diese entspringt aus dem Ziel des
Kapitals, den relativen Mehrwert beständig zu akkumulieren
und dazu die organische Zusammensetzung im Sinne der
Steigerung des konstanten gegenüber dem variablen Kapital
verändern zu müssen, d.h., also nicht nur die menschliche
Arbeit "ins Maßlose zu treiben", sondern sie auch "relativ
überflüssig zu machen" (Marx, Grundrisse, S.303). Die
Arbeiterklasse produziert also "mit der durch sie selbst
produzierten Akkumulation des Kapitals ... in wachsendem
Umfang die Mittel ihrer eigenen relativen Überzähligmachung.
Es ist dies ein der kapitalistischen Produktionsweise eigen-
tümliches Populationsgesetz" (Marx, MEW 23, S. 660). Auch
die Arbeitsverhältnisse im Betrieb sind nicht einfach durch

die Organisation der Maschinerie quasi durch den Produktionsablauf zwangsnotwendig gegeben, sondern unterliegen dem
Verwertungsinteresse des Kapitals. Während die Maschinerie
an sich eine Erleichterung der Arbeit erlaubt, wird sie im
kapitalistischen Produktionsprozess mit der Erhöhung des
Mehrwerts als absolutem Gesetz dagegen eingesetzt, um die
vorher durch die Länge des Arbeitstages gesetzte Grenze der
Intensivierung der Arbeit jetzt tendenziell aufzuheben und
diese ins Maßlose zu steigern, was notwendig zum schnellen
Verschleiß der Arbeitskraft führen muß. "Die von der
kapitalistischen Anwendung der Maschinerie untrennbaren
Widersprüche und Antagonismen existieren nicht, weil sie
nicht aus der Maschinerie selbst erwachsen, sondern aus
ihrer kapitalistischen Anwendung! Da also die Maschinerie
an sich betrachtet die Arbeitszeit verkürzt, während die
kapitalistisch angewandt den Arbeitstag verlängert, an sich
die Arbeit erleichtert, kapitalistisch angewandt ihre
Intensität steigert, an sich ein Sieg des Menschen über die
Naturkraft ist, kapitalistisch angewandt den Menschen durch
die Naturkraft unterjocht, an sich den Reichtum des
Produzenten vermehrt, kapitalistisch angewandt ihn ver-
paupert usw." (Ebenda, S. 465). Das Ziel kapitalistischer
Produktion, nämlich bei minimalster Verausgabung von Kapital
die maximalste Mehrwertmasse zu erzielen, hat auch ihre Folgen
für den Gesundheitsschutz, die Arbeitssicherheit etc der
Arbeiterschaft, die unter diesem Gesichtspunkt nur als
Kosten erscheinen und deshalb so gering wie möglich gehalten
werden müssen, was all die Nachteile für die Arbeiterklasse
mit sich bringt, die aus dem "kapitalistischen Alltag" bekannt sind: Arbeitsunfälle, Frühinvalidität, mangelnder Gesundheitsschutz. (Vergleiche Osterland u.a. 1973).

Obwohl die Arbeiter die Produzenten des gesellschaftlichen
Reichtums sind, bestimmen sie keineswegs selbst die Verhältnisse, unter denen sie produzieren. Ihre Fremdbestimmung
durch den Kapitalisten, der dieses "Recht" aus dem Privatbesitz an Produktionsmittel ableitet, äußert sich in der
kapitalistischen Leitung der Produktion. "Die Leitung des

Kapitalisten ist nicht nur eine aus der Natur des gesell[1]
schaftlichen Arbeitsprozesses entspringende und ihm ange-
hörige besondere Funktion,sie ist zugleich Funktion der
Ausbeutung eines gesellschaftlichen Arbeitsprozesses und
daher bedingt durch den unvermeidlichen Antagonismus zwischen
dem Ausbeuter und dem Rohmaterial seiner Ausbeutung"
(Marx, MEW 23, S. 350). Disziplinierung und Unterordnung
der Arbeiter unter die Autorität des Kapitalisten, unter
"die Macht eines fremden Willens, der ihr Tun seinem Zweck
unterwirft" (ebenda, S. 351), gehört daher zu ihren Arbeitsbedingungen unter den Verhältnissen kapitalistischer
Produktion.

Wie _nehmen_ nun die Arbeiter ihre Arbeits- und Lebensbedingungen _wahr_, wie _erfahren_ sie diese?
Dies läßt sich deutlich am Lohn als notwendige Bedingung
ihrer Reproduktion nachvollziehen. Wie schon mehrfach entwickelt, stellt der Lohn seinem Wesen nach den Wert der
Ware Arbeitskraft und nicht der Arbeit dar. Gerade dadurch,
daß der Arbeiter nur einen Teil des geschaffenen Wertes eines
Arbeitstages in Form des Lohns erhält, kann er Mehrwert
schaffen und damit den Zweck erfüllen, aus dem heraus der
Kapitalist [40] überhaupt den Produktionsprozess vollzieht.
Dieser eignet sich im Mehrwert das Produkt fremder Arbeit
unentgeltlich an. Das ökonomische Verhältnis zwischen
Arbeiter und Unternehmer besteht also nicht darin, daß der
Arbeiter für den Kapitalisten arbeitet und dafür von ihm be-
zahlt wird, sondern es ist ein Verhältnis von Ausbeutung.
Diese wesentliche Beziehung, die in der unmittelbaren
Produktion sich vollziehende Ausbeutung, ist für die sinn-
liche Erkenntnis aber nicht erfaßbar, weil sie in der Er-
scheinungsform Arbeitslohn verschwindet. Die _Geldform_ des
Arbeitslohns lässt das Verhältnis von Arbeiter und Kapitalist
als einfachen Warenaustausch erscheinen. Geld wird gegen Ware

[40] Wir reden hier vom Kapitalist immer im Sinne der
Personifikation des Kapitals.

zu gleichen Werten getauscht. Da sich beim Austausch gewöhn-
licher Waren tatsächlich gleichberechtigte Waren - bzw.
Geldbesitzer gegenübertreten, und das Geld in seiner Funktion
als Zahlungsmittel hier immer nachträglich den Wert oder
Preis des gelieferten Artikels realisiert, wird auch das Geld,
das der Arbeiter als Lohn erhält, eben als Bezahlung seiner
Ware, nämlich der Arbeit, gesehen. Das Ausbeutungsverhältnis
in der Produktion wird also durch die Ware - Geld - Beziehung vermittelt und dadurch verschleiert. "Die Form des
Arbeitslohns löscht jede Spur der Teilung des Arbeitstages
in notwendige und Mehrarbeit in bezahlte und unbezahlte Arbeit
auf. Alle Arbeit erscheint als bezahlte Arbeit." (Marx,
MEW 23, S. 562). Für die Wahrnehmung stellt sich daher auch
der Lohn immer als eine Geldmenge dar, die der Kapitalist
immer wieder aus "seiner Tasche bezahlt", während doch
"der Austausch von Äquivalenten, der als die ursprüngliche
Operation erschien ... sich so gedreht (hat), daß nur zum
Schein ausgetauscht wird, indem erstens der gegen Arbeitskraft ausgetauschte Kapitalteil selbst nur ein Teil des ohne
äquivalent angeeigneten Arbeitsproduktes ist und zweitens
von seinem Produzenten, dem Arbeiter, nicht nur ersetzt,
sondern mit neuem Surplus ersetzt werden muß. Das Verhältnis des Austausches zwischen Kapitalist und Arbeiter wird
also nur ein dem Zirkulationsprozess angehöriger Schein,
bloße Form, die dem Inhalt selbst fremd ist und ihn mystifiziert. Der beständige Kauf und Verkauf der Arbeitskraft ist
die Form. Der Inhalt ist, daß der Kapitalist nur einen Teil
der bereits vergegenständlichten fremden Arbeit, die er sich
unaufhörlich ohne Äquivalent aneignet, stets wieder gegen
größeres Quantum lebendiger, fremder Arbeit umsetzt" (ebenda,
S. 609). Da auf der einen Seite im "Arbeitslohn als
irrationelle Erscheinungsform eines dahinter versteckten
Verhältnisses" (Marx, MEW 32, S. 11) die wesentlichen Beziehungen spurlos verschwinden, andererseits in der Wahrnehmung durch ihre Gebundenheit an die sinnliche Präsenz
der Gegenstände "die Möglichkeit verborgener Eigenschaften,
verborgener Zusammenhänge und verborgener Ursachen ... keinen
Eingang" (Holzkamp 1973, S. 321) findet, "verkennt" die
sinnliche Erkenntnis auch hier wieder die Wirklichkeit in

239

ihrer tatsächlichen Struktur. Der Schein der Bezahlung der
Arbeit und der Schein der selbständigen Verwertung des
Kapitals wird, wie schon mehrfach an anderen Oberflächen-
erscheinungen dargestellt, in der Wahrnehmung nie als
Schein erkannt. "In der Welt der Pseudokonkretheit wird die
Erscheinungsform der Sache ... für das Wesen selbst gehalten
und der Unterschied zwischen Wesen und Erscheinung verschwindet" (Kosik 1967, S. 10). Durch die sinnliche Erfahrung wird der Schein der Bezahlung der Arbeit und damit
die Verschleierung des Ausbeutungsverhältnisses zu einer
hintergrundlosen hermetischen, massiven Wirklichkeit, an der
die Wahrnehmung auch festhalten muß, wenn die andere Seite
der Lebenswelt der Arbeiter, nämlich die "Gerberei ihrer
eigenen Haut" im unmittelbaren Produktionsprozess, zum
Gegenstand ihrer Erfahrung wird. Hier sind zunächst die aus
dem Zwang zur Erhöhung der Mehrwertproduktion entspringenden
Versuche des Kapitalisten, durch Intensivierung und alle
erdenkbaren Lohnformen bei gleicher Bezahlung mehr Arbeit
aus ihm herauszupressen sowie Existenz und Abhängigkeit des
Kapitalisten "durch und von seiner Knochenarbeit" sinnlich
zugänglich, alles Momente, die dem Ausbeutungscharakter der
Produktion nahekommen, bzw. ihn wesentlich weniger verhüllen
als der in der Zikulation vollzogene Äquivalententausch. Hier
sind wir aber bei einem entscheidenden Punkt angelangt. Da
der Mehrwert als das die kapitalistische Produktion bewegende Gesetz in der Erkenntnis, sofern sie sich auf die
Wahrnehmung und das anschauungsgebundene Denken einlässt,
(anschauliches Denken wird später erläutert) niemals erfasst werden kann, wird versucht, mit der auf der Ebene
sinnlicher Erkenntnis bzw. des anschaulichen Denkens einzig
zugänglichen Information, nämlich der Bezahlung der Arbeit
im Arbeitslohn, auszukommen. Der erfahrbare Lohndruck wird
nicht wahrgenommen als eine Folge kapitalistischer Produktion,
in der es darauf ankommt, durch Verringerung des bezahlten
Arbeitstages den unbezahlten zu erhöhen, sondern als von der
Profitgier des Kapitalisten diktierte Prellerei, die eine
gerechte Bezahlung des Arbeitstages verhindert. Lohnkämpfe
werden daher mit der Illusion geführt, einen gerechten Lohn
zu erreichen, anstatt daß begriffen wird, daß sie nur zu

einer temporären Verringerung der Ausbeutungsrate führen.

Am Beispiel des Lohns sollte nachgewiesen werden, wie die
Akkumulation des Mehrwerts als Grundlage der kapitalistischen
Produktion in der sinnlichen Erkenntnis ausgeklammert ist.
Wir werden jetzt sehen, daß dies ganz entscheidende
Konsequenzen für die Art und Weise hat, in der sich-die
gesamten Lebens- und Arbeitsbedingungen dem Arbeiter in der
Wahrnehmung darstellen. [41)]Auf der einen Seite bildet sich
aufgrund der unmittelbar erfahrbaren "Ausbeutung" (also im
Sinne der Vorenthaltung des gerechten Lohns oder der
physischen und psychischen Abnutzung), der Unterdrückung
und Herrschaft des Kapitals im Produktionsprozess sowie
der allgemeinen Unsicherheit der Arbeiterexistenz ein
kollektives Arbeiterbewußtsein, d.h., ein Bewußtsein, das
zum einen Einsicht in die Lage (gleiche Bedingungen der
Reproduktion der Ware Arbeitskraft) als einer gemeinsamen
und damit Überwindung der Konkurrenz der Arbeiter untereinander voraussetzt und zum anderen Einsicht in die gemeinsamen
Interessen (Art und Höhe der Reproduktion, Arbeitsplatzver-
besserung, Arbeitsplatzsicherheit etc) beinhaltet. Die
sinnliche Auffassung der gemeinsamen Lebens- und Interessenlage bildet die objektive Grundlage für die Erkenntnis des
Kapitalisten als eines Gegners, gegen den man im Kampf seine
Interessen durchsetzen muß. Der Kampf erweitert wiederum
selbst die auf dieser Ebene der Erkenntnis möglichen Einsichten. Weil er zeigt, daß die Auflösung der Widerstands-

---

[41)]So erklärt sich auch das in vielen Untersuchungen des
Arbeiterbewußtseins (vgl. z.B.: Kern/Schumann, 1970) fest-
gestellte widersprüchliche Verhältnis der Arbeiter zur
Technik. Während sie auf der einen Seite in ihr eine Erleichterung der Arbeit sehen, stellt sie auf der anderen
Seite in ihrem Bewußtsein die Ursache für Arbeitslosigkeit
dar. Eben weil die kapitalistische Produktion als Mehrwertproduktion nicht erkannt wird, wird auch nicht begriffen,
daß die Freisetzung lediglich eine Folge der kapitalistischen
Anwendung der Maschinerie ist.

kassen nach jedem Streik dessen Wirksamkeit und der Substanz der Kasse selbst schadet, wird allmählich zum dauerhaften Streikfonds übergegangen (vgl. "Fünfzig Jahre IGM", Frankfurt am Main 1966, S. 72 ff). Weil die Erfahrung zeigt, daß ein gelegentliches Flugblatt viel weniger Wirkung hat als eine kontinuierlich erscheinende Zeitung, wird die Arbeiterpresse gegründet. Der unmittelbar wahrnehmbare Interessengegensatz schlägt sich in der Entstehung von Gewerkschaften als Schutzorganisation nieder, in der das eigene Interesse an verbesserter Reproduktion durchgesetzt werden soll gegenüber dem Interesse des Kapitalisten, die dadurch für ihn entstehenden Kosten so niedrig wie möglich zu halten.

Die Beschreibung des Arbeiterbewußtseins als eine sich wesentlich unter Einschluß der Ebene der Wahrnehmung konstituierendes Bewußtsein (wir werden später noch zeigen, welche Stufe des Denkens beim trade-unionistischen Bewußtsein miteingeht) scheint zunächst der Tatsache zu widersprechen, daß gerade in der heutigen BRD die Erkenntnis des Interessengegensatzes sich keineswegs so unmittelbar und selbstverständlich herstellt. Dies widerspricht aber nicht dem von uns hergestellten Bezug von sinnlicher Erkenntnis und Arbeiterbewußtsein, sondern verweist vielmehr auf eine weitere Bedingung, unter der dieses Bewußtsein sich als Erfahrungstatsache herstellen kann: Es bedarf dazu nämlich selbst einer bestimmten Heranreifung sozio-ökonomischer Widersprüche des Kapitalismus, deren Beginn wir in der BRD erst seit 1966 verzeichnen können. In der Phase einer Restauration des Kapitalismus, in Hochkonjunkturen, drängt sich aufgrund der viel größeren Möglichkeiten der Zugeständnisse an die Arbeiter von Seiten des Kapitals der Wahrnehmung oder unmittelbaren Erfahrung dagegen viel eher die Vorstellung der Sozialpartnerschaft, eines "alle im gleichen Boote-Sitzens" auf. Für das Bewußtsein der Arbeiter wird eher die im kapitalistischen Produktions- und Reproduktionsprozess ebenfalls angelegte Individualisierung und Konkurrenzbeziehung bestimmend. Diese haben wesentlich ihre Grundlage im Interesse des Kapitals am Gebrauchswert der Arbeitskraft, der abhängt von dem durch die lebendige Arbeit geschaffenen Mehrwert. Der Kapitalist wird diejenige Arbeitskraft um so eher kaufen bzw. um so eher behalten, deren Gebrauchswert unter sonst gleichen Umständen am höchsten ist. Da also die Einschätzung und Anerkennung durch das einzelne Kapital für die Gewinnung und Erhaltung des Arbeitsplatzes von großer Bedeutung ist, finden sich die Arbeiter durch diesen Maßstab des Kapitalisten miteinander in Konkurrenz gesetzt; sie sehen sich als einzelne Individuen gegenüber dem Kapital. In solchen Perioden ist es Aufgabe der Gewerkschaften, durch ihre Arbeit gerade zu einer durch den Schleier der Stabilität nicht "von selbst" entstehenden Er-

kenntnis des Interessengegensatzes beizutragen, während
ihre Funktion in Krisensituationen, in denen der Schein
der Gemeinsamkeit zwischen Kapital und Arbeit durch die
objektiven Verhältnisse eher von selbst zerstört wird,
vielmehr in der Organisierung und Vorantreibung der
"elementaren Klassenkämpfe" besteht.

Dieses Arbeiterbewußtsein, von dem auch Deppe sagt, daß
es "keine Form der intellektuellen Tätigkeit des Denkens,
keine von der Wirklichkeit abgehobene oder diese
'begeisternde' (Hegel) begriffliche Konstruktion, sondern
zunächst die unmittelbare Erfahrung kollektiver sozial-
ökonomischer und politischer Unterdrückung" (Deppe, 1971,
S. 193) ist, unterliegt aber auf der anderen Seite selbst
den jetzt aufzuzeigenden spezifischen Beschränkungen. Da
der Mehrwert als das bewegende Gesetz der kapitalistischen
Produktion wie an der Lohnform gezeigt, verschleiert ist,
ist für die Wahrnehmung auch die eigentliche Ursache des
erfahrbaren Interessengegensatzes verschlossen. Der
permanente Kampf um die Verbesserung der Lebensbedingungen,
der sich der sinnlichen Erkenntnis als notwendig aufdrängt,
weil tagtäglich erfahrbar ist, daß der Kapitalist weniger
Lohn geben will, als die Arbeiter brauchen, daß er weniger
Arbeitsplatzsicherheit und Verbesserung will, während die
Arbeiter mehr wollen, (um den vorzeitigen Verschleiß ihrer
Arbeitskraft zu verhindern), dieser Gegensatz erscheint
nicht als das, was er ist, nämlich als die Folge eines
gesellschaftlichen Systems, dessen Triebkraft die beständige
und maßlose Akkumulation des Kapitals nur vonstatten gehen
kann, wenn "der Arbeiter für die Verwertungsbedürfnisse
vorhandener Werte" (Marx, MEW 23, S. 649) da ist; das
heißt, wenn sowohl die Lohngröße als auch die gesamten
Reproduktionskosten immer eingebannt bleiben "in Grenzen,
die die Grundlagen des kapitalistischen Systems nicht nur
unangetastet lassen, sondern auch seine Reproduktion auf
wachsender Stufenleiter sichern" (ebenda) also die Größe
der Akkumulation immer die unabhängige, die unmittelbaren
Arbeits- und Lebensbedingungen als Lohn, Beschäftigungs-
lage usw. die abhängige Variable sind. Da der Wahrnehmung

diese Information fehlt und die grundlegenden Verhältnisse
nur über die Einzelaktionen des Kapitalisten sichtbar werden, liegt für sie die Ursache des Interessengegensatzes
in der Profitsucht des Unternehmers, seinem individuellen
Streben nach mehr Gewinn. Wir stoßen'hier wieder auf eine
generelle Eigenart sinnlicher Erkenntnis. In ihr muß der
Einzelne immer zu einer "unhintergehbaren Letztheit" werden,
wenn die gesellschaftlichen Strukturen und Zusammenhänge
wegen ihrer Verschleierung nicht im primären Zugriff erfaßbar sind. Deshalb werden von dem in den einzelnen Personen
sozusagen sinnlich gegebenen Merkmalsmuster aus die gesellschaftlichen Verhältnisse nach dem Organisationsprinzip
der "Komplettierung unter optimaler Ausnutzung vorhandener
Informationen" komplettierend aufbaut. Diese Personalisierung
gesellschaftlicher Verhältnisse [42] ist eine aus den gewerkschaftlichen Lehrgängen hinreichend bekannte Tatsache, die in
Untersuchungen über das Arbeiterbewußtsein immer wieder
nachgewiesen wurde. Sie bestätigt sich auch in den Be-

---

[42] Auch Tjaden-Steinhauer weist auf diesen Aspekt als ein
im Arbeiterbewußtsein vorhandenes Moment hin. "Wie der
Typus kapitalistischen Bewußtsein ist die tradeunionistische
Refelxionsweise ihrer formalen Grundstruktur nach auch
rationalisierendes Bewußtsein. Mit der Bezeichnung
rationalisierend soll ... herausgehoben werden, daß das
... Bewußtsein von der Genese seiner Gegenstände (abstrahiert).
Es behandelt diese als für sich seiende Gegebenheiten
und transformiert damit ihr wirkliches Wesen in ein ange-
nommenes und illusorisches. ...(Es)drückt sich ... in dem
aus, was ... mit dem Begriff der Personalisierung zu
fassen versucht worden ist. Mit diesem Begriff soll der
Umstand bezeichnet werden, daß Arbeiter ... oft gegenständlich bedingte Verhältnisse den Fähigkeiten irgendeiner Personengruppen, wie etwa den Vorgesetzten oder den
Managern zuschreiben" (Tjaden-Steinhauer, 1975, S. 164 f).

obachtungen des Autorenkollektivs "Schülerladen Rote Freiheit" (1971). Sie schreiben: "Gesellschaftliche Zwangs- und
Herrschaftsverhältnisse werden im Bewußtsein der Kinder
(hier übertragen auf Arbeiter) als an bestimmte konkrete
Personen gebunden verstanden, die diese besondere Herrschaft ausüben. Sie kennen ... Hausbesitzer, Fabrikbesitzer
oder Politiker, aber sie bilden sich keinen Begriff von
der herrschenden Klasse oder sogar von der Herrschaft des
Kapitals" (S. 138). Weil dem Arbeiterbewußtsein, soweit es
sich auf die Wahrnehmung stützt, also nicht zugänglich ist,
daß es sich bei den "Gestalten von Kapitalist und Grund-
eigentümer ... um die Personen nur (handelt), soweit sie
die Personifikation ökonomischer Kategorien sind, Träger
von bestimmten Klassenverhältnissen und Interessen" (Marx,
MEW 23, S. 16), wird daraus folgend in der unmittelbaren
Erfahrung der Widerspruch zwischen Lohnarbeit und Kapital
zum Gegensatz zwischen Unternehmer und Arbeiter "vereinfacht".
Gleichzeitig wird dieser Gegensatz selbst auch als eine
selbstverständliche Wirklichkeit erfahren, d.h., die Arbeiter
nehmen den Widerspruch zwischen ihrer Klasse und der Klasse
der Kapitalisten als unveränderbar an. Auch Tjaden-Steinhauer führt diese Vernatürlichung gesellschaftlicher Verhältnisse als ein Moment des tradeunionistischen Bewußtseins aus: Für dieses Bewußtsein ist "stets auch eine gewisse Geschichtsblindheit typisch. Sie äußert sich z.B. in
der Vorstellung von der Unabänderlichkeit der gesellschaftlichen Verhältnisse des Kapitalismus. ...Charakteristisch
ist nämlich für das tradunionistische Bewußtsein, daß
Politik nicht mit der Perspektive auf eine Produktionsweise
oder Gesellschaftsform verbunden ist, in der die Menschen
ihre gesellschaftlichen Verhältnisse selbst einrichten. Die
tradeunionistische Konzeption des Politischen ist vielmehr
um die Vorstellung sogenannter Reformen zentriert, in der
die antagonistischen Momente der kapitalistischen Produktion-
weise, die auf ihre Überwindung hinwirken, zugleich aufgenommen und gleichsam gefangengesetzt werden" (1975, S. 164).

245

Obwohl bestimmte Momente des tradeunionistischen Bewußtseins keineswegs nur auf der sinnlichen Erkenntnis basieren,
sondern selbst auch eine später zu beschreibende Stufe des
orientierenden Erkennes, das problemlösenden Denkens beinhalten, so läßt sich doch die beschriebene Tendenz zum
Teil schon mit den Eigenarten der ja im Arbeiterbewußtsein
eingeschlossenen Wahrnehmung erklären. In der sinnlichen
Erkenntnis kann durch die Organisationstendenzen als Momente
der Wahrnehmung, die stets zu einer geschlossenen und einheitlichen Wirklichkeit führen, an der es nichts mehr zu
hinterfragen gibt, die erfahrene Wirklichkeit immer nur als
die einzige existierende Realität begriffen werden. Alter-
nativen sind in diesem Rahmen nicht zugänglich. In diesem
Sinne sagt Holzkamp, "daß in der Wahrnehmung bzw. Anschauung von einem bestimmten klassen- oder schicht-
spezifischen gesellschaftlichen Standort aus die Perspektive
auf gesellschaftliche Wirklichkeit immer wieder die sinnliche
Evidenz der 'Natürlichkeit' und 'Normalität', der Gebundenheit an den jeweiligen eigenen Standort erbringt,
womit eine - für die Strukturerhaltung der kapitalistischen
Gesellschaft - funktionale implizite Rechtfertigung einer
gesellschaftlichen Praxis gegeben wäre, die den jeweils
eigenen Platz in der Gesellschaft und damit auch den Platz
der anderen Klassen ... als eine 'Selbstverständlichkeit'
voraussetzt" (ebenda, S. 288). Die sinnliche Evidenz der
"Natürlichkeit" und "Normalität" der Gebundenheit an den
jeweiligen Standort kann, im engeren Sinne gesehen, zu
einem Bewußtsein führen, das durch Apathie gekennzeichnet
ist, in dem selbst der Kampf um Reformen nicht denkbar ist.
Beim hier diskutierten Arbeiterbewußtsein muß die Annahme
der "Natürlichkeit" in dem weiteren Sinne verstanden werden,
wie es bei Tjaden-Steinhauer deutlich wird, d.h., sie bezieht sich hier nicht auf die gesamten Lebens- und Arbeitsverhältnisse im einzelnen, die für veränderbar gehalten
werden, sondern auf die Produktionsverhältnisse selbst. Sie
äußert sich zum Beispiel in den Aussagen der Arbeiter, daß
"wenn sie oben wären, sie genauso wie die Kapitalisten
handeln würden". Auf der Grundlage bzw. gerade durch die

dargestellten Tendenzen der Personalisierung und Vernatürlichung der gesellschaftlichen Beziehungen ist für
die Arbeiterschaft in Bezug auf ihre sinnlich erfahrbare
gemeinsame Lebens- und Interessenlage nur ein Partialinteresse formulierbar, das dem Partialinteresse des
Kapitalisten gegenübersteht. Man kämpft damit gegen den
Unternehmer lediglich um einen größeren Anteil am gesellschaftlichen Reichtum - "so bringt es die scheinbare Form
des barter, der exchange mit sich, daß der Arbeiter, wenn
die Komkurrenz ihm gerade erlaubt zu markten und zu streiten
mit dem Kapitalisten, seine Ansprüche mißt am Profit ...
und einen bestimmten Anteil verlangt an dem von ihm geschaffenen Mehrwert, so daß die Proportion ein reales
Moment des ökonomischen Lebens selbst wird. Ferner im Kampf
der beiden Klassen ... (im ökonomischen Sinne) wird das
Messen der wechselseitigen Distance, die eben durch den
Arbeitslohn selbst als Proportion ausgedrückt ist, entscheidend wichtig" (Marx, Grundrisse, S. 491), - nicht
aber für eine Aufhebung des Lohnarbeiterverhältnisses selbst,
die allein das surplus auch in die Hände der Klasse geben,
die es produziert.
Durch unsere Ausführungen sollte deutlich werden, daß das
Arbeiterbewußtsein auf der Ebene der Wahrnehmung die Zusammenhänge und Beziehungen des kapitalistischen Produktionsprozesses nur zum Teil, keineswegs aber in ihrer Wesenhaftigkeit und Totalität "widerspiegeln" kann. Gerade
wegen der der Wahrnehmung zugehörigen Gebundenheit an
die sinnliche Präsenz der Personen und Gegenstände und der
in ihr vorhandenen Organisationstendenzen darf "unter
keinen Umständen ... der Klassenstand des Proletariats
und die sozialistische Persprektive als bloße Verallgemeinerung sinnlicher Erfahrung der Lebenswelt der Arbeiterschaft interpretiert werden" (Holzkamp 1973, S. 268). Diese
ist "nur durch Begreifendes Erkennen der wesentlichen Züge
bürgerlicher Klassenwirklichkeit (gewinnbar), was gerade
einen Bruch mit den vordergründigen Evidenzen der sinnlich-
anschaulich gegebenen gesellschaftlichen Lebenswelt bedeutet" (ebenda, S. 262).(Die Erkenntnis des Lohns als Bezahlung des Wert der Ware Arbeitskraft muß selbst immer
247

wieder _gegen_ die unmittelbare Erfahrung als Preis der
Arbeit durchgesetzt werden.)
Wir wollen hier kurz auf das Problem der Entstehung des
Klassenbewußtseins eingehen. Obwohl es ausführlich erst
an anderer Stelle behandelt werden kann, können wir beim
jetzigen Stand der Ausführungen schon so viel sagen: Es
läßt sich keineswegs dadurch lösen, daß man die kapitalistischen Produktionsverhältnisse, wie das "Projekt Klassenanalyse" als eine Formation von sich zuspitzenden Widersprüchen analysiert, wo "die Vollendung der Despotie des
Kapitals durch das Hin- und Herschleudern der Arbeitermassen diese widersprüchliche Bewußtseinsform (gemeint
ist hier das Arbeiterbewußtsein) auflösen muß" (1972/ 1,
S. 125), also Klassenbewußtsein sich herausbildet. Solange
das Bewußtsein die gegenständliche Wirklichkeit vor allem
durch die sinnliche Erkenntnis (und das orientierende Erkennen) reproduziert, wird auch bei historischer Zuspitzung von sozio-ökonomischen Widersprüchen des bürgerlichen Systems das Arbeiterbewußtsein nicht durch Klassenbewußtsein einfach "abgelöst". Zwar wird eine mit zu-
nehmender Krisenhaftigkeit des Kapitalismus einhergehende
sinnlich erfahrbare Verschlechterung der Lebensbedingungen
der Arbeiter und Verunsicherung ihrer Existenz ihre Kritik
am System erhöhen und somit eine erweiterte Basis für die
Entstehung von Klassenbewußtsein sein. Der Prozess der
Überwindung des Arbeiterbewußtseins kann aber nur vonstatten
gehen, wenn das Subjekt in seiner Erkenntnis nicht an der
Wahrnehmung (und dem orientierenden Erkennen) haften bleibt,
sondern diese selbst im begreifenden Erkennen "aufgehoben"
(im Hegelschen Sinne) werden. Dieser Gesamtprozess wird in
der Analyse des Denkens näher aufgewiesen. Es wird sich hier
zeigen, daß das "begreifende Erkennen" alles andere als
eine "spontane" Reproduktion der Wirklichkeit ist. Um Mißverständnisse auszuschließen: Das Arbeiterbewußtsein darf
in seinem Stellenwert nicht unterschätzt werden. Es ist
in seiner Kollektivität, in der es das am Leistungsgesichts-
punkt des Kapitals orientierte individuelle Bewußtsein
überwindet, eine _notwendige_ und _hinreichende_ Voraussetzung

für den ständigen Kampf um Reformen und Verbesserungen
zugunsten der Arbeiterschaft im bestehenden System. Das
muß betont werden gegenüber all denjenigen, die glauben,
kämpferische, gewerkschaftliche Praxis sei nur möglich
vor dem Hintergrund einer Kenntnis der Totalität und
wesentlicher Gesetzmäßigkeiten des kapitalistischen Systems
(zum Beispiel des tendenziellen Falls der Profitrate). Zudem
ist das Arbeiterbewußtsein die Basis des Klassenbewußtseins
selbst. Diese "Stufe" ist niemals umgehbar, sondern ein notwendiger Schritt, genau wie (bzw. weil) von der Erkenntnis-
seite betrachtet, die Wahrnehmung als sinnliche Erfahrung
die Basis jeder Art von Erkenntnis ist, weil allein durch
sie der Mensch Zugang zur materiellen Realität außerhalb
seiner selbst hat. "Die Wahrnehmung allein geht(deshalb)
der denkenden Erkenntnis nicht vorher, ... (sondern) gehört (ihr) stets als Teilmoment zu. Das Wahrgenommene ist
Ausgangspunkt und Endpunkt des denkenden Erkennens in einem"
(Holzkamp 1973, S. 370), d.h., die sinnliche Erfahrung und
das Klassenbewußtsein der Arbeiter dürfen niemals als zwei
voneinander getrennte, isolierte Prozesse betrachtet werden.
Vielmehr erhält die sinnliche Erkenntnis der Lebenswelt der
Arbeiter als notwendige Voraussetzung des Klassenbewußtseins
im Gesamt des Erkenntnisprozesses dadurch einen neuen Stellenwert, daß die durch sie entstehenden sinnlichen Evidenzen
in ihrer Scheinhaftigkeit und Verkehrtheit im begreifenden
Denken selbst erkannt werden können. (Das widersprüchliche
Verhältnis von Wahrnehmung und Denken im Klassenbewußtsein
wird ebenfalls später noch deutlich).
In der soziologischen und politischen Literatur, die sich
mit dem Problem des Arbeiter- und Klassenbewußtseins beschäftigt, finden wir etwa bei Lenin, Mandel und Deppe
Hinweise auf den hier diskutierten Zusammenhang von Arbeiterbewußtsein und der ihm zugrundeliegenden Erkenntnis. So
schreibt Lenin: "Mag am Gewerkverband jeder Arbeiter teil-
nehmen, der die Notwendigkeit des Zusammenschlusses zum
Kampfe gegen die Unternehmer und gegen die Regierung erkennt. Das eigentliche Ziel der Gewerkverbände wäre garnicht zu erreichen, wenn sie nicht alle zusammenfaßten,
denen diese, sei es auch nur diese eine, elementare Stufe

der Erkenntnis zugänglich ist (Lenin, Ausgewählte Werke I,
S. 242). An anderer Stelle bezeichnet er das Arbeiterbewußtsein als ein Bewußtsein, das sich "spontan" (ebenda,
S. 166) unmittelbar herstellt, oder auch "instinktiv",
"unbewußt" (ebenda, S. 179), (also im Vergleich zu dem
Grad der Bewußtheit im Klassenbewußtsein als ein die
Totalität der gesellschaftlichen Verhältnisse reflektierendes
Bewußtsein). Mandel (1970) bezeichnet das "unmittelbar
in der Kampferfahrung wurzelnde Bewußtsein (als) empirisch-
pragmatisches Bewußtsein" (S. 163). Deppe (1971) definiert
es als "Erfahrung, Wahrnehmung und begriffliche Verarbeitung
der sozialen Lage" (S. 197), Von einem ausgearbeiteten
klaren psychologischen und erkenntnistheoretischen Ver-
ständis von Wahrnehmung oder Erfahrung kann hier nicht gesprochen werden. Man stützt sich bei der Verwendung dieser
Begriffe auf ein alltägliches Verständnis, ein ungefähres
Vorwissen über das Gemeinte. Ziel unserer Ausführungen über
sinnliche Erkenntnis war ein Voranschreiten zum Begriff der
Erfahrung. Wir meinen, daß durch eine solche Theorie der
Erkenntnis nicht nur die Entstehung des Arbeiterbewußtseins
selbst besser verstanden werden kann, sondern auch,und das
ist vielleicht noch wichtiger, der immense Weg bis zu seiner
Überwindung deutlicher wird, als es nur in einer politischen
oder soziologischen Theorie alleine geschehen kann, die
ohnehin, wie an den genannten Autoren deutlich wurde, auch
innerhalb ihres Rahmens nicht ohne die Verwendung dieser
erkenntnistheoretischen bzw. psychologischen Kategorien auskommt.

4. Verdeutlichung des Subjekt - Objekt - Verhältnisses
als Basis der Herausbildung spezifischer Wahrnehmungsin-
halte und -funktionen anhand der Kritik von Leithäusers
Konzeption des Alltagsbewußtseins und der Vorstellungen
der gewerkschaftlichen Bundesjugendschule Oberursel über

die Entstehung des Bewußtseins bzw. der "Selbstwahrnehmung". Relevanz dieses Verhältnisses für interindividuelle Unterschiede der Wahrnehmung.

Bei der Darstellung von Bewußtseinesstrukturen im Hinblick
auf ihre erkenntnistheoretische Grundlage könnte der Eindruck entstehen, daß die Erkenntnis der Oberfläche, also
der sinnlich präsenten Seite der Bedeutungsstrukturen, sich
mechanisch bildet. Wir müssen aber hier noch einmal an
unsere Ausführungen in der gesellschaftlich-historischen
Analyse erinnern:Die sinnliche Erkenntnis der Objekte vollzieht sich nur über die Tätigkeit des Subjekts, die Aneignung.
So muß die Wahrnehmung des Geldes als ein allgemeines Tauschmittel, das von sich aus die Eigenschaft hat, Waren vergleichbar zu machen (sein Fetischcharakter) erst "gelernt"
werden. Das Kind sieht in den Münzen zunächst nur reine
Metallplättchen, die Bilder und Zeichen haben, mit denen
man wie mit anderen Gegenständen spielen kann, indem man
sie rollt, aufeinanderschichtet usw. Erst wenn der Umgang
mit dem Geld durch die Unterstützungstätigkeit des Erwachsenen,   (indem z.B. beim Einkauf der Preis einer
Ware in Beziehung gesetzt wird zur Menge Geld, die man dafür
geben muß) der objektiven Logik, der objektiven Bedeutung,
des Gegenstandes selbst adäquat wird, erhält das Geld in
der Wahrnehmung des Kindes allmählich die ihm zukommende
absolute Sonderstellung gegenüber allen anderen Waren. Die
Aneignung ist aber nicht nur auf die kindliche Entwicklung
beschränkt. Auch die in den Elementen des aufgezeigten
Arbeiterbewußtseins realisierten Erkenntnisse sind selbst
Resultat von Aneignungsprozessen. Diese erweisen sich immer
und überall dort als notwendig, wo neue Bedeutungsstrukturen
im Leben des Einzelnen relevant werden. Sie beziehen sich
allerdings beim Erwachsenen dann auf andere Ausgangsvor-
aussetzungen als beim Kind, weil zum einen sich die Wahrnehmung in ihrer menschlichen Funktion als bedeutungsvolle

Wahrnehmung herausgebildet hat (Bedeutungen werden also
quasi in den Objekten gesucht), und zum anderen die Erkenntnis neuer Objekte sich nicht mehr voraussetzungslos
bildet, sondern aufbaut bzw. "gebrochen" wird durch die
bisher angeeigneten Erfahrungstatsachen.
Gemäß unserer Gesamtkonzeption stellt sich das Verhältnis
von Subjekt und Objekt als Wahrnehmungsbeziehung [43]
folgendermaßen dar: Die Bedeutungsstrukturen stellen die
objektiven Momente gesellschaftlicher Strukturen dar, sie
verändern sich mit Veränderung solcher Strukturen und sind
demnach auch durch die historische Bestimmtheit der bürgerlichen Gesellschaft charakterisiert. Die Wahrnehmung ist
in ihrer inhaltlichen Seite als Erkenntnis bzw. Bewußtsein
(zur funktionalen Seite siehe später) abhängig von den
Besonderheiten des Prozesses der Bedeutungsaneignung,
dieser selbst ist wiederum bestimmt von den Besonderheiten
der objektiven Bedeutungsstrukturen, auf die sich der An-
eignungsvollzug richtet.
Verdeutlichen läßt sich dieser Zusammenhang an der Position
der Mitarbeiter der DGB-Bundesjugendschule in Oberursel.
In ihrem Versuch, den Erfahrungsbegriff zu erfassen und
somit den Bewußtseinsprozess von Lehrgangsteilnehmern zu
bestimmen, geben sie die vorne schon genannte Definition:
"Entgegen allen heute häufigen Mißverständnissen des Erfahrungsansatz halten wir an dem qualitativen Unterschied
zwischen bloßem Erleben und Erfahrung fest. Erfahrung ist
reflektiertes Erleben, ist nichts "Gegebenes", sondern ist
etwas, das selbst erst entwickelt werden muß. Wir setzen
also nicht die unmittelbare Selbstwahrnehmung der Lehrgangsteilnehmer mit Erfahrung gleich. Diese Selbstwahrnehmung
ist vielmehr vielfach entstellt und vereinseitigt aufgrund
vielfältiger Sozialisations- und Idiologisierungsprozesse"
(Thesen zu Erfahrung und Bewußtsein).

[43] Wie es im Denken zu verstehen ist, ist in Ansätzen aus
der historischen Analyse schon deutlich geworden und wird
im nächsten Teil genauer ausgearbeitet.

Zunächst ist zu sagen, daß der Begriff der "Selbstwahrnehmung"selbst ein Unding ist. Zum einen deutet er eine
bestimmte Wahrnehmungsbeziehung an, nämlich die Selbst-
erkenntnis. Dies kann aber nicht gemeint sein. So kann
er also nur bedeuten, daß das jeweilige Individuum "selbst"
etwas wahrnimmt, was eine Tautologie ist, denn wer anders
als der einzelne Mensch soll etwas wahrnehmen können.
Erkenntnis ist immer auch Erkenntnisvollzug durch das
Individuum. Die Aussage der Oberurseler Kollegen kann
also nur heißen, daß Wahrnehmung und Erfahrung nicht gleichzusetzen sind. Uns interessiert an dieser Stelle aber nicht
die begriffliche Trennung von "Wahrnehmung" und "Erfahrung"
und die darin liegende Problematik (vgl. auch Anmerkung 8),
sondern uns geht es im folgenden um die Kritik ihrer Beschreibung des Prozesses der sogenannten "Selbstwahrnehmung"
auf dem Hintergrund unserer Theorie der sinnlichen Erkenntnis.

Wenn das unmittelbare Verhältnis von Subjekt und Objekt,
die praktisch gegenständliche Tätigkeit der Menschen in ihrer
Auseinandersetzung mit den gesellschaftlichen Gegenstandsbedeutungen in Bezug auf das Relultat des Erkenntnisprozesses
als "bloßes Erleben", als Wahrnehmung gefaßt wird, die "vielfach entstellt und vereinseitigt aufgrund vielfältiger
Sozialisations- und Ideologisierungsprozesse" ist, so deutet
die Bezeichnung "bloßes Erleben" eine Beziehung des Individuums zu seiner Umwelt als "Erleben" ohne "Erfassen" an,
als ob es also Eindrücke und Empfindungen aufnehmen würde
ohne Inhalt und Bedeutung. Das inhaltsleere und bedeutungs-
lose "bloße Erleben" wird interpretiert und bewertet durch
die Ideologie der herrschenden Klasse, die im Laufe der
Sozialisation in den verschiedensten Formen den Subjekten
"beigebracht", quasi "anerzogen" wird. [44]

---

[44] Hier kommen sie, wenn auch ungewollt, in die Nähe
bürgerlicher Erkenntnistheorie, wie sie weiter vorn von
uns kritisiert wurde (vgl. die Kritik an der bürgerlichen
Wahrnehmungspsychologie).

Demgegenüber ist festzuhalten,

1. daß die sinnliche Erkenntnis das Erfassen der gesellschaftlichen und natürlichen Umwelt des Menschen in
ihrer gegenständlich praktischen Tätigkeit bezeichnet.
Das heißt, die gesellschaftliche Praxis des Menschen
schreibt Bedeutungen in die Welt hinein (Kosik), die
in der Erkenntnisbeziehung von Subjekt und Objekt Gegenstand der Wahrnehmung sind. Sie ist <u>deshalb nie "bloßes
Erleben", sondern Erkenntnis der jeweilig   historisch
existierenden objektiven Bedeutungsstrukturen</u>;

2. daß nach unserer Auffassung demnach auch die Sozialisationsprozesse keineswegs als <u>Ursache</u> von Bewußtseinsstrukturen aufgefaßt werden dürfen, als quasi die
Agenturen, die Bewußtsein, "Einstellungen" vermitteln.
Tatsächlich stellen sie nur eine bestimmte temporäre
Phase dar, in der die Subjekt - Objekt - Beziehung
genauso gilt, wie in der menschlichen Erkenntnisbeziehung
prinzipiell, in der also über die Wahrnehmung das Objekt
die Bewußtseinsinhalte bestimmt. Die Sozialisation ist
also <u>kein</u> zu dieser Beziehung <u>hinzutretendes, selbständiges
Moment</u>, sondern nur eine temporäre, spezifische <u>Ausformung</u>
der <u>gleichen Grundbeziehung</u>. Demgegenüber sind in der
Oberurseler Position die Sozialisationsprozesse die Ursache der Art und Weise der Wahrnehmung; sie bestimmen
die Strukturierung des "bloßen Erlebens";

3. deshalb ist es nur konsequent, wenn sie die Wahrnehmung
in der bürgerlichen Gesellschaft nicht als Erfassung
ihrer Oberfläche, also als eine Erkenntnis der sinnlich-
anschaulichen Lebenswelt begreifen können, die zwar die
wesentlichen Zusammenhänge bürgerlicher Wirklichkeit
verkennt, aber nichts destoweniger trotz ihrer Aus-
schnitthaftigkeit und ihres Verhaftetseins in mystifi-
zierenden Erscheinungsformen Realitätserfassung ist. Für
sie ist die Wahrnehmung "vielmehr vielfach entstellt und
vereinseitigt aufgrund vielfältiger... Ideologisierungsprozesse". Die Erkenntnisbeziehung von Subjekt und Objekt,
als   Erfassung von objektiven Bedeutungsstrukturen ist
auch hier wieder auseinandergerissen. Die Ideologie als
falsche Vorstellung über die Realität <u>tritt dazwischen</u>

und wird als Ursache für die Bewußtseinsinhalte ange-
geben, die in Wirklichkeit eine Widerspiegelung der
bürgerlichen Gesellschaft in ihrer Oberflächengestalt
anzeigen.Ideologie wird hier nicht im Sinne von Marx
als notwendig falsches Bewußtsein gefaßt, d.h., daß
die gesellschaftliche Praxis der Menschen auch Formen
hervorbringt, die ihre wirklichen gesellschaftlichen
Beziehungen verschleiern und in der Wahrnehmung und Anschauung erfaßbar sind, sondern als falsche Vorstellungen
und Theorien der herrschenden Klasse und ihrer Verbündeten über die bürgerliche Lebenswirklichkeit, die
diese zur Aufrechterhaltung des Kapitalismus produzieren
und vermittels Massenmedien und der Sozialisationsagenturen
in die Köpfe der Arbeiterschaft hineintragen. Die
"Sozialisations- und Idiologisierungsprozesse" stellen
vereint und auch gleichzeitig jeder für sich allein den
Grund für das falsche Bewußtsein der Teilnehmer dar.
Wahrnehmung ist somit nicht eigentlich Erkenntnis, sondern
ist in dieser Vorstellung die Übernahme falscher Erklärungen bürgerlicher Idiologen. Hier soll nicht bestritten
werden, daß Ideologie in dieser Form einen Einfluß auf
Bewußtsein hat. Sie hat aber in unserem Zusammenhang
lediglich die Funktion einer Verstärkung, Verfestigung etc.

Ähnlich ist es auch bei Leithäuser (1976), der bei der
Bestimmung der "Formen des Alltagsbewußtseins" eine un-
klare erkenntnistheoretische Position aufweist und die
grundlegenden Erkenntnisbeziehungen von Subjekt und Objekt
nicht richtig reflektiert. Während die Kollegen aus
Oberursel mehr die Inhalte des Bewußtseins theoretisch
zu fassen versuchen, geht es ihm um die Bestimmung der
"Formen des Alltagsbewußtseins" in der Weise, daß er
Regeln und Modi sucht, die den Inhalten des Bewußtseins
eine bestimmte Form geben. "Alltagsbewußtsein ist der
Modus des Bewußtseins der Individuen, der ihre Bewußtlosigkeit von den gesellschaftlichen Verhältnissen und
deren Entstehungsgeschichte ausdrückt. ... So entschärft
das Alltagsbewußtsein Widersprüche zu Konflikten, die
nicht aufhebbar, aber auflösbar, harmonisierbar und auch
schlicht vergessbar sind. Sich widersprechende und sich

ausschließende Auffassungen zu einem Sachverhalt werden
zu bloß 'unterschiedlichen' Auffassungen und Meinungen
für diesen Modus der Bewußtlosigkeit. Gewordene und ge-
machte, produzierte Dinge verwandeln sich in Naturdinge:
so bildet das Alltagsbewußtsein ... blind und gläubig
die mystifizierende Verkehrung nach, die den Fetischcharakter der Ware ausmacht. Damit blockiert sich Alltagsbewußtsein prizipiell gegen kritische Reflexion und
kommt gerade mit der Welt zurecht, weil es deren Ecken
und Kanten nicht spürt; es ebnen sich ihm die Konturen
der Erfahrung ein. Sein Verfahren ist nicht die Reflexion,
die distanzierte Überlegung im Sinne kritischen und
prägnanten Bestimmens, sondern die Reduktion auf das das
Diffuse und Verschwommene, das als bekannt gilt und daher
nicht befragt zu werden braucht. Diese Reduktion von
Neuem, Unbekanntem auf das allerdings nur vermeintlich
Bekannte ist die Erkenntnispraxis des Alltagsbewußtseins"
(Leithäuser 1976, S. 11f; Hervorhebung d.A.). Die Herkunft
und Entstehung dieser Regeln und Modi des Alltagsbewußtseins sieht er in der Sozialisation angesiedelt. "Solche
Regeln werden in durchaus fest institutionalisierten und
öffentlich akzeptierten Erziehungsprozeturen der Familie,
Vorschule, Schule (auch anderen Ausbildungsinstitutionen)
und Arbeit gelernt, und fortlaufend bestätigt" (ebenda,
S. 12); dabei konstatiert er eine Wandlung in der Weise,
daß die herkömmlichen Sozialisationsinstanzen an Bedeutung
verlieren. "Unter den gegenwärtigen Bedingungen der Vergesellschaftung ... leisten aber die von uns schon genannten herkömmlichen Sozialisationsinstanzen nur noch
unzureichend die Herstellung der allgemeinen Erfahrungs-
modi des Alltagsbewußtseins. In zunehmendem Maße gewinnt
ein ganzer industrieller Sektor, die Medienindustrie,
weitreichenden Einfluß auf die Herstellung des Alltagsbewußtseins. Erfahrung wird immer mehr in die Regie
industrieller Produktion genommen" (ebenda, S. 14; Hervorhebung d.A.).

Die Sozialisationsinstanzen oder die Medienindustrie
führen in der Argumentation von Leithäuser quasi ein
Eigenleben, bestimmen als selbständige Faktoren die
Erkenntnisgewinnung des Individuums im Alltag. Woher
die Regeln letzten Endes kommen, die durch die Sozialisation oder die Bewußtseinsindustrie vermittelt werden,
bleibt bei ihm ungeklärt. Sie erscheinen so quasi als
eine inoffizielle Absprache der Gesellschaft, die zu
ihrer eigenen Erhaltung solche Regeln aufstellt und über
ihre Einhaltung wacht. Von uns wurden die Eigenarten und
Regeln des Alltagsbewußtseins , die in der sinnlichen Erkenntnis eingeschlossen sind, immer als Bedingungen im
Erkenntnisprozess angesehen, die sich selbst wieder in
Wechselwirkung Subjekt - Objekt oder Organismus- Umwelt
herausgebildet haben. Somit treten auch zwischen Subjekt
und Objekt in der Herausbildung von Erkenntnissen nicht
selbständige Faktoren, die ihre Herausbildung regeln oder
als Idiologie ihren Inhalt bestimmen, sondern sowohl die
Eigenarten als auch ihre jeweiligen Inhalte sind aus
dieser Erkenntnisbeziehung selbst, ihrer jeweiligen
historischen Existenz zu begreifen. Wie stellt sich dies
nun im Gegensatz zu Leithäuser für die Eigenarten, Regeln
dar? Wie schon gesagt, ist die Wahrnehmung als unmittelbarer Zugang zur materiellen Außenwelt durch ihre daraus
bedingte Gebundenheit an die stoffliche Wechselwirkung,
die Affektation sensibler Bereiche, in unspezifisch-
organismische Eigenarten eingebunden. Die in der Naturgeschichte entstandenen organismischen Orientierungsformen
sind zwar in der Wahrnehmung als Bedeutungserfassung aufgehoben, sind aber auch als bestimmte Beschränkung der
Vergesellschaftung der Wahrnehmungsfunktion anzusehen.
Sieht man sich diese Bedingung der sinnlichen Erkenntnis
in der bürgerlichen Gesellschaft genauer an, so ergeben
sich in der Beziehung Subjekt - Objekt selbst die Eigenarten, Regeln und Modi der Erkenntnis. So ist einerseits
die Erfassung der objektiven Bedeutungsstrukturen in ihrer

257

historischen Bestimmtheit möglich, wobei aber gleichzeitig durch das Hineinwirken der biologisch älteren
Organisationsprinzipien der Orientierung spezifischer
Beschränkungen der Wahrnehmung auftreten, so daß ober-
flächlich-anschauliche Evidenzen der bürgerlichen Lebenswirklichkeit in der Wahrnehmung nicht durchdringbar sind,
gesellschaftliche Realwidersprüche durch die biologisch
bedingte Tendenz der Wahrnehmung zur sparsamsten
Strukturierung der über die Wirklichkeit erfahrbaren
Informationen nicht erfaßbar sind. Die Eigenarten, Regeln
und Modi der Strukturierung von Erfahrungen, die als
Widerspruchselimination, Harmonisierung, Personalisierung,
Herstellung einer geschlossenen oberflächlichen Wirklichkeit etc. herausgearbeitet wurden, besitzen so in unserer
Ableitung nicht die Rolle eines eigenständigen Faktors,
eine Ansammlung von der funktionalen Erhaltung der Gesellschaft dienenden Regeln, sondern sind Bedingungen
der Erkenntnisbeziehung der historischen Spezifikation
der Wahrnehmung, die sich selbst auf der Basis der objektiven Seite und der dazu vom Objekt eingegangenen Erkenntnistätigkeit gebildet haben. Das _historisch bedingte_
Zusammentreffen einer komplex strukturierten Wirklichkeit,
durch das sich das Erkenntnisobjekt und damit die
objektiven Bedeutungsstrukturen in der bürgerlichen Gesellschaft auszeichnen, mit organismischen Eigenarten der
Wahrnehmung, den Organisationsprinzipien als naturge-
schichtlich herausgebildete Formen einer besseren gegenständlichen Orientierung (und damit einer besseren Erfassung der Umwelttatbestände), ist die _Ursache_ der besonderen Modi, Regeln, die zu einer Beschränkung sinnlicher
Erkenntnis in der bürgerlichen Gesellschaft führen. Auch
für die Medien gilt, was vorne schon für die Sozialisation
gesagt wurde. Sie haben zweifelsohne verfestigende Funktion
auf bestimmte Bewußtseinsstrukturen, bilden aber keineswegs die von Leithäuser aufgezeigten Regeln des Alltagsbewußtseins aus. Es muß vielmehr gesehen werden, daß auch
die in der Bewußtseinsindustrie produzierten Ideologien

selbst eine Reflexion auf die Erscheinungsform der Gesellschaft darstellen, also selbst ihre Grundlage in
der Struktur der oberflächlichen Wirklichkeit haben.

Diese Grundbeziehung von Subjekt und Objekt unter dem
Aspekt der Erkenntnis erlaubt uns auch, individuelle
Unterschiede der Wahrnehmung sowohl in ihrer inhaltlichen
als auch funktionalen Seite zu begreifen (während wir
bisher die Wahrnehmung nur betrachtet haben, wie sie im
Durchschnitt allen Gesellschaftsmitgliedern zukommt, im
Sinne eines funktionellen Zusammenhangs, d.h., als Notwendigkeit der Erfassung orientierungsrelevanter Unterschiede der jeweiligen Gesellungseinheit zur gesellschaftlichen Lebenserhaltung).
Diese Unterschiede können nur bedingt sein durch die verschiedenartigen Aneignungsprozesse, die wiederum selbst
auf Unterschiede der angeeigneten gegenständlichen Bedeutungsstrukturen zurückzuführen sind. Zur Verdeutlichung
müssen wir uns an eine generelle Eigenart der Wahrnehmung
erinnern, nämlich ihre Gebundenheit an Standort und
Perspektive. "Da die Wahrnehmungsbeziehung auf der
Affektation der sensiblen Zonen des Körpers in Wechselwirkung mit dem sinnlich präsenten wirklichen Gegenstand
basiert, geschieht Wahrnehmung stets von einem jeweils
bestimmten raumzeitlichen Standort des Subjekts der Welt
gegenüber; die Welt ist somit dem Subjekt in einer bestimmten anschaulichen Perspektive gegeben. ... Die Stand-
ortgebundenheit und PerspektivitätsindGrundtatbestände
der Beziehung des wahrnehmenden Subjekts zur Welt und deswegen real unaufhebbar" (Holzkamp 1973, S. 27). Da die
Wahrnehmung nicht nur Erfassung figural-qualitativer
Merkmale von Gegenständen, sondern auch Erfassung der
sinnlich eingebunden Bedeutungen ist, bedeutet ihre Stand-
ortabhängigkeit und Perspektivität, daß das Objekt nur
in einer bestimmten "Hinsicht" in seiner dem Subjekt zugewandten Seite zugänglich ist, und somit die Wahrnehmung

die gegenständliche Außenwelt immer nur begrenzt und
ausschnitthaft sowohl in ihren figural-qualitativen
Merkmalen als auch in ihrer Bedeutungshaftigkeit erfassen kann. Durch die Gebundenheit an Standort und
Persprektive nehmen die Menschen in der bürgerlichen
Gesellschaft unterschiedliche Ausschnitte der Gesamtheit
der objektiven Bedeutungsstrukturen wahr. Sie leben entweder auf dem Land oder in der Stadt, arbeiten in der
Fabrik, oder in der Verwaltung etc. Dadurch müssen auch
diejenigen objektiven Bedeutungsstrukturen, die einer
Gruppe von Individuen zugängig sind und so die Inhalte und
die Funktion der Wahrnehmung bestimmen, begrenzt sein.
Das Verhaftetsein und Eingeschlossensein in den jeweiligen
Ausschnitten der bürgerlichen Lebenswelt, und somit auch
die Verfestigung solcher unterschiedlicher Bewußtseinsstrukturen wird deutlich, wenn man sich vergegenwärtigt,
daß die soziale Gliederung und vor allem die Klassenteilung
die meisten Menschen in der bürgerlichen Gesellschaft an
einem bestimmten Platz festhält. Die Wahrnehmung erfolgt
so immer von einem spezifischen gesellschaftlichen Standort aus und die Perspektive eines Menschen ist so immer von
seinem Standort als Angehöriger einer sozialen Gruppe,
Schicht oder einer Klasse zu betrachten.
Wenn wir davon sprechen, daß aufgrund von Standort und
Perspektive unterschiedliche Bedeutungsstrukturen, nur
eine Teile aus der Gesamtheit der sinnlich-anschaulichen
Lebenswelt zugänglich sind, so heißt das nicht, daß man
einerseits von unabhängigen und verselbständigten Bedeutungsstrukturen ausgehen noch der subjektivistischen
Theorie verfallen darf, die die unterschiedliche Wahrnehmung
(inhaltlich) als unterschiedliche Sichtweisen der Subjekte
gegenüber dem gleichen Gegenstand interpretiert. In den
jeweils unterschiedlichen Perspektiven erscheint die
sinnlich-anschauliche Lebenswelt der bürgerlichen Gesellschaft objektiv von einer bestimmten Seite aus,als
ein real existierender bestimmter Ausschnitt von Bedeutungsstrukturen. Am Beispiel des Geldes läßt sich dies

verdeutlichen. Die Gegenständlichkeit des Geldes ist
im Kapitalismus doppelt bestimmt. Neben der Dimension,
allgmeines Tauschmittel zu sein, hat es auch noch die
spezifische Funktion als Ausgangs- und Endpunkt des
Kapitalverwertungsprozesses, also die Dimension eines
"sich-selbst-verwertenden-Werts". Welche der objektiven
Bedeutungen erfaßt werden, hängt vom Standort des Wahrnehmenden ab. Für den Arbeiter zum Beispiel ist die
Bedeutung des Geldes immer nur als Tauschmittel erfaßbar,
da es die aufgrund seiner Arbeits- und Lebensbedingungen
einzig gegebene Möglichkeit des Umgangs mit Geld ist. Er
hat durch seine geringe Zahlungsfähigkeit nicht die Möglichkeit, ein bestimmtes notwendiges Quantum Geld aufzu-
bringen und so die Mindestbedingung eines Einsatzes seines
Geldes in den kapitalistischen Produktionsprozess zu erfüllen. Demgegenüber ist für den Kapitalisten durch den
täglichen Einsatz seines Geldes zum Zwecke der Vermehrung
die "Verwertungsdimension" wesentlicher. Diese Ein-
schränkung der gegenständlichen Seite, der Gesamtheit der
gesellschaftlichen Verhältnisse auf Teile und Ausschnitte
für die Individuen und somit die Spezifizierung des allgemeinen Subjekt - Objekt Verhältnisses versucht Rubinstein
(1973) mit dem Begriff der Lebensbeziehung zu fassen.
"Mit welcher Seite der Gegenstand dem Subjekt zugewandt
ist, welche seiner Eigenschaften und wie diese im Abbild
erscheinen, das hängt davon ab, welche Lebensbeziehungen
das Subjekt zu einem Gegenstand oder einer Person ausgebildet hat" (S. 209). Wenn Rubinstein von "Lebensbeziehungen"
spricht, dann betont er damit die aktive tätige Beziehung des Individuums zu den Teilen der objektiven
Realität, von denen die Erkenntnis bestimmt wird.

Wir können nun die Wahrnehmung als in zweifacher Weise
begrenzt erfassen:
a) Sie ist beschränkt durch ihr Verhaftetsein in den
sinnlich-anschaulichen Evidenzen der bürgerlichen Lebenswelt.
b) Sie nimmt nicht alle sinnlich-anschaulichen Gegebenheiten wahr, sondern ist durch Standort und Perspektive,
261

als auch durch Schicht- und Klassenteilung, durch
spezifische Lebensbeziehungen festgehalten an bestimmten
Ausschnitten der Gesamtheit der bürgerlichen Lebenswirklichkeit.

Die durch Standort und Persprektive gegebenen unterschiedlichen Bedeutungsstrukturen sind aber nicht nur relevant
für die Wahrnehmung unterschiedlicher Inhalte, sondern
auch für die Herausbildung der Wahrnehmungsfunktion selbst.
Holzkamp spricht in diesem Zusammenhang von individuellen
Unterschieden "der Wahrnehmungsfunktion durch differenzielle
Aneignung in Abhängigkeit von Standort und Perspektive"
(1973, S.264). Wie sich über die Aneignungstätigkeit
generell die Funktion der Bedeutungserfassung herausbildet
(siehe allgemein-gesellschaftlicher Teil), so müssen auch
die spezifisch historischen Ausformungen der objektiven
Bedeutungsstrukturen ihren Niederschlag in spezifischen
Wahrnehmungsfunktionen finden. Am prägnantesten zeigt sich
dies als Niederschlag von Bedingungen in verschiedenen
Produktionsbereichen. So berichtet zum Beispiel Rubinstein
(1973), "daß Weber, die an schwarzen Geweben arbeiten,
Dutzende von Schwarztönen unterscheiden, während andere
Menschen nicht mehr als drei bis vier unterscheiden können.
Erfahrene Schleifer unterscheiden mit dem Auge Abstände
von ein-zweitausendstel Millimeter, während der Mensch ge-
wöhnlich nur Abstände bis zu ein-einhundertstel Millimeter unterscheiden kann. Stahlgießer erkennen feinste
Nuancen des hellbraunen Farbtons, die Signale für die
Schmelztemperaturen sind. Bei Arbeitern der Steingut-
und Porzellanindustrie, welche die Qualität der Erzeugnisse
nach dem Ton bestimmen, der bei leichtem Klopfen hörbar
wird, bildet sich ein feines 'technisches Gehör' aus.
Ähnlich entwickelt sich bei Flugzeugführern ein spezielles
technisches Gehör für die Geräusche des Motors, die ihm
signalisieren, wenn der Motor nicht in Ordnung ist, beim
Arzt ein solches für Herztöne. In speziellen psychologischen
Untersuchungen wurde nachgewiesen, daß alle Arten der
Sensibilität von der praktischen Tätigkeit abhängen, bei
der sie entstanden sind, beispielsweise Untersuchungen

über das Gehör des Geigers und des Klavierstimmers
(W.I. Kaufmann), über den Geschmack des Geschmacks-
prüfers (N.K.Gussew) usw." (S. 92; Hervorhebung d.A.).
Diese Beispiele zeigen, wie sich aufgrund des jeweiligen
gesellschaftlichen Standorts und der Perspektive die
zugänglichen Ausschnitte der objektiven Bedeutungsstrukturen in unterschiedlichen Wahrnehmungsfunktionen
niederschlagen. Sie zeigen aber auch die Richtung und
die Art und Weise an, die eine psychologische Forschung
einschlagen muß, um interindividuelle Unterschiede von
Wahrnehmungskompetenzen erfassen zu können, wobei die
Wahrnehmungskompetenz als "unterschiedliche individuelle
Qualifikation des gesellschaftlichen Menschen bei der
Bewältigung und Gestaltung seines alltäglichen Daseins"
(Holzkamp 1973, S. 269) anzusehen ist. In solchen
psychologischen Forschungen werden vor allem die spezifischen Arbeits- und Lebensbedingungen der Arbeiterschaft,
ihre einseitige senso-motorische Belastung in der Produktionssphäre, ihr Abgeschnittensein vom Ziel der
Produktion und dem Plan, dem der Produktionsprozeß unterliegt, ihre Beschränkung in Bezug auf die Gesamtheit
materieller und immaterieller Güter, von denen sie sich
wegen ihres geringen Lohneinkommens nur Teile aneignen
können, etc. einzubeziehen. Auf diese Weise wären unterschiedliche schicht- und klassenspezifische Wahrnehmungsfunktionen als verschiedene Formen von Wahrnehmungskompetenzen ermittelbar, die mehr oder weniger zurück-
gebliebene Wahrnehmungsweisen gegenüber dem durch die
historisch-gesellschaftliche Entwicklung möglichen Stand
darstellen.

263

III. Verschiedene Formen der Verarbeitung sinnlicher Erfahrung in denkender Erkenntnistätigkeit.

1. Anschauliches Denken und seine Funktionalitätsbeziehung
zur utilitaristischen Praxis. Die Herausbildung logisch-
operativer Denkstrukturen als Voraussetzung zur Überwindung sinnlich-anschaulicher Evidenzen.

Ziel unserer Arbeit ist es, die psychologischen Grundlagen von
Bewußtsein zu untersuchen. Wir haben im Verlaufe unserer Darstellung zunächst die Wahrnehmung in ihrer Erkenntnisfunktion
bestimmt und dabei gesehen, daß sie gerade durch ihren unmittelbaren Zugang zur Realität die bürgerliche Wirklichkeit in
ihrer wesenhaftigen Totalität nicht erfassen kann. Da Bewußtsein nicht lediglich auf Wahrnehmung basiert, muß zur
Vervollständigung des Rahmens unserer Arbeit auch das Denken
untersucht werden. In der allgemeinen-historischen Analyse
wurde deutlich, daß das Denken eine Erkenntnisweise darstellt,
die von den durch die Wahrnehmung gewonnenen sinnlichen Aus-
gangsdaten ausgeht und sie in bestimmter Weise verarbeitet,
sie in neue Zusammenhänge stellt. Die Kennzeichnung des Denkens
als eine "tiefere" Erkenntnis heißt nicht, daß man "die
sinnliche und logische oder rationale Stufe der Erkenntnis
voneinander isolieren und einander äußerlich gegenüberstellen
(darf)" (Rubinstein 1973, S.65). Es heißt nur, daß das Denken,
weil es der unmittelbaren Eingebundenheit in das Feld der
sinnlichen Präsenz und der unspezifisch stofflichen Wechselwirkung zwischen Subjekt und Objekt enthoben ist, dieses in
seinen wirklichen Zusammenhängen erfassen kann. (Im Sinne
der Einheit von Wesen und Erscheinung).Präsenzentbundenheit
und Repräsentanz (also die Überwindung der sinnlichen Präsenz,
die Überwindung des notwendigen Vollzugs der Wahrnehmung an
Gegenstandsbedeutungen durch Symbolbedeutungen) sind die
notwendigen Voraussetzungen für diese Leistungsmöglichkeit des
Denkens. "Die Sprache ist eine notwendige Bedingung für die
Entstehung und Existenz des Denkens im eigentlichen, spezifischen Sinne. Erst mit dem Auftreten der Sprache, die es
erlaubt, diese oder jene Eigenschaft von einem Ding zu

abstrahieren und die Vorstellung oder den Begriff dieser
Eigenschaft im Wort zu objektivieren und damit das Produkt
der Analyse zu fixieren, erscheinen erstmalig die von den
Dingen abstrahierten ideellen Dinge des Denkens als 'theoretische' Tätigkeit und damit auch diese selbst. Die Anwendung von Analyse, Synthese und Verallgemeinerung auf diese
'Objekte', die selbst Produkte der Analyse, Synthese und
Verallgemeinerung sind, ermöglicht es, aus dem ursprünglichen
sinnlichen Inhalt in die Sphäre des abstrakten Denkens zu
treten und die Seiten und Eigenschaften des Seins aufzudecken,
die der unmittelbaren sinnlichen Wahrnehmung nicht zugänglich
sind. Da die Sprache die Vorbedingung für die Entstehung des
Denkens ist, ist sie zugleich die notwendige materielle Hülle
des Gedankens, seine unmittelbare Wirklichkeit für die anderen
und für uns selbst." (Rubinstein 1973, S. 149 f).

Die Möglichkeit des Denkens, die wesenhaften Beziehungen eines
Gegenstandes zu erfassen, wird allerdings bei Rubinstein als
einer der wichtigsten Autoren, die sich vom Standpunkt der
materialistischen Wissenschaft mit der Erkenntnis beschäftigen,
in seinen Arbeiten "Sein und Bewußtsein" (1973) und "Das
Denken und die Wege seiner Erforschung" (1974) zur einzig
untersuchten Form. Zwar kann man von der Analyse der einzelnen
Denkprozesse zurückschließen auf die Weise und den Grad einer
Realitätserfassung durch ein Denken, das diesen Weg nicht be-
schreitet, doch fehlt über solche Denkformen jede systematische
Aussage. Es geht uns daher in unserem Teil darum, nicht nur
diese letzte höchste Stufe des Denkens als begreifendes Erkennen näher zu fassen, sondern auch diejenigen Formen des
Denkens in ihrem Verhältnis zur Wahrnehmung zu untersuchen,
die hinter dieser Stufe zurückbleiben. Es wurde schon mehrfach
angedeutet, daß wir hier von "orientierender Erkenntnis"
sprechen, wobei wir dort noch zwischen anschaulichem und
problemlösendem Denken unterscheiden.

Schon bei Marx finden wir einige Hinweise über dieses Denken.
"Die fertige Gestalt der ökonomischen Verhältnisse, wie sie
sich auf der Oberfläche zeigen, in ihrer realen Existenz,

265

und daher auch in den Vorstellungen, worin die Träger und
Agenten dieser Verhältnisse sich über dieselben klarzuwerden suchen, sind sehr verschieden von, und in der Tat
verkehrt, gegensätzlich zu ihrer inneren, wesentlichen,
aber verhüllten Kerngestalt und dem ihr entsprechenden Begriff" (Marx, MEW 25, S.219, Hervorhebung d.A.). An anderer
Stelle schreibt er "Übrigens gilt von der Erscheinungsform
... im Unterschied zum wesentlichen Verhältnis welches
erscheint ... dasselbe, was von allen Erscheinungsformen
und ihrem verborgenen Hintergrund. Die ersteren reproduzieren
sich unmittelbar spontan, als gang und gäbe Denkformen, das
andere muß durch die Wissenschaft erst entdeckt werden"
(Marx, MEW 23, S.567 f, Hervorhebung d.A.).

Sehen wir uns mit Kosik näher an, wie sich dem anschaulichen,
dem "geläufigen Denken" (Kosik 1967, S. 8) die Wirklichkeit
darstellt, wie es diese gedanklich reproduziert. "Der Komplex
der Erscheinungen, die die alltägliche Umgebung und die
geläufige Atmosphäre des menschlichen Lebens ausfüllen und
durch ihre Regelmäßigkeit, Unmittelbarkeit und Selbstverständlichkeit, mit der sie in das Bewußtsein der handelnden
Individuen treten, den Schein der Selbständigkeit und
Natürlichkeit erlangen, ist die Welt der Pseudokonkretheit.
[45])Dazu gehören:
Die Welt der äußeren Erscheinungen, die sich an der Oberfläche
der wirklichen, wesentlichen Prozesse abspielen......
Die Welt der geläufigen Vorstellungen, die eine Projektion
der äußeren Erscheinungen in das Bewußtsein der Menschen

[45])Diesen Begriff übernimmt Kosik von Marx, der bei
der Methode der Politischen Ökonomie zwischen dem Konkreten
als einer "reichen Totalität von vielen Bestimmungen" als
Endpunkt der Analyse und dem vorgestellten Konkreten, dem
Anschauungskonkreten als einer "chaotischen Vorstellung des
Ganzen" als Ausgangspunkt der Analyse unterscheidet (vgl.
die Analyse des begreifenden Erkennens). Das Vorstellungs-
konkrete bezeichnet Kosik deshalb als Pseudokonkretheit.

und ein Gebilde der fetischisierenden Praxis, ideologische
Formen ihrer Bewegung sind;
die Welt der fixierten Objekte, die den Eindruck natürlicher
Bedingungen machen und nicht unmittelbar als Ergebnis der
gesellschaftlichen Tätigkeit der Menschen erkennbar sind"
(ebenda, S. 9, Hervorhebung d.A.).

Die hier von Kosik dargestellte Beschreibung des anschaulichen Denkens, das im gegenwärtigen Zustand unserer Gesellschaft das dominierendste Charakteristikum der Denkweise
des Menschen im alltäglichen Leben ist, [46])bezieht sich auf
dessen Inhalt. Betrachten wir das Denken als einen Prozess,
(und das ist ja die eigentliche Aufgabe der Denkpsychologie),
dessen Resultat die Inhalte sind, so können wir sagen, daß
es "nach dem Muster der Wahrnehmung geschieht", daß es sich
von Eigenarten, Modi leiten läßt, die den Organisationsprinzipien der Wahrnehmung entsprechen. Die Denkbewegungen
gehorchen dem Prinzip der Geschlossenheit, Einheitlichkeit
und Einfachheit. Dementsprechend werden Widersprüche eliminiert,
sachlich Zusammengehörendes isoliert, komplexe Zusammenhänge
nach ihrer oberflächlich prägnanten Struktur "organisiert".
Das anschauliche Denken zeichnet sich (dementsprechend) aus
durch das immanente Streben, sich eine konsistente und ausge-
wogene Weltsicht zu schaffen, und das heißt bei der Struktur
der bürgerlichen Gesellschaft als einer komplex-wider-
sprüchlichen Totalität gleichzeitig ein systematisches
"Verkennen", "Verfälschen" der Wirklichkeit (in Bezug auf
ihre Einheit von Wesen und Erscheinungsform).Wir sind hier
auf eine Denkform gestoßen, die ihre funktionale Möglichkeit,
nämlich die chaotischen Bewegungsformen, Verkehrtheiten und
Widersprüche der bürgerlichen Gesellschaft nicht als selbstverständliche Lebensordnung zu verstehen, sondern in gedank-

---

[46])Hierin liegt eine historische Bestimmung der Denkform, die
an dieser Stelle nicht weiter ausgeführt werden kann, aber
im Verlauf der folgenden Darstellung sich konkretisiert.

licher Reproduktion als historisch-gewordene Formation zu
begreifen, nicht realisiert, vielmehr (bzw.weil sie) in den
unmittelbaren Wahrnehmungs-Evidenzen gefangen bleibt, sich
im "Unmittelbaren einrichtet". Dabei muß betont werden,
daß die Organisationseffekte, nach deren Modus das Denken
hier verläuft, keinesfalls generelle funktionale Eigenarten
des Denkens darstellen, die wie in der Wahrnehmung naturge-
schichtlich entstandene und daher im Erkenntnisprozess immer
existente Gegebenheiten sind, vielmehr kennzeichnen sie
"gerade den Mangel eines vollen Zur-Geltung-Bringens der
Erkenntnismöglichkeiten des Denkens gegenüber bloß sinnlichem
Erkennen" (Holzkamp 1973, S. 344).

Eine Beschreibung der hier ablaufenden Prozesse finden wir
in der Gestalttheorie, die nicht nur die Wahrnehmung, sondern
auch das Denken mit Hilfe der Gestaltprinzipien erklären will.
(Wertheimer 1964 und Duncker 1966). Nach der Gestalttheorie
ist das Denken ein Prozess, der aufgrund einer Problemsituation
(in den Versuchen waren es meist unvollständige formale
Aufgabenstrukturen, mathematische Reihen etc.) ausgelöst wird
und aus einer Reihe von Umstrukturierungen dieser Ausgangs-
situation besteht,durch die das Problem schließlich gelöst
bzw. beseitigt wird. Der ganze Denkprozess besteht nach dieser
Theorie aus einer Menge von Transformationen, die die Problemsituation durchmacht. Die "Umzentrierungen", wie Wertheimer
sie auch nennt, gehorchen einem bestimmten übergreifenden
Gestaltgesetz, dem sogenannten Prägnanz-Prinzip, wobei zwar
"die strukturellen Eigentümlichkeiten" der Sache "mit ihrer
besonderen Natur es sind, ... die ihrerseits zu den Schritten
und Operationen führen, die dynamisch zu den Forderungen der
Sache passen" (Wertheimer, 1964, S. 225), andererseits aber
die Gestaltgesetze als innerorganismische Strukturierungsge-
setze autochthon und analog den Beziehungen im physikalischen
Feld wirken. Die Strukturierungstendenzen im phänomänalen
Feld führen dazu, daß von allen möglichen Formen sich immer
die "beste" durchsetzt, d.h., diejenige, die das beste Gleichgewicht darstellt. Das Denken haftet an besonderen bevorzugten

Zuständen des Gegenstandes, die sich auszeichnen durch
Einfachheit, Regelmäßigkeit usw. Gemäß der Annahme der
Umstrukturierung besteht auch die Dynamik des Denkens einzig
und allein darin, "daß sich dem Problemlöser - auf ganz-
heitlicher Auffassung beruhend - die ("neue") richtige,
harmonische Struktur irgendwie aufdrängt" (Seidel, 1976,
S.39, Hervorhebung d.A.). Das Wesen des Verstehens besteht
im Übergang von einer guten zu einer besseren Struktur des
Gegenstandes. Es gibt letztlich keine Denkoperationen
(wie Analyse, Synthese, Verallgemeinerung, Erprobung, Ver-
werfung etc), in denen der Gegenstand entgegen seiner "anschaulichen Gliederung" auseinandergenommen wird, sondern
lediglich automatische Mechanismen. Die Aufgaben, an denen
die Gestalttheoretiker die Denkverläufe untersuchten, (und
sie dann für das Denken generell verallgemeinerten) waren
dementsprechend immer so gestellt, daß sie nicht nur eine
"determinierende" Ziel und Richtung gebende Funktion hatten,
sondern sie selbst enthielten in sich bereits die Tendenz
zur Lösung, sie selbst als eine unvollkommene, nach Ordnung
und Ausgleich strebende Struktur erzeugten im Grunde die Lösung.
Das problemlösende Subjekt hatte dabei nur noch eine nachvollziehende Funktion, so daß also bei bestimmten Problemen
durch gedankliche Vereinfachung, Komplettierung vorgegebener
Konstruktionen usw. das Denken tatsächlich gemäß dem Prägnanz-
Prinzip zur Lösung kam; und das heißt ohne Denktätigkeit
die Analyse, Synthese etc., durch die das Subjekt versucht,
neue Seiten am Objekt zu entdecken. Das Denken wird quasi
determiniert von den Organisationsprinzipien im Sinne der
Gestalttendenzen, die selbst wiederum automatisch, zwangsläufig ausgelöst werden von der besonderen Gliederung der
figuralen Struktur der Aufgabe. "Summarisch kulminiert alles
- v.a. bei Wertheimer - in dem einen Satz: Der Betreffende
hat die Situation so 'gesehen' und konnte die Aufgabe deshalb
nicht lösen; dann 'sah' er sie plötzlich anders und damit
war die Aufgabe gelöst" (Rubinstein, 1974, S. 22).

Intention bei der kurzen Darstellung der Gestalttheorie als
einer psychologischen Theorie des Denkens war es, den vorher
im anschaulichen Denken als Alltagsdenken festgestellten
Prozess, der nach dem Muster der Organisationsprinzipien abläuft, etwas näher zu erläutern. Wir meinen also, daß dies
mit der Gestalttheorie durchaus möglich ist. Falsch wird
diese Theorie allerdings da, wie die beansprucht, das Denken
überhaupt zu untersuchen, wo sie annimt, daß Denken
immer nur nach diesen Prinzipien verlaufen kann und auch
muß, wo sie nicht begreift, daß ein Denken, das sich auf
die Organisationsprinzipien einläßt, eben gerade wegen
dieser Organisationstendenzen die Struktur der objektiven
Realität in ihren wesehaftigen Zusammenhängen nicht erfassen kann. Die Unfähigkeit dieses Denkens, wesenhaftige
Zusammenhänge einer "Aufgabe" wirklich adäquat gedanklich
reproduzieren zu können, wird schon in Bezug auf mathematische Probleme deutlich. "Wo das Denken gemäß den Gestaltprinzipien zu verlaufen scheint, handelt es sich um
bloß analoge Vorgänge aufgrund der Besonderheit der ge-
stellten Aufgabe. ... Wertheimers und Dunckers psychologische
Untersuchungen sind, entgegen der Absicht und Auffassung
der Autoren, Belege dafür, daß bereits mit Bezug auf einfache mathematische, praktisch-manipulatorische etc. Aufgaben die Denkprozesse, die zu richtigen Ergebnissen führen,
das Problem unabhängig von den Organisationstendenzen, und
gegebenenfalls sogar gegen diese Tendenzen, gedanklich
rekonstruieren und entfalten müssen. ... Hier kommt ...
eindeutig zum Ausdruck, daß unter bestimmten Umständen,
nämlich wenn durch die Gestalttendenzen sachlich Zusammengehörendes isoliert ist, wesentliche Beziehungen
überdeckt sind, (oberflächliche) Einheitsbildungen auftreten, die Gestaltprinzipien eine angemessene Strukturierung
des Problems und richtige Lösung der Aufgabe erschweren oder
unmöglich machen. Damit soll natürlich nicht geleugnet
werden, daß es - gerade bei einfachen lebenspraktischen
Orientierungsproblemen - häufig auch zu organisationsbedingten Modifikationen und Komplettierungen kommt, die eine
denkende Problembewältigung erleichtern. Wenn indessen die

Organisationseffekte beim Vorliegen gewisser Bedingungen
(und das sind eben sowohl bestimmte mathematische Aufgaben
als auch zu erkennende gesellschaftliche Struktur-Zusammen-
hänge des bürgerlichen Systems) zu Behinderungen ... des
Denkens führen können, so ist es wissenschaftlich falsch,
den Prozess des denkenden Erkennens als solchen unter Bezug auf die Organisationseffekte, etwa die 'Gestaltgesetze'
erklären zu wollen " (Holzkamp, 1973, S.339 f). Die Gestalttheoretiker sehen selbst nicht, daß sie nur Hinweise
auf ein Denken geben, das selbst historisch bestimmt ist
und durch andere Denkformen überwunden werden kann. Es ist
allerdings auch falsch, aus den bisherigen Aussagen nun
anzunehmen, der Gestalttheorie könnte bei einer bestimmten
Umdeutung die Funktion zukommen, anschauliches Denken in
der bürgerlichen Gesellschaft zu analysieren. Und hier liegt
der zweite wesentliche Kritikpunkt. Die Gestalttheorie fragt
sich auch in Bezug auf das Denken (genauso wie bei der Wahrnehmung) nicht, in welchem Bezug ein Denken nach dem Prinzip
der guten Gestalt eigentlich zu der objektiven Realität steht,
die es zu erfassen gilt. Die Gliederungen und Ordnungen erscheinen als eine Art von Selbstzweck. Da bei ihnen die
naturgeschichtliche Analyse fehlt, in der sich zeigt, daß
die Organisationseffekte zunächst aus Gründen des besseren
Erfassens (Perzeption) der äußeren Welttatbestände entstanden sind, erscheint die Organisation des Wahrnehmungs-
feldes als losgelöstes Produkt desSubjekts, ist auch das
Problem total ausgeklammert, wie eine gemäß den Organisationsprinzipien gegliederte Denkwelt denkende Erkenntnis wirklicher
Eigenschaften der Außenwelt sein kann. (Wie also die "Gestalten" auf die zu erkennende Wirklichkeit rückbeziehbar
sein können). "Die Wechselwirkung des denkenden Subjekts
mit dem zu erkennenden Objekt ... (wird) beseitigt." (Rubinstein, 1974, S. 21). Diese falsche erkenntnistheoretische
Beziehung zwischen Subjekt und Objekt gilt keinesfalls für
das anschauliche Denken. Wir haben anhand von Kosik gezeigt,
daß das anschauliche Denken eben auch nur in seiner Beziehung

zu der objektiven Realität verstanden werden kann, daß es
Erkenntnis dieser Welttatbestände darstellt, und zwar Erkenntnisse ihrer oberflächlichen Struktur.

Damit sind wir in unserem eigenen theoretischen Rahmen an
einem Punkt angelangt, wo wir selbst fragen müssen, weshalb
das Denken sich in seiner anschaulichen Form faktisch Be-
beschränkungen lediglich sinnlicher Erkenntnis auferlegt,
denen es der funktionalen Möglichkeit nach nicht unterworfen
ist. "Die Erscheinungen und Erscheinungsformen der Dinge
reproduzieren sich im geläufigen Denken elementar als Wirklichkeit (die Wirklichkeit selbst), nicht etwa (nur) deshalb,
weil sie an der Oberfläche und der Sinneswahrnehmung am
nächsten liegen, sondern weil die Erscheinungsgestalt der
Dinge das natürliche Produkt der täglichen Praxis ist. Die
alltägliche utilitaristische Praxis schafft das 'geläufige
Denken' ... als eine Form ihrer Bewegung und Existenz.
Das geläufige Denken ist die ideologische Form des alltäglichen
'Handelns' " (Kosik, 1967, S. 14; Hervorhebung d.A.). Schon
in der allgemeinen gesellschaftlich-historischen Analyse
wurde die Erkenntnis in Beziehung zur Praxis gesetzt. Es
wurde dargestellt, daß die Erkenntnis mit der Praxis sowohl
in einem Bedingtheits- als auch notwendigen Funktionszusammenhang steht; d.h., daß sie sowohl nur durch und auf
Grundlage der Praxis sich bildet als auch, daß sie die
objektive Realität immer so weit adäquat erfassen muß, daß
die Aufrechterhaltung der jeweiligen historischen Entwicklungsstufe des gesellschaftlichen Lebens möglich wird.
"In ihm (dem Erkenntnisakt) wird eine bestimmte Vorstellung
über das eigene Sein produziert, das eigene Sein im eigenen
Denken zurückgespiegelt, aber keineswegs aus irgendeiner
bloßen Neugierde heraus und willkürlich, sondern
aus Lebensnotwendigkeit und (deshalb) in einer diesem Sein
notwendig entsprechenden Weise" (Kofler, 1972, S.126).

Die hier benannte Praxis spezifiziert sich (nun) in der
utilitaristischen Praxis. Kosik beschreibt sie als "eine
historisch bedingte, einseitige und fragmentarische Praxis

der Individuen, die auf der Arbeitsteilung, der Gliederung
der Gesellschaft in Klassen und der aus ihr entstehenden
Hierarchisierung der sozialen Stellung gründet" (ebenda,
1967, S. 8). Betrachten wir die Arbeitsteilung innerhalb
des kapitalistischen Betriebes. Sie ist dadurch gekennzeichnet, daß der Plan, dem der gesamte Produktionsablauf
gehorcht, nur dem Kapitalisten, dem Eigentümer der Produktionsmittel zugänglich ist, während die Arbeiter, festgenagelt
an ihrer Teilfunktion - (die Arbeit ist in tausend selbständige Operationen verteilt) - als Gesamtarbeiter nur
existieren über den Plan des Kapitalisten, der sich ihnen
als undurchschaubare, fremde Macht darstellt. Die Organisation
der Produktion, ihr Ziel und Zweck, die Kombination der
einzelnen Teilarbeiten zu einem Gesamtkörper liegt außer
ihnen, im Kapital; sie haben darauf keinen Einfluß. Ihre
Praxis ist daher reduziert auf ein Umgehen mit einem abstrakten Teil des Werkes, das keinen Überblick über das
Werk als Ganzes gestattet. Dies gilt auch in Bezug auf die
gesamtgesellschaftlichen Verhältnisse, die durch die wahren
Beziehungen verschleiert werden. Jeder ist durch die Arbeitsteilung festgehalten an einen bestimmten Ausschnitt, in dem
er agiert, seine Praxis wird hier, wie Kosik sagt, zum
"Besorgen"."Dieses Verknüpftsein des Individuums in ein Netz
von Beziehungen, die ihm gegenüber als die praktisch-
utilitäre Welt auftreten, ist die Sorge. ... Sorge ist die
reine Tätigkeit des isolierten gesellschaftlichen Individuums"
(ebenda, S.62). "Das Besorgen ist die Erscheinungsform
der abstrakten Arbeit. Die Arbeit ist schon bis zu dem Maße
zergliedert und entpersönlicht, daß sie in allen ihren
Sphären - der materiellen administrativen und geistigen -
als bloßes Besorgen oder Manipulieren erscheint" (ebenda,
S. 64). Die Praxis stellt sich dar als bloße alltägliche
Manipulation, in der der Mensch innerhalb eines Systems
fertiger Dinge und Einrichtungen beschäftigt ist, nicht
aber als Gestaltung der menschlichen Welt. Diese erscheint
daher nicht als geschaffene Wirklichkeit, sondern als

273

"eben vorhandene" fertige, undurchdringliche Welt, in der
die Aktivität, die Praxis nicht besteht im "Erzeugen und
Bilden" (ebenda, S. 68) der gegenständlich-praktischen
Welt, sondern im Besorgen von einem Komplex von Einrichtungen, bei denen der Mensch dessen Gang und Wahrheit
nicht zu kennen braucht. Die Reduzierung der Praxis auf
eine fetischisierte Praxis, d.h., eine Praxis, die nur
ausgerichtet ist auf je individuelle Bewältigung von Lebens-
problemen in einer naturhaften Umwelt, zeigt sich auch,
wenn wir die gesamte Produktion und Reproduktion des
kapitalistischen Systems betrachten."(Es) treiben Zufall
und Willkür ihr buntes Spiel in der Verteilung der Warenproduzenten und ihrer Produktionsmittel unter die verschiedenen gesellschaftlichen Arbeitszweige. Zwar versuchen sich die verschiedenen Produktionssphären beständig
ins Gleichgewicht zu setzen, indem einerseits jeder Waren-
produzent einen Gebrauchswert produzieren, also ein besonderes gesellschaftliches Bedürfnis befriedigen muß, der Umfang
dieser Bedürfnisse aber quantitativ verschieden ist und ein
inneres Band die verschiedenen Bedürfnismassen zu einem
naturwüchsigen System verkettet; indem andererseits das Wertgesetz der Waren bestimmt, wie viel die Gesellschaft von
ihrer ganzen disponiblen Arbeitszeit auf die Produktion jeder
besonderen Warenart verausgaben kann. Aber diese beständige
Tendenz der verschiedenen Produktionssphären, sich ins
Gleichgewicht zu setzen, betätigt sich nur als Reaktion
gegen beständige Aufhebung dieses Gleichgewichts. ... (Sie
wirkt) ... nur a posteriori, als innere, stumme,im Baro-
meterwechsel der Marktpreise wahrnehmbare, die regellose
Willkür der Warenproduzenten überwältigende Naturnotwendigkeit"
(Marx, MEW 23. S. 376 f). Die Praxis beschränkt sich hier
auf die Aktion mit einzelnen Teilen innerhalb eines unverstandenen Ganzen. Engels schreibt: In der Praxis der
kapitalistischen Produktionsweise "macht sich die Geschichte
so, daß das Endresultat stets aus den Konflikten vieler
Einzelwillen hervorgeht. ... Denn was jeder einzelne will,

wird von jedem anderen verhindert, und was herauskommt, ist etwas, das keiner gewollt hat" (Engels, MEW 37, S.464).

Wir begreifen nun, daß das anschauliche Denken sowohl durch die utilitaristische Praxis entsteht, als auch für sie funktional ist. Wo die Praxis sich auf die Manipulation in einer Umwelt hinzunehmender Tatsächlichkeiten bewegt, da ist es notwendig, daß die Welt sich in der Form der Geschlossenheit und Eindeutigkeit im Bewußtsein darstellt, da genügt es, daß das Bewußtsein lediglich die Oberfläche, die Erscheinungen der Objekte reproduziert. So gebrauchen die Menschen das Geld und vollziehen mit ihm die kompliziertesten Transaktionen, ohne daß sie wissen müssen, was Geld wirklich ist. Das geläufige Denken ermöglicht es, sich in der Welt auszukennen, sich mit den Sachen bekannt zu machen und mit ihnen umzugehen.

Wir müssen allerdings die hier beschriebene utilitaristische Praxis und (damit auch) das ihr funktional zugeordnete "geläufige Denken" selbst wieder in den oben beschriebenen übergreifenden und allgemeinen Zusammenhang der Funktionalität für die Aufrechterhaltung des gesellschaftlichen Lebens stellen. Die utilitaristische Praxis und damit auch das anschauliche Denken schlagen in einer bestimmten Entwicklungssphase des Kapitalismus (nämlich in einer Periode sich zuspitzender Widersprüche,—siehe Gesellschaftsanalyse; Fall der Profitrate) selbst um in Disfunktionalität, weil dann nur noch eine die bürgerliche Gesellschaft grundlegend verwandelnde "revolutionär-kritische" (Kosik, 1967, S. 9) eine Weiterentwicklung des gesellschaftlichen Lebens ermöglicht. Wir werden diese Frage an anderer Stelle noch aufnehmen.

In unserer Darstellung des Denkens geht es darum, die einzelnen Denkstufen zu analysieren und dabei zu zeigen, daß diese

einzelnen Stufen als anschauliches, problemlösendes
(orientierendes Erkennen) und begreifendes Erkennen
als eine immer sachadäquate oder wie Rubinstein sagt,
das "Subjektive" in immer größerem Maße in Richtung auf
das "Objektive" überwindende denkende Verarbeitung sinnlicher Erfahrung zu verstehen sind (Rubinstein, 1973,
S. 117). Bevor wir nun zur gnostischen Stufe des problemlösenden und begreifenden Denkens übergehen, müssen wir
zunächst in einem Zwischenschritt zeigen, welche Möglichkeiten das Denken hat, die über die Möglichkeiten sinnlicher
Erkenntnis hinausgehen, zu welchen Leistungen es fähig ist
und auch fähig sein muß, wenn es nicht wie das anschauliche
Denken die Wirklichkeit nur als "Pseudokonkretheit" erfassen
will.

Die Denkoperationen, die sich gerade von den Organisationstendenzen unterscheiden, die sich von ihrer Bindung gerade
"freimachen", hat Piaget auf den Begriff gebracht. Im
folgenden sollen deshalb seine wesentlichen Aussagen rezipiert
werden, wobei wir uns v.a. auf "Psychologie der Intelligenz"
(1971) und "Theorien und Methoden der modernen Erziehung"
(1974) stützen.

Während die Gestalttheorie davon ausgeht, daß das Denken
insgesamt lediglich als eine "Umzentrierung" zu verstehen
ist, die sich nach der prägnantesten Struktur herstellt,
also die Bedingungen und Forderungen der Aufgabe infolge
der Dynamik der Situation von selbst eintreten, wobei die
Tätigkeit des denkenden Subjekts, die sie erst in Beziehung
setzt, außer acht gelassen wird, betont Piaget die Bedeutung
eben dieser Tätigkeit. "Man vergißt zunächst, daß Erkenntnis
(bzw. Wissen) nicht im entferntesten bedeutet, sich eine
figurative Kopie der Realität zu schaffen; vielmehr beruht
sie stets auf operativen Vorgängen, die durch Aktionen oder
Gedanken das Reale transformieren, um den Mechanismus dieser
Transformation zu erfassen und so die Ereignisse und Objekte

276

in Operationssysteme ... einzugliedern" (Piaget, 1974,
zitiert nach Weinert u.a. S. 247 f). Begriffe sind also
nichts Gegebenes, sondern müssen konstruiert werden. Ihre
Objektivität setzt ihre Invarianz voraus, die selbst wiederum
nur entstehen kann durch die Umkehrbarkeit, Reversibilität
von Denkoperationen. Diese ist "Kriterium für Widerspruchsfreiheit und logische Notwendigkeit und umgekehrt ist das
Kriterium für das Vorhandensein von Reversibilität die Tatsache, daß Begriffe und Begriffssysteme innerlich wider-
spruchsfrei und logisch notwendig sind" (Seiler, 1968,
S. 54). Piaget versteht eine Operation als eine verinnerlichte
Aktion, die im Laufe der Verinnerlichung reversibel wird und
sich mit anderen zu operativen Gesamtstrukturen koordiniert.
Die reversiblen Operationen kennzeichnen allerdings eine
Denkstufe, die keinesfalls von allem Anfang an beim Kind
schon vorhanden wäre. Piaget kommt vielmehr zu einer
Charakterisierung der individualgeschichtlichen Entfaltung
des logischen Denkens als eines fortlaufenden Prozesses der
Bildung von Operationen (Periode der sensomotorischen
Intelligenz;null bis zwei Jahre/konkrete Operationen,
sieben bis acht Jahre/formale Operationen;elf bis zwölf
Jahre; vgl. Piaget 1974, S. 247 ff), wo das konkrete Denken
durch das hypothetisch-deduktive als Inbegriff formaler,
d.h., auf beliebige Inhalte anwendbare Operationen abgelöst
wird. Für die Darstellung ist es wichtig zu erwähnen, daß
Piaget psychologische Prozesse in seinem gesamten Konzept
mit Hilfe mathematischer Begriffe deutet, weil Logik und
Mathematik für ihn die vorläufigen Endstufen formalisierter,
durchsichtiger und beweglicher Systeme von Denkoperationen
darstellen,an denen die Vorstufen, nämlich die unzusammen-
hängenden, widersprüchlichen und starren Denkstrukturen des
Kindes und des "nicht speziell geschulten Erwachsenen", gemessen
werden können. Auf das Verhältnis der einzelnen Entwicklungsstufen werden wir weiter unten eingehen. Wir gehen hier
zunächst von der höchsten Stufe aus, um von hieraus den
Unterschied der reversiblen Denkoperationen zu den Organisationstendenzen klar zu machen.

Piaget zeigt, daß der bestimmende Ausgangspunkt des formal-
logischen Denkens die Umkehrbarkeit der Operationen ist,
d.h., zu jeder Denkoperation existiert eine ihr entgegen-
gesetzte, symetrische, die den Ausgangspunkt, die ursprünglichen Daten wiederherstellt, wenn man von dem Resultat
ausgeht, zu dem die primäre Operation geführt hat. Beispiel: +1 wird zu -1; $y - x = x$ ' ist verwandelbar in
$y - x' = x$.
Die Reversibilität ist gleichzeitig die Grundlage dafür,
daß das Denken sich im Gleichgewicht mit sich selber befindet. Das Gleichgewicht ist "durch die Reversibilität
definiert :.... Ein System ist im Gleichgewicht, wenn alle
virtuellen Transformationen (hier den möglichen Operationen
äquivalent) sich aufheben, wenn jede mögliche Transformation
eine andere in umgekehrter Richtung und in gleicher Größe
entspricht. Daß die Operationen sich in reversiblen Strukturen organisieren, oder daß sie gewisse Gleichgewichts-
formen anstreben, bedeutet also das gleiche (Piaget, 1974,
S. 255, Hervorhebung d.A.). Die Gleichgewichtszustände der
Gestalt-theoretiker unterscheiden sich also insofern von
denen Piagets, als sie bei ihnen Resultanten des Feldkräfte-
ausgleichs gemäß der jeweilig prägnanten Struktur sind,
während es bei Piaget reversible Denkstrukturen sind, die
insofern gleichgewichtig sind, als in logischen Relations-
gefügen verschiedene Variablen einander kompensatorisch
zugeordnet sind.

Die Irreversibilität, (die noch beim Kind bis etwa sieben
Jahren und wie Piaget es sagt, beim"nicht geübten Erwachsenen" vorhanden ist), führt zur Nichterhaltung (also
Varianz, Veränderlichkeit) von Bestimmungen. Dies wird klar
an folgendem Beispiel. Vier-bis sechsjährige Kinder meinen,
nachdem sie selbst zwei Gefäße mit gleichen Mengen von Glas-
perlen gefüllt haben, daß diese Mengen nicht gleich bleiben,
wenn sie eines der Gläser in ein schmälers und höheres Gefäß
umleeren. Sie haften also direkt an der anschaulichen

278

Gliederung. Die Anzahl der Perlen würde (demnach) bei der
Umleerung nicht erhalten bleiben. Mit etwa sieben bis acht
Jahren dagegen, nach der Bildung der ersten konkreten
Operationsstrukturen, wird schon angenommen, daß die Menge
sich notwendigerweise erhält, weil man ja die Perlen bloß
an einen anderen Ort gebracht habe und sie wieder an ihre
frühere Stelle zurückversetzen könne (Reversibilität). Eben
diese machtdem denkenden Subjekt also die Erhaltung einer
Quantität oder einer Menge im Falle der Veränderung ihrer
räumlichen Verteilung verständlich, denn wenn diese Veränderung als reversibel aufgefaßt wird, bedeutet das, daß sie
die fragliche Qantität unangetastet läßt. "Diese Umkehrbarkeit ist ohne Zweifel der spezifische Charakter der
Intelligenz, denn wenn auch die Motorik und die Wahrnehmung
die Vereinigung mehrerer Elemente kennen, so bleiben sie
doch beide irreversibel. ... Eine Wahrnehmung ist
irreversibel, da jedes Auftauchen eines neuen, objektiven
Elements im Wahrnehmungsfeld eine 'Veränderung des Gleichgewichts' erzeugt [47], und die Wahrnehmung, wenn man die Aus-
gangssituation wieder herstellt, trotzdem durch die Übergangs-
zustände modifiziert wird. Die Intelligenz kann im Gegensatz

[47] Das Gleichgewicht der operativen Strukturen unterscheidet
sich von dem der Wahrnehmung. "In diesen ist das Gleichgewicht zugleich beweglich und dauerhaft und wird durch die
inneren Transformtionen des Systems nicht verändert, weil
sie durch die umgekehrten, tatsächlichen oder virtuellen
Operationen (Reversibilität) stets genau kompensiert werden.
Im Gegensatz dazu zieht, im Fall der Wahrnehmungen, jede
Wertveränderung einer der in Frage stehenden Beziehungen
eine Veränderung des Ganzen nach sich, bis dieses ein neues
Gleichgewicht gefunden hat, das sich vom vorhergehenden
unterscheidet: es liegt also eine 'Verschiebung des Gleichgewichts' ... und nicht mehr ein stabiles Gleichgewicht
vor" (Piaget, 1971, S. 80).

dazu Hypothesen aufstellen, sie dann wieder aufgeben,
um zum Ausgangspunkt zurückzukehren, einen bestimmten Weg
gehen und ihn dann in umgekehrter Richtung zurücklegen,
ohne die dabei benutzten Begriffe zu modifizieren" (Piaget,
1971, S. 47 f). Die Reversibilität bedeutet also zweierlei:

a) Dadurch, daß die Begriffe erhalten werden können, können
die Operationen auf alle Arten miteinander verknüpft werden.
Die relativ stereotypen Wahrnehmungstätigkeiten werden also
zu Denkakten am Objekt, die entsprechend ihrer zunehmenden
Beweglichkeit fähig werden, Umwege zu beschreiten und vollzogene Handlungen rückgängig zu machen, d.h. also, sich von
der anschaulichen Gliederung der Wirklichkeitserfahrung durch
die Organisationstendenzen zu lösen. Zum Punkt 8 mal 4, d.h.,
zum Ergebnis dieser Operation gelange ich beispielsweise
ebensogut auf dem direkten Weg wie dadurch, daß ich vom
Punkt 10 mal 4 zwei Schritte zurückgehe, 8 mal 4 =
10 mal 4 minus 2 mal 4, und zwar auch dann, wenn ich diesen
Weg noch nie begangen habe.

b) Reversibilität heißt Bewegung. Wenn Piaget entwickelte
Denkstrukturen als reversible bezeichnet, dann impliziert
dies, daß für die Intelligenz nicht statische Strukturen
und ebensowenig der einseitig gerichtete Übergang von einem
Zustand zum anderen wesentlich sind, sondern die allgemeine
Beweglichkeit der Operationen, aus denen die Strukturen entstehen. Um zu Lösungen, einem System von Schlüssen, zur
Synthese antithetischer Aussagen und damit zum Gleichgewicht
zu kommen, bedarf es gerade einer Art Auftauen "der anschaulichen Strukturen" (Piaget, ebenda, S. 74). In den einfachen
Umzentrierungen des anschaulichen Denkens haftet das Subjekt
dagegen an festen anschaulichen Ordnungen, Gestalten. So ist
z.B. ein Rechteck im anschaulichen Denken eine Invarianz,
die entsteht durch organisationsbedingte Einheitsbildungen,
Abgrenzungen etc. Im operationsgeleiteten Denken kann die
Starrheit dieser Figur aber dadurch aufgelöst werden, daß man
das gegebene Rechteck als reversibel-kompensatorisches Produkt
der beiden Seitenlängen begreift und es dadurch als Ausformung einer Allgmeinheit verstehen kann, während das Subjekt

im anschauungsgebundenen Denken an dieser Struktur haften
bleibt. Von der "guten prägnanten Gestalt" führt sozusagen
kein Weg zurück. Um zu Begriffen einer Sache zu kommen, ist
es unabdingbar, von einer bestimmten Wirklichkeitskon-
stellation in Richtung auf umkehrbar, logische Zuordungs-
verhältnisse zu abstrahieren. D.h., daß "operationsgeleitetes,
auf logische Notwendigkeit gehendes Denken ... stets ein
Moment der Distanzierung von der sinnlich evidenten, durch
die Oberverdeutlichungen, Oberisolierungen, optimalen
Informationsausnutzungen etc. der Organisationstendenzen
entstandenen anschaulichen Gliederung der Wirklichkeitserfahrung" (Holzkamp, 1973, S. 348) enthält.

Wie oben schon gesagt, ist diese Leistungsfähigkeit des
Denkens selbst ein Entwicklungsprodukt.

1. Von der Geburt bis zwei Jahren kann man von einer vor-
   sprachlichen, sensomotorischen Periode sprechen, in der
   es weder eigentliche Operationen noch eine Logik gibt.
   Das "Denken" ist noch nicht sprachlich gestützt, zeigt
   sich in konkretem Handeln und ist mit diesem Handeln gleichzusetzen.

2. Zwischen zwei und sieben bis acht Jahren setzt das Denken
   und Sprechen ein, das symbolische Spiel. Es ist eine
   wachsende Vorstellungskraft festzustellen, die in einer
   zunehmenden Verinnerlichung der bislang auf rein materielle
   (oder sensomotorische) Weise durchgeführten Handlungen besteht. "Das Denken" bleibt aber beständig auf einer prä-
   logischen Stufe, die Intelligenz ersetzt die noch unvoll-
   kommenen Operationen durch eine halbsymbolische Denkform;
   deshalb reden wir von anschaulichem Denken, d.h., das
   Denken kontrolliert die Urteile nur durch anschauliche
   Regulierungen, die im Bereich der Vorstellungen den Wahr-
   nehmungsregulierungen im senso-motorischen Bereich entsprechen. Bei der "Aneinanderreihung einiger Holzstäbchen
   verschiedener Länge A, B, C (die paarweise miteinander verglichen werden sollen), ... (können) vier-bis fünfjährige
   Kinder ... nur voneinander unabhängige Paare BD, AC, EG, etc.

281

konstruieren. Später konstruiert dann das Kind kurze Serien
und erreicht die Reihenbildung mit zehn Elementen nur durch
wiederholte unsichere Versuche. Man muß schon das operative Niveau abwarten, damit die Seriation auf Anhieb ge-
linge durch eine Methode, die z.B. darin besteht, daß die
Versuchsperson zuerst das kleinste Element sucht, dann
das kleinste der übriggebliebenen, etc. Und erst auf diesem
Niveau wird auch der Schluß $(A<B) + (B<C) = (A<C)$ möglich,
während die Versuchsperson auf den früheren Stufen nicht
fähig war, aufgrund von zwei wahrgenommenen Ungleichheiten:
$A<B$ und $B<C$, das Ergebnis $A<C$ vorauszusagen." (Piaget,
1971, S. 151 f).

3. Gegen durchschnittlich sieben bis acht Jahren gelangt das
   Kind zum Aufbau von einer Logik und von operativen Strukturen, die Piaget konkret nennt, und zwar deshalb,weil die
   Operationen noch nicht verbale Aussagen betreffen, sondern
   die Objekte oder Gegenstände selbst in Reihen ordnen,
   klassifizieren usw. Die beginnende Operation ist an die
   Einwirkung auf Objekte und eine tatsächliche oder kaum
   vergeistigte Manipulation gebunden. Eine wesentliche konkrete Struktur ist die Seriation, die darin besteht, die
   Objekte nach einer zunehmenden oder abnehmenden Eigenschaft zu ordnen $(A<B<C< ...)$ und deren Reversibilität,
   eben weil es eine Relationsstruktur ist, in der Reziprozität
   liegt.

4. Gegen elf bis zwölf Jahren tauchen neue Operationen auf,
   die das hypothetisch-deduktive Denken möglich machen. Das
   formale Denken besteht im Gegensatz zum konkreten Denken
   in Reflexionen über diese Operationen, also im Operieren
   mit Operationen und ihren Ergebnissen. "Die formalen
   Operationen gruppieren (also) nicht ... Klassen, Reihen,
   räumlich-zeitliche Beziehungen selber, insofern sie die
   Wirklichkeit und die Tätigkeit strukturieren, sondern
   nur Aussagen, die diese Operationen ausdrücken oder

'reflektieren'.... Die hypothetisch-deduktiven Operationen befinden sich auf einer anderen Ebene als das
konkrete Denken,weil eine Handlung, die aufgrund von
Zeichen ausgeführt wird, die von der Wirklichkeit losgelöst sind, etwas ganz anderes ist, als eine Handlung,
die sich auf die Wirklichkeit als solche stützt oder auf
die gleichen Zeichen, die mit ihr verbunden sind" (Piaget,
1971, S. 168 f). Das formale Denken ist also hypothetisch-
deduktiv, d.h. es kann Schlüsse aus reinen Hypothesen,nicht
nur aus tatsächlichen Beobachtungen ziehen. Es ist letztlich
das "reine, von jeder Handlung unabhängige" Denken. Die
formalen Operationen liefern dem Denken eine ganz neue
Fähigkeit, die es letztlich vom anschaulich Realen "loslöst"
und "befreit" und ihm auf diese Weise die Aufstellung von
Theorien erlaubt. [48] "Kurz das Wesentliche beim logischen
Denken erwächst aus den Denkoperationen, mit anderen Worten
aus dem Handlungsbereich durch Verinnerlichung" (Piaget,
zitiert nach Posner, 1976, S. 149). Was dies heißt, sehen

[48] Es darf hier nicht das Mißverständnis entstehen, daß die
Aufeinanderfolge der Entwicklungsperioden einfach biologisch
festgelegt sei. Nach Piagets Theorie unterliegen sowohl die
Abfolge der Entwicklungsperioden als auch die kleineren
Entwicklungsschritte in Teilbereichen nicht einfach einem
Reifungsprinzip,sondern sind das Ergebnis einer aktiven
Auseinandersetzung des einzelnen mit seiner Umwelt und
seinen bisherigen Handlungs- und Denkmöglichkeiten. Ein
Schritt folgt nicht einfach dem anderen, weil es biologisch
so vorprogrammiert ist, sondern weil der folgende die
günstigere und flexiblere Strukturform darstellt. So konnte
er feststellen, daß das Alter, auf dem die einzelnen
Stufen erreicht werden, erheblich variierte, je nach
Milieubedingungen und Intelligenzhöhe. Festzuhalten bleibt
aber, daß eben nur eine Verschiebung der Stufen angenommen wird, die übergreifenden Organisationsphasen
in ihrer Abfolge aber erhalten bleiben, als universal
angenommen werden.

wir an der mathematischen Sprache. In irgendeinem
mathematischen Ausdruck, z.B. $x^2 - y = z - u$ bezeichnet
jedes Glied letztlich eine Handlung; das Zeichen = drückt
die Möglichkeit einer Substitutions aus, das Zeichen +
eine Verbindung, das Zeichen - eine Trennung usw. Jedes
dieser Symbole bezieht sich also auf eine Handlung, die
wirklich sein könnte, von der mathematischen Sprache aber
eben nur abstrakt als verinnerlichte Tätigkeit vollzogen
wird. Die durch Verinnerlichung entstandenen Gedanken-
operationen stellen nun aber eine neue Qualität dar, insofern
sie eben eine Verbindung des isolierten Nacheinander der
einfachen Tätigkeit sind.

Piagets Analyse des Denkens als Operationsstruktur ist in
unserer Darstellung deshalb von großer Wichtigkeit, weil hier
die Möglichkeit und Notwendigkeit der Loslösung des auf logische
Notwendigkeit gerichtete Denkens aus den Befangenheiten der
organisationsbedingten Wahrnehmungsevidenzen deutlich wird.
Wir meinen aber deshalb nicht, daß Piaget die Funktion zukommt, ein Denken zu beschreiben, daß die Totalität der
bürgerlichen Lebensverhältnisse erfaßen kann und zwar aus
zwei Gründen.

1. Seine Theorie des Denkens hat in sich die Tendenz, daß
   die Herstellung reversibler Operationen sozusagen als
   der Zweck des Denkens begriffen, d.h. daß es in seiner
   Tätigkeit nicht mehr eindeutig als Mittel zur Erkenntnis
   der objektiven Realität verstanden wird. (Zumindestens
   ist diese logizistische Fehldeutung nicht klar zurückgewiesen). Im Rahmen unseres schon öfter dargestellten
   Verständnisses des Verhältnisses von Subjekt und Objekt
   als einer dialektischen Wechselbeziehung muß dagegen das
   Denken als ein auf der Seite des Subjekts ablaufender
   Prozess gerade in Bezug auf die Struktur des erkennenden
   Objekts untersucht werden. Das von Piaget dargestellte,
   auf Widerspruchsfreiheit und logische Notwendigkeit ausgerichtete operative Denken muß demnach als ein Denken

bezeichnet werden, das die Möglichkeit bietet, immer
wesentlichere Züge der Wirklichkeit gedanklich zu reproduzieren, daß also durch seine Operationen nur in
der objektiven Realität selbst vorhandene Beziehungen
erfaßt. "Die an sich richtige These, daß die Kenntnisse
von einem Objekt nicht außerhalb der Erkenntnistätigkeit
des Subjekts gegeben sind, sondern im Verlauf der Denktätigkeit konstruiert werden, ist bei Piaget..nicht deutlich genug von der Verwandlung des Objekts oder zumindestens der Objektivität der Kenntnisse in etwas von der Umkehrbarkeit der Operationen des Subjekts geleiteten abge-
grenzt(Rubinstein, 1974, S. 25, Hervorhebung d.A.). Indem
er behauptet, "daß die Objektivität durch die Koordination
von Verhaltensakten der Operationen konstruiert wird",
(Piaget, 1972) [48a] wird erkennbar, daß die Dialektik
zwischen Subjekt und Objekt nicht in materialistischem
Sinne verstanden wird. Erkenntnisstrukturen werden sub-
jektivistisch begriffen und nicht als Widerspiegelung
der logischen Struktur der Objekte. Deshalb muß auch die
These von der Invarianz als Grundlage für die Objektivität
des im Denken konstruierten Begriffs zurückgewiesen werden,
sie ist lediglich ein Indikator der Objektivität, oder
anders gesagt: der Begriff ist demnach nicht dann objektiv,
wenn er invariant ist, er muß invariant sein, wenn er
objektiv ist. Die Fehldeutung erklärt sich daraus, daß
"Piaget in seiner Theorie ... des Denkens keinen ge-
bührenden Platz mehr für das Objekt fand, nachdem er die
Operationen (die Tätigkeit)des Subjekts in den Vordergrund
gerückt hat" (Rubinstein, 1974, S. 25). Die Theorie Piagets
ist für uns aber nur verwertbar, wenn wir begreifen, daß
das, was für die Eigenarten, die Funktionen der Wahrnehmung
gilt, auch bei den Funktionen und Modi des Denkens Gültigkeit hat, nämlich, daß sie Aneignungsprodukte der objektiven
Wirklichkeit sind.

2. Die individualgeschichtliche Herausbildung von Operationen
wachsender Strukturhöhe ist zwar Ausdruck einer Entwicklung
der Möglichkeiten des Individuums zu immer angemessenerer

285

Wirklichkeitserkenntnis zu kommen, ist aber keinesfalls
identisch mit dieser Erkenntnisentwicklung selbst, wie
wir am anschaulichen Denken ja sehen. Diese Tatsache
gilt aber auch noch unter einem weiteren Aspekt. "Das
Gerichtetsein auf Widerspruchsfreiheit, logische Stringenz
reversibler Gleichgewichtssysteme ist eine notwendige
aber keine hinreichende Charakterisierung der Erkenntnismöglichkeiten des Denkens. Das denkende Erkennen ist mit
dem Hinweis auf seinen operativen Charakter unterbestimmt"
(Holzkamp. 1973, S. 350). Piaget untersucht nur eine bestimmte Seite, nämlich die der Logik. Er unterscheidet
sich dabei insofern (aber) von der formalen Logik als Teil
der Erkenntnistheorie, - die nur gleichsam fertige, vorhandene, bereits entstandene Gedanken zum Gegenstand hat
und bestimmte Beziehungen zwischen ihnen feststellt, die
Frage des Entstehens der Gedanken aber ausklammert - , als
er das logische Denken als ein psychisches Phänomen untersucht und dabei herausarbeitet, daß zur Bildung von Begriffen Analyse, Synthese usw. notwendig sind. Was aber
auch bei ihm fehlt, sind die Aussagen darüber, wie das
Subjekt zu Abstraktionen kommt, also eine Analyse der
einzelnen Denkprozesse. Nach den Gesetzen der Logik kann
man verschiedenartige Abstraktionen bilden, die alle wider-
spruchsfrei und logisch notwendig sind. Nur ob das Denken
durch seine Tätigkeit tatsächlich zu wesenhaftigen Abstraktionen und Verallgemeinerungen oder nur zu bloßer
Klassifizierung kommt, das ist abhängig von dem Verlauf,
den Prozessen des jeweiligen Denkens, in denen die
Operationen im Sinne Piagets selbst nur eingeordnet sind.
Mit anderen Worten: Die Operationen können sich in jeweils
verschiedenen Denkprozessen konkretisieren. Der durch diese
Prozesse jeweils erreichbare unterschiedliche Grad

48a) So auch die Auslegung von Furth (1972): "Die 'objektiven
Konstruktionen, die wir in unsere Umwelt hineinzulegen
pflegen, sind für Piaget mit der Struktur der Intelligenz
identisch" (S. 25).

der Wirklichkeitserkenntnis wird sich nun am problemlösenden und begreifenden Erkennen verdeutlichen.

2. Das Problemdenken und seine historische Spezifizierung in der bürgerlichen Gesellschaft im problemlösenden Denken.

Wir haben vorne gezeigt, daß die utilitaristische Praxis und das ihr entsprechende anschauliche Alltagsdenken bei einer bestimmten Entwicklungsphase des Kapitalismus funktional für die Aufrechterhaltung des gesellschaftlichen Lebens sind. Wir müssen allerdings diesen Punkt jetzt insofern erweitern, als auch innerhalb dieser Alltagspraxis Probleme auftauchen, die der Struktur der Wirklichkeit selbst geschuldet sind, und daher nicht einfach durch Isolierung quasi negiert und harmonisiert werden können. Soll eine bestimmte Lebenspraxis aufrecht erhalten werden, müssen sie im Denken vielmehr selbst als Probleme realisiert und angegangen werden. Damit ist der objektive Bezugspunkt des problemlösenden Denkens als der jetzt zu beschreibenden Denkstufe umrissen.

Bevor wir zu dieser Konkretion auf die bürgerliche Gesellschaft kommen, müssen wir zunächst in kurzen Umrissen darstellen, was unter Problemdenken überhaupt zu verstehen ist, wobei die Darstellung auf dem Hintergrund der allgemein-historischen Analyse der gnostischen Tätigkeit geschieht. Die Grundlage des Denkens als solchem sind Probleme. Sie sind quasi die Triebkraft des Denkens, machen es zur objektiven Notwendigkeit. Sie entstehen dann, wenn in der menschlichen Tätigkeit Ziele gestellt werden, zu deren Lösung die Mittel noch nicht gegeben sind, also in einer Diskrepanz zwischen Ziel und Mittel. Erinnern wir uns: Aus dem vorne dargestellten evolutionären Ableitungszusammenhang heraus ergibt sich die Tätigkeit in ihrer menschlichen Spezifik grundsätzlich als eine gesellschaftlich bewußte, ihr Produkt im Ziel antizipierende produktive Arbeit, mit anderen Worten: sie stellt sich dar als eine Bewältigung von Aufgaben. Die Aufgabe ist "das unter bestimmten Bedingungen gegebene Ziel" (Leontjew, zitiert nach Seidel, 1976, S.51). Vollzieht der Mensch nun Handlungen, mit deren Hilfe er das angestrebte Ziel erreicht, (dazu sind die Mittel gedacht), dann erfüllt er die Aufgabe oder "führt sie aus". Die das

Ziel realisierende Handlung oder Tätigkeit ist quasi die
konkrete Realisation der Aufgabe.

Gegenüber der aufgabenartigen Strukturierung des tierischen
Instinktverhaltens ist festzuhalten, daß der Mensch sich die
Aufgabe bewußt stellt, daß demnach die Aufgabe insofern mehr
als eine bloße Vorstellung enthält, als sie einen Vorsatz,
einen Willensakt, ein Bewußtsein über die Notwendigkeit ihrer
Durchführung beinhaltet. "Zielsetzungen als Antizipation des
Arbeitsergebnisses schließen immer das Erkennen der Unzulänglichkeit eines gegebenen Zustandes zugleich mit den Mitteln
seiner Überwindung ein; ohne Erkennen der Unzulänglichkeit
des Ist-Zustandes besteht keine subjektive Notwendigkeit der
Veränderung des Zustandes,ohne Erkennen der Mittel zu seiner
Veränderung keine subjektive Möglichkeit zur Veränderung,
also auch keine Zielsetzung, die die wahrgenommene Realisierungs-
möglichkeit impliziert" (Osterkamp, 1975, S. 238). Wenn nun
ein Subjekt eine Aufgabe hat und zugleich über alle Mittel
ihrer Erfüllung verfügt, so handelt es sich um eine Routine-
aufgabe, währenddessen das reale Auseinanderfallen von Ziel
und Mittel die Aufgabe zum Problem werden läßt. Probleme sind
sozusagen der Normalfall des menschlichen Lebens, da die
menschliche Entwicklung wesensnotwendig ein Hinausgehen über
den jeweils gegebenen Zustand einschließt (siehe allgemein-
gesellschaftliche Analyse). Diese Erscheinung von Problemen
sprechen Marx und Engels in der Deutschen Ideologie an. Sie
legen in dem Abschnitt zur "Geschichte" (MEW 3, S. 28 ff) dar,
daß die "erste Voraussetzung aller menschlichen Existenz"
darin besteht,"daß die Menschen imstande sein müssen, zu leben.
... Die erste geschichtliche Tat ist also die Erzeugung der
Mittel zur Befriedigung dieser Bedürfnisse " (ebenda, S.28),
(also Essen, Wohnung etc.). Die Produktion des materiellen
Lebens selbst beinhaltet aber zugleich ein zweites Verhältnis: "Das Zweite ist, daß das befriedigte erste Bedürfnis selbst, die Aktion der Befriedigung und das schon
erworbene Instrument der Befriedigung zu neuen Bedürfnissen
führt" (ebenda). Die Kategorie des Neuen ist also ein den

Entwicklungsgang der Gesellschaft entscheidend prägendes
Moment. Die menschliche Tätigkeit wird somit zu einer bewußten Ausbildung neuer Ziele und damit Problemen - weil
die Mittel zur Realisierung selbst noch gefunden werden
müssen - , aus der Entstehung neuer Bedürfnisse heraus.
(Um Mißverständnisse zu vermeiden, muß erwähnt werden,daß
Marx selbstverständlich Bedürfnisse nicht als eigenständig
treibendes Moment der gesellschaftlichen Entwicklung betrachtet;sie sind vielmehr Bestandteil der wirklichen Basis
menschlichen Lebens, nämlich ihrer Tätigkeit).

Probleme sind aber keine einfach vom Menschen selbst quasi
willkürlich und frei gestellte Ziele, (wir legen hier das
Primat beim Problem auf das Ziel, da die Mittel nur in Bezug
zum Ziel zu diesem werden), sondern sie sind objektive
Momente des gesellschaftlichen Systems. Die objektive
Problematik ist sozusagen die widersprüchliche Bewegung
des Gegenstandes selbst, d.h., die Ziele haben ihre Basis
in den aus der gesellschaftlichen Bewegung resultierenden
Notwendigkeiten der Lebenssicherung und Weiterentwicklung.
Am Beispiel "der Entstehung des Bedürfnisses, Flüssigkeiten
zu erwärmen, zeigt sich die Notwendigkeit der Erzeugung
dieses Bedürfnisses darin, daß die Fähigkeit eines Stammes,
Flüssigkeiten zu erwärmen, eine erhebliche Bedeutung für die
Überlebenschancen und die Entwicklungsmöglichkeiten des
Stammes gehabt haben muß; mit der Fähigkeit, Flüssigkeiten
zu erwärmen, also zu kochen, waren neue Möglichkeiten der
Ausnutzung von Naturgesetzen gegeben, die sich über neue
Möglichkeiten der Nahrungsbereitung bis hin zur Erkenntnis
der Möglichkeit chemischer Umwandlung von Stoffen erstreckt"
(Seidel, 1976, S.69). Obwohl aber das Problem objektiv vorhanden ist, stellt sich das Problemziel immer erst durch die
Tätigkeit der Menschen her und damit sind wir beim Problemdenken angelangt. Dem Denken kommt also die Aufgabe zu "parallel
zu der objektiven Problematik, d.h. der widersprüchlichen Bewegung des Gegenstandes selbst ... jeweils die Probleme zu
formulieren" (ebenda, S. 260). Das Setzen von Zielen und Auf-

gaben ist der konzentrierte Ausdruck der Subjekthaftigkeit
der menschlichen Tätigkeit. "Ein Problem ist daher nicht
einfach 'vorgegeben', etwa als eine Art Naturgabe, sondern
es wird stets vom Menschen auf der Grundlage seiner historisch
bestimmten Erkenntnisfähigkeit überhaupt erst formuliert"
(ebenda, S. 70) und d.h., denkend begriffen. Das Problemdenken besteht seinem Wesen und seiner Perspektive nach darin,
daß es nicht nur Aufgaben löst, sondern sich diese <u>stellt</u>
und übernimmt aus der Einsicht in ihre Notwendigkeit heraus.
Das bedeutet aber auch gleichzeitig, daß der problemstellende
Mensch die Probleme adäquat stellen kann, d.h. "daß (er auch)
mehr oder minder umfassend den <u>gesamten Prozess erfassen</u> kann,
<u>in dem ein Problem sich entwickelt.</u> ... (Er) kann (somit) ...
mehr oder minder frühzeitig in den Prozess der Entstehung und
Entwicklung eines Problems eingreifen" (ebenda, S. 71, Hervorhebung d.A.). Vom erkenntnistheoretischen Gesichtspunkt aus
betrachtet bedeutet die bewußte Stellung eines Problems zugleich auch die Erkenntnis ihres gesellschaftlichen Gesamt-
zusammenhangs, aus dem heraus es entsteht.

Wir müssen uns nun fragen, wie sich das Problemdenken <u>in der</u>
<u>bürgerlichen Gesellschaft</u> darstellt, wie weit und wie tief-
gehend also in der Stufe des problemlösenden Denkens die
bürgerlichen Lebensverhältnisse erfaßt werden können. Zur
Beantwortung dieser Frage ist es notwendig, sich noch einmal
über die Praxis klarzuwerden, wie sie sich (als utilitaristische)
innerhalb des Kapitalismus darstellt. Seidel spricht von der
<u>Entsubjektivierung des Problems</u> im kapitalistischen System.
Es ist dadurch gekennzeichnet, daß der eigentliche Prozess
des Problemstellens, des Setzens von Zielen, daß gerade, wie
oben gezeigt, den subjekthaft-aktiven Charakter der menschlichen Tätigkeit zum Ausdruck bringt, <u>dem Subjekt entzogen</u>
<u>ist.</u> Dies gilt es nun auszuführen:

Da der Kapitalismus eine Produktionsweise darstellt, in der
die Produktionsmittel als entscheidende Vorbedingung der

Produktion an den Privatbesitz einzelner Kapitalisten gebunden
sind, werden Probleme als Widerspruch zwischen Ziel und Mittel
im Rahmen dieser gesellschaftlichen Organisation des Lebensprozesses nicht von den Produzenten gemäß den gesamtgesellschaftlichen Entwicklungsnotwendigkeiten gestellt. Es gibt
kein gesellschaftliches Problemsubjekt, keine gesellschaftliche
Instanz, die Probleme formuliert. Sie werden jeweils privat,
vereinzelt gestellt. "Wenn also innerhalb der bürgerlichen
Gesellschaft ein allgemeines, d.h., die gesamte Gesellschaft,
die gesamte Produktion oder Wissenschaft betreffendes Problem
formuliert wird, so wird es nicht von vornherein als gesamt-
gesellschaftliches Problem gestellt. Das Problem in der
kapitalistischen Gesellschaft ist vielmehr ideell im Nachhinein
als Gesamtproblem festgestelltes Problem. Man könnte sagen,
daß es sich hier um ideelle Gesamtprobleme handelt; ideell deshalb, weil konkret das Problem immer nur vom einzelnen
Kapital wirklich gestellt wird. Das Problemsubjekt ist also
dem Wesen nach die Gesellschaft, aber die Gesellschaft tritt
als solche nicht als Problemsteller auf. Vielmehr stellt das
Problem sich naturwüchsig durch den Kampf der einzelnen
konkurrierenden Kapitale irgendwie her und wird dann erst,
im Resultat dieses Kampfes formuliert" (ebenda, S. 92, Hervorhebung .A.). Das heißt aber, daß der Entstehungsprozess
der Probleme letztlich völlig undurchsichtig ist. Ziele (und
damit Probleme) werden nicht gesetzt auf Planung und Einsicht beruhend, ihre Herausbildung erfolgt wegen der
Anarchie, die der Produktionsprozess auf gesamtgesellschaftlicher
Ebene annimmt, über den blinden Mechanismus der Konkurrenz,
und das heißt spontan, unkontrollierbar. Durch diese Praxis
ist den Subjekten im Kapitalismus die Problementstehung
quasi total entzogen. Probleme scheinen sich dann selbst
zu stellen. "Eine bestimmte Entwicklung vollzieht sich,
ein Prozess läuft ab und plötzlich, ohne daß es geplant
oder vorhergesehen war, ist auf einmal ein Problem einfach
da" (ebenda). Die Praxis der Subjekte, ihre Aktivität reduziert sich daher (entgegen ihrem Wesen, ihrer Möglichkeit)
auf ein reines Lösen von Problemen . Das heißt selbstverständlich nicht, daß Probleme im Kapitalismus nicht gestellt

werden müßten. Probleme müssen immer von empirischen
Subjekten vorgetragen, formuliert werden. Der Unterschied
liegt nur darin, daß die Stellung des Problems im
bürgerlichen System kein aktives, schöpferisches Tun
mehr ist, sondern lediglich ein passives, rezeptives
Nachvollziehen, ein bloßes Zur-Kenntnis-Nehmen des
naturwüchsig schon selbst entstandenen Widerspruchs
zwischen Ziel und Mittel. Selbst da, wo Probleme anscheinend vorausplanend aktiv gestellt werden (wie z.B.
auf der Ebene des Einzelkapitals), handelt der individuelle Kapitalist in seiner Zielsetzung lediglich als
bewußtloser Agent objektiver ökonomischer Gesetzmäßigkeiten.

Diese Praxis, durch die die Probleme verdinglichten
Charakter annehmen,durch die sie also als aus rein
technisch-sachlichen Gründen, ohne Zutun des Menschen
entstehend erscheinen, bleibt nicht ohne Rückwirkungen
auf die Art und Weise, wie sich das Problem den Subjekten
dann tatsächlich stellt. Es stellt sich häufig nur noch
als Zuspitzung, als akute Notlage dar, weil nicht voraus-
plandend und bewußt aktiv gemäß den objektiven Notwendigkeiten in die Entstehung von Problemen selbst
eingegriffen werden kann. Je mehr eine Situation sich
erst einmal zu einem schlimmen Mißstand ausgewachsen
hat, um so mehr nimmt die Lösung des Problems den
Charakter des Eingreifens einer Feuerwehr an: Die zur
Verfügung stehenden Handlungs- oder Lösungsspielräume
sind eng begrenzt. "Der Ablauf des individuellen Lebens
erscheint so als eine Abfolge von Problemen, die man zu
lösen hat, und zwar von Problemen, die'das Leben aufgibt'.
Probleme haben so in der individuellen Lebensgeschichte
einen stark defensiven Charakter: das Problem impliziert
eine gewisse Bedrohung, es entsteht dadurch, daß der
normale Lebensablauf gefährdet erscheint, und man muß das
jeweilige Problem lösen, um mit heiler Haut davonzukommen.

293

...Emotional dürfte der Begriff Problem im Alltagsleben
primär mit dem Gefühl der Bedrückung oder Bedrohung verbunden sein. ... Dem Wesen und der Perspektive nach ...
sind Probleme Ausdruck der Fähigkeit des Menschen, über
das Gegebene, jetzt Vorhandene mit neuen Zielen hinauszugehen. Der damit verbundene emotionale Hintergrund
müßte ganz das Gegenteil von Bedrohung ausdrücken: selbstbewußten Optimimus und Freude an gestalterischer Aktivität. Aus dem dominierenden Charakter des Problems als
eines Prozesses, in dem sich von außen her unangenehme
Aufgaben stellen, folgt aber, daß insgesamt die ganze
Aufmerksamkeit auf die Lösung von Problemen gerichtet
wird" (ebenda, S. 98).

Da die Formulierung von Problemen selbst nicht zur
(utilitaristischen) Praxis gehört, ist auch dem Denken,
das in einem funktionalen Zusammenhang mit dieser Praxis
steht, der Entstehungsprozess der Probleme unzugänglich.
Im problemlösenden Denken, (das ja, wie gesagt, eine
einseitige Verengung des Problemdenkens darstellt), wird
die Lösung jeweils isolierter, einzelner Probleme in Angriff genommen. "Ausgeblendet aus dem Denkprozess bleibt
dabei notwendig die Frage, warum jeweils gerade dieses
und kein anderes Problem sich stellt oder gestellt wird,
aus welchen Zusammenhängen das Aufkommen des Problems
selbst wieder zu verstehen ist. Ebenso ausgeklammert ist
die Frage, was die angestrebe bzw. erreichte 'Lösung'
eigentlich bedeutet" (Holzkamp, 1973, S. 34). Sehen wir
uns diese Tatsache etwas näher auf den Aspekt hin an, wie
auf der Ebene dieser Denkstufe die objektive Realität
gedanklich erfaßt wird.

Die gesellschaftliche Wirklichkeit stellt eine Totalität
dar, d.h., sie ist ein strukturiertes dialektisches Ganzes,
in dem alle Teile mit diesem Ganzen zusammenhängen, in
dem also die Teile niemals ein Eigenleben führen. Alle

"Glieder", "Teile" und "Untersysteme" reproduzieren
bestimmte Grundbeziehungen des Ganzen, sie finden sich
modifiziert in ihnen wieder, "so daß die Beschaffenheit
der Teilsysteme nur aus dem Gesamtsystem heraus verstanden werden kann" (Hahn, 1968, S.20). "Der innere
Widerspruch, der über die kapitalistische Produktionsweise hinaustreibt, ist in jedem ökonomischen Verhältnis,
in jedem ökonomischen Gesetz, in allen politischen und
ideologischen Verhältnissen dieser Gesellschaft enthalten"
(Bollhagen, zitiert nach Hahn, ebenda). Indem nun das
problemlösende Denken die Probleme nur als isolierte be-
bgreift, reißt es diese aus seinen umfassenden Realzusammenhängen heraus und geht damit an der wesenhaften
Struktur der Wirklichkeit vorbei. Über die Stufe des anschaulichen Denkens geht es aber insofern hinaus, als es
überhaupt Probleme reflektiert und sie nicht wie dieses
primär eliminiert, so daß sie erst garnicht zu Bewußtsein kommen. Damit ist aber keineswegs gesagt, daß
der Wirklichkeitsbereich zwischen den einzelnen Problemen
ebenfalls in einer das anschauliche Denken überschreitenden Weise begreifbar wird. "Im Gegenteil: Mit der Fixierung
... auf jeweils isolierte ... lösbare Probleme ist das
oberflächenhaft-anschauliche Zur-Kenntnis-Nehmen der umfassenderen gesellschaftlichen Realität als ... selbstver-
ständlicher Pseudokonkretheit, ... in der man sich lediglich
... zurechtfinden muß" (Holzkamp, 1973, S. 356), geradezu
befestigt. Die sinnliche Erfahrung der Wirklichkeit wird
nicht wesentlich überschritten, sondern auf dem Niveau
anschaulicher Evidenzen hingenommen. Die einzelnen Pro-
blemprozesse vollziehen sich für den "Problemlöser" auf
dem Hintergrund einer im Ganzen unverstandenen Wirklichkeit, die selbst nach dem Modus der Organisationstendenzen
"denkend" reflektiert wird. Wir können also sagen, daß die
Überwindung der sinnlichen Erfahrung im problemlösenden
Denken nur im Hinblick auf das einzelne Problem geschieht.
Um überhaupt Probleme angehen und lösen zu können, muß
sich das Denken, (wie vorne bei der Kritik an den Gestalt-

psychologen gezeigt), von den durch die Organisationstendenzen hergestellten sinnlich-anschaulichen Gliederungen
der Wirklichkeit lösen und das Niveau reversibler Operationen
erreichen, wie wir es bei Piaget ausführlich beschrieben
haben. Das problemlösende Denken gelangt demnach zu
partieller logischer Vereindeutigung und stringenter
logischer Verarbeitung sinnlicher Daten.

Wenn wir nun den Denkprozess selbst etwas näher betrachten,
so müssen wir feststellen, daß die utilitaristische Praxis
und die durch sie bedingte im problemlösenden Denken sozusagen vorab getroffene gedankliche Isolierung des Problems
nicht ohne Rückwirkung auf die Verlaufsformen und Strategien
bei der Lösung bleiben. Durch die utlitaristische Praxis
erscheinen die Probleme nur als Hindernisse, die innerhalb
der Verwirklichung der Lebenspläne auftauchen, als Schwierigkeiten im Alltagsleben, die einen ihnen angemessenen
Sondereinsatz als Umwegverhalten erfordern. Dabei muß
dieser Sondereinsatz immer so verlaufen, daß am Ende eine
Lösung des Problems steht, die es beseitigt und erledigt,
so daß (bzw. weil nur so) der Weg innerhalb der vom
Menschen unabhängigen, selbstverständlich vorgegebenen
Wirklichkeit ungehindert fortgesetzt werden kann. Problemlösendes Denken verläuft deshalb nach dem Modus des
Entweder - Oder. "Bei der denkenden Strukturierung der
Wirklichkeit auf 'lösbare' Probleme hin können immer
nur bestimmte Kostellationen so herausgehoben werden,
daß der Schein der gedanklichen Lösbarkeit entsteht, wobei
andere Kostellationen, die der 'Lösung' entgegenstehen,
ausgeblendet sind und umgekehrt. Problemlösendes Denken
findet seinen 'Endzustand' der Lösung im nur im Verfolgen
entweder dieses oder jenes Gedankenzuges, es weicht Un-
stimmigkeiten entweder in dieser oder jener Richtung aus
und erreicht, indem es sozusagen dauernd von einem Extrem
ins andere verfällt, stets nur gedankliche Klärungen, die
nicht falsch aber einseitig sind, weil sie die Bedingungen

und Grenzen ihrer eigenen Gültigkeit nicht aus den wesentlichen Bestimmungen des Gesamts historisch gewordener gesellschaftlicher Verhältnisse explizieren können" (ebenda, S. 372).Wegen seiner Gebundenheit an die utilitaristische Praxis müssen Widersprüche immer als Denkwidersprüche aufgefaßt werden, die auf dem Weg zur Lösung beseitigt werden müssen. Kommt man in der Lösung des Problems nicht voran, dann liegt dies an unzulänglichen Denkverläufen des erkennenden Subjekts. Diese Denkstrategie ist sozusagen eine wichtige Voraussetzung der utilitaristischen Praxis, in der es darauf ankommt, daß der Mensch sich in der Pseudokonkretheit seiner alltäglichen Umwelt einrichten kann; denn wenn sich nicht statisch auf die eine oder andere Lösung festgelegt wird, wenn Widersprüche also im Denken nicht beseitigt, sondern als Realwidersprüche der gesellschaftlichen Praxis zum Erkenntnisgegenstand werden, dann wird gleichzeitig deutlich, daß die gegenwärtige Praxis nicht aufrechterhalten werden kann, weil nur durch eine das gesamte System selbst umwälzende (kritische) Praxis eine Lösung des Problems (z.B. der Arbeitslosigkeit) möglich ist, während sich alle "Lösungen" innerhalb des Rahmens dieses Systems auf Teillösungen reduzieren. Das Denken, das zum Ziel das Begreifen der Eigenarten der Wirklichkeitsstrukturen hat, ist daher nicht auf den Endzustand der Lösung aus. "In der dialektischen Problemlösung (wird) ein Widerspruch der Praxis festgehalten, ja gerade so erfaßt, daß das entwicklungsnotwendige Handeln ermöglicht wird. So ist die von Marx gegebene Analyse des Bewegungsgesetzes der kapitalistischen Gesellschaft auch nicht eine Befriedigung hinterlassende, den Erkenntnisprozess abschließende Lösung, sondern ... nichts anderes als eine Klarstellung dessen, was notwendig zu tun ist, nämlich durch die Besitzergreifung der Produktivkräfte durch die Produzenten den inneren Widerspruch von Produktivkräften und dem Produktionsziel der Kapitalverwertung aufzuheben." (Seidel, 1976, S. 217). Anstatt hier vordergründig die "Lösung" dieser

Widersprüche, also ihre <u>unmittelbare</u> Beseitigung in Angriff
zu nehmen, kommt es darauf an, die Widersprüche zu <u>be-</u>
<u>greifen</u>; d.h., das existierende Problem in eine dialektische
Form zu bringen, in der der Widerspruch erklärt, festgehalten und somit einer wirklichen Lösung zugänglich ist.

Die Rückwirkung der Praxis auf den Problemprozess verdeutlicht sich noch unter einem weiteren Aspekt. Da die
denkende Verarbeitung sinnlicher Wirklichkeitserfahrung
im problemlösenden Denken lediglich im Hinblick auf
Tätigkeitskonsequenzen innerhalb der utilitaristischen
Praxis geschieht (deshalb ist nicht nur das anschauliche,
sondern auch das problemlösende Denken als orientierendes
Erkennen zu kennzeichnen), sind auch die Operationen und
Lösungsstrategien nur Instrumente zur Daseinsbewältigung
in einer Umwelt vorgegebener, existierender Tatsächlichkeiten. Weil die objektiven Zusammenhänge, in denen die
Probleme stehen, nicht erfaßt werden, werden auch die
Denkstrategien lediglich als Mittel gesehen, einer an sich
bedeutungslosen und zusammenhangslosen Wirklichkeit Bedeutungen zu verleihen und Zusammenhänge zu stiften. Wo
nicht begriffen wird, daß gedankliche Strukturen nicht
"von außen" durch die Denktätigkeit herangetragen werden,
sondern aus einer durch Arbeit objektiv vergegenständlichten
bedeutungsvollen Welt "herausgeholt" werden, da können
auch Abstraktionen "frei" gebildet werden, da geht es nicht
um das Erfassen wirklicher in der objektiven Realität
selbst vorhandener wesentlicher Merkmale. Wenn das
problemlösende Denken daher Abstraktionen "erarbeitet",
dann geschieht dies nur hinsichtlich der <u>Zweckmäßigkeit</u>
bei der Verfolgung der Ziele innerhalb der utilitaristischen
Praxis.

Wir wollen jetzt hier noch einmal kurz auf die vorne angedeutete Frage des Zusammenhangs von Arbeiterbewußtsein
und problemlösendem Denken eingehen. Wir meinen, daß
man das Arbeiterbewußtsein insofern als ein Bewußtsein
bezeichnen kann, das auf der gnostischen Stufe des
problemlösenden Denkens basiert, weil aus der objektiven
Existenz der Arbeiterschaft, die bestimmt ist durch den
Widerspruch von Lohnarbeit und Kapital, permanent Probleme
entstehen, mit denen sie konfrontiert wird (Arbeitslosigkeit, Reproduktionsbedingungen usw.). Ihre Lebensexistenz
erfordert also geradezu ein Denken, das über das wider-
spruchselimierende anschauliche Denken hinausgeht. Die
im problemlösenden Denken liegende Beschränkung der Erkenntnis gilt deshalb, weil auch im Arbeiterbewußtsein
Probleme wie Arbeitslosigkeit usw. nur als Probleme begriffen werden, die "auftauchen", die sich "halt stellen",
deren Ursache im Gesamtzusammenhang des kapitalistischen
Systems selbst aber nicht gedanklich erfaßt wird. Deshalb
ist auch sehr oft die kollektive Aktion, durch die versucht wird, die Probleme anzugehen, v.a. in den heutigen
Gewerkschaften der BRD begleitet von der Vorstellung, daß
durch Reformen die Probleme der Arbeiterklasse zu lösen
seien, daß sie durch Reformen zu beseitigen wären. Das
heißt nun nicht, daß nicht auch im begreifenden Erkennen
und der von ihr geleiteten kritischen Praxis "Lösungen"
im Sinne von Reformen für notwendig erkannt würden. Im
begreifenden Erkennen wird aber die Tatsache reflektiert,
daß diese Verbesserungen nur vorläufigen Charakter haben.
Erkämpfung von Reformen geschieht also hier mit dem Bewußtsein, daß die Probleme in ihnen und durch sie nur zum
Teil gelöst werden, also mit dem Bewußtsein ihrer innerhalb
des Systems weiterexistierenden letztlichen Unlösbarkeit,
weil "progressive Veränderungen der Lebensbedingungen der
Arbeiterklasse im Kapitalismus durch die Praxis des
Proletariats und seiner Verbündeten (zwar) einerseits mög-

lich sind, andererseits aber durch den bürgerlichen Staat
in einem Selbstregulierungsprozess der Bewahrung be-
stehender Verhältnisse immer wieder rückgängig gemacht
werden, verwässert, auf die Grenzen des dem kapitalistischen
System noch Zuträglichen zurückgeschraubt werden" (Holzkamp, 1973, S. 395).

Es sollte noch erwähnt werden, daß, wenn wir auch im Zusammenhang mit Arbeiterbewußtsein von utilitaristischer
Praxis sprechen, wir damit diesen Praxisbegriff sehr weit
faßen. Wir wollen keineswegs sagen, daß die utilitaristische
Praxis als eine individuelle, auf die Bewältigung je
persönlicher Lebensprobleme ausgerichtete Praxis einfach
gleichgesetzt werden kann mit einer kollektiven Praxis
zur Veränderung gemeinsamer Lebensbedingungen. Die die
utilitaristische Praxis kennzeichnende Orientierung in
einer Umwelt hinzunehmender Tatsächlichkeiten bezieht
sich in der individuellen Form quasi auf schon"kleinste
Bereiche", während in der kollektiven Praxis die hinzu-
nehmende Tatsächlichkeit nur das System selbst ist, seine
Grundstruktur, nicht seine Einzelmomente. Insofern ist
auch klar, daß der Übergang von der utilitaristischen
Praxis der Arbeiterklasse zur kritischen Praxis viel
fließender und auch "leichter" ist, während zwischen der
individuellen und kritischen Praxis wesentlich größere
"Abstände" liegen. Gerade aber in Abgrenzung zur kritischen
Praxis, die "in ihrer Geleitetheit von begreifender Erkenntnis ... langfristigen Perspektiven der (grundsätzlichen) Veränderung objektiver gesellschaftlicher Verhältnisse im Interesse der Arbeiterklasse" (ebenda, S.393)
untersteht, muß der utilitaristische Charakter der das
Arbeiterbewußtsein begleitenden Praxis hervorgehoben
werden. In ihrem Rahmen stellt sich letztlich das
kapitalistische System als eine undurchschaubare Realität
dar, aus der Problem um Problem quasi "selbständig" auf-
taucht, das dann "gelöst wird", bis das nächste wiederkommt.
Und das heißt nichts anderes, als daß auch die kollektive

Praxis nur relativ kurzfristige und wechselnde Tätigkeits-
perspektiven innerhalb eines im ganzen ungesteuerten, von
auftretenden Hindernissen in bald diese und bald jene
Richtung gelenkten Handelns mit einem mehr oder weniger
"zufällig" sich ergebenden Endresultat eröffnet.Das für
die utilitaristische Praxis typische Reagieren auf sich
scheinbar von selbst stellende Probleme, (sie scheinen
sich von selbst zu stellen, weil ihre Ursache im Gesamtzusammenhang, in dem sie stehen, nicht erfaßt wird), ist
also auch Merkmal der kollektiven utilitaristischen Praxis,
während im Gegensatz dazu in der kritischen Praxis
planend und vorausschauend Ziele nach der Einsicht in
gesellschaftliche Notwendigkeiten gestellt werden.

3. Begreifendes Alltagserkennen: Prozesseigentümlichkeiten und Verlaufsform. Kritisch-solidarische Praxis als Ermöglichung und Korrektiv.

Wir haben gesehen, wie die Erscheinungsformen der bürgerlichen Gesellschaft sich als "gang und gäbe Denkformen", als Verarbeitung der bürgerlichen Lebenswirklichkeit in Vorstellung und Anschauung niederschlagen, worin das "innere Band" zerrissen und die Zusammenhänge der gesellschaftlichen Verhältnisse gegeneinander versteinert und verknöchert sind. Anhand der "Kritik der Politischen Ökonomie" haben wir die wesentlichen Bestimmungen, die grundlegenden Bewegungsgesetze und deren Erscheinungsweise für die bürgerliche Gesellschaftsformation nachvollzogen. Um von den unmittelbaren Erscheinungen zu den inneren Zusammenhängen zu kommen, das zugrundeliegende Wesen zu erfassen und somit die Erscheinungen als Art und Weise seiner Existenz zu begreifen etc. bedarf es eines bestimmten Weges, der Forschungstätigkeit durch die Wissenschaft, [49] denn "alle Wissenschaft wäre überflüssig, wenn die Erscheinungsform und das Wesen der Dinge unmittelbar zusammenfielen" (Marx, MEW 25, S. 825). Ausgehend von den unmittelbar gegebenen äußeren Erscheinungen, enthüllt die Wissenschaft ihre innere Natur, ihr Wesen in der inneren Bewegung, den inneren Zusammenhängen und Gesetzmäßigkeiten. Die Wissenschaft reflektiert damit die Bedingungen des Begreifens der Wirklichkeit. Oder anders ausgedrückt: Wir haben es im orientierenden und begreifenden Erkennen mit zwei Arten von Widerspiegelung der gesellschaftlichen Realität zu tun. Während sich die unmittelbar gegebenen Erscheinungen, die Formen der gesellschaftlichen Verhältnisse, wie sie auf der Oberfläche der Gesellschaft existieren, unmittelbar und spontan in entsprechenden objektiven Gedankenformen niederschlagen, also die Erkenntnistätigkeit im Alltag hierbei keines wissenschaftlichen Weges bedarf,

---

[49] "Weil das Wesen im Unterschied zu den Erscheinungen sich uns nicht direkt offenbart, und weil der verborgene Grund der Dinge durch eine besondere Tätigkeit enthüllt werden muß, gibt es die Wissenschaft und die Philosophie"(Kosík,1976,S.11).

ist das Begreifen der den Erscheinungen zugrundeliegenden
Entwicklungsprozesse der spontanen Reproduktion der Wirklichkeit entgegengesetzt. Diese Erkenntnistätigkeit ist
gerade durch einen "Umweg" (Kosik) gekennzeichnet, dessen
Grundlage eben die wissenschaftliche Tätigkeit ist. [50]
Wenn wir sagen, daß das Begreifen der Wirklichkeit des durch
die Wissenschaft eingeschlagenen Umwegs bedarf, so gilt
es im folgenden als erstes den Weg der Wissenschaft, ihre
Methode, kurz darzustellen, um dann in einem weiteren
Schritt die Bedingungen des begreifenden Alltagserkennens
zu analysieren, das, wie sich zeigen wird, nur durch
Wechselwirkung mit dem wissenschaftlichen Sozialismus
zustande kommen kann.

Der Weg der Wissenschaft, auf dem die wesentlichen Verhältnisse entdeckt werden können, ist die Forschung. Sie
"hat den Stoff sich im Detail anzueignen, seine verschiedenen Entwicklungsformen zu analysieren und deren
inneres Band aufzuspüren" (Marx, MEW 23, S. 17). Was
ist aber der Bezugspunkt der Forschung?

Nach Hegel ist das Ziel der Philosophie die Erkenntnis
des Ganzen durch Verfolgung seines Entwicklungsprozesses.
"Das Wahre ist das Ganze, das Ganze aber ist nur das durch
seine Entwicklung sich vollendende Wesen. Es ist ...
wesentlich Resultat" (Hegel, 1970, S. 24). Während für
Hegel die Erkenntnis des Ganzen gleichgesetzt war mit
der Produktion der Wirklichkeit durch den Geist (Welt-
geist), bedeutete für Marx die Übernahme des Standpunkts
der Totalität [51] den Bezugspunkt für die geistige und

---

[50] Dies hebt auch Marx hervor, wenn er schreibt: "Die ...
(Erscheinungsformen) reproduzieren sich unmittelbar spontan,
als gang und gäbe Denkformen, das ... (wesentliche Verhältnis) muß durch die Wissenschaft erst entdeckt werden"
(Marx, MEW 23, S. 564; Hervorhebung d.A.).

[51] "In der materialistischen Philosophie ist die Kategorie
der konkreten Totalität primär und vor allem eine Antwort auf
die Frage: Was ist die Wirklichkeit? Erst sekundär und als
Folge der materialistischen Beantwortung dieser Frage ist sie

gedankliche Reproduktion der Wirklichkeit, der durch die
gesellschaftliche Praxis geschaffenen gegenständlichen
Welt. "Der Standpunkt der Totalität, der die Wirklichkeit
in ihren inneren Gesetzmäßigkeiten verstehen und unter den
oberflächlichen und zufälligen Erscheinungen die notwendigen inneren Zusammenhänge enthüllen will, tritt in
Gegensatz zu dem Standpunkt des Empirismus, der an den
zufälligen phänomänalen Erscheinungen hängen bleibt und
die Entwicklungsprozesse der Wirklichkeit nicht begreifen
kann. Unter dem Standpunkt der Totalität versteht man die
Dialektik der Gesetzmäßigkeit und der Zufälligkeit, des
inneren Wesens und der Erscheinungsform der Wirklichkeit
der Teile und des Ganzen, der Produkte und des Produzierens
usw. Marx übernahm diesen dialektischen Begriff, reinigte
ihn von den idealistischen Mystifikationen und machte ihn
in dieser neuen Form zu einem zentralen Begriff der
materialistischen Dialektik " (Kosik, 1967, S. 34 f). Die
Grundlage der materialistischen Dialektik ist die Erkenntnis
des Charakters der Wirklichkeit als eine Totalität. Jedes
einzelne Moment ist nur Teil eines übergreifendes Ganzen,
wobei die Teile, die einzelnen Dinge, ihr Verhältnis zueinander den Charakter, die Struktur dieses Ganzen abgeben.
Es wäre aber falsch anzunehmen, die Herausbildung des Ganzen
sei gleichbedeutend mit der Aneinanderreihung der vorgefundenen Fakten bzw. ihrer Strukturierung nach bestimmt
gearteten methodischen Regeln. Es geht vielmehr um die
Durchdringung der Fakten [52], der einzelnen Momente, in dem

[51] - und kann sie sein - ein epistemologisches (erkenntnis-
theoretisches) Prinzip und methodologische Forschung"
(Kosik, 1967, S. 35).

[52]"Die wissenschaftliche Mehtode ist das Mittel, mit
dessen Hilfe die Fakten dechiffriert werden (Kosik, 1967,
S. 49).

ihr objektiver Inhalt, ihre wesentliche Bestimmung, ihr
historischer Charakter, herausgearbeitet wird; und dies
gelingt nur, indem die einzelnen Momente in ihrer konkreten Wechselwirkung, und d.h. in Bezug auf das Ganze,
untersucht werden. [53])Die Totalität als allgemeinste
Kennzeichnung der Wirklichkeit ist durch eine spezifische
"Dreidimensionalität" (Kosik) gekennzeichnet. Sie beinhaltet das Verhältnis von Teil und Ganzem, die Entwicklung des Ganzen als widersprüchliche Bewegung seiner
Teile, deren Umschlag von der Quantität zur Qualität die
Stufenfolge des Entwicklungsprozesses kennzeichnet, und
schließlich die Dialektik von Erscheinung und Wesen. Die
Hypostasierung einer Dimension gegenüber den anderen bedeutet das Verlassen des Bezugspunkts der Totalität als
ein dialektisches Ganzes, läuft letztendlich auf eine mehr
oder weniger formalisierte Betrachtung der Wirklichkeit
hinaus und führt damit notwendigerweise zu ihrem Verkennen.

Der Bezugspunkt wissenschaftlicher Forschung im Marxismus
ist also die Totalität gesellschaftlicher Verhältnisse,
wobei diese nicht nur ein Strukturmoment der Wirklichkeit
ist, sondern durch "die geistige und gedankliche Reproduktion der Wirklichkeit" (Kosik, 1967, S. 20) zur konkreten

---

[53])"Aber weil die Kategorien (als begriffliche Fassung
von Teilmomenten wie Ware, Geld, Arbeitsteilung etc.;
d.A.) Funktionen eines ihnen übergeordneten und in bestimmter gesetzlicher Weise strukturierenden Ganzen sind,
ist ihre Funktionsweise nicht bloß einseitig bestimmt
durch den Platz, den sie in der Reihe einnehmen, nicht
bloß durch die kausale Verbindung zu den in der 'Gliederung'
benachbarten Momenten, sondern ebensosehr von der allgemeinen Bewegung des Ganzen, und reicht in ihrer Erkenntnis das Mittel einer einfachen kausalen Betrachtung
nicht aus"(Kofler, 1972, S. 84).

305

Totalität für den Menschen werden kann. Der Weg, die
einzelnen Schritte dieser Reproduktion müssen noch näher
bestimmt werden. "Wie können wir es erreichen, daß sich
das Denken in der geistigen Reproduktion der Wirklichkeit
auf der Höhe der konkreten Totalität erhält und nicht
zur abstrakten Totalität absinkt?" (ebenda, S. 52). Dies
ist die wesentliche Frage der materialistischen Erkenntnistheorie, der methodologischen Prinzipien der materialistischen Dialektik. Die grundlegende Antwort gibt Marx in
der "Methode der Kritik der Politischen Ökonomie" (vgl.
Grundrisse, S. 21 ff), indem er die materialistische Dialektik als eine genuin historisch-logische Methode faßt,
und sie kennzeichnet als "Methode, vom Abstrakten zum Konkreten aufzusteigen" (ebenda, S. 22). Ziel der gedanklichen Aneignung ist die konkrete Totalität. "Das Konkrete
ist konkret, weil es die Zusammenfassung vieler Bestimmungen ist, also Einheit des Mannigfaltigen. Im Denken
erscheint es daher als Prozeß der Zusammenfassung, als
Resultat, nicht als Ausgangspunkt, obgleich es der wirkliche Ausgangspunkt und daher auch der Ausgangspunkt der
Anschauung und Vorstellung ist. Im ersten Weg (dem Auf-
steigen vom Vorstellungskonkreten zum Abstrakten; d.A.)
wurde die volle Vorstellung zu abstrakter Bestimmung ver-
flüchtigt; im zweiten führen die abstrakten Bestimmungen
zur Reproduktion des Konkreten im Weg des Denkens. Hegel
geriet daher auf die Illusion, das Reale als Resultat
des sich in sich zusammenfassenden, in sich vertiefenden,
und aus sich selbst sich bewegenden Denken zu fassen,
während die Methode vom Abstrakten zum Konkreten aufzusteigen, nur die Art für das Denken ist, sich das Konkrete
anzueignen, es als ein geistig Konkretes zu reproduzieren.
Keineswegs aber der Entstehungsprozeß des Konkreten selbst"
(ebenda, S. 21 f). Ausgangspunkt und Resultat der Untersuchung müssen formal identisch sein. Was vorliegt als Vorstellung und Anschauung, als "chaotische Vorstellung des
Ganzen" (ebenda, S. 21), muß durch Abstraktion, durch

Trennung von Wesentlichem und Unwesentlichem zu Begriffen
verarbeitet werden, durch deren Zusammenfassung die
Rückkehr zum Ausgangspunkt vollzogen wird. Das Resultat
besteht aber in einem neuen Inhalt, dem reich gegliederten und begriffenen Ganzen als "Einheit des
Mannigfaltigen", als "reiche Totalität vieler Bestimmungen
und Beziehungen" (ebenda). Die am konkreten inhaltlichen
Material vorgenommene wissenschaftliche Forschung mit Hilfe
der methodischen Regulativen der materialistischen Dialektik
ist identisch mit dem Begreifen der Wirklichkeit. Die
Notwendigkeit des "Umwegs", und d.h. des Aufsteigens vom
Abstrakten zum Konkreten, beschreibt Kosik folgendermaßen.
"Das Ganze ist für den Menschen nicht unmittelbar erkennbar,
obwohl es ihm sinnlich unmittelbar gegeben ist, nämlich in
der Vorstellung, in der Anschauung und im Erleben. Das
Ganze ist ihm zwar unmittelbar zugänglich, aber es ist
ein chaotisches und dunkles Ganzes. Um es zu erkennen und
zu begreifen, klarzulegen und zu explizieren, muß man einen
Umweg machen: das Konkrete wird durch Vermittlung des
Abstrakten, das Ganze durch Vermittlung der Teile begrifflich faßbar. 'Der Weg der Wahrheit ist Umweg'. Deshalb
kann der Mensch sich verirren oder auf halbem Wege stehen
bleiben" (Kosik 1967, S. 30 f).

Die Art und Weise der wissenschaftlichen Forschungstätigkeit im Sinne des Marxismus soll noch genauer verdeutlicht
werden. Dabei kommt es zunächst darauf an, ihren Unterschied gegenüber formal-logischen Regelsystemen der bürgerlichen Wissenschaftstheorie kurz darzustellen, und das
Verhältnis von Theorie und Empirie genauer zu bestimmen.

Karl R. Popper (1969) beginnt seine "Logik der Forschung"
mit folgendem Satz: "Die Tätigkeit des wissenschaftlichen
Forschers besteht darin, Sätze oder Systeme von Sätzen
aufzustellen und systematisch zu überprüfen" (S. 4). Er
führt dann unter dem Stichwort "Ausschaltung des Psycholo-
gismus" weiter aus: "Wir haben die Tätigkeit des wissen-

schaftlichen Forschers eingangs dahingehend charakterisiert, daß er Theorien aufstellt und überprüft. Die
erste Hälfte dieser Tätigkeit, das Aufstellen der Theorien,
scheint uns einer logischen Analyse weder fähig noch be-
dürftig zu sein: An der Frage, wie es vor sich geht, daß
jemandem etwas Neues einfällt - sei es nun musikalisches
Thema, ein dramatischer Konflikt oder eine wissenschaftliche Theorie -, hat wohl die empirische Psychologie
Interesse, nicht aber die Erkenntnislogik. Diese interessiert
sich nicht für Tatsachenfragen (Kant:quid facit"),
sondern nur für Geltungsfragen ("quid juris") - d.h. für
Fragen von der Art: ob und wie ein Satz begründet werden
kann; ob er nachprüfbar ist; ob er von gewissen anderen
Sätzen logisch abhängt oder mit ihnen in Widerspruch steht
usw. Damit aber ein Satz in diesem Sinn erkenntnislogisch
untersucht werden kann, muß er bereits vorliegen; jemand
muß ihn formuliert, der logischen Diskussion unterbreitet
haben. Wir wollen also scharf zwischen dem Zustandkommen
des Einfalls und den Methoden und Ergebnissen seiner
logischen Diskussion unterscheiden und daran festhalten,
daß wir die Aufgabe der Erkenntnistheorie oder Erkenntnislogik (im Gegensatz zur Erkenntnispsychologie) derart bestimmen, daß sie lediglich die Methoden der systematischen
Überprüfung zu untersuchen hat, der jeder Einfall, soll er
ernst genommen werden, zu unterwerfen ist" (S. 6). Poppers
"analytische Wissenschaftstheorie" beinhaltet eine strikte
Trennung der Wissenschaftsbereiche, wie sie auch faktisch
im Rahmen des bürgerlichen Wissenschaftsbetriebs vorliegt.
Er unterscheidet sehr streng zwischen den einzelwissenschaft-
lichen Forschungen und den erkenntnistheoretischen Regeln,
denen die Ergebnisse unterworfen werden müssen. Dabei geht
er von einer mehr oder weniger spontanen Theorieschöpfung
aus. Dies zeigt sich daran, daß er die wissenschaftliche
Theoriebildung auf die gleiche Stufe stellt wie das
künstlerische Schaffen, oder die Theorie als "Einfall" bezeichnet. Die Wissenschaftler haben Sätze oder Hypothesen
zu bilden, die es gilt, durch empirische Beobachtungen zu
überprüfen. Die Wissenschaftstheorie, wie sie von Popper
vertreten wird, erklärt sich aber für das Zustandekommen
von Theorien nicht kompetent und weist dies der empirischen
Psychologie zu. Die theoretischen Behauptungen müssen
nur formal-logisch schlüssig sein, also nach bestimmten
Schlußverfahren, wie etwa dem des Syllogismus etc, zu-
standegekommen sein. Die konkreten Denkoperationen, wie die
analytisch-synthetische Zergliederung etc. sind kein
Bestandteil der Erkenntnistheorie im Popperschen Sinn.
Sie hat nur Kriterien wie "Falzifizierbarkeitsgrad",
"Testabilität" etc., die am Ende eines Theoriebildungs-
prozesses zur Anwendung kommen. Mit Hilfe dieser Kriterien

sollen die aus der Theorie entstammenden Hypothesen einer
strengen empirischen Überprüfung unterzogen werden. Die
Bewährung in dieser empirischen Überprüfung ist dann
der Maßstab der Haltbarkeit der Theorie. Nur: "eine
flache Theorie bleibt flach, wie 'falzifizierbar',
empirisch bewährt etc. sie immer sein mag" (Holzkamp,
1973, S. 35). Popper geht aber noch einen Schritt weiter.
Für ihn sind Theorien "niemals empirisch verifizierbar"
(1969, S. 14), d.h. begründbar. Bestimmte Aussagen oder
theoretische Systeme können sich zwar eine lange Zeit`
bewähren, d.h. also empirischer Faizifikation widerstehen,
eine positive Erkenntnis kann daraus aber nicht abgeleitet werden. Es muß immer offen bleiben, ob sie nicht
irgendwann widerlegt werden. Eine Erkenntnis über den
objektiven Charakter gesellschaftlicher Verhältnisse oder
über die Natur ist damit ausgeschlossen. Deshalb ist es
nur konsequent, wenn er an anderer Stelle (1968) das
Denken als "Trial-and-error-Methode" bezeichnet. "Die in
der Entwicklung des menschlichen Denkens - und besonders
der Philosophie - verwendete Mehtode können wir als eine
besondere Variante der Trial-and-error-Methode bezeichnen".
Oder: "wenn die Trial-and-error-Methode immer bewußter
entwickelt wird, beginnt sie die charakteristischen Züge
einer 'wissenschaftlichen Methode' anzunehmen" (Popper,
1968, S. 262 f).

Wissenschaft im marxistischen Sinne stellt sich die Aufgabe,
Realität zu erkennen und zu erforschen. Die dialektische
Methode beinhaltet dabei die Art und Weise der theoretischen
Aneignung der Welt, sie gibt eine wissenschaftliche Grundlage für die Reproduktion der Wirklichkeit im Denken ab,
deren empirische Basis doppelt bestimmt ist, einmal als
Grundlage der Theorie und zum anderen als weitertreibende
Erkenntnis, als empirische Forschung auf dem Hintergrund
der Theorie. Popper kennt nur ein Verhältnis von Theorie
und Empire, nämlich der Formulierung von Hypothesen auf
der Basis von Theorie und ihrer empirischen Überprüfung;
wobei er soweit geht, daß Hypothesen, die empirisch
falzifizierbar sind, auch die Theorie widerlegen. Es ist
zwar richtig, daß empirische Forschungen in diesem Sinne
theoretische Aussagen, Aussagen über gesetzmäßige Zusammenhänge etc. tangieren, sie präzisieren oder einschränken
können, aber es ist falsch zu meinen, damit wäre die Theorie

widerlegt. Die Herausbildung theoretischer Erkenntnisse
unterliegt im Marxismus selbst wissenschaftlichen Regeln,
und nur auf dieser Ebene kann eine Theorie widerlegt
werden. Die theoretische Erkenntnis von Wert und Tauschwert als ein Verhältnis von Wesen und Erscheinungsform,
deren Bedeutung zur Unterscheidung vom Gehalt der Wertform und ihres relativen, wechselnden Größenverhältnisses
für die Überwindung der Schwierigkeiten der klassischen
politischen Ökonomie (wie z.B. Ricardo) nicht überschätzt
werden kann, ist durch keinerlei empirisch unmittelbar
beobachtbare Erfahrung der exisitierenden bürgerlichen
Gesellschaft falzifizierbar oder verifizierbar, sondern
nur durch eine Analyse der Ware als "Zellform", als einem
"Konkretum". (vgl. dazu: Marx, MEW 19, S. 361 ff). Wir
sind also jetzt bei der Frage angelangt, in welcher Weise
die "Methode der Kritik der Politischen Ökonomie" ,oder
allgemeiner die materialistische Dialektik Hinweise für
eine wissenschaftliche Theoriebildung, eine Herausarbeitung
von Grundbegrifflichkeiten und Gesetzmäßigkeiten gibt.
In diesem Zusammenhang sei daran erinnert, daß es das Ziel
von Marx im "Kapital" ist, "das ökonomische Bewegungsge-
setz der modernen Gesellschaft zu enthüllen" (MEW 23, S. 15f).
Die schon kurz skizzierte Methode des Aufsteigens vom
Abstrakten zum Konkreten kann man dabei als allgemeine
Methode der Theoriebildung bezeichnen (vgl. dazu: Hahn,
1968, S. 193 ff). Die Unterschiedlichkeit dieser Methode
gegenüber einem formal-logischen Regelsystem wollen wir
anhand einiger Momente darstellen. Eine entscheidende Frage
ist die Art und Weise der Abstraktion. Zu ihrer Wichtigkeit in gesellschaftswissenschaftlicher Forschung sagt
Marx: "Bei der Analyse der ökonomischen Formen kann weder
das Mikroskop dienen noch chemische Reagentien. Die
Abstraktionskraft muß beide ersetzen" (MEW 23, S. 12;
Hervorhebung d.A.). Ziel der Abstraktion ist die Erfassung
von Zusammenhängen durch Begriffe, ist die Herausarbeitung

des Wesens etc. Die entscheidende Frage dabei ist aber:
Was gewährleistet, daß die Abstraktion eine <u>Realabstraktion</u>
darstellt? Die vielfältigen Möglichkeiten abstraktiver
Heraushebung bestimmter Merkmale werden an folgendem Beispiel deutlich: Während ich Apfel und Birne als "Früchte",
Pferd und Kuh als "Säugetiere" klassifizierend verallgemeinern kann, so kann ich unter abstraktiver Heraushebung
anderer Merkmale Apfel und Löffel als "Stielträger", Pferd
und Fußmatte als "Haarige" bezeichnen. Formal-logisch sind
beide Arten von Abstraktionen richtig. Schaut man sich aber
die Art und Weise der Klassifikationen näher an, so ergeben
sich wesentliche Unterschiede. Während in der ersten Form
der Abstraktion(Verallgemeinerung von Apfel und Birne zu
"Früchten") wirkliche Zusammenhänge und innere Beziehungen
erfaßt werden, die sich im allgemeinenBegriff "Früchte"
auch inhaltlich ausdrücken, erweist sich der Begriff "Stielträger" als der Verallgemeinerung von Apfel und Löffel
als eine oberflächliche Klassifizierung, die zur inhaltlichen
Vertiefung der Erkenntnis nichts beitragen kann. Marx
spricht in diesem Zusammenhang von scholastischer Be-
griffsbildung (vgl. dazu MEW 19, S. 361 f). Die Vermeidung solcher oberflächlicher Klassifizierungen und
die Herstellung einer Verbindung von Begriff und Wirklichkeit ist aber nur <u>durch eine logisch-historische</u>
<u>Analyse gewährleistet</u>. Erst durch den Aufweis des Zusammen-
hangs von Apfel und Birne, Pferd und Kuh im Rahmen der
Durcharbeitung von inhaltlichem Wissen über die naturgeschichtliche Evolution erweist sich die Abstraktion
"Früchte" und "Säugetiere" als sinnvolle Abstraktion, als
Realabstraktion. "Das Pferd und die Kuh gehen natürlich
nicht aus einem 'Tier im allgemeinen' hervor, ganz wie die
Birne oder der Apfel keine Produkte der Selbstentäußerung
des allgemeinen Begriffs der Frucht sind. Es ist jedoch
zweifellos so, daß die Kuh und das Pferd irgendwo in der
Nacht der Jahrhunderte einen gemeinsamen Ahnen hatten, und

daß ebenso der Apfel und die Birne Produkte der Differenzierung einer gemeinsamen Fruchtform sind" (Iljenkow, 1969, S. 125). Vor diesem Hintergrund ist begründbar, weshalb in der begrifflichen Fassung von Apfel und Löffel als"Stielträger" ein sachfremder, willkürlicher Zusammenhang hergestellt, währenddessen durch die begriffliche Fassung von Apfel und Birne als "Früchte" ein wirklicher Zusammenhang expliziert wird. Hier wird deutlich, wie die Art und Weise der Abstraktion [54], der Verallgemeinerung, der Induktion, der Deduktion etc. nur im Rahmen einer inhaltlich gearteten Aufarbeitung richtig verstanden werden kann. Der Realzusammenhang von Sachen und Systemen verdeutlicht sich nur in einer historischen Ursprungs- und Differnzierungsanalyse. Die analytisch-synthetische Erkenntnistätigkeit ist in der materialistischen Dialektik gebunden an die Herausarbeitung der historischen Entwicklungsnotwendigkeiten, da nur so qualitative Sprünge, Unterscheidungen von Wesentlichem und Unwesentlichem, wirkliche, reale Zusammenhänge etc. richtig begriffen werden können. Wir können an dieser Stelle die logisch-historiche Verfahrensweise als einen wesentlichen Punkt materialistischer Dialektik nicht näher ausführen (vgl. dazu: Backhaus, 1969; Holzkamp, 1974; Iljenkow, 1969; Zelený, 1969; Reichelt, 1970). Aber nur wenn die Art und Weise der Abstraktion, der Verallgemeinerung etc. in der skizzierten Weise als analytisch-synthetische Durcharbeitung von Realzusammenhängen in ihrer jeweiligen historischen Gewordenheit verstanden wird, ist begreifbar, was dialektische Logik [55]von formaler Logik unterscheidet.

[54]"Diese wissenschaftliche Abstaktion (ist) kein subjektiver seltsamer Einfall, sondern rationale Darstellung der Wirklichkeit" (Sève, 1976, S. 76).

[55]"Diese (logische Behandlungsweise) ist in der Tat nichts anderes als die hostorische, nur entkleidet der historischen Form und der störenden Zufälligkeiten. Womit diese Geschichte anfängt, damit muß der Gedankengang ebenfalls anfangen, und sein weiterer Fortgang wird nichts sein als das Spiegelbild in abstrakter und theoretisch konsequenter Form, des historischen Verlaufs; ein korrigiertes Spiegelbild, aber korrigiert nach Gesetzen, die der wirkliche geschichtliche Verlauf selbst an die Hand gibt, indem jedes Moment auf dem Entwicklungspunkt seiner vollen Reife, seiner Klassizität betrachtet werden kann" (Engels, MEW 13, S. 475).

Im weiteren wollen wir noch kurz auf die Art und Weise
der Erfassung von Widersprüchen als Realwidersprüche
eingehen. Marx setzte an den Widersprüchen an, in die sich
die Vertreter der klassischen Politischen Ökonomie ver-
wickelt hatten. So bei der Erklärung des Mehrwertproblems.
Da sie keine adäquate Erfassung der Ware Arbeitskraft her-
ausbildeten, blieben sie immer in dem Widerspruch verfangen, daß die Arbeit des Arbeiters angeblich bezahlt
wird, daß aber gleichzeitig die Wertgröße der Ware durch
die Arbeitszeit bestimmt ist, und der Profit einen Teil
der Wertgröße darstellen muß. Marx löste aber nicht einfach
den Widerspruch seiner Theorie auf, sondern untersuchte
auf historischem Weg die objektiven Formen, in denen sich
der Widerspruch bewegt. Durch die Analyse der Ware ent-
deckte er den Widerspruch zwischen Gebrauchswert und
Tauschwert als Verkörperung einer spezifischen historischen
Entwicklung gesellschaftlicher Arbeitsteilung, der Verausgabung gesellschaftlicher Arbeit in privater Form. Er
verfolgte nun diesen realen Widerspruch in seiner historischen
Entwicklung von den ersten Anfängen des Produktentausches
bis zur entfalteten kapitalistischen Warenproduktion. Dabei
stieß er auf die Entwicklung der Wertform als der Selbst-
bewegung des inneren Widerspruchs, der schon in der Ware
selbst vorgefunden wurde. Es zeigt sich, daß der Widerspruch sich entwickelt von der einfachen Wertform, dem
Austauschverhältnis zweier Waren bis zum Geld und schließlich zum Kapital. Jede neue entstehende Form ist eine
Lösung der Widersprüche der vorangehenden Form. Der Widerspruch wird insofern aufgehoben, als sich die widersprüchlichen Tendenzen in der neuen Form weiterbewegen
können. Die Herausbildung der allgemeinen Äquivalenzform,
und ihre Verwandlung in die Geldform ist somit historisches
Produkt des sich entwickelnden Warenaustausches. Hat so
der gesellschaftliche Reichtum im Geld eine allgemeine
Form gefunden, so ist der Zirkulationsprozeß des Geldes
in der Kapitalform (G-W-G') eine noch entwickeltere Form
der abstrakten Wertvergegenständlichung, nämlich die

dauernde Vermehrung des Werts im Verwertungsprozess. "Das
Geld hat als Kapital seine Starrheit verloren, und ist
aus einem handgreiflichen Ding zu einem Prozess geworden"
(Marx, Grundrisse, S. 174). Diese kurze Skizzierung sollte
zeigen, daß der Nachweis von Widersprüchlichkeiten ebenfalls
der historischen Rekonstruktion, der Ursprungs- und
Differenzierungsanalyse von Realzusammenhängen unterliegt.
Es geht dabei darum, die Zuspitzung von widersprüchlichen
Bewegungsformen als auch die Formen ihres Ausgleichs nachzuvollziehen. Erst dann ist auch ein bewußtes Eingreifen
in die gesellschaftliche Entwicklung möglich.

Wenn wir anfangs sagten, daß der Ausgangspunkt und der Endpunkt einer analytisch-synthetischen Erkenntnistätigkeit formal identisch sein müssen, um vom unbegriffenen
Konkreten zum begriffenen Konkreten emporsteigen zu können,
so können wir jetzt die Methode des Aufsteigens vom Abstrakten zum Konkreten, bzw. den Weg, den Kosik als "Umweg"
beschrieben hat, als den Weg der historischen Erforschung
des Gegenstandes näher fassen. Dies zeigt auch Kosik (1967)
anhand der Bedingungen marxistischer Forschungstätigkeit
als Grundlage jeder wissenschaftlichen Theoriebildung.
"Die marxistische Forschungsweise umfaßt drei Stufen:

1. Umfassende Aneignung des Stoffes, Bewältigung des
   Materials bis in alle historisch zugänglichen Details.

2. Analyse der einzelnen Entwicklungsformen dieses
   Materials.

3. Erforschung des inneren Zusammenhangs, d.h. Bestimmung
   der Einheit dieser verschiedenen Entwicklungsformen.

Ohne die Beherrschung dieser Methode des Forschens ist
jegliche Dialektik nur Spekulation" (S. 32).

314

Wir haben gesehen, welchen wissenschaftlichen Weg Marx
eingeschlagen hat und einschlagen mußte, um die grundlegenden Verhältnisse der bürgerlichen Gesellschaft, die
Bewegungsgesetze des Kapitals zu erforschen, um sie dann
in den Bänden des "Kapital" zu explizieren. Sein Ausgangspunkt war die zu seiner Zeit entwickelste kapitalistische Gesellschaft, nämlich England; dieses Land lieferte
ihm das Material und den empirischen Bezugspunkt seiner
Forschung. Die Verarbeitung des Materials geschah aber
gleichsam vor dem Hintergrund der kritischen Würdigung
der entwickelsten philosophischen, ökonomischen und
sozialistischen Theorien. In Auseinandersetzungen mit
der idealistischen Dialektik Hegels und den Vertretern
der klassischen Politischen Ökonomie entwickelte Marx
sowohl seine "Methode" als auch die inhaltliche Auseinanderlegung des historischen Charakters der kapitalistischen
Produktionsweise. Der Inhalt des "Kapital" ist aber nicht
darauf beschränkt, allgemeine Gesetzmäßigkeiten und Bedingungen der kapitalistischen Produktion darzustellen,
sondern ist wesentlich auch gekennzeichnet durch die Bestimmung der jeweiligen Erscheinungsform im Verhältnis
zum Wesen, der Entwicklung der spezifischen Formen, die
die kapitalistischen Produktionsverhältnisse auf der
Oberfläche der bürgerlichen Gesellschaft annehmen. Unter
diesem Gesichtspunkt ist die "Kritik der Politischen
Ökonomie" sowohl Kritik der Begrifflichkeit und der inhaltlichen Durchdringung der klassischen Politischen
Ökonomie, als auch Kritik des Alltagslebens, da es
die oberflächlichen Formen der bürgerlichen Gesellschaft
wie Arbeitslohn, Profit etc. aufgreift und zeigt, daß in
der spontanen Reproduktion dieser Kategorien der bürgerlichen Gesellschaft der Charakter der kapitalistischen
Produktion verschleiert ist, damit aber ihre wesentlichen
Merkmale, nämlich die Ausbeutungs- und Klassenverhältnisse

nicht erkannt werden. Das Alltagsleben wird im Marxismus
in zweifacher Hinsicht der Kritik unterzogen. Zum einen
wird davon ausgegangen, daß das sich fraglos reproduzierende
Alltagsleben der wissenschaftlichen Erklärung bedarf. Es
soll nach dem gefragt werden, was ihm nicht unmittelbar
auf der Stirn geschrieben steht. Die Kategorien des Alltagslebens zeigen erst durch die wissenschaftliche Analyse,
was hinter ihnen versteckt ist, der Arbeitslohn muß durch
die dialektische Methode "dechiffriert" werden, damit der
Warencharakter der Arbeitskraft und die Produktion von
Mehrwert zum Vorschein kommen. Aber nicht nur, daß die
Kategorien des Alltagslebens inhaltlich kritisiert werden,
indem ihr wahrer Charakter aufgedeckt wird, die Alltagsrealität selbst wird damit kritisiert. Indem der Schleier
der Gleichheit und Freiheit zerrissen ist, und die wahren
Verhältnisse zum Vorschein kommen, zeigt sich die Notwendigkeit und Möglichkeit der Veränderung des Alltagslebens. Der Marxismus stellt so nicht eine neue Art der
wissenschaftlichen Interpretation dar. Das Aufdecken der
den Alltagserfahrungen zugrundeliegenden Gesetzmäßigkeiten
sowie deren geschichtliche Perspektive führt zur revolutionären Praxis, einer wissenschaftlich begründeten und
damit erkenntnisgeleiteten Praxis des Proletariats. Diesen
Charakter des wissenschaftlichen Sozialismus hebt Marx
in der 11. Feuerbachthese hervor, wenn er schreibt:"Die
Philosophen haben die Welt nur verschieden interpretiert,
es kömmt drauf an, sie zu verändern" (MEW 3, S. 7). Die
Vermittlung des Banal-Alltäglichen, des Alltags der Menschen
mit ihrem geschichtlichen Hintergrund und damit des Aufweises des historisch beschränkten Charakters der kapitalistischen Produktionsweise, wie es in der "Kritik der
Politischen Ökonomie" geleistet wurde, muß sich aber selbst
in Alltagserkenntnisse umsetzen. Nur so kann die wissenschaftliche Erkenntnis von Marx Grundlage der erkenntnisgeleiteten revolutionären Praxis des Proletariats werden,
nur so die Theorie zur materiellen Gewalt.

Wir sind jetzt an dem Punkt unserer Abhandlung angekommen,
wo es um die Beantwortung der Frage geht, unter welchen
Bedingungen im Rahmen der Alltagserkenntnis ein Begreifen
der bürgerlichen Lebenswirklichkeit erreicht wird, d.h.
durch welche Prozesseigentümlichkeiten ein Denken
charakterisiert sein muß, daß die sinnlichen Evidenzen,
die bloße "Orientierung" in den Scheinhaftigkeiten, Widersprüchen, Verkehrtheiten und chaotischen Bewegungsformen
der bürgerlichen Gesellschaft überwinden kann.

Holzkamp (1973) faßt diese Art der Alltagserkenntnis als
begreifendes Erkennen. "Wenn wir nun gegenüber dem bloß
'orientierenden Erkennen' eine umfassendere, das orientierende
Erkennen einschließende Erkenntnisweise als 'begreifendes
Erkennen' herausstellen, so gehen wir davon aus, daß das
'orientierende Erkennen' nicht die einzige dem Menschen
unter bürgerlichen Lebensumständen (in der gegenwärtigen
historischen Entwicklungsstufe) mögliche Erkenntnisweise
ist, daß der Mensch im Alltagsleben der bürgerlichen
Gesellschaft unter bestimmten Umständen die Möglichkeit
hat, im Erkennen Momente der bürgerlichen Gesellschafts-
struktur in ihren wesentlichen Zügen angemessen zu begreifen und dabei die Geprägtheit der eigenen Erkenntnis
durch diese Strukturmomente reflektierend mitzuerfassen.
... Mit der Auseinanderlegung 'orientierender ' und
'begreifender' Erkenntnistätigkeit gehen wir global davon
aus, daß das Begreifen der wesentlichen Struktureigenarten
der bürgerlichen Gesellschaftsformation in ihrer historischen
Bestimmtheit aufgrund der gegenwärtigen Entwicklung der
bürgerlichen Gesellschaft als 'gnoseologisches Subjekt'
gesellschaftlich möglich ist. Gleichzeitig gehen wir davon
aus, daß diese objektive Erkenntnismöglichkeit durch die
gesellschaftliche Entwicklung erst in Ansätzen hervor-
getrieben, aber noch nicht voll entfaltet ist" (S.360 f).

Auf die anfängliche Fragestellung nach der Möglichkeit und
den Bedingungen einer geistigen und gedanklichen Reproduktion der Wirklichkeit, damit des Verlassens der
Pseudokonkretheit, zeigten wir anhand der "Großen Methode"
(Brecht), in welcher Weise eine wissenschaftliche Forschung
zu Erkenntnissen über die Eigenart und Strukturiertheit
der bürgerlichen Gesellschaft führen kann, wie der "Umweg"
aussehen muß, den das Subjekt in seiner Erkenntnistätigkeit
einschlagen muß, um zum Begreifen von Wesen und Erscheiungs-
formen, zum Erkennen von Realwidersprüchen als Ent-

wicklungsbedingung historischer Bewegungsformen zu kommen,
welchen Weg der Abstraktion es dabei einschlagen muß etc.
Die Bedingungen der geistigen und gedanklichen Reproduktion
der Wirklichkeit, die in der "Methode der Kritik der
Politischen Ökonomie" oder allgemeiner in der materialistischen Dialektik "auf den Begriff" gebracht sind, zeigen
einen grundsätzlichen Unterschied zwischen dem "orientierenden" und dem "begreifenden" Alltagserkennen. Während das
orientierende Erkennen mehr oder weniger als spontan und
unmittelbare Reproduktion der je gegebenen Lebensumstände
in Form von Vorstellungen und Anschauung zu kennzeichnen
ist, und nur in Teilbereichen, bei zu "lösenden" Widersprüchen, die als Probleme im Rahmen der unmittelbaren
Lebensverhältnisse auftreten, darüber hinausgegangen wird
(vgl. das problemlösende Denken), ist das begreifende Erkennen im Alltag gekennzeichnet durch ein kompliziertes
Wechselverhältnis von wissenschaftlicher Erkenntnis (in
Form des wissenschaftlichen Sozialismus) und Alltagserkenntnis, das sich auf die jeweiligen Wirklichkeitsaspekte
der bürgerlichen Gesellschaft bezieht, wie sie dem Menschen
vom Standort seiner alltäglichen Praxis aus gegeben sind,
und die als bedingt durch die grundlegenden Wesensbe-
ziehungen der bürgerlichen Gesellschaft begriffen werden
müssen. Materialistische Wissenschaft und Alltagsbewußtsein haben beide die Alltagsrealität des Kapitalismus zum
Gegenstand. Während die Wissenschaft durch spezialisierte
Forschung die wesentlichen Strukturmerkmale der bürgerlichen Gesellschaft untersucht und immer wieder die sich
wandelnden Bedingungen bürgerlicher Lebensverhältnisse in
methodisch strenger und gedanklich diziplinierter Weise
wissenschaftlich erforscht, um die jeweils spezifisch
historischen Bedingungen kapitalistischer Produktion und
Reproduktion zu erfassen, ist die Erkenntnistätigkeit des
Menschen im Alltag als ein Prozeß außerhalb institutiona-

lisierter Forschung zu begreifen. In der Alltagspraxis
sind Bedingungen nur schwer, zum Teil überhaupt nicht
herstellbar, wie sie z.b. Marx benötigte, um die bürgerliche Gesellschaft zu erforschen und das "Kapital" zu
schreiben. Begreifende Alltagserkenntnis ist somit verwiesen auf die Explikation der Ergebnisse des wissenschaftlichen Sozialismus, wie sie z.b. im "Kapital"
existieren. Da die Darstellungsweise der "Kritik der
Politischen Ökonomie" nicht eine "literarische" Aneinanderreihung der Ergebnisse Marxscher Forschung, nicht
eine einfache didaktische Form der Explikation ist,
sondern die Strukturmomente der bürgerlichen Gesellschaft
in logisch-notwendigerweise Weise auseinanderlegt, das
Gewordensein der einzelnen Elemente im Gesamt kapitalistischer
Produktion und Reproduktion verfolgt, und die Entwicklung
ihrer Formveränderung bis zur Oberfläche nachvollzieht,
ist die verarbeitende Rezeption ihrer Inhalte gleichbedeutend mit der Aneignung der grundlegenden Widerspruchsverhältnisse, wie sie die bürgerliche Gesellschaft kennzeichnen. Obwohl das begreifende Alltagserkennen so
wesentlich als Voraussetzung die Aneignung der Ergebnisse
des wissenschaftlichen Sozialismus hat, wäre es jedoch
falsch, wie auch Holzkamp betont, anzunehmen, "daß das
begreifende Alltagserkennen lediglich in der Rezeption
gesellschaftswissenschaftlicher Erkenntnisse des Marxismus
bestehen können. Die 'Kritik der Politischen Ökonomie'
ist nicht selbstgenügsamer Gegenstand des Wissens und
Verstehens, sondern (dient) zur Erkenntnis der bürgerlichen Klassenwirklichkeit als Bestandteil kritischer
gesellschaftlicher Praxis des Proletariats und seiner
Verbündeten. So bestimmte erkenntnisgeleitete Praxis kann
sich nicht lediglich auf fertige wissenschaftliche Ergebnisse stützen, erfordert vielmehr eine immer erneute
begreifende Analyse der vielfältigen, jeweils begegnenden
Erscheinungsformen bürgerlicher Lebensverhältnisse" (1973,
S. 366). Die Möglichkeit begreifenden Alltagserkennens

319

ist somit abhängig vom Stand der wissenschaftlichen
Durchdringung der verschiedenen Seiten und historischen
Entwicklungsmomenten der existierenden bürgerlichen Gesellschaftsformationen, gleichzeitig ist die Realisierung
dieser theoretischen Ergebnisse in begreifender Alltagserkenntnis und ihre Umsetzung in erkenntnisgeleitete
kritische gesellschaftliche Praxis die Grundlage der Herausbildung spezifischer Erfahrungen der Arbeiterbewegung und
somit eine Voraussetzung für die Entwicklung verallgemeinerter
Erkenntnisse über historisch bestimmte Momente der
kapitalistischen Produktionsweise und der Möglichkeit ihrer
Veränderung, die damit selbst wieder eine Vertiefung der
Alltagserkenntnis fördern können. Nur wenn man das komplexe
Wechselwirkungsverhältnis von wissenschaftlichem Begreifen
und alltäglichem Begreifen in Betracht zieht, es als eine
dialektisch vermittelte widersprüchliche Bewegungsform von
Theorie und Empirie, Erkenntnis und Praxis begreift, wird
verständlich, was der wissenschaftliche Sozialismus als
"die Vereinigung alltäglicher Erfahrungen der Arbeiterklasse und ihrer historischen Perspektive" (Frerichs, 1976,
S. 155) bedeutet. Und nur wenn der wissenschaftliche
Sozialismus in Form dieser lebendigen Wechselwirkung begriffen wird, kann er die Grundlage abgeben für eine erkenntnisgeleitete kritisch-solidarische oder genauer
revolutionäre Praxis des Proletariats. Verselbständigen
sich demgegenüber seine Elemente in der Arbeiterbewegung,
so verkommt die Marxistische Theorie zur bloßen Weltanschauung im schlechten Sinne des Wortes, während die
Arbeiter in der Unmittelbarkeit ihrer Erfahrung haften
bleiben; dies deshalb, weil, wie schon deutlich wurde,
die zur Erkenntnis der Wesensverhältnisse des kapitalistischen
Systems zunächst unabdingbare wissenschaftliche Forschung
nicht spontan "an der Drehbank" geleistet werden kann.
Fehlen aber die Ergebnisse dieser Forschung, auf die sich
die Arbeiter in ihrer revolutionären Praxis stützen können,

so müssen sie im nur tradeunionistischen Bewußtsein
verhaftet bleiben. Deshalb bestimmt auch Engels die
Rolle des wissenschaftlichen Sozialismus so: Die
"weltbefreiende Tat (die Veränderung der kapitalistischen
Gesellschaft) durchzuführen, ist der geschichtliche Beruf
des modernen Proletariats. Ihre geschichtlichen Bedingungen, und damit ihre Natur selbst, zu ergründen
und so der zur Aktion berufenen, heute unterdrückten
Klasse die Bedingungen und die Natur ihrer eigenen Aktion
zum Bewußtsein zu bringen, ist die Aufgabe des theoretischen
Ausdrucks der proletarischen Bewegung, des wissenschaftlichen
Sozialismus" (MEW 19, S. 228; Hervorhebung d.A.).

Auf die Frage nach den Bedingungen begreifenden Alltagserkennens stellt die Antwort, daß begreifendes Erkennen
im Rahmen der alltäglichen Praxis zur Voraussetzung die
Rezeption der "Kritik der Politischen Ökonomie" und anderer
gesellschaftswissenschaftlicher Ergebnisse des Marxismus
hat, nur einen Teilaspekt dar. Unsere übergreifende
Fragestellung ist ja die nach der Art und Weise der
Erkenntnistätigkeit von empirischen Subjekten, durch
die die sinnlichen Evidenzen, die anschaulich gegebenen
Informationen etc., im Hinblick auf eine objektive Wirklichkeitserkenntnis überwunden werden. Dabei haben wir
bei den Stufen des anschaulichen und des problemlösenden
Denkens jeweils Verlaufsformen des Denkprozesses beschrieben, die entweder selbst noch in den sinnlichen
Evidenzen verhaftet sind, oder nur zum Teil und unter
bestimmten Bedingungen zu logisch-notwendigen Aufschlüsse-
lungen der Ausgangsinformationen kommen.Somit stellt sich
jetzt die Frage nach den Prozesseigentümlichkeiten, nach
den konkreten Verlaufsformen des begreifenden Alltagserkennens. Marx bezeichnet die Methode des Aufsteigens
vom Abstrakten zum Konkreten als Art und Weise der
theoretischen Aneignung der Welt. "Das Ganze, wie es
im Kopf als Gedankenganzes erscheint, ist ein Produkt

des denkenden Kopfes, der sich die Welt in der ihm
einzigen möglichen Weise aneignet, eine Weise, die
verschieden ist von der künstlerischen, religiösen,
praktisch-geistigen Aneignung dieser Welt" (Grundrisse, S. 22). Wenn also die Methode der "Kritik der
Politischen Ökonomie" angibt, wie die "Verarbeitung
von Anschauung und Vorstellung in Begriffe" erfolgt,
um dann die "konkrete Totalität als Gedankentotalität,
als ein Gedankenkonkretum" (ebenda) zu erfassen, so
liegt es auf der Hand, daß die Prozesse des begreifenden
Alltagserkennens in ähnlicher Weise strukturiert sein
müssen, um zu Erkenntnissen über die bürgerliche Klassenwirklichkeit zu kommen.

Rubinstein (1973) skizziert diese Form des Denkprozesses
als eine analytisch-synthetische Tätigkeit. Die "Er-
kenntnisaufgabe (wird) vom Denken durch zwei Haupt-
operationen, durch Analyse und Synthese, gelöst. Die
These, derzufolge Analyse und Synthese die grundlegenden
Denkoperationen sind, ist eine notwendige Schlußfolgerung
aus der Untersuchung des Denkens als Erkenntnis des Seins.
Die Kennzeichnung des Denkens als analytisch-synthetische
Tätigkeit ist seine grundlegende und zugleich allge-
meinste Kennzeichnung. ... Die Analyse ist hierbei die
Zerlegung der Abhängigkeiten, die sich auf der unmittelbar,
sinnlich wahrgenommenen Oberfläche der Erscheinungen über-
schneiden, sie ist Abstraktion von den Nebenumständen und
Hervorhebung der eigentlichen 'inneren' Eigenschaften der
Erscheinungen in ihrem gesetzmäßigen Zusammenhang. ...
Der Weg führt von der ungegliederten Konkretheit des
Wahrgenommenen zu den in der Analyse zergliederten Ab-
straktionen, die in Begriffen fixiert werden. ... Die ...
Synthese ist eine Denkoperation oder die Gesamtheit von
Denkoperationen, die den umgekehrten Weg gehen: von
den durch die Analyse gewonnenen abstrakten Begriffen und

Thesen zur gedanklichen Wiederherstellung in einer neuen,
durchanalysierten Form und zur Erklärung der unmittelbar
zu beobachtenden Erscheinungen" (S. 108 f; Hervorhebung
d.A.). Diese allgemeinen Bedingungen des begreifenden
Alltagserkennens sollen in zweifacher Weise näher analysiert werden. Als erstes wollen wir ihre Besonderheit
im Verhältnis zum problemlösenden Denken in Bezug auf
die inhaltlichen Prozesseigentümlichkeiten, und dann im
zweiten Punkt den Gang, den Prozessverlauf genauer kennzeichnen.

Begreifendes Alltagserkennen überwindet die Einseitigkeit
problemlösenden Denkens, indem es nicht irgendwelche Teile
für sich betrachtet und aus dem Gesamtzusammenhang heraus-
reisst, sondern sich immer bewußt ist, daß der Erkenntnisgegenstand, den sich das Denken als Objekt gesetzt hat,
in vielfältige Beziehungen von natürlichen und gesellschaftlich-historischen Realstrukturen eingebunden ist. Deshalb
wird auch die Abstraktion nicht zu einem bloßen, losgelösten Denkvorgang, sondern ist das Mittel, der notwendige Zwischenschritt, um sich den Erkenntnisgegenstand
in seinem Wesen anzueignen. Im Fortlauf des Denkprozesses
sind die Momente, von denen abstrahiert wurde, nach und
nach einzubeziehen, um so zu einer immer konkreteren
Erkenntnis über den Gegenstand zu kommen. "Das begreifende
Erkennen als historische Rekonstruktion der unterschiedlichen und gegensätzlichen Bestimmungsmomente geschichtlich bestimmter gesellschaftlicher Realität, damit Erwerb von in 'Begriffen' verarbeitetem inhaltlichem Wissen
über die Wirklichkeit bürgerlicher Lebensverhältnisse,
da es die verschiedenen abstraktiv herausgehobenen Momente
des zu erkennenden gesellschaftlichen Gesamts in ihrem
Realverhältnis zueinander simultan gedanklich gegenwärtig
hat, ist eine Überwindung des 'einseitigen' Denkens der
orientierenden Erkenntnistätigkeit zur Verarbeitung der
sinnlichen Erfahrung und Anschauung in 'mehrseitigem Denken',
das nicht in dieser oder jener 'Lösung' subjektive Problem-

bewältigung und damit 'Entspannung' sucht, sondern die
objektive, gespannte Mannigfaltigkeit realer gesellschaftlicher Verhältnisse in der Spannung und Spannweite des
Gedankens umgreifen und adäquat erfassen will" (Holzkamp,
1973, S. 373 f). Die Bestimmung begreifenden Alltagserkennens als ein Denkprozess, in dem seine Mehrdimensionali-
tät lediglich als eine Art formale Denkstruktur aufgefaßt
wird, in der es nur darauf ankommt, Einseitigkeiten zu vermeiden, einen Gegenstand möglichst vielseitig zu erfassen
etc., würde aber ihren wesentlichen Kern verfehlen. Gerade
begreifendes Erkennen ist charakterisiert durch eine "Einheit" von immer umfassenderem Erwerb inhaltlichen Wissens
und der Verarbeitung dieses Wissens durch bestimmt geartete
Denkprozesse. Das Auseinanderreißen von formal-logischen
Denkoperationen und Wissenserwerb, wobei der Wissenserwerb
als ein begriffsloses Aneinanderreihen von Fakten verstanden wird, die es zu klassifizieren gilt, - wodurch
sich orientierendes Erkennen auszeichnet -, wird im begreifenden Erkennen überwunden. Hier wird erfaßt, daß das
Erkennen von jeweiligen Momenten der bürgerlichen Klassenwirklichkeit nur durch die Aneignung immer umfassenderer
Fakten, Daten etc. und ihrer Durchdringung geleistet werden
kann. Um in die Struktur und die Wirklichkeit der gesellschaftlichen Realität einzudringen, bedarf es eines Erwerbs
von Wissen über diese Gesellschaft, das über die sinnliche
Erfahrung und die anschaulich gegebenen Informationen, die
vom Standort der Alltagspraxis aus gegeben sind, hinausgeht. Die bürgerliche Klassenwirklichkeit umfaßt mehr als
den gegebenen Ausschnitt der Alltagspraxis, sie umfaßt die
gesamten Beziehungen der Klassen und Schichten zueinander,
die jeweilige Art und Weise ihrer Zusammensetzung, als auch
ihre Beziehung zum bürgerlichen Staat. Das Wissen darüber
darf sich aber nicht auf die gegebene konkrete Periode
beschränken, sondern muß auch ihre historische Dimension
umfassen. Auf diesen Punkt weist auch Lenin (Ausgewählte
Werke, Band I, S. 138 ff) hin, wenn er in Auseinandersetzung

mit den "Ökonomisten" zeigt, daß das Klassenbewußtsein
der Arbeiter sich nur herausbilden kann, wenn es die
ökonomisch bestimmte unmittelbare Sphäre der Klassen-
beziehung als ein Teil der Gesamtheit der gesellschaftlichen Verhältnisse begreift. Nur wenn die Arbeiter
die Existenzbedingungen aller Klassen und Schichten,
sowie des Staates in Betracht ziehen und ihre jeweiligen
historisch-spezifischen Beziehungen einschätzen können,
sind sie fähig, nicht nur ihre ökonomische Lage zum
Ausgangspunkt von Forderungen, sondern die Veränderungen
der gesellschaftlichen Verhältnisse selbst zum Ziel ihrer
Aktionen zu machen. Die Einheit von Wissenserwerb und
formal-logischen Denkoperationen ist aber nur dann gewährleistet,wenn von den Fakten, Daten, Informationen über
gesellschaftliche Realstrukturen als dem jeweils "Bekannten" [56] ausgegangen wird und in einem "spiralförmigen Prozess" zum inneren Zusammenhang, zum Erkannten
forgeschritten wird. Nur so wird "formales Wissen" zu
"inhaltlichem Wissen". Gegenüber orientierendem Erkennen
ist die Besonderheit begreifender Alltagserkenntnis
wesentlich bestimmt durch das, was Erklären, Verstehen
und Begreifen im dialektischen Denken bedeutet [57].

[56] Es gehört zu den bleibenden Leistungen Hegels, nachgewiesen zu haben, daß etwas in verstandesgemäßer Manier 'bekannt' sein kann, ohne das es deshalb auch schon im Wesen
begriffen, oder wie Hegel sagt, 'erkannt' worden wäre. Die
Art, durch die das bloße Bekannte auch erkannt wird, ist
die Überwindung seiner Isoliertheit und seiner Zurückver-
setzung in den Zusammenhang der Totalität, dem es zuge-
hört, die sogenannte 'Vermittlung'"(Kofler, 1972, S. 53).

[57] Iljenkow (1969) schreibt dazu: "Eine Erscheinung begreifen heißt, ihren Ort und ihre Rolle innerhalb des
Systems der in Wechselwirkung stehenden Erscheinungen erhellen, in dem sie sich notwendig realisiert; heißt gerade
die Besonderheiten erhellen, vermöge derer diese Erscheinung eben dies Rolle in einem Ganzen spielen kann. Eine
Erscheinung begreifen, heißt die Weise ihres Auftretens erhellen, die'Regel', nach der dieses Auftreten sich mit
einer Notwendigkeit vollzieht, die durch ein bestimmtes
Ensemble von Bedingungen verhüllt wird; heißt schließlich
eben die Bedingungen des Auftretens der Erscheinung
analysieren" (S. 118 f).

"Verschiedene abstraktiv an der gesellschaftlichen Wirklichkeit herausgehobene Momente sind dann 'begriffen',
wenn man die wesentlichen Bestimmungen ihres realen Zu-
sammenhanges in seinem historischen Gewordensein gedanklich rekonstruieren konnte" (Holzkamp, 1973, S. 374).
Der Gesichtspunkt der Historizität anstelle bloßer
Kalssifizierung unterscheidet die Verarbeitung von Daten,
Fakten, Informationen im orientierenden und begreifenden
Erkennen. Nur im Aufweis realer historischer Entwicklungen
kann das Wissen über Realstrukturen gesellschaftlicher
Verhältnisse zu inhaltlich begriffenem Wissen werden, kann
entschieden werden, ob eine Abstraktion eine Realabstraktion ist, oder ob sie nur oberflächlich gleiche Merkmale
klassifizierend zusammenfaßt. Man kann z.B. eine Abstraktion des Profits im allgemeinen herstellen. "Dabei genügt
es, die empirisch beobachteten Erscheinungen auf einen
abstrakten Ausdruck zu bringen. Dieser wird völlig genügen, um die Erscheinung des Profits zuverlässig von
anderen Erscheinungen zu unterscheiden, um den Profit
'wiederzuerkennen'. Der kleinste Unternehmer ist dazu imstande. ... Aber der Unternehmer begreift dadurch nicht,
was der Profit ist" (Iljenkow, 1969, S. 117 f). Oder
wenn man die verschiedenen Einkommensarten, wie es in der
trinitarischen Formel geschieht, klassifizierend unterscheidet in Bezug auf ihre unterschiedlichen Quellen (Boden,
Arbeit, Kapital). Man hat dann eine Art Begrifflichkeit,
die es erlaubt, die jeweiligen Einkommensbezieher zu
unterscheiden, man kann sie statistisch erfassen, die
jeweilige Verteilung in der Bevölkerung ermitteln etc.
Es erlaubt einem , eine gewisse Ordnung in die gesellschaftlichen Beziehungen zu bringen, aber begriffen hat man von
den wirklichen gesellschaftlichen Verhältnissen damit nichts.
Dies setzt voraus, daß man unterscheidet zwischen allgemeinen Bedingungen der Produktion und dem Charakter, den
die Produktion in verschiedenen Gesellschaftsformationen
annimmt. Nur durch eine logisch-historische Rekonstruktion

können gesellschaftliche Realstrukturen begriffen werden,
als das was sie sind, nämlich historisch gewordene und
sich entwickelnde Beziehungen, die die Menschen zur
Produktion und Reproduktion miteinander eingehen. Es zeigt
sich also, daß das entscheidende Moment materialistischer
Dialektik, nämlich ihre logisch-historische Verfahrensweise,
nicht als wissenschaftliche Forschung, sondern als
Rezeption ihrer Ergebnisse, zur Charakteristik begreifenden
Alltagserkennens gehört. Im Begreifen bürgerlicher Realstrukturen geht es aber wesentlich darum, ihre widersprüchlichen Bewegungsformen angemessen zu erfassen. Wie sich
bei der Analyse des problemlösenden Denkens zeigte, sind
hier Widersprüche nur als Widersprüche im Denken zu erfassen, die es auch ausschließlich im Denken zu überwinden
gilt. Daher ist es auch ein "einseitiges Denken", weil es
Widersprüche umgehen muß, sie im Denken durch Absehen von
bestimmten Seiten und Momenten des Erkenntnisgegenstandes
"überwindet" und so notwendig zum "Entweder-Oder-Denken"
wird. In welcher Weise sind demgegenüber Realwidersprüche,
die in der Aneignung des Erkenntnisgegenstandes zunächst
als Widersprüche im Denken auftreten, zu erfassen? Die
Wichtigkeit dieser Frage ergibt sich von selbst, denn nur
wenn begreifendes Alltagserkennen in der Lage ist, widersprüchliche Bewegungsformen der bürgerlichen Gesellschaft
zu erfassen, kann es als ein dialektisches Denken bezeichnet werden. Grundsätzlich kann die Begründung objektiver gesellschaftlicher Widersprüche nur mittels einer
historisch-logischen Herausarbeitung des Gewordenseins
von Realzusammenhängen als widersprüchlichen Zusammenhängen erfolgen. Wie müssen nun Denkoperationen strukturiert
sein, um Realwidersprüche erfassen zu können? Anhand von
Piagets Konzeption der Reversibilität und Invarianz
operativer Denkstrukturen zeigt es sich, wie die sinnlichen Evidenzen und die Gebundenheit anschaulichen Denkens
an konkret empirische Ausführungen von Objekten überwind-
bar sind. Die Tendenz zu logisch notwendiger, widerspruchs-

freier Gedankenführung ist somit Grundbedingung einer
adäquateren Wirklichkeitserkenntnis. Das begreifende
Alltagserkennen muß deshalb immer diesen Forderungen
logisch-operativen Denkens gehorchen. Aber im Verlauf
(bzw. trotz) der auf Reversibilität und Invarianz gerichteten Denkbewegungen muß das Subjekt in logische
Widersprüchlichkeiten geraten, da die objektiven Widersprüche des Erkenntnisgegenstandes sich als Widersprüche
im Denken niederschlagen müssen. "Die Befangenheit in
logischen Widersprüchen als ein Zwischenschritt im Fortgang begreifenden Erkennens kann als solche nur in einem
Denken identifiziert werden, das auf logische Notwendigkeit, Widerspruchsfreiheit gerichtet ist. Sofern der
Denkvollzug nicht der Forderung nach Vermeidung von
logischen Widersprüchen einschränkungslos untersteht,
kann das Bestehen von derartigen Wiedersprüchen und ihre
Nichteliminierbarkeit als subjektive 'Fehler' überhaupt
nicht als Widerstand der Wirklichkeit gegen ihre gedankliche Reproduktion identifiziert werden" (Holzkamp,
1973, S. 386). An dieser Stelle kann im problemlösenden
Denken im Denkprozess nur fortgeschritten werden, wenn
diese Art von Widersprüchlichkeit im Denken eliminiert
wird, d.h. aber, daß durch das Verfahren des "Entweder-
Oder-Denkens" eine Seite des Widerspruchsverhältnisses
fallengelassen wird, um so zu einer Art "Lösung" vordringen
zu können. Demgegenüber zeigt die Befangenheit des Denkens
in logischen Widersprüchen, die als Resultat inhaltlichen
Wissensgewinns entstanden sind, dem begreifenden Denken
an, daß im Prozess des auf angemessenes Begreifen gesellschaftlicher Realwidersprüchen gerichteten Erkenntnistätigkeit an dieser Stelle noch kein angemessener Begriff
von der Wirklichkeit erreicht, keine adäquate Erfassung
der gesellschaftlichen Realität geleistet werden konnte.
Das begreifende Erkennen muß nun im Denkvollzug versuchen,
eine neue Ebene der denkenden Wirklichkeitsverarbeitung
zu erreichen. Dies wird dadurch möglich, daß die Wider-

sprüche, die als Moment der Behinderung des Denkens auf-
getaucht sind, selbst zum Gegenstand des Denkens gemacht
werden. "Das Denken muß hier insofern eine neue Distanz
zu sich selber gewinnen, als es vermeintlich zu eliminierende
logische Widersprüche seines eigenen Vollzugs sich als
zu begreifende Realwidersprüche, die im Denken lediglich
Niederschlag gefunden haben, gegenüberstellt" (ebenda,
S. 387). Damit ist die Möglichkeit gegeben, aufgetauchte
logische Widersprüche im Denken als objektive gesellschaftliche Widersprüche gedanklich zu reproduzieren,
also sie nicht wie das problemlösende Denken unter Reali-
tätsverlust im Denken zu beseitigen.Am Anfang stand die
Frage nach den Prozesseigentümlichkeiten und Verlaufsformen begreifenden Erkennens gegenüber orientierenden
Erkennens. Indem das begreifende Alltagserkennen die
Möglichkeit hat, in einer höheren Erkenntisdistanz reale
Widersprüchlichkeiten zu erfassen, erfüllt es die Voraussetzungen einer adäquaten Wirklichkeitserkenntnis, da
es in einem komplexeren System von Operationen innerhalb
eines mehrseitigen Denkens logische Notwendigkeit erreicht,
indem es gesellschaftlich widersprüchliche Realstrukturen
in ihrem geschichtlichen Gewordensein betrachtet.

Wir haben die wesentlichsten Momente aufgezeigt, die das
begreifende Erkennen vom bloß orientierenden unterscheiden,
es als ein dialektisches Denken aufzeichnen.Im folgenden
geht es um eine nähere Darstellung der spezifischen Ver-
laufsform des begreifenden Alltagserkennens. Wenn wir
bis jetzt v.a. auf die wechselseitige Bedingung marxistischer Wissenschaft und begreifenden Alltagserkennens
hingewiesen haben, so müssen wir jetzt deutlicher nach
ihren Unterschieden fragen.

Im Gegensatz zum wissenschaftlichen Erkenntnisprozess,
der seinen Ausgangspunkt als den durch die Forschung

zu analysierenden Gegenstand nach Notwendigkeiten wählt,
wie z.B. Marx die Ware, ist der spezifische Ausgangspunkt
des begreifenden Alltagserkennens der jeweilige Ausschnitt des Wirklichkeitsbereichs in Abhängigkeit vom
Standort des Menschen und seiner Alltagspraxis. Das was
Marx als Vorstellungskonkretes bezeichnet, sind hier die
im Rahmen der Alltagspraxis vorgefundenen und sich immer
wieder verändernden mehr oder weniger vermittelten Widerspruchsverhältnisse. Da begreifendes Erkennen nicht auf
eine bloße Orientierung innerhalb vorgefundener Verhältnisse, sondern auf eine Durchdringung dieser Widerspruchsverhältnisse ausgerichtet ist, stellt sich die
Frage nach der Art und Weise der Verarbeitung des Vorstellungskonkreten in Begriffe. Die Herausbildung von
Realabstraktionen als Grundlage der Erkenntnis von Wesen
und Erscheiung, der logisch-historische Aufweis von
Realwidersprüchen kann im begreifenden Alltagserkennen
aber nur in einer bestimmt gearteten Rezeption der Erkenntnisse der "Kritik der Politischen Ökonomie" und
anderer gesellschaftswissenschaftlicher Ergebnisse des
Marxismus liegen, was heißt, daß Alltagserkennen hier
als ein mehr nachvollziehendes Begreifen zu verstehen
ist. Dieses nachvollziehende Durchdringen des gesellschaftlich-historischen Charakters der Produktion wäre aber
gründlichst mißverstanden, wenn man es als ein "Begriffslernen" auffassen würde. Die Art und Weise der Herausbildung der Begriffe aus dem jeweiligen Gegenstand, die
spezifischen Inhalte der Begriffe, die sie vor allem
erst in der Beziehung der einzelnen abstraktiv herausgehobenen Momente zueinander gewinnen, sowie das Nachvollziehen von logisch-historisch begründeten Veränderungen
von Form und Inhalt und damit des Aufweises jeweiliger
historischer Realwidersprüche müssen zum bewußten Gegenstand der Rezeption der "Kritik der Politischen Ökonomie"
gemacht werden. Erst wenn dies geschieht, gewinnt die
Aneignung der Ergebnisse des Marxismus den Charakter eines

dialektischen, eines begreifenden Erkenntnisprozesses.
Dies setzt aber gleichzeitig voraus, daß es nicht nur
um die Vermittlung einzelner, herausgerissener Teile
gehen kann. Zum Begreifen der Krisentendenzen des Kapitalismus als periodisches Wirksamwerden des tendenziellen
Falls der allgemeinen Profitrate ist das Verständnis der
Bildung der Durchschnittsprofitrate nötig. Die Herausbildung der Durchschnittsprofitrate kann aber nur verstanden werden, wenn die Profitrate als spezifische
Erscheinung des Mehrwerts begriffen ist. Der Mehrwert
als Ausdruck der spezifisch kapitaistischen Warenproduktion setzt aber voraus, daß die Ware als "Zellform"
(Marx) der bürgerlichen Gesellschaft in ihrem widersprüchlichen Verhältnis von Gebrauchswert und Wert begriffen ist (vgl. Anmerkung 57). Die verarbeitende
Rezeption der "Kritik der Politischen Ökonomie" ist also
nicht willkürlich, sondern muß sich an den wirklichen Gang
der Analyse halten. Das heißt zwar nicht Nachvollzug der
einzelnen Forschungswege, wohl aber des Aufbaus der jeweiligen Darstellungsweise, da sie die von allen Zufälligkeiten gereinigte,analytische Aufschlüsselung des Gegenstandes anhand der Methode des Aufsteigens vom Abstrakten
zum Konkreten ist, wie es exemplarisch im "Kapital" von
Marx vorliegt (vgl. dazu: Haug, 1974,). Wir haben nun
zwei spezifische Momente des begreifenden Alltagserkennens
herausgearbeitet. Zum einen ist es der Ausgangspunkt als
die im Rahmen der Alltagspraxis gegebenen widersprüchlichen Bedingungen der bürgerlichen Gesellschaft,und zum
anderen die Herausbildung der notwendigen Begrifflichkeit,
der Grundcharakteristika widersprüchlicher Bedingungen
des Kapitalismus durch Aneignung der Ergebnisse marxistischer sozialwissenschaftlicher Theorie.

Wie sieht das Wechselwirkungsverhältnis dieser beiden
Seiten zueinander im begreifenden Alltagserkennen aber
genau aus? Die Aneignung der Kritik der Politischen
Ökonomie erfüllt nur dann ihren Zweck, wenn sie das Mittel

ist, die vorgefundenen Widerspruchsverhältnisse des
Alltags in ihrer Vermitteltheit zu den zentralen Widersprüchen der kapitalistischen Gesellschaft zu begreifen.
Der Prozess, den das begreifende Alltagserkennen dabei
vollziehen muß, kann mit der Methode des Aufsteigens vom
Abstrakten zum Konkreten gekennzeichnet werden. So muß
ein Kollege z.B. die in seinem Betrieb vorgefundene
Realität der Arbeitslosigkeit begreifen können. d.h.,
er muß ansetzen an den ihm sinnlich zugänglichen Aus-
gangsdaten (Vorstellungskonkretum; Entlassungen, Kurz-
arbeit, Rationalisierung etc.) und dann zur Abstraktion,
d.h., der wesensmäßigen Erfassung übergehen (dazu ist
es notwendig, zu erfassen, wie der Widerspruch von Lohnarbeit und Kapital in seiner spezifischen Bewegungsform
des kapitalistischen Akkumulationsprozesses "Überfluß
an Bevölkerung bei Überfluß an Kapital" notwendig
produziert, daß also nicht die technische Basis der
Produktivkraftentwicklung, sondern die Art der gesellschaftlichen Anwendung die vielfältigen Erscheinungen
der industriellen Reservearmee hervorbringt; zum anderen
müssen aber auch die spezifisch historischen Krisentendenzen
sowie ihr Ausgleichs, die Art der Eingebundenheit in
den kapitalistischen Weltmarkt etc. als Hintergrund der
konkreten Erscheinungen mit einbezogen werden.). Diese
Abstraktion kann aber nur gelingen, wenn der Kollege
bereits über Ergebnisse der Kritik der Politischen Ökonomie
verfügt, also wenn er vorher sich sowohl die wesentlichen
Punkte der polit-ökonomischen Theorie in einer Rezeption
angeeignet als auch die gesellschaftswissenschaftlichen
Kenntnisse über die spezifisch historischen Veränderungen
der kapitalistischen Produktionsweise. seine jeweilige
historische Ausformung in einem sozusagen "doppelten
Aneignungsprozess" erarbeitet hat. Diese Abstraktion
ist aber nur ein Zwischenschritt von dem aus wieder zum
Ausgangspunkt in seinen spezifischen Erscheinungsformen
und Besonderheiten zurückgekehrt werden muß (d.h. Analyse
der Art und der Formen der Arbeitslosigkeit im Betrieb,
Konzern, etc., der Reflexion durch die Kollegen, der ge-

werkschaftlichen Handlungsbedingungen usw.). Durch den
"Umweg" der Abstraktion kann die Arbeitslosigkeit jetzt
in ihrer konkreten Totalität begriffen werden; sie ist
nicht mehr nur Vorstellungskonkretes. Die begreifende
Alltagserkenntnis ist also eine eigenständige Erkenntnistätigkeit der bewußtesten Kollegen in den Betrieben, die
keinesfalls durch eine wissenschaftliche Analyse ersetzt
werden kann, da diese notwendig auf einer bestimmten
Allgemeinheitsstufe stehen bleiben muß, die gerade die
konkreten Besonderheiten, Zufälligkeiten, etc. nicht
berücksichtigt und deshalb auch die daraus notwendig
sich bestimmende jeweilig spezifische Strategie und Taktik
nicht angeben kann. Wir sehen also, daß der Gang des
begreifenden Alltagserkennens als ein der Methode des
Aufsteigens vom Abstrakten zum Konkreten gehorchender
Prozess nur realisiert werden kann als Resultat voraus-
gegangener Erkenntnisprozesse. Dabei baut die Rezeption
des wissenschaftlichen Sozialismus in seiner Gesamtheit
und gemäß seiner eigenen Darstellungsweise sowie seiner
historischen Konkretion, - was ja oft zunächst einmal
ein Absehen von direkt einzelnen Problemen des im Alltag
gegebenen Ausschnitts erfordert, die dann erst im Ergebnis
selbst wieder analysiert werden können -, wieder auf den
z.B. in gewerkschaftlicher Bildungsarbeit, ansetzend an
den vorgefundenen Widerspruchsverhältnissen des Alltags
erarbeitbaren Teilerkenntnissen über das kapitalistische
System auf. Sie hat diese also zur Voraussetzung, und zwar
im doppelten Sinne: zum einen werden durch diese Teilerkenntnisse - die natürlich auch einen selbständigen
Stellenwert innerhalb der Praxis haben - die Bedingungen
und die Notwendigkeit einer umfassenderen Gesellschafts-
erkenntnis überhaupt sichtbar, zum anderen stellen positive
Teilerkenntnisse die motivationale Grundlage für diesen
langfristigen Lernprozess noch schwieriger Art dar,
den Kosik eben deshalb auch "Umweg" nennt.

Die Herausbildung befreifenden Alltagserkennens stellt
somit den praktischen Übergang der vielfältigen Arten
des Alltagsbewußtseins der Arbeiter in Klassenbewußtsein
dar. Die klassenspezifischen Momente des proletarischen
Alltagsbewußtseins, des auf die Wahrnehmung unmittelbarer
Interessen gerichteten tradeunionistischen Bewußtseins
und der schon jeweils herausgebildeten solidarischen
Praxis zur Durchsetzung unmittelbarer Interessen der
Arbeiterklasse, stellen dabei einen entscheidenden An-
knüpfungspunkt dar. Die Interessengegensätze gilt es durch
eine Veränderung der Erkenntnistätigkeit des Subjekts hin zu
begreifendem Erkennen als historische Bedingungen des Klassencharakters der bürgerlichen Gesellschaft zu begreifen, um so
die ansatzweise kritisch-solidarische Praxis zu vertiefen
und zu erweitern. Mit der bewußten Einsicht in die Gesetzmäßigkeiten der kapitalistischen Produktionsweise,
des Klassencharakters des bürgerlichen Staates sowie der
historischen Perpektive des Sozialismus erlangt das
Alltagsbewußtsein als Klassenbewußtsein eine neue Qualität.
Diese neue Qualität zeichnet sich dadurch aus, daß Klassenbewußtsein wesentlich auch als theoretisches Bewußtsein
gekennzeichnet werden kann. Marx spricht deshalb auch davon,
daß "die Erkennung der Produkte als seine eigenen (des
Arbeiters) und die Beurteilung der Trennung von seiner
Verwirklichung (also die Abtrennung der Produktionsmittel
von dem produktiv Arbeitenden) als einer ungehörigen,
zwangsweisen - ein enormes Bewußtsein (ist)" (Grundrisse,
S. 366; Hervorhebung d.A.). Dabei bedeutet theoretisches
Bewußtsein nicht, daß hier "die Theorie" einen Vorrang
vor "der Praxis" hätte.[58] Dieser Begriff weist nur auf
den fundamentalen Unterschied hin, der zwischen bestimmten Arten des Arbeiterbewußtseins als mehr oder weniger
"spontane" Reproduktion bürgerlicher Lebensverhältnisse
und dem Klassenbewußtsein besteht, dessen Grundlage
die Erkenntnis wesentlicher Zusammenhänge des kapitalistischen Gesellschaftssystems ist. Beide Bewußtseinsformen

haben ihren Ermöglichungsgrund, oder anders ausgedrückt,
beide stehen in einem funktionalen Verhältnis zu gesellschaftlichen Praxismöglichkeiten im Kapitalismus.

Man kann somit die praktische Überwindung von Alltagsbewußtsein in Klassenbewußtsein als einen organisierten
Lernprozess im weiteren Sinne auffassen. Er darf auf
keinen Fall verwechselt werden mit einzelnen Bildungs-
maßnahmen, Schulungen, etc. also Lernprozessen im engeren
Sinne. Diese können zwar Bausteine, Elemente sein auf
dem Weg des Übergangs, sie dürfen aber nicht mit der Herausbildung von Klassenbewußtsein identisch gesetzt werden.

Wir wollen noch kurz auf den Stellenwert sinnlicher Erfahrung im begreifenden Erkennen eingehen.

Wenn die Wahrnehmung, wie schon an anderen Stellen mehrmals erläutert, den einzigen Bezug des Menschen zur realen
Außenwelt darstellt, dann muß sie auch im begreifenden Erkennen der Ausgangspunkt des Denkprozesses sein, und d.h.,

---

58)Auch Kosik beschäftigt sich mit der Frage der Besonderheit
der theoretischen Sphäre. Er fragt: "Warum aber wird das
theoretische Denken zum 'Universalmedium', durch das alles noch
einmal durchgeht oder durchgehen kann, was im Erlebnis erlebt, im Anschauen angeschaut, in der Vorstellung vorge-
stellt, in der Tätigkeit getan und im Gefühl gefühlt
worden ist?" (1967, S. 25 f). Seine Antwort ist: "Die
Theorie ist weder die Wahrheit noch die Wirksamkeit irgendeiner nichttheoretischen Art der Wirklichkeitsaneignung,
sondern sie stellt deren explizit reproduziertes Verständnis dar, das die entsprechende Art der Aneignung in
ihrer Intensität ... rückwirkend beeinflußt" (ebenda, S.26).
Das heißt, die theoretische Aneignung der Welt, die geistige
und gedankliche Reproduktion der Wirklichkeit ersetzt
nicht die praktische Aneignung, aber das praktische Verhalten zur Welt ist durch die jeweilige Art und Weise
der Wirklichkeitserkenntnis gestaltbar, nur dadurch kann
die Praxis zum bewußten Mittel der Veränderung gesellschaftlicher Verhältnisse werden.

335

auch in dieser Stufe des Erkennens bleibt die vorder-
gründige Welt der Pseudokonkretheit mit ihren wahrnehmungs-
evidenten Ordnungen notwendig bestehen. Was das begreifende
vom orientierenden Erkennen aber gerade unterscheidet,
ist die Tatsache, daß die sinnliche Erfahrung im Gesamt
des Erkenntnisprozesses hier insofern einen neuen Stellenwert bekommt, als das Subjekt sich nicht auf die durch
Isolierung, Komplettierung etc. "hergestellte" hermetische
Wirklichkeit einlassen muß, sondern durch die logisch-
historische Analyse die Gewordenheit der bürgerlichen
Klassenwirklichkeit, ihre hinter den chaotischen, widersprüchlichen und zufälligen Bewegungsformen liegenden
wesentlichen Strukturen gedanklich rekonstruieren kann.
Diese gedankliche Rekontruktion steht notwendig im Widerspruch zu der wahrnehmenden Erfahrung der Wirklichkeit.
"In der begrefenden Verarbeitung des Wahrgenommenen wird
ein Wissen über die wesentlichen Züge bürgerlicher Lebenswelt erlangt, das (zu) der Wirklichkeit, wie sie uns
in der Wahrnehmung erscheint, in (einem antagonistischen
Verhältnis) steht" (Holzkamp, 1973, S. 392); d.h. für den
Prozess des begreifenden Erkennens: das Subjekt muß
Widersprüche, für die die unmittelbare Erfahrung nicht
zeugt, gedanklich erfassen und "aushalten". Es darf der
Unmittelbarkeit des Sinnlich-Anschaulichen nicht trauen,
sondern muß in unausgesetzter geistiger Anspannung gegen
diesen Augenschein die gnostische Stufe des begreifenden
Erkennens realisieren. Holzkamp sagt deshalb auch, daß
gerade "das 'Durchhalten' des Antagonismus zwischen
unspezifisch-organisationsbedingter sinnlicher Erfahrung
und begreifendem Wissen über die bürgerliche Gesellschaft
... ein wesentliches Charakteristikum kritischer Praxis
(ist), die stets dann, wenn sie sich den sinnlichen
Evidenzen als unmittelbarem Zeugnis der ganzen Wirklichkeit
bürgerlicher Lebensverhältnisse überläßt, sich notwendig
auf utilitaristische Praxis reduziert" (ebenda). Die
sinnliche Erfahrung gewinnt nur in Verbindung mit dem
begreifenden Erkennen (in Bezug auf das Erfassen der
widersprüchlichen Verhältnisse des Kapitalismus) einen

postiven Stellenwert, sie hat nur in diesem Zusammenhang
nicht lediglich die Funktion der Isolierung etc., weil
"die Bedingungen für den Antagonismus zwischen ange-
schauten vordergründigen Ordnungen und bewußten wesentlichen Strukturen selber im Begreifensprozess mit erfaßt
werden, so daß im Gedankenkonkretum der begriffenen gesellschaftlichen Realität die Beschaffenheit der sinnlich erfahrenen Oberfläche wiederum verständlich wird"
(ebenda).

Die Bedeutung, die der begreifende Erkenntnisprozess
für die unmittelbaren Erfahrungen hat, beschreibt auch
Brecht in "Der Lernende ist wichtiger als die Lehre".

"Als ich schon jahrelang ein namhafter Schriftsteller war,
wußte ich noch nichts von Politik und hatte ich noch kein
Buch und keinen Aufsatz von Marx oder über Marx zu Gesicht
bekommen. Ich hatte schon vier Dramen und eine Oper geschrieben, die an vielen Theatern aufgeführt wurden, ich
hatte Literaturpreise erhalten, bei Rundfragen nach der
Meinung fortschrittlicher Geister konnte man häufig auch
meine Meinung lesen. Aber ich verstand noch nicht das
ABC der Politik und hatte von der Regelung öffentlicher
Angelegenheiten in meinem Lande nicht mehr Ahnung als
irgendein kleiner Bauer auf einem Einödhof. ... 1918 war
ich Soldatenrat und in der USPD gewesen. Aber dann, in
die Literatur eintretend, kam ich über eine ziemlich
nihilistische Kritik der bürgerlichen Gesellschaft nicht
hinaus. ... Dann half mir eine Art Betriebsunfall weiter.
Für ein bestimmtes Theaterstück brauchte ich als Hintergrund die Weizenbörse Chicagos. Ich dachte, durch einige
Umfragen bei Spezialisten und Praktikern mir rasch die
nötigen Kenntnisse verschaffen zu können. Die Sache kam
anders. Niemand, weder einige bekannte Wirtschaftsschrift-
steller noch Geschäftsleute - einem Makler, der an der
Chicagoer Börse sein Leben lang gearbeitet hatte, reiste
ich von Berlin bis nach Wien nach -, niemand konnte mir
die Vorgänge an der Weizenbörse hinreichend erklären. Ich
gewann den Eindruck, daß diese Vorgänge schlechthin uner-
klärlich, d.h. von der Vernunft nicht erfaßbar, und d.h.
wieder einfach unvernünftig waren. Die Art, wie das Ge-
treide der Welt verteilt wurde, war schlechthin unbegreiflich. Von jedem Standpunkt aus, außer demjenigen einer
Handvoll Spekulanten war dieser Getreidemarkt ein einziger
Sumpf. Das geplante Drama wurde nicht geschrieben, statt
dessen begann ich Marx zu lesen. ... Jetzt erst wurden
meine eigenen zerstreuten praktischen Erfahrungen und
Eindrücke richtig lebendig." (Brecht, 1967, Gesammelte
Werke 2o, S. 46; Hervorhebung d.A.).

Wir haben schon an mehreren Stellen darauf hingewiesen,
daß der Bezugspunkt des begreifenden Erkennens die
kritische Praxis ist. Die Unterscheidung, die sich dabei
im Gegensatz zur utilitaristischen Praxis ergab, war
ihr bewußter Charakter, ihre erkenntnisgeleitete Dimension.
Während so die kritische Praxis einerseits eine bestimmt
geartete Erkenntnis über die bürgerliche Klassenwirklichkeit voraussetzt, ist sie andererseits eine Bedingung
begreifenden Erkennens, da es "sich nur in der Praxis
entfalten kann, in der Praxis seinen Ermöglichungsgrund,
sein permanentes Korrektiv und sein letztes Kriterium
findet" (Holzkamp, 1973, S. 396). Diese Einheit von
kritischer Praxis und begreifender Erkenntnis, ihren
funktionalen Zusammenhang, gilt es vor allem in Bezug auf
die Art und Weise kritischer Praxis näher darzulegen.

Die Grundlage utilitaristischer Praxis liegt, wie wir
sahen, in der Form kapitalistischer Arbeitsteilung. Da
der gesellschaftliche Charakter der Produktion sich hinter
dem Rücken der Beteiligten durchsetzt, hat die individuelle Zielsetzung und Lebensführung demgemäß keinen unmittelbaren Bezug zu den gesamtgesellschaftlichen Notwendigkeiten und Bedingungen der Produktion, die aber
letztendlich, im Kapitalismus in widersprüchlicher Weise,
die Grundlage für die individuelle Lebensgestaltung und
-entfaltung abgeben. Dies zeigte sich in der Charakteristik
utilitaristischer Praxis und orientierenden Erkennens als
"Entsubjektivierung des Problems". Der Widerspruch
zwischen Ziel und Mittel als Grundlage des Problem -
und damit des Denkprozesses ist hier wesentlich dadurch
bestimmt, daß die gesamtgesellschaftlichen Ziele der
Produktionen keiner bewußten Bestimmung durch die
Produzenten unterliegen. Die endgültige gesellschaftliche
Lösung des Widerspruchs von Ziel und Mittel "muß darin
bestehen, daß die Lebenstätigkeit zu dem wird, was sie
ihrer historischen Bestimmung gemäß ist, nämlich selbst

das Ziel des Lebensprozesses. Die Produzenten müssen als
gesellschaftliches Gesamtsubjekt den objektiven Notwendigkeiten entsprechend selbst die Ziele formulieren,
die Gesellschaft muß zum selbstbewußten Subjekt ihrer
Probleme werden. Dies erfordert aber, daß die Produktion
durch die Produzenten selbst geleitet wird. Die bewußte,
planmäßge Organisation der Produktion setzt aber die Gesellschaftlichkeit auch der Produktionsmittel und schließlich den Sozialismus voraus. ... Mit der Aufhebung der
Entfremdung ist auch die Grundlage der Mystifikation der
Verdinglichung gesellschaftlicher Verhältnisse beseitigt.
Für unsere Fragestellung bedeutet das, daß der Prozess
der Problementstehung von den Zufälligkeiten der profit-
gesteuerten Produktion befreit ist und die Setzung von
Zielen voll und ganz Angelegenheit des bewußten gesellschaftlichen Subjekts werden kann. So wie das entsubjekti-
vierte Problem an die historischen Bedingungen des
Kapitalismus gebunden ist, so ist seine Überwindung
letztlich an die den Kapitalismus ablösende Gesellschaftsform, den Sozialismus gebunden" (Seidel, 1976, S. 195).
Die utilitaristische Praxis als eine historisch beschränkte fragmentarische Praxis wird überwunden durch
eine gesamtgesellschaftliche Praxis, in der gemäß den
objektiven Notwendigkeiten die gesamtgesellschaftliche
Lebenserhaltung und -entfaltung bewußt geplant wird, somit
die individuelle Zielsetzung und Lebensführung als ein
bewußter Beitrag zur gesellschaftlichen Produktion zu
kennzeichnen ist. Die objektiven Notwendigkeiten gesellschaftlicher Lebenssicherung und Weiterentwicklung stellen
sich demgemäß nicht mehr als akute Notlagen, wie sie
durch Planlosigkeit im Kapitalismus auftreten (z.B.
Arbeitslosigkeit, Umweltzerstörung etc.) sondern werden
zur Grundlage der Freiheit des Handelns (zum Verhältnis
von Freiheit und Notwendigkeit, vgl. Seve, 1972, S. 137).

Ist auch die gesamtgesellschaftlich bewußte Praxis der
Produzenten nur durch die Veränderung der gesellschaft-

lichen Verhältnisse des Kapitalismus, die Besitzergreifung der Produktionsmittel durch die unmittelbaren Produzenten durchzusetzen, so besteht doch die
Möglichkeit, sie tendenziell auch schon im Kapitalismus vorwegnehmend zu praktizieren, nämlich in Form
einer kritisch-solidarischen oder revolutionären
Praxis der Arbeiterklasse und ihrer Verbündeten. Sie
bezieht sich auf die objektive Notwendigkeit der Durchsetzung des gesamtgesellschaftlichen Interesses gegen
das Partialinteresse des Kapitals, da nur in der Aufhebung der bürgerlichen Klassenstruktur die Erhaltung
und Entfaltung gesellschaftlichen Lebens gesichert werden
kann. Die individuelle Zielsetzung und Lebensführung
ist hier gekennzeichnet durch einen persönlichen Beitrag
zu übergreifender erkenntnisgeleiteter gesellschaftlicher
Praxis, basierend auf der Einsicht in gesellschaftliche
Notwendigkeiten. Die Veränderung der gesellschaftlichen
Verhältnisse des Kapitalismus als Grundlage der kritischen
Praxis ist die gemeinsame Sache, über die die Kämpfenden
verbunden sind. Die individuelle Lebensperspektive ist
mit den gesellschaftlichen Notwendigkeiten bewußt ver-
knüft und existiert als sozialistische Perspektive, die
über die Grenzen des einzelnen Lebenslaufs hinausweist.
Zu dem Verhältnis von individueller und gesellschaftlicher
Lebensperspektive schreibt Sève: "Ein solches Ensemble
von Anstrengungen, wie das Leben eines Kämpfers der
Arbeiterbewegung, (bliebe) unbegreiflich, wenn man
darin nur ein Ensemble von Opfern erblickte und nicht
beachtete, daß es in vielen Hinsichten einem oft besonders
tiefen persönlichen Bedürfnis entspricht; noch schlechter
aber wäre dieses Leben begriffen, wenn man es deswegen
auf eine Art ausgedehnten Kalkül des wohlverstandenen
Interesses reduzierte. In Wirklichkeit gründen sich die
Bemühungen eines echten kämpferichen Lebens gerade auf
das Bewußtwerden der Tatsache, daß die allgemeine Be-

friedigung der persönlichen Bedürfnisse über die Durchsetzung bestimmter gesellschaftlicher Umgestaltungen
verläuft, eine Durchsetzung, deren objektiver Logik sich
die unmittelbare, beschränkte Befriedigung der isoliert
betrachteten persönlichen Bedürfnisse mehr oder minder
vollständig unterordnet. Das persönliche Kampfbedürfnis
ist also ebensowenig Befriedigung eines bloß inneren Bedürfnisses wie Selbstaufopferung für ein bloß äußeres
soziales Erfordernis; es ist bis zu einem gewissen Punkt
die Aufhebung des Gegensatzes zwischen innerem Bedürfnis
und äußerem sozialem Erfordernis‚nicht aufgrund eines Ver-
zichts auf das erste, sondern aufgrund des Bewußtwerdens
der wesentlichen Mittelpunktsverschiebung seiner Basis
(also der Existenz des menschlichen Wesens nicht in einer
abstrakten Individualität, sondern in den gesellschaftlichen Verhältnissen - vgl. 6.Feuerbachthese; d.A.), wodurch sich die gesamte Aktivität zutiefst verändert. ...
Und gerade deshalb erscheint das kämpferische Leben ...
als Selbsterfüllung, als partielle Vorprägung der im
höheren Stadium der klassenlosen Gesellschaft eintretenden
allgemeinen Aufhebung der Widersprüche, die die Persönlichkeit in der Klassengesellschaft prägen" (Sève, 1972,
S. 324 f; Hervorhebung d.A.). Durch die Koppelung von
individuellen und gesamtgesellschaftlichen Interessen
ist die kritische Praxis wesentlich auch solidarische
Praxis, in der die verschiedensten Formen der Individualisierung (im Sinne von Vereinzelung) und der Konkurrenz
untereinander überwunden sind.

Diese Charakterisierung gilt aber keineswegs nur für die
Zuspitzung und Endform kritischer Praxis als dem organisierten politischen Kampf der Arbeiterklasse um ihre
Emanzipation, sondern auch für ihre durch die gegenwärtige
historische Periode bestimmten Form der reformerischen
Aktivitäten zur Verbesserung der Arbeits- und Lebensbedingungen, immer in Bezug auf die Herausbildung von Lebens-

ansprüchen unter sozialistischer Perspektive, sowie
der aufklärerischen Bemühungen zur Verbreitung begreifenden Alltagserkennens.

Kritische Praxis ist aber nicht nur die Verwirklichung
begreifenden Erkennens, sondern stellt auch deren Korrektiv
dar. Begreifendes Erkennen ist selbst abhängig von der
Art und Weise der praktischen Umsetzung. Es stellt sich
also die Frage, in welcher Weise Praxis neue Erkenntnisse
hervorbringt.

Vester schreibt dazu folgendes: "Tageskämpfe entzünden
sich häufig an kleinen Mißständen und werden zunächst
mit dem Ziel eines kleineren genießbaren Teilerfolges
geführt. Weitere Ziele werden erst nach dem Maße deutlich, in dem ein Kampf sich ausweitet. Wenn beispielsweise eine militante Abteilung eines Betriebes streiken
will, muß sie zunächst ihre sie entzweienden Differenzen
(Statusgruppen, Tarifunterschiede, Entscheidungshierarchien,
Informationsmonopole usw.) reduzieren, um sich zu einer
Handlungseinheit zu solidarisieren und das Prinzip des
'teile und herrsche!', das bedeutendste Repressionsinstru-
ment, zu entschärfen. Die Notwendigkeit solcher Solidarisierung wird meist erst im Kampf und durch Erfahrungen
des Mißerfolgs gelernt. Unter dem Druck einer sich zuspitzenden Kampfsituation kann die Notwendigkeit einsichtig werden, die Kommunikation mit Angestellten des
Betriebs, mit anderen Belegschaften des Unternehmens,
der Branche, der Region usw. auszuweiten. Zugleich kann
sich die Zielsetzung von Kampfrunde zu Kampfrunde aus-
weiten, z. B. vom Weihnachtsgeld zur Kritik des politisch-
ökonomischen Systems voranschreiten" (1971; zitiert nach:
Leithäuser, 1976, S. 174).

Vester hebt in richtiger Weise hervor, daß erst die
praktische Verwirklichung von Zielsetzungen weitere Einsichten und Einschätzungen z,B. über die möglicherweise
existierenden Hindernisse etc. und damit eine Konkretisierung der Zielsetzung selbst ergeben. Die Ebenen von

Lernprozessen im Rahmen der Praxis sind aber verschieden.
Vester kennt nur die unmittelbare Umsetzung von praktischen
Erfahrungen in neue Erkenntnisse. Auf diesem Wege gibt
es dann anscheinend einen bruchlosen Übergang von Tageskämpfen der Arbeiterschaft für Lohnerhöhungen, Arbeits-
zeitverkürzungen, etc. zum Infragestellen des gesamten
kapitalistischen Systems. Wir haben demgegenüber aufgezeigt, daß die Herausbildung der Zielsetzung der Veränderung
des politisch-ökonomischen Systems gerade einen "Bruch
mit dem Unmittelbaren", eine Erkenntnis des historischen
Charakters dieses Systems einschließt. Diese Erkenntnisse
können aber nicht einfaches Produkt der erfahrbaren Grenzen
und Schwierigkeiten von Tageskämpfen sein, weil in den
praktischen Auseinandersetzungen nicht die notwendigen
Bedingungen für eine gnostische Tätigkeit gegeben sind,
in der der Widerspruch von Lohnarbeit und Kapital als
das Wesen der kapitalistischen Gesellschaft begriffen
werden könnte. Der Stellenwert der Praxis kann also im
Rahmen des begreifenden Alltagserkennens nur so gesehen
werden, daß die in den Tageskämpfen erfahrbaren Grenzen
und Schwierigkeiten selbst wieder zum Ausgangspunkt eines
theoretischen,begreifenden Erkenntnisprozesses werden,
an dessen Ende dann sehr wohl eine Konkretisierung der
Zielsetzung und eine immer genauere Einschätzung der Bedingungen des Kampfes steht. Tatsächlich ist deshalb
auch nur durch das wechselseitige Ineinandergreifen von
praktischer Umsetzung und immer wieder zu leistender
Reflexion dieser Praxis in begreifender Erkenntnistätigkeit
ein immer tiefer gehendes Verständnis der vielfältigen
Momente bürgerlicher Klassenwirklichkeit herbeizuführen.
"Reformerische Bemühungen im Zusammenhang mit kritischer
Praxis, dabei die Herausbildung von Lebensansprüchen unter
sozialistischer Perspektive, sind geradezu Voraussetzungen
für das präzise Begreifen der jeweils konkreten Formen,
in denen eine weiterreichende, grundsätzliche Verbesserung der Lage der Werktätigen in der kapitalistischen

Gesellschaft verhindert wird. ... Erst aus den in
reformerischen Aktivitäten in der bürgerlichen Gesellschaft
auf der Basis begreifenden Erkennens gewonnenen, jeder
Tatsachennachprüfung standhaltenden Einsichten in die
jeweiligen Umstände, durch die wirkliche, tiefgreifende
Reformen im Interesse der Arbeiterklasse unter kapitalistischen Produktionsverhältnissen unmöglich sind, kann
die Notwendigkeit einer langfristigen Perspektive zur
Überwindung der bürgerlichen Klassenstruktur konkret genug
entwickelt werden" (Holzkamp, 1973, S. 396 f). Für Vester
gibt es keinen Unterschied zwischen Tageskämpfen und dem
Kampf um die Veränderung des politisch-öknonomischen
Systems, außer daß sich die Zielsetzung erweitert hat.
Indem er die Veränderung der Zielsetzung nur quantitativ
als Ausweitung der Kampfebenen betrachtet, entgeht ihm,
wie allen spntaneistischen Theorien, der qualitative Unterschied, den kritische gesellschaftliche Praxis beinhaltet:
nämlich erkenntnisgeleitete Praxis zu sein, in der sich
die Zielsetzungen aus der Einsicht in die gesamtgesellschaftlichen Notwendigkeiten bestimmen.

Bertold Brecht faßt den von uns entwickelten Zusammenhang
von begreifendem Erkennen und kritischer Praxis mit dem
Begriff des "eingreifenden Denkens". "Das eingreifende
Denken. Die Dialektik als jene Einteilung, Anordnung,
Betrachtungsweise der Welt, die durch Aufzeigung ihrer
umwälzenden Widersprüche das Eingreifen ermöglicht"
(Gesammelte Werke, Band 2o, S. 170 f; Hervorhebung d.A.).

4. Gesamtprozess der Erkenntnistätigkeit des Subjekts. Subjekt-Objekt-Verhältnis im Denken; Verdeutlichung anhand der Kritik mechanischer Abbildkonzeptionen am Beispiel des "Projekt Klassenanalyse". Verbindung zu einer "Theorie des subjektiven Faktors".

Wir haben jetzt gesehen, daß das Klassenbewußtsein sich keineswegs spontan herstellt. Es bildet sich nicht einfach als ein mechanischer Niederschlag der gegenständlichen Bedeutungsstrukturen im Bewußtsein, sondern als Produkt einer "enormen" Erkenntnistätigkeit des Subjekts. Aber auch alle anderen Formen des Bewußtseins sind nicht nur eine Verdoppelung der objektiven Beziehungen. Daß das Verhältnis zwischen der konstituiv-gegenständlichen Seite und dem Bewußtsein generell niemals als ein unvermitteltes, sondern als vermitteltes, durch die Eigengesetzlichkeit der gesellschaftlichen Reflexionstätigkeit auf der Seite des Subjekts "gebrochenes" verstanden werden muß, ergibt sich aus unserer gesamten erkenntnistheoretischen Konzeption. Es wurde dargestellt, daß das Subjekt sich wahrnehmend und denkend dem Objekt nähern kann, und daß es gemäß diesen verschiedenen Erkenntnistätigkeiten auch jeweils verschiedene Seiten des Objekts erfaßt. Die Wahrnehmung ist gebunden an die sinnliche Präsenz der Gegenstände und damit an ihre sinnlich zugänglichen Momente. Da diese sich im Kapitalismus als eine Oberfläche darstellen, die die wesentlichen Verhältnisse verschleiert, ist sie in Bezug auf die Struktur des Objekts eine beschränkte Erkenntnis, deren Beschränkung nur im Denken überwunden werden kann (und auch muß, da die Aufgaben der Praxis nicht gelöst werden können, wenn man im Bereich des Sinnlichen verhaftet bleibt). [59] Trotzdem ist, wie schon an mehreren Stellen hervorgehoben wurde, die sinnliche Erkenntnis der Ausgangs- und Endpunkt des Denkens. Rubinstein erläutert dies. "Die Erkenntnis beginnt mit ... der Wahrnehmung (als sinnlicher Erkenntnis) und

setzt sich als abstraktes Denken fort, das vom Sinnlichen
ausgeht und über seinen Rahmen hinausgeht, ohne sich jedoch
je von ihm zu lösen. Der Wirklichkeit entspricht weder
der Sensualismus, der alle Erkenntnis auf das Sinnliche
reduziert, noch der Rationalismus, der die Bedeutung des
Sinnlichen für die Erkenntnis überhaupt negiert, die Unzu-
verlässigkeit der sinnlichen Daten einseitig unterstreicht
und die Aufgabe der Erkenntnis völlig dem abstrakten Denken
zuweist" (Rubinstein, 1973, S. 98 f). "Das Erkennen,
vom Empfinden und Wahrnehmen bis zum abstrakten,begriff-
lichen Denken, ist ein einheitlicher Prozess. Da Empfindung
und Begriff wesenhaft voneinander unterschieden sind,
lassen sich in diesen Prozess verschiedene Glieder unterscheiden. Man kann sogar einen gewissen 'Sprung' feststellen, den die Erkenntnis beim Übergang zum abstrakten
Denken vollzieht. ... Unschwer kann man sich (aber) davon
überzeugen, daß Sinnliches und Abstraktes miteinander zusammenhängen. Vor allem ist abstrakte Erkenntnis ohne sinnliche unmöglich. Das ist nicht nur in dem Sinn richtig,

[59)]Die "Tiefe" der durch die Wahrnehmung möglichen Erkenntnis,die gegenüber dem Objekt erreichbare Adäquatheit,
verändert sich selbst historisch dadurch, daß die gegenständliche Seite sich im Laufe der historischen Entwicklung wandelt. Wenn durch eine gesellschaftlich geplante
gemeinsame Produktion (Sozialismus) Verschleierungen,
Fetischisierungen verschwinden, können schon in bewußtem
sinnlichen Erkennen größere Bereiche der Wirklichkeit in
ihren grundlegenden Beziehungen erfaßt werden (z.B. die
Erkenntnis der Tätigkeit jedes einzelnen als ein objektiver
Teilbeitrag zur gemeinsamen Produktion). Da allerdings
die Eigengesetzlichkeiten der Wahrnehmung als unspezifisch-
organismische Bedingungen keiner historischen Veränderung
unterliegen, bleiben wesentliche Grenzen der sinnlichen
Erkenntnis bestehen, die abstraktes Denken zur objektiven
Notwendigkeit machen, sollen die gesellschaftlichen Verhältnisse aufrechterhalten und weiterentwickelt werden.

daß jedes theoretische Denken letztenendes von empirischen
Daten ausgeht und auch zum abstraktesten Inhalt durch eine
mehr oder weniger gründliche Analyse der sinnlichen Daten
gelangt, sondern auch in dem tieferen Sinne, daß in das
abstrakte Denken auch immer dieser oder jener, wenn auch
sehr reduzierte sinnliche Gehalt eingeschlossen ist, gleichsam dessen Basis darstellt. In jede begriffliche Verallgemeinerung ist in der Regel eine sinnliche Generalisation
einbezogen. Die sinnlichen Elemente, die in das abstrakte
Denken eingeschlossen sind, treten in Form von sinnlichen
Schemata, anschaulichen Lösungen abstrakter Probleme usw.
zutage. Andererseits bereichert sich im Erkenntnisprozess
auch beständig dessen sinnliche Seite. Dadurch, daß die
ursprünglichen Sinnesdaten in neue Zusammenhänge einbezogen
werden, wird die Wahrnehmung ständig umgestaltet und ver-
tieft. ... Dementsprechend, wie die Wahrnehmung in neue
Zusammenhänge einbezogen wird, offenbart sie neue Eigenschaften; diese werden in Begriffen fixiert, die ihr
Wesen tiefer und allseitiger enthüllen (wie vorne schon
gesagt, geht Rubinstein immer vom Denken als dialektisches
Denken aus). Auf diese Weise kehrt ständig der gesamte
Denkprozess, sein abstrakter, durch das Denken aufge-
deckter Gehalt, gleichsam in die Sphäre des Sinnlichen
zurück und schlägt sich darin nieder. Man darf also den
Erkenntnisprozess nicht aus zwei einzelnen Abschnitten
zusammengesetzt denken, die auf einer Geraden liegen.
Auch die Vorstellung von einer geraden Linie, bei der
sich ein Ende immer weiter vom anderen entfernt, ist
inadäquat. Man kommt der Wahrheit näher, wenn man sich
ihn als endlose Spirale vorstellt, auf der er sich vorwärts bewegt, indem er vom Sinnlichen zum Abstrakten
und vom Abstrakten zum Sinnlichen übergeht: Nachdem er
sich vom Sinnlichen entfernt hat, kehrt er zu ihm zurück.
Aber der Punkt, zu dem er zurückkehrt, verschiebt sich
laufend, indem sich das, was durch die abstrakte Erkenntnis aufgedeckt wird, ständig im Sinnlichen, in der

Wahrnehmung der Wirklichkeit niederschlägt. Alle Abstraktionen des Denkens dienen im Grunde genommen dazu, das
zu begreifen und zu erklären, was direkt oder indirekt
auf der sinnlichen Oberfläche der Wirklichkeit ...
zutage tritt." (ebenda, S. 65 f; Hervorhebung d.A.).
Man darf den wechselseitigen spiralförmigen Zusammenhang
von Wahrnehmung und Denken allerdings nicht so verstehen,
als ob "bruchlos" von der sinnlichen Erkenntnis zum Denken
"aufgestiegen" werden kann. Vielmehr muß, wie schon gesagt,
das Subjekt, je tiefer es die Wirklichkeit in ihrer
Totalität erfaßt, (also von der Stufe der orientierenden
zur begreifenden Erkenntnis fortschreitet) im Denken geradezu
zu einem Wissen kommen, das zur anschaulichen Erfahrung
selbst in einem antagonistischen Verhältnis steht.

Das Denken kann nun, da es nicht wie die Wahrnehmung an
das anschaulich Gegebene gebunden ist, die sinnliche
empirischen Daten verändern. Allein in dieser Tatsache
kommt schon zum Ausdruck, daß das Subjekt eine bestimmte
Tätigkeit vollziehen muß, um das Objekt zu erfassen.
(Die tätige Seite wurde auch schon bei der Wahrnehmung
hervorgehoben, indem wir gezeigt haben, daß auch sinnliche Erkenntnisse den Weg der Aneignung unabdingbar vor-
aussetzen). Betrachten wir uns nun das Denken in Bezug
auf das darin existierende Verhältnis von Subjekt und
Objekt etwas näher. In jeder einzelnen Denkstufe wurde
deutlich, daß die Erkenntnis über das Objekt das Resultat
eines bestimmten Denkprozesses ist. Die diesen Prozess
kennzeichnenden "Handlungen" wie Isolierungen, Verein-
fachungen etc. nach dem Modus der Organisationstendenzen,
sowie Analyse, Synthese, Abstraktion und Verallgemeinerung
sind allerdings kein vom Objekt losgelöstes, dem zu
Erkennenden gegenüber äußerliches, lediglich formales
Instrumentarium. Sie sind vielmehr durch die Aneignung
des Objekts selbst entstandene, und über komplexe Interiori-
sierungsprozesse sich bildende verinnerlichte funktionale

Strukturen des denkenden Erkennens, wobei diese Aneignung
sich in der Weise des anschaulichen, problemlösenden und
begreifenden Denkens differenzieren kann. Nur weil das
menschliche Denken "von der Struktur der gesellschaftlichen Verhältnisse, die zu erkennen sind (vermittelt
über den Aneignungsprozess) bis in seine funktionalen
Strukturen hinein durchdrungen" (Holzkamp, 1973, S. 386)
ist, weil die Denkgesetze also keine subjektive, abgehobene Tätigkeit des Subjekts darstellen, nur deshalb
sind die Resultate der Denkoperationen, die Ideen, keine
"subjektivistischen Konstruktionen", sondern Widerspiegelung
des Objekts in seiner mehr oder weniger oberflächlichen
Seite (orientierendem Erkennen) oder seiner wirklichen
Totalität (begreifendes Erkennen). Es ist gerade die
Wechselbeziehung von "Äußerem" und "Innerem", die das
Denken kennzeichnet. Das Denken wird vom Objekt bestimmt,
aber nicht unmittelbar, sondern mittelbar,durch die inneren
Gesetze der Denktätigkeit, die gegenüber dem Objekt als
"Brechungsmomente" auftreten. Diese Kennzeichnung gilt
für jede der vorne dargestellten Denkstufen. Wenn wir davon
gesprochen haben, daß das orientierende Erkennen sich
spontan herstellt, während es zum begreifenden Erkennen
eines enormen Umwegs bedarf, dann heißt spontan keineswegs,
daß das anschauliche und problemlösende Denken eine
mechanische Reproduktion der objektiven Wirklichkeit
wäre. Von spontan wurde hier nur geredet im Vergleich
zum begreifenden Erkennen, weil die Tätigkeit, die das
Subjekt im orientierenden Erkennen vollziehen muß, eben
weil es in vielen Momenten der unmittelbaren sinnlichen
Anschauung verhaftet bleibt, wesentlich weniger Anstrengung
bzw. Umweg erfordert als dies beim begreifenden Erkennen
der Fall ist, das wie vorne gezeigt, eine ganz andere
Qualität der Erkenntnismechanismen beinhaltet, über die
das Subjekt die Wirklichkeit erfaßt. Holzkamp beschreibt
diesso: "Das begreifende Erkennen stellt in gewisser Weise

ein Niveau denkender Wirklichkeitsverarbeitung dar,
in welchem sich der Mensch in noch höherem Maße als
in problemlösendem Denken aus den bloß natürlichen
Bezügen zu der ihm gegebenen Welt heraushebt. Indem
der Mensch gesellschaftliche Widersprüche, (die in
der sinnlichen Erkenntnis nicht zugänglich sind) erfaßt, verschärft sich in einer bestimmten Hinsicht
der Widerspruch zwischen der 'Natürlichkeit' und der
'Geschichtlichkeit' des Menschen. Damit wäre eine
weitere Stufe der Distanzierung des Menschen von seiner
'Natur' , der er gleichwohl unentrinnbar verhaftet bleibt,
erreicht" (Holzkamp, 1973, S. 391, keine Hervorhebung).

Denken und damit auch Bewußtsein (das ja neben der sinnlichen Erkenntnis auch auf dem Denken basiert) in allen
seinen Formen ist Widerspiegelung des Objekts, wobei
diese Widerspiegelung niemals als ein passiver Abdruck
des Dinges gefaßt werden darf. Das mechanische Abbild
- Konzept in Bezug auf die gesellschaftliche Bewegung
ist gerade Kennzeichen des vormarx'schen Materialismus.
Für diesen kam die Idee zustande durch die mechanische
Einwirkung auf den Apparat, in dem das Objekt widergespiegelt wird. "Diderot verglich das Gehirn mit Wachs,
in dem die Dinge ihren Eindruck hinterlassen. Für (die
mechanischen Materialisten) war die Widerspiegelung
die passive Rezeption einer äußeren Einwirkung im Subjekt.
... Die Widerspiegelungstheorie des vormarx'schen
Materialismus betrachtet das unmittelbare Verhältnis
zwischen Ding und Abbild als das Wichtigste. Für die
dialektisch-materialistische Widerspiegelungstheorie
ist die Wechselwirkung zwischen ... dem Subjekt und
... (dem Objekt) der Ausgangspunkt. ... Die Idee existiert
nur in der Erkenntnistätigkeit des Subjekts, das mit der
Außenwelt in Beziehung steht. Konkret betrachtet erscheint das Verhältnis zwischen dem Psychischen und der

Welt in der Einheit des Erkenntnisprozesses als Verhältnis zwischen Subjektivem und Objektivem. Das Verhältnis zwischen der Idee oder dem Bild (dem Ideellen)
und dem Gegenstand (dem materiellen Ding) ist lediglich
eine abstrakt herausgehobene Seite, ein Moment, ein Aspekt
dieses Grundverhältnisses. Die Betonung dieses speziellen
Aspektes ist eine Abstraktion, zwar eine richtige und notwendige, aber dennoch nur eine Abstraktion; sie offenbart
lediglich einen Moment, einen Aspekt, eine Seite des realen,
konkreten Verhältnisses zwischen der psychischen Tätigkeit
und der Welt. Das Verhältnis selbst ist Prozess, Tätigkeit,
Wechselwirkung. Das in diesen Prozess einbezogene und nur
darin existierende Abbild ist von einem gleichsam statischen
Verhältnis zum Gegenstand weit entfernt. Dieses Verhältnis
tritt in seiner wahren Form als Prozess der subjektiven
Erkenntnistätigkeit in Erscheiung, bei dem eine Qualität
des Abbildes von anderen abgelöst wird, die adäquater und
tiefer sind. In der Dynamik dieses Prozesses verwirklicht
sich dialektisch die kontinuierliche Annäherung des Abbildes an den Gegenstand" (Rubinstein, 1973, S. 36). Die
Autoren des im Verlaufe unserer Arbeit und besonders in
der Problemstellung ausführlicher referierten "Projekts
Klassenanalyse" fallen genau in diesen mechanischen
Materialismus zurück. Gesellschaftliches Bewußtsein, ob
nun als Arbeiter- oder Klassenbewußtsein, ist bei ihnen
ein Reflex, ein zwangsläufiges Produkt der gesellschaftlichen Bewegung. "Die Denkformen (sind) nichts anderes
als ideelle Reflexe des Verhältnisses der Menschen zur
Natur und zueinander" (Laufenberg u.a., 1975, S.160;
es handelt sich hier um die dem Projekt nahestehenden
Autoren mit gleichem Ansatz). Eben weil auf diese Weise
das Bewußtsein insgesamt auf der Objektseite eingeebnet,
d.h. die ihm zugrundeliegende Erkenntnistätigkeit des
Subjekts nicht betrachtet wird, genau deshalb kann auch
die zur Entwicklung des Klassenbewußtseins sich als
enormer Umweg darstellende Tätigkeit nicht begriffen werden.

So wie das Arbeiterbewußtsein hier eine spontane Reproduktion der doppelten Beziehung des Arbeiters zum
Kapital einmal in der Zirkulation als gleichberechtigte
Warenbesitzer, zum anderen als bloß subjektiver Faktor
des Kapitals im despotischen Produktionsprozeß ist, so
ist das Klassenbewußtsein die spontane Reproduktion der
Entwicklung der gesellschaftlichen Potenzen der Arbeit
und des damit verbundenen immer mehr zunehmenden
ständigen Wechsels von Attraktion und Repulsion der
Arbeiterarmee. "Die Entwicklung der gesellschaftlichen
Potenzen der Arbeit in ihren gegensätzlichen Formen erzeugt zwangsläufig eine politische soziale Bewegung, in
der die vom Kapital gesetzte objektive Assoziation in eine
bewußte gesellschaftliche Organisation der unmittelbaren
Produzenten verwandelt ist" (Bischoff, 1973, S. 316).
Wir meinen, daß diese spontaneistische Konzeption zum
einen eindeutig widerlegt ist durch die Analyse dessen,
was das begreifende Erkennen an Anstrengungen leisten
muß, um die objektive Realität ihrer wesenhaften Totalität
erfassen zu können. Es soll noch erwähnt werden, daß die
darin implizierte Notwendigkeit wissenschaftlicher Analyse
für das Projekt nicht als Argument gegen ihre mechanische
Theorie gilt, da sie auch den wissenschaftlichen Sozialismus als bloßen Reflex der gesellschaftlichen Verhältnisse
betrachten. "Die Erkenntnis des inneren Zusammenhangs von
gesellschaftlichen und politischen Daseinsformen mit den
religiösen, philosophischen und sonstigen Vorstellungsweisen
ist der gleichen Abhängigkeit unterworfen, die für die
einfachen Bewußtseinsformen auch gilt. Es ist daher eine
zentrale Bestimmung des wissenschaftlichen Sozialismus,
daß an die Stelle irgendwelcher in der Wissenschaftswissen-
schaft üblichen erkenntnistheoretischen Begründungen
die Ableitung der eigenen Genesis aus dem sozialen
Lebensprozeß tritt" (ebenda, S. 53). Wenn dem aber so

wäre, "dann ist nicht nur eine bewußte Übernahme der
Entwicklung des wissenschaftlichen Sozialismus als Aufgabe für Marxisten unmöglich, da er sich sowieso ...
von selbst herausbildet, der wissenschaftliche Sozialismus ist als ... Verdoppelung der materiellen gesellschaftlichen Bewegung auch ganz und gar unnötig; das entwickelte gesellschaftliche Bewußtsein des wissenschaftlichen
Sozialismus ist nichts als eine Begleiterscheinung der
entwickelten gesellschaftlichen Verhältnisse, dieses entwickelte Bewußtsein könnte mithin genausogut wegbleiben,
an der wirklichen gesellschaftlichen Bewegung würde sich
damit nichts ändern. ... Was für den wissenschaftlichen
Sozialismus gilt, das muß auch für das Nachdenken über
sein Wesen, etwa durch Bischoff, gelten. Wenn der wissenschaftliche Sozialismus bloßer Reflex der gesellschaftlichen
Bewegung ist, so muß für Bischoff auch seine eigene Analyse
derselben, etwa die Ableitung der Genesis des wissenschaftlichen Sozialismus aus den sozialen Verhältnissen,
bloßer Reflex, in diesem Fall quasi der Reflex eines
Reflexes, sein.... Bischoffs Konzeption würde sich,
konsequent zu Ende gedacht, als Teil der zwangsläufigen
gesellschaftlichen Entwicklung, die rätselhafterweise
die Fähigkeit hat, ihre eigene Zwangsläufigkeit auch
noch im Bewußtsein ihrer Träger zu spiegeln, quasi selbst
aufheben" (Holzkamp, 1974, S. 56 f).

Wir müssen aber zur Widerlegung dieser Theorie noch auf
den in ihr enthaltenen historischen Aspekt eingehen, also
die verschiedenen Denkstufen in ihren historischen
Dimensionen betrachten, zumal wir bisher die Stufen des
orientierenden und begreifenden Erkennens nur unter ihrer
inhaltlichen Seite analysiert haben und dabei gezwungen
waren, sie als mögliche Denkformen, als mögliche "An-
näherungen" des Subjekts an das gleiche Objekt einfach
nebeneinanderzustellen. Marx hat in der "Kritik der

Politischen Ökonomie" in der Analyse des tendenziellen
Falls der Profitrate aufgewiesen, daß im Laufe der Entwicklung des Kapitalismus die Klassenverhältnisse als
solche zur Schranke für die gesellschaftliche Entwicklung
werden (müssen), daß die Weiterentwicklung der Produktivkräfte und damit des gesamtgesellschaftlichen Lebens nur
durch die Überführung bürgerlicher in sozialistische
Produktionsverhältnisse gewährleistet ist. Das heißt aber
gleichzeitig, daß angesichts dieser objektiven Notwendigkeit der Umwälzung des bestehenden kapitalistischen
Systems die utilitaristische Praxis und die mit ihr verbundenen Denkformen keineswegs mehr funktional sind für
die Aufrechterhaltung des gesellschaftlichen Lebens, ge-
schweige denn für seine Fortentwicklung. Der Gegensatz,
in den diese Bewußtseinsformen mit der Zuspitzung der
Widersprüche der kapitalistischen Produktionsverhältnisse
geraten, ist die objektive Grundlage für die Erweiterung
der Möglichkeit des Übergangs vom orientierenden zum be-
begreifenden Erkennen. Die zunehmende Krisenanfälligkeit
des Systems und die damit notwendig verbundene Verschlechterung der Lebenslage der Lohnabhängigen verstärken
die Einsicht in den Interessengegensatz zum Kapital, sie
führen zu sich verstärkenden Aktionen der Arbeiterklasse,
die selbst ihre Grundlage in vielen, jetzt unmittelbar
erfahrbaren Folgen der kapitalistischen Produktionsweise
haben. "Der krisenhafte Zustand (macht es) dem Kapitalismus immer unmöglicher, in der Form von kleinen Konzessionen
dem Druck des Proletariats auszuweichen. Seine Rettung
aus der Krise, die 'ökonomische' Lösung der Krise, kann
nur durch eine verschärfte Ausbeutung des Proletariats
erfolgen" (Lukács, 1968, S. 486).Auch Schmiede schreibt:
"Die Krise bietet (daher) für die ... Politisierung des
beschränkt ökonomischen, betrieblichen oder gewerkschaftlichen Bewußtseins eine objektive Basis. Sie versetzt
die kapitalistische Klasse selbst in eine ökonomische
und politische Zwangslage, in der sie - koste es, was es
wolle, - versuchen muß, das kapitalistische System überhaupt zu erhalten und die Kapitalakkumulation wieder in

Gang zu bringen. Der geringe Spielraum für die Zugeständnisse an die Arbeiterklasse steigert die Schärfe
der Auseinandersetzungen. Ein 'normaler' ökonomischer
Streik wird in einer solchen Lage auf die geballte Macht
der Kapitalisten und ihrer politischen Machtmittel
stoßen. Die Arbeiter werden sich nicht nur gegen die
Angriffe des einzelnen Unternehmers, sondern auch gegen
die vom Staat, Polizei oder sogar Armee wehren müssen.
Die Verschärfung der ökonomischen Auseinandersetzungen
selbst erfordert die Mobilisierung von Seiten der
herrschenden Klasse gegen diese Kämpfe" (Schmiede, 1973,
S. 208 f). Das heißt nichts anderes, als daß allein die
sinnliche Erkenntnis schon mehr erfassen kann, als daß in
Phasen von Hochkonjunkturen des Kapitalismus möglich ist.

Die damit geschaffenen besseren Voraussetzungen, die
Erweiterung der Möglichkeit der Entstehung zu Klassenbewußtsein, darf aber keinesfalls verwechselt werden mit
ihrer zwangsläufigen Entwicklung, und zwar aus zweierlei
Gründen:

1. Zunächst muß festgestellt werden, daß das von dem
   "Projekt Klassenanalyse" immer wieder angeführte
   Hin-und-Herschleudern der Arbeitermassen zwar den
   Bankrott des Systems offenbart, seine Unfähigkeit,
   der großen Mehrheit der Bevölkerung eine gesicherte
   Existenzgrundlage zu schaffen. Arbeitslosigkeit enthüllt aber niemals als solche den wirklichen Charakter
   des Systems, das Kapital offenbart im Laufe seiner
   Entwicklungsgeschichte sein Wesen nicht unmittelbarer,
   vielmehr bleiben die in der Analyse der Struktureigentümlichkeiten der kapitalistischen Gesellschaft dargestellten wesentlichen objektiven Verschleierungen bestehen. Das heißt aber auch, daß der Umweg, den das
   Subjekt in seiner Erkenntnistätigkeit unternehmen muß,
   um das Wesen dieses kapitalistischen Systems als ein

Ausbeutungsverhältnis begreifen zu können, nicht etwa
überflüssig wird. Klassenbewußtsein ist kein Resultat
der kontemplativen Betrachtung der gesellschaftlichen
Verhältnisse, wird keineswegs durch den gesellschaftlichen Prozess selbst hervorgebracht. Seine Notwendigkeit wird nur zur Wirklichkeit, wenn diese Erkenntnistätigkeit des Subjekts im Zusammenhang mit der
kritischen Praxis selbst realisiert wird. Geschieht
dies nicht, bleibt es trotz der gesellschaftlichen
Möglichkeit beim orientierenden Erkennen und der damit
verbundenen utilitaristischen Praxis stehen, was angesichts des objektiven Anachronismus dieser Denkformen
und ihrer Praxis in Bezug auf die gesellschaftliche
Notwendigkeit gleichbedeutend ist mit Stagnation des
gesellschaftlichen Lebens. Hier wird die geschichtliche
Rolle des Subjekts Arbeiterklasse erst deutlich. Die
Praxis seiner Erkenntnistätigkeit ist selbst entscheidend
dafür, ob die Gesellschaft sich weiter entwickelt, oder
ob sie stagniert, d.h., sie kann sowohl vorantreibendes
als auch hemmendes Moment für die gesellschaftliche
Entwicklung sein.

2. Zur zweiten Begründung müssen wir uns klarmachen, daß in
   unserer Arbeit nur der psychologische und erkenntnistheoretische Hintergrund des Klassenbewußtseins dargestellt wurde, und daß damit aber nur ein Teil der Theorie
   des Übergangs vom Arbeiter- zum Klassenbewußtsein
   näher bestimmt ist. Eine vollständige Analyse des Übergangs ist nur leistbar, wenn man die sozio-ökonomischen
   Bedingungen der Existenzweise der Arbeiterklasse mit-
   einbezieht. Die Schichtzugehörigkeit innerhalb der
   Arbeiterklasse ist ein wesentliches Bedingungsmoment
   der Möglichkeit der Herausbildung des begreifenden Erkennens. Mandel beschreibt diese Stratifikation so:

"Die Herausbildung der Arbeiterklasse als objektive
Kategorie ist selbst ein historischer Prozess. Teile
der Arbeiterklasse sind Nachkommen städtischer Lohnarbeiter oder von Landarbeitern und besitzlosen Bauern.
Andere kommen aus dem Kleinbürgertum (Bauern, Hand-
werker usw.). Ein Teil der Arbeiterklasse arbeitet im
Großbetrieb, in dem sowohl die ökonomischen als auch
die gesellschaftlichen Verhältnisse die Entwicklung
eines elementaren Klassenbewußtseins (des Bewußtseins,
daß die 'soziale Frage' nur durch kollektive Tätigkeit
und Organisation gelöst werden kann) fördern. Ein
anderer Teil arbeitet in Klein- oder Mittelbetrieben
der Industrie oder im sogenannten Dienstleistungssektor,
wo ökonomisches Selbstvertrauen und Verständnis für die
Notwendigkeit umfassender Massenaktionen viel langsamer
entstehen, als im industriellen Großbetrieb. Teile der
Arbeiterklasse leben seit langem in der Großstadt ...,
haben Erfahrungen mit gewerkschaftlicher Organisation
und politisch-kultureller Erziehung (Jugendorganisationen
... Arbeiterbildung usw.) hinter sich. Andere wiederum
leben in der Kleinstadt oder auf dem Lande ..., sie
kennen kein kollektives gesellschaftliches Leben, haben
kaum eine gewerkschaftliche Vergangenheit und keinerlei
politisch-kulturelle Ausbildung in der organisierten
Arbeiterbewegung genossen" (Mandel, 1970, S. 158 f).
Auch wenn man die damit genannten global historisch-
gesellschaftlichen Bedingungen als gleich setzt, bleiben
immer noch gravierende Unterschiede zwischen den
Individuen übrig und zwar "nicht nur ... unterschiedliche Intelligenz und Fähigkeit, unmittelbare Erfahrungen zu verallgemeinern, sondern auch ... unterschiedliche Energie, ... Charakterstärke ... Kampfwille
und ... Selbstbewußtsein" (ebenda, S. 159), deren
Ausbildung Holzkamp selbst als Produkt der Aneignung
objektiver Strukturmomente (bürgerliche Gesellschaft)
kleinerer Größenordnung versteht, wobei er in diesem

Komplex "eine besondere Forschungsaufgabe kritischer
Kognitionspsychologie" (Holzkamp, 1973, S. 400) sieht.

F. Bedeutung der psychologischen Theorie der Erkenntnistätigkeit für die Bildungsarbeit der Gewerkschaften.

1. Wenn wir nun noch einmal auf den Ausgangspunkt unserer Arbeit, die gewerkschaftliche Bildungsarbeit, zurückkommen, so können wir sagen, daß wir wesentlich die Grundbegrifflichkeiten, die sich im Rahmen des Erfahrungsbegriffs stellen, geklärt haben. Die Notwendigkeit dieser Analyse ergibt sich aus der Bedeutung dieses Begriffes in der gewerkschaftlichen Bildungsarbeit von selbst. Wenn wir nach der Ursache dieses Stellenwertes fragen, so meinen wir, daß dieser sich u.a. erklären läßt aus der Tatsache, daß der Erfahrungsbegriff anders als der Begriff Bewußtsein eben gerade den Prozess der Entstehung von Vorstellungen der Kollegen eher berücksichtigt und für die Teamer auch eher begreifbar macht, während der Bewußtseinsbegriff ein bestimmtes Resultat bezeichnet, dessen Bildungsvorgang, also die einzelnen Mechanismen der Entstehung, relativ im dunklen bleiben und auch durch einen Rückgriff auf existierende materialistisch orientierte Bewußtseinstheorien nicht genau genug geklärt werden konnten und können, da gerade auch hier, falls der Prozess überhaupt zum Gegenstand wird, relativ ungenaue und oft sogar widersprüchliche Erklärungen vorliegen (vgl. Tjaden-Steinhauer, 1975, S. 60 ff).

Wenn nun durch den Erfahrungsbegriff der Prozess bezeichnet werden sollte, als dessen Resultat die Bewußtseinsstrukturen der Kollegen zu sehen sind, denen die Teamer sich in den Lehrgängen gegenübersehen, konnte es allerdings bis jetzt nie gelingen, diesen Pozess selbst auch nur annäherungsweise richtig zu fassen, da Erfahrung nicht als Erkenntnis begriffen und von daher unter erkenntnistheoretischen und psychologischen Fragestellungen analysiert wurde. (Zur motivationalen Seite der Erfahrung siehe Anmerkung 1).In einer solchen Analyse zeigt sich, daß Erfahrung als Erkenntnisvollzug des Subjekts wesentlich nur den Prozess

sinnlicher Erkenntnis bezeichnet, da der im Erfahrungsbegriff
implizierte unmittelbare Bezug des Subjekts zur Außenwelt
gerade durch die Wahrnehmung hergestellt wird. Jede andere
gnostische Beziehung des Subjekts zu den objektiven Welttatbeständen muß als Denken gefaßt werden, da die Erkenntnisse
über die Wirklichkeit, zu denen Denken gelangt, niemals durch
Erfahrung gewonnene sind, vielmehr eine ideelle Verarbeitung
der in unmittelbarem Kontakt zur Außenwelt entstehenden
sinnlichen Erfahrungen darstellen. Diese Differenzierung von
Wahrnehmung und Denken ist unabdingbar, will man die Unterschiedlichkeit der Erkenntnisvorgänge in beiden in den Griff
bekommt. Zwar ist nichts dagegen einzuwenden, geschichtlich
aufgehäufte Erkenntnisse der Arbeiterbewegung als kollektive
Erfahrungen zu kennzeichnen, solange man sich dabei bewußt
ist, daß es sich um Produkte von wahrnehmenden und denkenden
Aneignungen der Klassenwirklichkeit handelt. Sie können deshalb
relativ global unter dem Begriff Erfahrung zusammengefaßt
werden, weil es ja hier um die Bezeichnung alles, aus Theorie
und Praxis der Arbeiterbewegung entstandenen Wissens geht,
nicht aber um den Ablauf der Erkenntnis auf der Seite des
Subjekts. Da die gewerkschaftliche Bildungsarbeit das Bewußtsein der Kollegen und seine Veränderung zum Thema hat,
interessiert sie sich eben gerade für den Prozess der Entstehung der Erkenntnisse und das im jeweiligen Bewußtsein
vorhandene qualitative Niveau der Erfassung der kapitalistischen
Klassenwirklichkeit. Jede pauschale Gleichsetzung von
Bewußtsein und Erfahrung ist deshalb sträflich, weil sie
die einzelnen qualitativ unterschiedenen gnostischen Beziehungen des Menschen zur Außenwelt in Form der Wahrnehmung
und des Denkens, auf denen das Bewußtsein basiert, sozusagen
einebnet. Trotz aller positiven Aspekte finden wir diese
Verschleierung auch wieder bei Negt/Kluge, wenn sie schreiben,
daß "die unmittelbare Erfahrung ... sich zunächst auf der
Ebene ... der sinnlichen Erkenntnis, (der) Stufe der
Empfindung und Eindrücke bewegt ..., sich jedoch ebenso auf

alle höheren Stufen (bezieht), auf denen sich das Klassenbewußtsein bildet" (ebenda, 1972, S. 57, Hervorhebung d.A.). Nur wenn der Erfahrungsbegriff auf das auch tatsächlich beschränkt wird, was er seiner Perspektive nach eigentlich beinhaltet, nämlich die durch direkten Bezug zur jeweiligen Umgebung, zum jeweiligen Lebensbereich der Kollegen sich bildenden Wahrnehmungen über diesen, dann können auch die in der Erfahrung liegenden spezifischen Beschränkungen auf Standort und Perspektive, ihre in den Organisationstendenzen gegebenen spezifischen Eigengesetzlichkeiten und Besonderheiten endlich benannt werden, die insofern relevant und bestimmend für das Bewußtsein der Kollegen insgesamt sind, als in der gegenwärtigen historischen Entwicklungsperiode des Kapitalismus für die große Mehrheit der Kollegen anschauliches und problemlösendes Denken vorherrschend sind, die garnicht oder nur zum Teil fähig sind, die in der sinnlichen Erfahrung liegenden Grenzen aufzuheben, also sich selbst in vielen Bereichen auf den Modus der Erfahrungen stützen.

Vor diesem psychologischen Hintergrund zeigt sich auch, daß die von den Kollegen der gewerkschaftlichen Bundesjugendschule Oberursel unternommene Bestimmung der Erfahrung (die ja wohlgemerkt ohne Rückgriff auf Ergebnisse der Psychologie und der Erkenntnistheorie versucht wurde) als "reflektiertes Erleben",demnach als ein Endprodukt der im Lehrgang verarbeiteten Erkenntnisse, - "was begriffslos erlebt wurde, wird erst im Zuge eines geglückten Lehrgangs zu dem, was wir 'Erfahrung' nennen" (Konzeptionsgrundlage FS I, S. 3)- eigentlich einen Versuch darstellt, zwischen der in der Problemstellung schon aufgezeigten "Oberhöhung" der Erfahrungen (vgl. besonders Weick, 1972) und der Konfrontation mit den in den Erfahrungen der Kollegen ständig auftauchenden Beschränkungen der Realitätserfassung zu vermitteln. Um den Erfahrungsbegriff in der obigen Weise beibehalten zu können, wird Erfahrung als "reflektiertes Erleben" definiert und der Ausgangspunkt der Lehrgänge als

eben davon unterschiedene "Selbstwahrnehmung", deren hier
festgehaltene "Verstellung" und "Vereinseitigung" man sich
mit Sozialisations- und Ideologisierungsprozessen erklärt.
Indem in dieser "Umdefinition" also sozusagenDenkprozesse
(reflektiertes Erleben) und Erfahrung gleichgesetzt werden,
verhindert man, daß die in der Erfahrungsbildung notwendig
eingebundenen Grenzen der Wirklichkeitserfassung (Standort
und Perspektive etc.) auf den Begriff begracht werden. Da
diese übrigens im alltäglichen "Vorverständnis" für die
Teamer immer irgendwie impliziert sind, - wenn man sich z.B.
das verschiedene Bewußtsein von Kollegen aus zwei verschiedenen Großbetrieben erklären will, so rekurriert man
immer auf die von ihrer jeweiligen Perspektive, von ihrem
Standort aus gegebenen Wirklichkeitsausschnitte, also die
objektive Gebundenheit an die für sie jeweils "erfahrbaren",
sichtbaren besonderen Verhältnisse. Die bei Lehrlingen so
oft feststellbare Verlagerung der Ursache aller Konflikte
in die Person des Meisters wird auf den beschränkten Er-
lebnisbereich der Auszubildenden zurückgeführt, also auf
das nur unmittelbar (selbst), sinnlich erfahrbare Verhalten
des Meisters, das Abhängigkeitsverhältnis von ihm, und die
fehlende sinnliche Präsenz (deshalb auch der Wahrnehmung
nicht zugänglichen)der eigentlichen Entscheidungsmechanismen
und Herrschaftsstrukturen, die gerade deshalb eben nur durch
Abstraktion, also denkender Erkenntnis "begriffen" werden
können- muß die "Umdefinition" zu einer heillosen Ver-
wirrung bei den Teamern führen, weil sie auch das durchaus
positive, zwar keineswegs auf den Begriff gebrachte, aber
doch eine Ahnung von dem Wesen der Erfahrung beinhaltende
"Wissen" darüber eliminiert. Was bleibt ist dann ein "Ausgangspunkt" in Lehrgängen, die "Selbstwahrnehmung" der Teilnehmer, unter der sich niemand mehr so recht etwas vorstellen kann. [61)]

2. Selbstverständlich ist der in unserer Arbeit aufgewiesene Begriff von Erfahrung und Denken nur eine Vorarbeit, sozusagen der erste Schritt, dessen Relevanz und Bedeutung für gewerkschaftliche Bildungsarbeit, also für die Klärung von Ziel,Inhalt und Ablauf der Lehrgänge selbst noch einer immensen Arbeit und Diskussion bedarf. Wir wollen diesen zu leistenden zweiten Schritt zur Verdeutlichung des Gemeinten kurz beispielhaft ansprechen.

- Zum einen ist zunächst der <u>Ausgangspunkt</u> der Lehrgänge, also das Bewußtsein der Kollegen, das im Lehrgang an vielen Stellen immer wieder eine wichtige Rolle spielt, nun präziser bestimmbar. Es wird faßbarer, welche Ebene der Erkenntnis der Wirklichkeit in der Wahrnehmung und der Verarbeitung des sinnlich Erfahrenen im Denken als anschaulichem oder problemlösendem vorliegt, welche Mechanismen der Widerspruchselimination, welche Operationen zur "Ausklammerung von Realität" etc. vorhanden sind, denen man bis jetzt oft mehr hilflos als verständig, im Sinne eines wirklichen Begreifens der hier vorliegenden Bewußtseinsstrukturen gegenüberstand (vgl. auch den erläuterten Lehrgangsbericht mit Höchster Lehrlingen).

61)
In einem kürzlich erschienenen Buch (Brammerts, H.; Gerlach, G; Trautwein, N; :Lernen in der Gewerkschaft. Beiträge aus dem DGB-Projekt "Mitbestimmung und politische Bildung", Frankfurt/Köln, 1976) versucht auch Brammerts den Begriff der Erfahrung vor einem psychologischen Hintergrund in Auseinandersetzung mit Negt zu fassen. Der in unserer psychologischen Theorie enthaltene Begriff der Erfahrung und des Denkens wäre sehr gut an dem unseren Ausführungen z.T. konträr gegenüberstehenden erkenntnistheoretischen und psychologischen Verständnis von Erkenntnisvorgängen, wie sie bei ihm vorliegt, zu verdeutlichen. Wir sind aber leider erst auf dieses Buch gestoßen, als unsere Arbeit fertiggestellt war, so daß wir es nicht mehr verarbeiten konnten.

- Durch die Analyse der Eigenarten und Modi der sinnlichen
Erfahrung und des Prozessverlaufes des sie in großen Teilen
nicht "überwindenden" anschaulichen und problemlösenden
Denkens wird deutlich, was es heißt, diese hier vorhandene
Stufe der Wirklichkeitserkenntnis in Richtung auf ein
adäquateres Verständnis hin zu überwinden. Die Schwierigkeit
der Überwindung der bisherigen "Sicht" der Lebenswirklichkeit
durch neue Einsichten kann dort unterschätzt werden, wo man
wie die Kollegen von Oberursel Vereinseitigung und Ver-
fälschung der Wirklichkeit in der Selbstwahrnehmung als
durch Sozialisations- und Ideologisierungsprozesse verursacht sieht. Die das jeweilige Bewußtsein kennzeichnende
Realitätserfassung und die darin vorhandene Verschleierung
und Vereinseitigung ist hier eine durch "Agenturen" des
bürgerlichen Systems auf die eigentliche "positive" Erfahrung der sozialen Lage "augepfropfte", aufgesetzte,
die eben deshalb auch relativ leicht durch neues Wissen,
- aufbauend auf jenen "Nervenpunkten und Bruchstellen ...,
an denen die soziale Lage der Teilnehmer wie auch Ansatzpunkt alternativer Praxis sich abzeichnen" (Thesen zu Erfahrung und Bewußtsein) - neue Einsichten, neue Erkenntnisse
zu beseitigen ist, was dann in Konsequenz zu einer immensen
Überdimensionierung des zu erreichenden Ziels eines Lehrgangs führen dürfte. Die Problematik der Überwindung oder
auch nur "Aufbrechung" bisheriger Bewußtseinsformen wird
dagegen anders eingeschätzt, wenn man versteht, daß das
vorliegende Bewußtsein ein Produkt der eigenen Erkenntnistätigkeit der Subjekte ist, die die objektive Realität in
den tatsächlich erscheinenden Strukturen widergibt. Gerade
weil die Kollegen sich dabei stets auf den Augenschein
("Ich sehe doch, daß es so ist und nicht anders") auf das,
was sie tagtäglich erfahren, stüzen können, entsteht eine
bestimmt Sicherheit und größere Verfestigung bezüglich der
vorhandenen Vorstellungen über die Wirklichkeit.

Noch viel problematischer ist (allerdings) die vorne schon
erläuterte theoretische Position von Weick, in dessen
Theorie die spezifischen "Brüche" des Übergangs von vorhandenen zu neuen, die Struktur des kapitalistischen Systems
ansatzweise besser begreifendenEinsichten keinen Niederschlag mehr finden. Da die exemplarische Qualität der Konflikterfahrung festgemacht wird daran, daß "sie jene Momente
der gesellschaftlichen Totalität enthält, die die Struktur
dieser Gesellschaft als eine Klassengesellschaft erkennen
lassen" (Weick, 1973, S. 112), bzw. wo von den in den
"Konflikterfahrungen verborgenden Zusammenhängen" (ebenda,
S. 113) geredet wird, da müssen konsequenterweise auch die
im Lehrgang zu erarbeitenden neuen Einsichten als Entfaltung,
als lückenloser, gradliniger Aufstieg vom scheinbar Konkreten
zum begriffenen Konkreten verstanden werden. Wenn dagegen,
wie in unserer psychologischen Analyse im einzelnen genau
aufgewiesen, ein Denken, das Grundzüge des kapitalitischen
Systems erfassen will, gerade einen "Bruch" mit den unmittelbaren Erfahrungen erfordert, und zwar nicht einfach deshalb,
weil sie beschränkt sind durch die Abhängigkeit von sinnlicher
Präsenz und damit von Standort und Perspektive, sondern v.a.,
weil sie bestimmte oberflächliche Evidenzen herstellen, Widersprüche eliminieren, gesellschaftliche Verhältnisse als an
Personen gebunden verstehen etc., dann macht diese theoretische Analyse deutlich, daß in gewerkschaftlichen Lehrgängen
immer dort, wo das Ziel ist, auch nur partielle Einsichten
in die Klassenstruktur zu ermöglichen, diese nicht einfach aus
den Erfahrungen heraus vermittelt werden können, sondern mit
theoretischem Wissen verbunden werden müssen; wobei an diesen
Stellen bestimmte "Sprünge" und"Brüche" notwendig auftreten,
weil die Erfahrungen und die sich nicht sehr weit davon
"lösenden" und sie deshalb auch nicht in neue Zusammenhänge
stellenden Denkformen gerade verlassen werden müssen; (im
Sinne des "Aufhebens" in ansatzweise begreifenderErkenntnis-
tätigkeit).
Dies sind nur kurze Andeutungen über die vor dem Hintergrund
unserer psychologischen und erkenntnistheoretischen Analyse

von Bewußtsein erarbeitbaren Antworten auf Fragen und Probleme
gewerkschaftlicher Bildungsarbeit, die inhaltlich positiver
sein können als die Antworten, die bisher ohne diese
Theorie gegeben werden konnten.

Anlage I

Verschiedenartige Möglichkeiten der Klassifizierung der Rezeptoren

A Einteilung nach dem Schema der adäquaten Reize (nach Harms-Lieber; vgl.: Holzkamp, 1973, S.78).

B Einteilung nach Funktion und Lage (nach Sherrington; vgl.: Stadler u.a., 1975, S.79).

Physiologisch-objektive Reizarten:	Einteilung der Sinnes- od.Rezeptionsorgane:	Verschiedene Arten von Rezeptoren:	Einteilung der Sinnes- od.Rezeptionsorgane:
I.Mechanische Energie	-Tastorgane (Tangorezeptoren) -Statische Organe (Statorezeptoren) -Gehörorgane (Phonorezeptoren)	I.Interozeptoren II.Propriozeptoren	-Organempfindung -Stellungssinn,Spannungssinn,Lage-u. Bewegungssinn und Drehbewegungssinn
II.Thermische Energie	-Thermorezeptoren	III.Exterozeptoren a)Kontakt- rezeptoren	-Tastsinn,Geschmacksinn,Druck und Berührungssinn,Temperatursinn,Schmerzsinn
III.Chemische Energie sich zersetzender Körper	-Geruchsorgane (Stiborezeptoren) -Geschmacksorgane (Gustorezeptoren)		
IV.Strahlende Energie elektromagnetischer Wellen	-Lichtorgane (Photorezeptoren)	b)Distanz- rezeptoren	-Gesichtssinn,Gehör und Geruchssinn

Anlage II

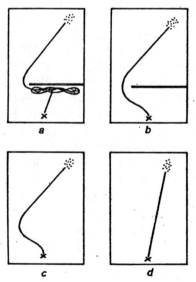

a

b

c

d

Anlage II:
Versuchsanordnung einer Umweg-Aufgabe mit Zwergwelsen (vgl. Leontjew 1973) Zwischen die Fische und das Futter wurde eine Trennwand eingezogen. Durch zufällige Suchbewegungen wurde die Trennwand umgangen (a). Nach einer bestimmten Zeitdauer "lernten" die Fische, das Hindernis direkt zu umgehen (b). Diesen Umweg zur Erreichung des Aktivitätsziels behielten sie aber auch dann noch bei, als die Trennwand wieder weggenommen wurde (c). Erst mit der Zeit wurde das Ziel wieder auf direktem Weg angesteuert (d).

Schema der Experimente mit Fischen (nach A. W. Saporoshez und I. G. Dimanstein)

Anlage III

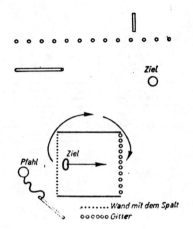

Anlage III a:
Schema einer Zwei-Phasen-Aufgabe (vgl. Leontjew 1973).
Zum Erreichen des Aktivitätsziels muß das Tier (meist ein Menschenaffe) zuerst mit dem kürzeren Stock den längeren Stock herbeiholen. Erst dann hat es die Möglichkeit, an das Ziel heranzukommen.

Anlage III b:
Schema einer komplizierten Aufgabe bei Versuchen mit Menschenaffen (vgl. Leontjew 1973)

Erläuterung zu Anlage III b:
"In den Käfig wurde eine Kiste gestellt, deren Vorderwand als Gitter ausgebildet war, während die anderen Wände vollständig geschlossen waren. In die Hinterwand war ein langer, schmaler Spalt eingeschnitten. Nun wurde in die Kiste nahe an die Hinterwand eine Frucht gelegt, die der Affe sowohl durch das Gitter als auch durch den Spalt sehen konnte. Die Frucht war von der Vorderwand zu weit entfernt, um sie mit der Hand erreichen zu können. Von der anderen Seite war an die Frucht ebenfalls nicht heranzukommen, weil der Spalt zu schmal war, um die Hand hindurchzustecken. In der Nähe war ein Pfahl in die Erde eingeschlagen, an dem ein Stock an einer kurzen Kette befestigt war. Wollte der Affe diese Aufgabe lösen, mußte er den Stock durch den Spalt der Rückwand stecken und die Frucht damit zur Vorderwand schieben, durch deren Gitter er sie erfassen konnte" (Leontjew 1973, S. 182 f).

Beispiel einer sensorischen Überbelastung des visuellen
Systems. "Da durch das Muster praktisch alle Richtungsdetek-
toren in dem gereizten Bereich des (visuellen) Systems ange-
sprochen sind, kommt es zu Störungen, die man leicht beobachten kann, wenn man das Muster längere Zeit (etwa 30 sec.)
fixiert hat: Richtet man dann nämlich den Blick auf eine
weiße Fläche, so beobachtet man kreisförmige Bewegungen,
die orthogonal zu den radialen Streifen des Musters verlaufen
und keinen identifizierbaren Objektcharakter haben."
(Stadler u.a. 1975, S. 144)

Literatur und Quellennachweis

Albert,H.: Theorie und Prognose in den Sozialwissenschaften.
in:Logik der Sozialwissenschaften (Hrg.:Topitsch,E.), Köln/
Berlin, 1968

Autorenkollektiv: Klassenlage und Bewußtseinformen technisch-
wissenschaftlicher Lohnarbeiter, Frankfurt/M., 1973

Autorenkollektiv: Schülerladen Rote Freiheit.Analysen, Protokolle, Dokumente, Frankfurt/M., 1971

Backhaus, H.-G.: Zur Dialektik der Wertform. in: Beiträge zur
marxisitischen Erkenntnistheorie (Hrg.:Schmidt,A.), Frank-
furt/M., 1969

Bahrdt u.a. (Bahrdt, H.P.; Kern,H.; Osterland, M.; Schumann,M.):
Zwischen Drehbank und Computer. Industriearbeit im Wandel
der Technik. Reinbek, 1970

Bergius, R.: Produktives Denken (Problemlösen).in: Handbuch
der Psychologie, I. Band, 2.Halbb., (Hrg.: Bergius, R.),
Göttingen, 1964

Bischoff, J,: Gesellschaftliche Arbeit als Systembegriff.
Über wissenschaftliche Dialektik. Berlin, 1973

Boshowitsch, L.J.: Die Persönlichkeit und ihre Entwicklung im
Schulalter. Berlin, 1970

Brecht, B.: Gesammelte Werke 20, Frankfurt/M., 1967

Bundesjugendschule Oberursel: Thesen zu Erfahrung und Bewußtsein.
- Konzeptionsgrundlage Funktionärslehrgang I (FS I). ohne
Jahrgang.

Carr, H.A.: Psychologie. A. Study of Mental Activity. New York,
1925
- Introduction to Space Perception. New York, 1935

Deppe, F.: Das Bewußtsein der Arbeiter. Studien zur politischen
Soziologie des Arbeiterbewußtseins. Köln, 1971

Dobb, M.: Entwicklung des Kapitalismus. Vom Spätfeudalismus
bis zur Gegenwart. Köln/Berlin, 1970

dtv-Wörterbuch zur Psychologie (Drever, J.; Fröhlich, W.D.).
München, 1970

Duncker, K.: Zur Psychologie des produktiven Denkens. Berlin/
Heidelberg/New York, 1966

Ekman, G.: The laws of the wandering phenomenon.Acta Psychol.,
8, 1951/52

Ey, H.: Das Bewußtsein.   Berlin, 1967

Fischer,E.: Kunst und Menschheit. Wien, 1949

Frerichs,J.: Ansätze zu einer politischen Ökonomie des Alltagslebens. in: Arnaszus u.a.: Materialismus. Wissenschaft und
Weltanschauung im Fortschritt. Köln, 1976

Frank, W.: Volkswirtschaft.   Lehre und Wirklichkeit.
München, 1967

Fünzig Jahre IGM. Frankfurt/M., 1966

Furth,H.G.: Intelligenz und Erkennen. Die Grundlagen der genetischen Erkenntnistheorie Piagets. Frankfurt/M., 1972

Galperin, P.J.: Die Entwicklung der Untersuchungen über die
Bildung geistiger Operationen. in: Ergebnisse der sowjetischen
Psychologie, Stuttgart, 1969

Gibson, J.J.: Adaption, after-effect and contrast in the
perception of curved lines. J.exp.Psychol. 16, 1933

Gößler, K.: Das Verhältnis von Neurophysiologie und Erkenntnistheorie. Dt. Z. f. Philos., Sonderheft:Probleme
und Ergebnisse marxistisch-leninistischer Erkenntnistheorie,
Berlin, 1968

Graumann,C.F.: Denken im vorwissenschaftlichen Verhältnis. in:
Denken (Hrg.:Graumann,C.F.), Köln/Berlin, 1965
- Phänomenologie und deskriptive Psychologie des Denkens. in:
Handbuch der Psychologie, IBd., 2.Halbb. (Hrg.:Bergius, R.),
Göttingen, 1964
- Bewußtsein und Bewußtheit. Probleme und Befunde der psycho-
logischen Bewußtseinsforschung. in: Handbuch der Psychologie,
I.Bd., 1.Halbb. (Hrg.:Metzger,W.), Göttingen, 1966

Grossmann, H.: Das Akkumulations- und Zusammenbruchsgesetz des
kapitalistischen Systems, Frankfurt/M., 1970

Hahn, E.: Historischer Materialismus und marxisitische
Soziologie. Studien zur methodologischen und erkenntnis-
theoretischen Grundlage der soziologischen Forschung.
Berlin, 1968

Haug, W.F.: Vorlesungen zur Einführung ins "Kapital". Köln,1974
- Wider den bloß verbalen Materialismus. in: Das Argument 92,
Berlin, 1975

Hochberg, J.E.: Wahrnehmung. Einführung in die Psychologie.
Wiesbaden, 1977

Holzkamp, K.: Kritische Psychologie. Vorbereitende Arbeiten.
Frankfurt/M., 1972
- Sinnliche Erkenntnis - Historischer Ursprung und gesell-
schaftliche Funktion der Wahrnehmung. Frankfurt/M., 1973
- Die historische Methode des wissenschaftlichen Sozialismus
und ihre Verkennung durch J.Bischoff. in: Das Argument, 84,
Berlin, 1974

Holzkamp-Osterkamp, U.: Grundlagen der psychologischen
Motivationsforschung 1. Frankfurt/M., 1975
- Motivationsforschung 2. Die Besonderheit menschlicher
Bedürfnisse. Problematik und Erkenntnisgehalt der Psyho-
analyse. Frankfurt/M., 1976

Iljenkow, E.W.: Die Di_alektik des Abstrakten und Konkreten
im 'Kapital' von Marx. in: Beiträge zur marxisitischen
Erkenntnistheorie (Hrg.: Schmidt,A.), Frankfurt/M., 1969

Kanizsa, G.: Die Erscheinungsweisen der Farben. in: Handbuch
der Psychologie, I.Bd., 1.Halbb. (Hrg.:Metzger, W.),
Göttingen, 1966

Kofler, L.: Geschichte und Dialektik. Zur Methodenlehre der
dialektischen Geschichtsbetrachtung. Darmstadt/Neuwied,1972

Kellogg, W.N.& Kellogg,L.A.: The ape and the child: a study of
environmental influence upon early behavior. New York, 1933

Kern, H. & Schumann, M.: Industriearbeit und Arbeiterbewußtsein. Eine empirische Untersuchung über den Einfluß der
aktuellen technischen Entwicklung auf die industrielle Arbeit
und das Arbeiterbewußtsein. Frankfurt/Köln, 1970

Kosik, K.: Dialektik des Konkreten. Eine Studie zur Problematik des Menschen und der Welt. Frankfurt/M., 1967

Krech, D.; Crutchfield,R.S. & Ballachey, E.L.: Individual in
Society. New York, 1962

Laufenberg u.a. (Laufenberg,H.;Rezezik,M.;Steinfeld,F.):
Sêves Theorie der Persönlichkeit. Zur Kritik von "Marxismus
und Theorie der Persönlichkeit". Berlin, 1975

Leitfaden Stufe I der gewerkschaftlichen Jugendbildung, Hrg.:
DGB-Bundesvorstand, Abteilung Jugend, Frankfurt/M., 1973

Leithäuser, Th.: Formen des Alltagsbewußtseins. Frankfurt/M.,
1976

Lenin, W.I.: Werke Bd. 14 (LW 14), fortlaufend
- Ausgewählte Werke Bd.I., Berlin 1966

Leontjew,A.N.: Aktuelle Entwicklungen der sowjetischen Psychologie. in : Bewußtsein und Handlung. Probleme und Ergebnisse der sowjetischen Psychologie. (Hrg.:Kußmann, Th.),
Bern/Stuttgart/Wien, 1971
- Probleme der Entwicklung des Psychischen. Frankfurt/M., 1973

Lukacs, G.: Geschichte und Klassenbewußtsein. in: Werke Bd. 2,
Neuwied/Berlin, 1968

Luxemburg, R.: Politische Schriften I, (Hrg.:Flechtheim, O.K.),
Frankfurt/M., 1966

Luxemburg, R.: Politische Schriften II. (Hrg.: Flechtheim,O.K.)
Frankfurt/M., 1966
- Politische Schriften III. (Hrg.: Flechtheim, O.K.), Frankfurt/M
1968
- Die Akkumulation des Kapitals. Ein Beitrag zur ökonomischen
Erklärung des Imperialismus, Berlin, 1913
- Die Akkumulation des Kapitals. Oder: Was die Epigonen aus
der Marx'schen Theorie gemacht haben. Leipzig, 1921

Mandel,E.: Lenin und das Problem des proletarischen Klassenbewußtseins. in: Lenin, Revolution und Politik. Frankfurt/M.,
1970

Marx, K. & Engels, F.: Werke (MEW), 2,3,4,13,16,19,23,24,25,
26/1-3, 32, 37 und Ergb.I., fortlaufend
Marx, K.: Grundrisse der Kritik der politischen Ökonomie,
Moskau, 1939 und 1941 (Nachdruck, EVA)
- Resultate des unmittelbaren Produktionsprozesses. Frankfurt/M.,
1969

Maslow, A.: Deficiency motivation and growth motivation. in:
Nebraska symposium on motivation, 1955

Mauke,M.: Die Klassentheorie von Marx und Engels. Frankfurt/M.,
1970

Meier, A.: Proletarische Erwachsenenbildung, Hamburg, 1971

Metzger,W.: Figural-Wahrnehmung. in: Handbuch der Psychologie,
I.Bd., 1.Halbb., (Hrg.:Metzger,W.), Göttingen, 1966

Michotte u.a. (Michotte,A.; Thinès,G.; Crabbé,G.): Die amodalen
Ergänzungen von Wahrnehmungsstrukturen. in: Handbuch der
Psychologie, I.Bd., 1.Halbb. (Hrg.:Metzger,W.), Göttingen,
1966

Negt,O.: Soziologische Phantasie und exemplarisches Lernen.
Zur Theorie und Praxis der Arbeiterbildung. Frankfurt/M.
1971
-& Kluge,A.: Öffentlichkeit und Erfahrung. Zur Organisations-
analyse von bürgerlicher und proletarischer Öffentlichkeit.
Frankfurt/M., 1972

Oert_er, R.: Erkennen. Donauwörth, 1974

Osterland u.a. (Osterland,M.; Deppe,W.; Gerlach,F.; Mergner,U.;
Pelte, K.; Schlösser,M.): Materialien zur Lebens- und Arbeits-
situation der Industriearbeiter in der BRD. Frankfurt/M.,
1973

Philosophisches Wörterbuch, Hrg.: Klaus, G.; Buhr,M.; Band 1+2,
Leipzig, 1964

Piaget, J.: Psychologie der Intelligenz, Olten, 1971
- Assimilation und sensomotorische Erkenntnis. in: Intelligenz
und Erkennen. (Hrg.: Furth,H.G.), Frankfurt/M., 1972
- Theorien und Methoden der modernen Erziehung. Frankfurt/M.,
1974

Popitz u.a.: Technik und Industriearbeit. Tübingen, 1957

Popper, K.R.: Was ist Dialektik? in: Logik der Sozialwissenschaften (Hrg.: Topitsch,E.), Köln/Berlin,1968
-Logik der Forschung Tübingen, 1969

Posner, M.I.: Kognitive Psychologie. München,1976

Projekt Klassenanalyse: Klassenbewußtsein und Partei. Berlin
1972/1
- Materialien zur Klassenstruktur der BRD. Berlin, 1972/2

Rabehl,B.: Zur Methode der revolutionären Realpolitik des
Leninismus. in: Lenin, Revolution und Politik, Frankfurt/M.,
1970

Reich,W.: Was ist Klassenbewußtsein?, Raubdruck o.Jahrg.

Reichelt, H: Zur logischen Struktur des Kapitalbegriffs bei
Karl Marx. Frankfurt/M., 1970

Rosdolsky,R.: Zur Entstehungsgeschichte des Marx'schen 'Kapitals
Der Rohentwurf des Kapitals 1857-1858, Bd.II., Frankfurt/M.,
1968

Rubin, E.: Visuell wahrgenommene Figuren. Kopenhagen, 1921

Rubinstein, S.L.: Sein und Bewußtsein. Die Stellung des
Psychischen im allgemeinen Zusammenhang der Erscheinungen in
der materiellen Welt. s'Gravenhage, 1973
- Das Denken und die Wege seiner Erforschung. Berlin, 1974

Schurig,V.: Die Entstehung des Bewußtseins. Frankfurt/M., 1976
- & Holzkamp,K.: Einführung in A.N.Leontjew , Probleme der
Entwicklung des Psychischen. S.XI - XLV., Frankfurt/M., 1973

Schmiede,R.: Grundprobleme der Marx'schen Akkumulations- und
Krisentheorie. Frankfurt/M., 1973

Seidel, R.: Denken. Psychologische Analyse und Lösung von
Problemen. Frankfurt/M., 1976

Seiler, Th.B.: Die Reversibilität in der Entwicklung des
Denkens. Stuttgart, 1968

Sève,L.: Marxismus und Theorie der Persönlichkeit. Frankfurt/M.,
1972
-Über die materialistische Dialektik. Frankfurt/M., 1976

Stadler u.a. (Stadler,M.; Seeger,F.; Raeithel,A.): Psychologie
der Wahrnehmung. München, 1975

Street,R.F.: A Gestalt Completion Test. New York, 1931

Tjaden-Steinhauer,M.: Gesellschaftsbewußtsein der Arbeiter.
Umrisse einer theoretischen Bestimmung. Köln, 1975

Ulmann,G.: Sprache und Wahrnehmung. Verfestigen und Auf-
brechen von Anschauungen durch Wörter. Frankfurt/M., 1975

Vester, M.: Solidarisierung als historischer Lernprozess. In:
Die hedonistische Linke (Hrg.:Kerbs,D.), Neuwied/Berlin,
1971

Wacker,A.: Wahrnehmung, Bewertung und Interpretation sozialer
Ungleichheit. Zum Gesellschaftsverständnis elf- bis vier-
zehnjähriger Volksschüler. in: Soziale Welt 23, 1972

Weinert u.a.: Funk-Kolleg, Pädagogische Psychologie 1,
Frankfurt/M., 1974

Weick,E.: Exemplarisches Lernen und politisches Handeln in der
Arbeiterbildung. in:Hessische Blätter für Volksbildung.
2/1973

Wertheimer,M.: Produktives Denken. Frankfurt/M., 1964

White, R.W.: Motivation reconsidered: the concept of competence.
in: Psychol.Rev., 66, 1959

Whorf,B.L.: Sprache, Denken, Wirklichkeit. Beiträge zur
Metalinguistik und Sprachphilosophie. Reinbek, 1963.

Wörterbuch der Psychologie, Köln, 1976

Zelený, J.: Zum Wissenschaftsbegriff des dealektischen
Materialismus. in: Beiträge zur marxistischen Erkenntnistheorie (Hrg.Schmidt,A.), Frankfurt/M., 1969

Zeitschriften:-Das Argument, Berlin, fortlaufend
            -Sozialistische Politik (SoPo), Berlin, fortlauf.
            -Probleme des Klassenkampfes (ProKla), Berlin
            fortlaufend

sowie Protokolle von gewerkschaftlichen Jugendbildungsveran-
staltungen.